존 폭스의 순교사

존 폭스의 순교사
Foxe's Book of Martyrs

초판발행	1992년 3월 10일
4쇄 발행	2002년 10월 14일
제2판 1쇄 발행	2009년 6월 15일
저자	존 폭스
역자	엄성옥
발행처	은성출판사
등록	1974년 12월 9일 제9-66호

ⓒ 1992 은성출판사

주소	서울시 강동구 성내동 538-9
전화	070) 8274-4404
팩스	02) 477-4405
홈페이지	http://www.eunsungpub.co.kr
전자우편	esp4404@hotmail.com

출판 및 판매에 관한 모든 권한은 은성출판사에 있습니다. 사전 서면 허락 없이 번역, 제제작, 인용, 촬영, 녹음 등을 할 수 없으며, 이를 위반할 경우에 지적보호법에 의해 처벌 받을 수 있습니다.

Printed in Korea
ISBN 978-89-723-6373-6 33230

Foxe's Book of Martyrs

존폭스의 순교사

W. G 베리 엮음
엄성옥 옮김

목차

순교사가(殉敎史家) 존 폭스 9
초대 시대의 박해 13
콘스탄틴 대제 49
개혁의 샛별 존 위클리프 58
롤라즈의 지도자 존 올드캐슬 경(卿) 75
존 후스 92
윌리엄 틴데일 129
마틴 루터 145
존 후퍼 175
로랜드 테일러 197
스코틀랜드의 순교자들 219
휴 라티머의 생애 243
리들리의 생애 259
리들리와 라티머의 재판, 그리고 순교 272
스미스필드의 불길 288
캔터베리 대주교 토머스 크랜머 325
순교자들의 일화 358

순교사가(殉敎史家) 존 폭스

존 폭스(John Foxe)는 1516년 영국 보스톤에서 태어났다. 대단히 학구적이었던 그는 16살 때에 친구들에게 도움을 받아 옥스포드 대학에 진학하여 1537년 문학사 학위를 받았고, 1538년에 모들린 단과 대학의 특별연구원 후보가 되었으며, 이듬해인 1539년에 특별연구원이 되었다. 그는 1539부터 1540년까지 논리학을 강의했고, 1543년 석사 학위를 받았다. 옥스포드 대학 시절 그의 절친한 친구는 휴 라티머(Hugh Latimer)와 윌리엄 틴데일(William Tyndale)이 있었다. 그는 그들과 마찬가지로 개신교를 강하게 지지했는데, 이 사실로 인해 1545년 폭스를 비롯한 다섯 명이 모들린 단과대학 특별연구원에서 사임되었다.

옥스포드를 떠난 그는 워릭셔 주 찰르코트에 있는 루시가문의 가정교사로 일했다. 1547년 초 찰르코트 교회에서 아그네스 랜달과 결혼한 그는 생계를 위해 런던으로 왔다. 1548년이 지날 무렵 폭스는 1547년에 처형된 서리의 백작 헨리 하워드(Henry Howard)의 자녀들을 가르치는 가정교사가 되었다. 하워드에게는 2남 3녀가 있었는데 아들 토머스는 후일 노포크의 공작이 되었고, 헨리 하워드는 노스햄톤의 백작이 되었다. 폭스는 그들의 조부 노포크 백작의 영지인 레이게이트 성에서 그들을 가르쳤다.

1550년 런던의 주교 리들리는 폭스를 성 바울 교회의 부제(副祭)로 임명했다. 그리하여 그는 비록 목회자의 책임을 맡지는 않았지만 그곳에서 설교를 했으며, 개신교를 전파한 최초의 인물이 되었다. 그는 신학 논문들을 출판하고, 많은 교회사 책을 읽었다.

1553년 7월 메리 여왕이 즉위하게 됨으로써 폭스에게는 불안한 시기가 시작되었다. 가톨릭 신자였던 늙은 노포크 백작은 감옥에서 풀려나자마자 자기의 손자들을 가르치고 있던 폭스를 해임했다. 폭스의 친구들은 대부분 박해가 시작되었을 때 영국을 떠나 유럽 대륙으로 갔으며, 폭스도 그들의 뒤를 따르기로 결심했다. 그는 입스위치에서 배를 타고 뉴포트를 거쳐 스트라스부르그까지 갔는데, 그곳에서 친구 에드문트 그린달을 만났다.

그는 위클리프의 시대로부터 그 시대에 이르기까지 유럽에서 있었던 개혁자들의 박해에 관한 라틴어 논문의 첫 부분을 복사하여 가지고 갔었다. 이 책은 주로 위클리프와 후스를 다룬 것으로써, 『행위와 불후의 업적』(Acts and Monuments) (일반적으로는 『순교자들의 이야기』(The Book of Martyrs) 라고 알려져 있다)의 초안이 되었으며, 1554년에 출판되었다.

폭스는 프랑크프르트에 약 1년 동안 머무는 동안 스코틀랜드의 종교 개혁자인 존 낙스와 절친한 사이가 되었다. 그후 바슬레로 이사한 그는 극심한 가난으로 고생했다. 그는 열렬한 개신교 신자이며, 개신교 서적을 출판했던 요한 헙스트(Johann Herbst)의 인쇄소에서 원고조사계로 일했는 데, 헙스트는 폭스에게 자기의 저서를 집필할 시간을 주었다.

그동안 폭스는 그린달을 통해 영국에서의 박해에 대해 보고를 받고 있었다. 브래드포드(Bradford) 사건이 그가 입수한 최초의 박해 사건이었으며, 크랜머(Cranmer)의 심문에 관한 보고서를 입수했을 당시 폭스는 그것을 출판할 준비가 되어 있었다. 그린달은 폭스에게 헨리 8세의 통치 말기까지 동안 있었던 영국에서의 개혁자 박해에 관한 기사를 즉시 완성하라고 권했다. 그는 착실하게 작업하여 1551년에는 헨리 8세 통치 말기까지의 박해에 대한 이야기를 거의 다 기록했다. 라틴어로 기록된 이 저서는 1559년 9월 1일 옛날 그가 가르쳤던 학생으로서 이제는 백작이 된 노포크 백작에게 헌정되었다.

같은 해 폭스는 영국으로 귀환했으며, 당시 런던의 주교였던 그린달은 1560년 그를 사제로 임명했다. 그는 앞서 말한 저서를 영어로 번역하고 자기가 수집한 자료를 다듬는 일에 몰두했다. 그는 크랜머의 비서였던 랠프 모리스의 서류를 비롯하여 많은 새로운 자료들을 입수했었다.

『행위와 불후의 업적』은 1563년 3월 20일 출판되었다. 이 책은 출판되던 날부터 『순교자들의 책』으로 알려졌다. 폭스는 이 책 한 권을 모들린 단과대학에 우송하여 그 값으로 6파운드 13실링 4페니를 받았다. 이 책의 출판으로 그는 크게 성공하였다. 그는 샐리스베리 성당에서 성직자록을 받았고, 1563년 5월 11일 심톤의 교구목사에 임명되었다. 그러나 그는 여전히 재정적인 문제로 고생했다.

1570년 성(聖) 금요일, 엘리자벳 여왕을 파문한다는 교황청의 교서(敎書)가 발표된 뒤, 폭스는 그린달의 명령에 따라 성 바울 교회에서 강력한 설교를 하여 가톨릭 교회에 대한 공격을 재개했다. 『행위와 불후의 업적』은 1570년에 재판되었다. 성직자 회의에서는 이 책을 교회, 그리고 대주교, 주교, 집사, 부감독의 집에 반드시 비치하라고 했다.

1575년 그는 화형 선고를 받은 두 명의 네델란드인 재세례파 사람들이 극형을 면하게 하기 위해 백방으로 노력했다. 그는 여왕, 벌리(Burghley) 경, 수석판사 맨슨에게 서신을 보내어 그들의 범죄행위에 비해 너무나 무거운 형벌을 선고했음을 지적하면서 이단에게 사형을 선고하는 것을 반대했다. 그러나 한 달의 유예기간이 허용된 뒤 결국 이 재세례파 신자들은 처형되고 말았다.

『행위와 불후의 업적』은 1576년에 3판, 1583년에 4판이 발행되었다.

1586년 폭스는 건강이 악화되어 많은 고생을 하다가 1587년 4월에 사망하여 런던에 있는 성 가일즈 교회에 매장되었다. 그의 아들 사무엘이 새긴 기념비가 지금도 그곳에 남아 있다.

폭스는 자신의 처지도 곤궁하고 넉넉치 못했으면서도 가난한 사람들에게 자선을 행했으며, 언제나 밝게 살았다.

그의 아내는 18년 후인 1605년에 사망했고, 그들에게는 다섯 자녀가 있었다.

폭스는 많은 저서를 집필했는데 그 중에서도 후세 사람들에게 기억될 불후의 역작은 『순교사』이다.

초대 시대의 박해

마태복음을 보면 그리스도께서는 최초로 주님을 하나님의 아들이라고 시인한 시몬 베드로의 신앙고백을 듣고 그의 안에서 역사하시는 성부 하나님의 은밀하신 손을 감지하시고 난후 그를 "반석"이라고 부르셨으며, 그 반석 위에 튼튼한 교회를 세우실 것인데 결코 음부의 권세가 이 교회를 이기지 못할 것이라고 말씀하셨다.

이 말씀은 세 가지 중요한 사실을 함축하고 있다. 첫째, 그리스도께서 이 세상 교회를 소유하실 것이다. 둘째, 이 교회는 이 세상뿐만 아니라 지옥의 권세와 세력의 배척을 받을 것이다. 셋째, 이 교회는 마귀와 그의 간계에도 불구하고 계속 존속할 것이다.

오늘날까지 교회가 통과해온 모든 경로는 그리스도의 예언을 증명해준다. 첫째, 그리스도께서 교회를 세우셨다는 사실은 선포할 필요가 없다. 둘째, 이 세상의 왕, 군주, 총독, 통치자들은 공적으로나 개인적으로 자기 백성들과 합하여 힘과 궤계(詭計)를 사용하여 이 교회를 대적하는 데 몰두했다. 셋째, 교회는 이러한 박해에도 불구하고 아직도 인내하며 신앙을 지켜가고 있다.

교회가 이제까지 어떠한 풍파를 겪어 왔는지 알게 되면 누구나 놀라지 않을 수 없을 것이다. 나는 그것을 분명히 밝히기 위해서 본서를 기록하고 있다. 하나님의 교회 안에서 일어난 놀라운 하나님의 역사들은 그 분의 영광을 드러낼 것이며, 교회가 존속하며 통과해온 과정들을 통해 얻는 많은 지식과 경험이 독자들에게 유익을 주고 신자들의 믿음을 기르는 데 이바지할 것이다.

그리스도께서 처음 복음을 전파하셨을 때, 그리고 복음이 이 땅에 임했을 때, 하나님의 율법을 소유하고 있던 백성들 중에서 서기관들과 바리새인들은 마땅히 그를 알고 받아들였어야 했다. 그럼에도 불구하고 그들은 누구보다 더 그를 배격하고 박해했다. 그들은 그리스도를 왕으로 삼기를 거부하고 가이사의 신민이 되기를 택했으나 결국은 그 가이사에 의해 멸망을 당했다. 하나님의 진노의 형벌이 임한 예는 로마인들에게서도 많이 찾아볼 수 있다.

티베리우스 가이사는 본디오 빌라도가 보낸 서신을 통해 그리스도의 행적, 그가 행한 기적, 부활, 승천, 많은 사람들이 그를 하나님으로 받아들였다는 것 등을 알게 되었고, 자신도 동일한 믿음으로 감동을 받았으므로 원로원과 협의하여 그리스도를 신으로 예배하자고 제안했다. 그러나 원로원에서는 그의 제안에 동의하지 않고 그리스도를 거부했다. 왜냐하면 로마의 법을 거슬려 그를 원로원 앞에서 신으로 임명하는 것은 그를 인정하고 승인하는 것이 되기 때문이었다. 그리하여 허영심이 강한 원로원 의원들은—황제가 자기들을 다스리는 것에는 만족하지만, 온유한 영광의 왕, 하나님의 아들을 자기의 임금으로 삼는 데는 만족하지 않았으므로—스스로 선택했던 것과 동일한 방법으로 자기들이 공정치 못하게 그리스도를 거부한 일에 합당한 채찍과 매를 맞았다. 그들이 그리스도를 배격하고 황제를 선호했었으므로, 하나님께서는 그들의 황제를 자극하여 그와 같은 방법으로 그들을 대적하게 만드셨다. 그리하여 원로원 의원들은 거의 모두 죽임을 당하고 약 300년 동안 온 도시가 무서운 재난을 당했다.

첫째, 티베리우스 황제는 재위 기간 중 대체로 온건하고 관대한 군주였으나 말기에는 모질고 혹독한 폭군이 되었다. 그는 자신의 어머니에게 조차 은혜를 베풀지 않았으며, 조카들이나 그 도시의 제후들도 살려 주지 않았다. 그리하여 20명에 달하는 그의 고문들 중 겨우 두세 명 정도만 살아 남았다. 수에토니우스의 기록에 의하면, 티베리우스 황제는 대단히 엄하고 독재적인 성품의 인물이었으며, 하루에 20명이 처형장으로 끌려 나간 일도 있었다고 한다. 티베리우스가 재위할 때에 그리스도를 십자가에 매달아 처형한 빌라도는 하나님의 공의로우신 형벌의 일환으로 체포되어 로마로 호송되었다가 도피니에 있는 비용이라는 마을로 추방되어 결국 그곳에서 자살하고 말았다. 역시 티베리우스 황제가 투옥했던 아그립바 1세는 나중에 석방되었다.

티베리우스가 사망한 뒤 칼리큘라, 클라우디우스 네로, 도미티우스 네로가 왕위를 계승했다. 이 세 사람도 역시 로마 시민들과 원로원 의원들을 징계하고 채찍질을 했다. 칼리큘라는 자신을 신이라 하며 자기의 이름으로 신전을 세우게 하고 그 신전에 다른 신들과 함께 앉아 있곤 했으며, 예루살렘 성전과 모든 신전에 자기의 신상(神像)을 세우라고 명하여 유대인들은 큰 소요를 일으켰다. 그러나 결국 복음서에 기록된 "멸망의 가증한 것"이 거룩한 곳에 세워지기 시작했다. 그의 잔인한 성품 때문인지, 로마인에 대한 적대감 때문인지 그는 모든 로마인들의 목숨을 빼앗았다. 칼리큘라 황제는 세례 요한을 죽이고 그리스도를 정죄한 헤롯 안티파스에게 추방령을 내렸다. 헤롯은 유배지에서 비참하게 죽었다. 악하게 그리스도를 꾸짖었던 가야바도 같은 시기에 제사장직에서 쫓겨났고, 요나단이 그의 자리를 차지했다.

만일 칼리큘라가 통치 4년이 되는 해에 호민관과 몇 명의 사람들에 의해 살해되지 않았다면 그의 폭정은 여기에서 그치지 않았을 것이다. 그가 죽은 뒤 그의 서재에서 두 권의 작은 책이 발견되었는데 한 권은 『칼』(Sword), 다른 한 권은 『단검』(Dagger)이라고 불리는 것이었다. 이 책들에는 그가 장차 처형하고자 계획한 원로원 의원들과 귀족들의 명단이 들어 있었다. 『검』과 『단검』이라는 책 외에도 하나의 금고가 발견되었는데, 그 안에는 수 많은 사람들을 죽이기 위해 만들어 놓은 온갖 종류의 독약이 담겨 있는 유리병이 들어 있었다. 후에 이 독약들을 바다에 쏟아 버렸더니 수 많은 물고기들이 죽고 말았다.

칼리큘라가 마음에 품었던 일은 그의 뒤를 이어 왕위에 오른 두 황제가 이루었다. 클라우디우스 네로는 13년 동안 무척 잔인하게 통치했다.

특히 세번째 인물인 도미티우스 네로는 클라우디우스의 뒤를 계승하여 14년간 통치하면서 무척이나 폭정을 행했다. 그는 재위하는 동안 거의 모든 원로원 의원들과 기사단을 살해했다. 그는 굉장히 포악한 성품의 소유자였으며 사람이라기보다 짐승보다 더 했다. 마치 사람들을 죽이려고 태어난 사람처럼 보였다. 이처럼 지독하게 잔인한 성품을 가진 인물이었기 때문에 자신의 어머니, 처남, 누이, 아내, 그리고 자기의 스승인 세네카와 루칸까지 처형했다. 그는 트로이가 어떻게 불탔는지를 알아보기 위해 로마 시내 열 두 곳에 불을 질러 6일 밤낮을 타오르게 해놓고 그것을 바라보면서 호머의 시를 읊었으며, 그 일에 대한 비난을 피하려고 그 누명을 기독교인들에게 씌워 그들에 대한 박해를 야기했다.

이처럼 네로의 횡포가 계속되었으므로 마침내 원로원은 그를 인류의 공적이라고 선포하고 그를 온 로마시로 끌고 다니며 죽도록 매질을 하라고 선고했다. 공포에 사로잡힌 그는 밤중에 적들의 수중에서 빠져나와 시골에 있는 자기 하인의 집으로 도망쳤다. 그러나 그곳에서 자결하라는 강요를 받았으므로 그는 자기를 위해 일해 줄 친구도 없고 원수도 없다고 불평했다.

그리스도께서 못박히신지 약 40년이 지난 A.D. 70년, 유대인들은 티투스와 그의 부친 베스파시안(Vespasian: 네로의 후임 황제)의 공격을 받아 약 11만 명이 살해 되었다. 그 외에도 베스파시안 황제는 갈릴리 지방을 정복하는 과정에서 많은 유대인들을 살해했다. 살아 남은 유대인들 중 1일만 칠천 명은 애굽이나 그밖의 다른 나라로 팔려가 종살이를 했고, 이천 명은 티투스가 개선하여 로마로 돌아갈 때 그를 따라갔다. 그들 중 일부는 사나운 짐승의 밥이 되었고, 나머지는 또 다른 잔인한 방법으로 살해되었다.

지금까지는 로마인 박해자들에게 임한 하나님의 공의에 대해 설명했다. 로마인들은 300년 동안 열 차례에 걸쳐 그리스도의 종들과 백성들을 박해했다. 그 밖에도 유대인들이 예루살렘을 비롯한 여러 곳에서 사도들에게 가한 박해가 있었던 것으로 추정된다.

야고보

스데반이 순교한 후, 그리스도의 제자요 요한의 형제인 야고보가 박해를 받아 처형을 당했다. 클레멘트는 다음과 같이 말했다.

"야고보가 재판정에 끌려 나왔을 때에, 그가 고난을 당하게 만든 장본인은 그가 사형에 처해질 것을 알고서 양심의 가책을 받아 자기도 기독교인이라고 고백했다. 그리하여 함께 끌려가게 된 그는 도중에서 야고보에게 자기의 잘못을 용서해 달라고 했다. 야고보는 잠시 그 문제를 생각한 뒤에 그에게 입을 맞추며 '형제여, 평화가 그대에게 있으라'고 말했다. 그리고 나서 이 두 사람은 함께 교수형에 처해졌으니, 이것이 A.D. 36년의 일이었다."

도마

도마는 파르티아인(Pharthians ; 카스피해 남동부에 있는 나라), 메데인, 페르시아인에게 복음을 전파했으며, 마기족(Magians), 박트리아인(Bactrians ; 옛날 아시아 서부의 Oxus강과 힌두쿠시 산맥 사이에 살던 족속)에게도 전도했다. 그는 인도의 칼라미나에서 창에 맞아 죽었다.

시몬

유다와 야고보의 형제로서 알패오와 메리 클레오파스의 아들인 시몬은 야고보의 뒤를 이어 예루살렘의 주교가 되었으며, 트라얀 황제 시대에 애굽에서 십자가에 처형되었다.

열심당원 시몬

열심당원이라고 불리는 사도 시몬은 모리타니아와 아프리카, 브리튼에서 전도하다가 역시 십자가에 달려 처형되었다.

마가

복음서의 저자이며 알렉산드리아의 최초의 주교였던 마가는 애굽에서 복음을 전파했다. 그는 트라얀 황제 시대에 그곳에서 밧줄로 묶인 채로 불 속에 떨어뜨려져 죽었으며, 부코루스(Bucolus)라는 곳에 매장되었다.

바돌로매

바돌로매 역시 인도에 가서 전도했으며, 마태복음을 인도말로 번역했다고 전해진다. 그는 여러 차례의 박해를 겪다가 아르메니아의 큰 도시 알비노폴리스에서 몽둥이에 맞고 십자가에 달렸다. 그 뒤에 그는 피부를 벗기우고 참수형에 처해졌다.

안드레

베드로의 형제 안드레에 대해서 제롬(Jerome)은 다음과 같이 기록했다.

> "안드레는 A.D. 80년 시디아인(Scythia, 옛날 카스피해 북방에 있던 나라), 소그디아인(Sogdian ; 아프카니스탄 북쪽에 살고 있던 고대 이란 사람)에게 전도했으며, 오늘날 이디오피아인들이 살고 있는 세바스토폴리스라는 도시에서도 전도했다. 그는 아가야의 파트래에서 총독 이지스(Aegeas)에 의해 십자가에 처형되어 그곳에 묻혔다."

버나드와 성 시프리안(St. Cyprian)도 이 복된 사도의 신앙 고백과 순교에 대해 언급했다. 우리는 이들이나 다른 믿을 만한 저자들의 글을 통해 다음과 같은 사실을 알 수 있다: 안드레는 부지런히 복음을 전파하여 많은 사람들을 믿게 했다. 당시 총독 이지스는 이 사실을 알고서 그리스도를 하나님이라고 믿는 사람들로 하여금 우상에게 제물을 바치고 예배하라고 강요하려는 목적을 갖고 파트래를 방문했다. 이 일은 모든 원로원 의원들의 승인하에 되어졌다. 안드레는 이지스의 이 악한 궤계와 행위에 저항하는 것이 좋겠다고 생각하여 그에게로 가서 다음과 같은 요지의 말을 했다.

"사람들을 다스리는 재판관은 먼저 하늘에 계신 재판관을 알고 그에게 예배해야 한다. 그리하여 참 하나님을 예배함으로써 거짓 신들과 우상으로부터 마음을 돌려야 한다."

그러나 이 말을 듣고 크게 노한 이지스는 안드레에게 묻기를, 신전을 넘어뜨렸으며 로마인들이 배격하고 철폐하라고 명한 미신적 분파를 사람들에게 믿으라고 설득한 장본인이냐고 물었다. 안드레는 로마의 군주들은 진리를 깨닫지 못했으며, 사람을 위해 하늘나라를 떠나 세상에 오신 하나님의 아들께서는 그들이 신들이라고 섬기는 우상들은 신이 아니라 잔인한 마귀요, 인류의 원수로서 '하나님은 노하시는 분이시며, 노하신 하나님은 그들로부터 등지시고 다시는 그들을 돌보지 않는다'고 가르쳤으며, 마귀를 섬김으로써 악에 빠지게 되어 나중에 그들에게 남는 것은 자신의 악한 행위 밖에 없다는 이야기했을 뿐이라고 했다.

총독은 안드레에게 더이상 그런 것을 가르치거나 전파하지 말라고 명령했으며, 그래도 가르친다면 십자가에 매달겠다고 위협했다.

안드레는 그의 위협에 조금도 동요하지 않고 한결같은 마음으로 말하기를 "내가 십자가에 달려 죽는 것을 두려워했다면 십자가의 영광을 전파하지 않았을 것이다"라고 대답했다. 총독은 안드레가 새로운 분파를 만들어 가르치며 로마의 신들을 예배하지 못하게 했으므로 십자가에 못박으라고 선고했다.

안드레는 처형될 곳으로 가면서 멀리서 십자가를 세우는 것을 보고서도 조금도 두려워하지 않고 얼굴빛조차 변하지 않았다. 일반 사람들은 이런 경우에 대게 두려워하고 이성을 잃겠지만 그의 마음은 조금도 두렵지도, 이성을 잃지도 않았다. 그는 마음의 벅찬 감격을 이기지 못해 몇 마디 말을 했는데 그의 말은 마치 반짝이는 불꽃처럼 열렬한 사랑을 나타냈다.

"오, 십자가! 얼마나 오랫동안 갈망했던가!
기쁘고 즐겁고 갈망하는 마음으로 그대에게 가노라.
십자가에 못 박히신 그 분의 제자이기에
항상 그대를 사랑해 왔고
그대를 포옹하고 싶은 마음으로 가득 찼었노라."

마태

레위라는 이름을 가진 마태는 세리였으나 회개하고 사도가 된 사람으로서 유대인들에게 히브리어로 복음을 기록해 주었다. 그는 이디오피아와 이집트 전역에 믿음을 전파했으므로 힐카누스 왕은 사람을 보내어 창으로 그를 찌르게 했다.

빌립

거룩한 사도 빌립은 야만족에게 구원의 말씀을 애써 전파하다가 마침내 브리기아의 히에라폴리스에서 십자가에 매달려 돌에 맞아 죽었다. 그는 딸과 함께 그곳에 묻혔다.[1]

---

1) 사도들의 순교 기사는 전승으로 이해해야 한다.

야고보

주님의 형제 야고보에 대한 기록은 다음과 같다: 주님이 세상에 계실 때부터 의롭고 완전한 사람이라고 여겨졌던 야고보는 다른 제자들과 함께 교회를 다스리는데 착수했다. 그는 포도주나 독주를 마시지 않고 육식도 하지 않았다. 또 머리에 삭도를 대지 않았다. 야고보만 성소에 들어갈 수 있었다. 왜냐하면 그는 털옷을 입지 않고 베옷만 입었기 때문이다. 그는 항상 혼자서 성전에 들어가 무릎을 꿇고 백성들의 죄사함을 구했는데, 하나님을 예배하고 백성들의 용서를 구하기 위해 얼마나 무릎을 꿇고 기도했는지 그의 무릎은 낙타의 발처럼 단단해지고 마비되어 감각을 느끼지 못했다.

그는 의로운 생활을 하는 사람으로 유명했기 때문에 "의로운 자" 또는 "백성들의 보호자"라고 불렸다. 그러므로 많은 주요 인사들이 유대인들이 소요를 일으킬 것이라고 믿게 되었을 때 서기관과 바리새인들은 "백성들이 이 예수를 그리스도로 바라볼 위험이 있나이다"라고 말했다. 그들은 모두 모여 야고보에게 다음과 같이 말했다.

"우리는 당신이 백성들을 억제해 주기를 바랍니다. 그들은 예수를 그리스도라고 믿고 있습니다. 유월절을 지키러 오는 모든 사람들에게 예수에 대해 올바르게 생각하라고 설득해 주십시오. 우리는 당신을 주의깊게 살펴 보았습니다. 당신은 의로운 사람이며 사람들을 편애하지 않는다고 확신합니다. 그러니 백성들이 예수에 관해 미혹되지 않도록 설득해 주십시오. 우리를 비롯한 모든 백성들은 당신에게 순종할 각오가 되어 있습니다. 그러니 모든 사람들이 당신의 모습을 보고 당신의 음성을 들을 수 있도록 성전 꼭대기에 올라가 서십시오. 모든 지파의 사람들과 많은 이방인들이 유월절을 지키려고 올 것입니다."

서기관들과 바리새인들은 야고보를 성전 흉벽 위에 세우고 그에게 소리치며 말했다. "오, 의인이시여, 우리는 당신에게 복종하겠습니다. 이 백성들이 길을 잘못 들어 십자가에 못박혀 죽은 예수를 따라가고 있나이다."

이에 야고보는 큰 소리로 대답하기를 "어찌하여 너희는 인자이신 예수에 관해 묻느냐? 그는 지극히 높으신 분의 오른편에 앉아 계시며, 장차 구름을 타고 이 땅에 오실 것이다"라고 말했다.

이 말을 듣고 많은 사람들이 믿음을 갖게 되어 하나님께 영광을 돌리며 "호산나, 다윗의 아들이여!"라고 외쳤다.

그때 서기관들과 바리새인들은 자기들끼리 말했다. "우리가 예수에 대해 저런 증언을 듣게 되었으니, 일을 그르쳤다. 저기로 올라가서 그를 밑으로 떨어뜨리자. 그러면 백성들이 두려워서 그 믿음을 부인할 것이다."

그들은 "오, 이 의인도 역시 미혹되어 있다"고 소리치며 성전 꼭대기로 올라가서 이 의인을 밑으로 떨어뜨렸다. 야고보는 땅에 떨어졌으나 죽지 않았다. 그는 일어나 무릎을 꿇고, "오, 주 하나님 아버지, 저들을 용서하여 주시옵소서. 저들은 자기의 행하는 바를 모르고 있나이다"라고 기도했다. 그들은 "야고보를 돌로 치자"고 말하고는 그에게 돌을 던지기 시작했다. 그들이 돌을 던지고 있을 때 어느 제사장은 "그만 두시오. 저 의인은 당신들을 위해 기도했소"라고 말했다. 그때 그곳에 있던 축융업자(縮絨業者)가 손에 연장을 들고 서 있다가, 그것을 가지고 야고보의 머리를 쳤다. 그리하여 야고보는 숨을 거두었다. 사람들은 그를 바로 그 장소에 매장했다. 그는 유대인과 이방인들에게 그리스도를 전한 참된 증인이었다.

베드로

이제 300년 동안의 초대 기독교 시대에 로마인들이 기독교인에게 가한 박해에 대해 살펴 보자. 이 기간 동안에 수많은 무죄한 신자들이 고통을 당하고 죽임을 당했다는 것을 알면 독자들은 놀라지 않을 수 없을 것이다. 형벌의 종류는 다양했지만 이 순교자들이 신앙을 지킨 태도는 한결 같았다. 혹독한 고문과 고문자들의 잔혹함에도 불구하고 박해를 받은 성도들은 신앙을 지켰으며, 하나님의 능력이 성도들의 안에 있었다. 제롬이 기록한 바에 의하면 "1월 1일을 제외하고는 일년 내내 매일 5,000명의 순교자들이 죽어갔다"고 했다.

열 차례에 걸친 박해는 A.D. 64년 경 네로에 의해 시작되었다. 유세비우스는 이 황제가 기독교인들에게 발한 사납고 포악한 횡포를 다음과 같이 기록했다.

> "도시마다 사람들의 시체로 가득차 있었다. 젊은이들과 늙은이들이 같이 쓰러져 있었고, 젊은 여인의 시신이 큰 거리에 나체로 버려져 있었다."

당시 네로의 무자비한 잔인성과 추잡한 행위를 목격한 신자들은 그를 적그리스도라고 생각했다.

이 박해 때에 많은 성도들이 순교했다. 기록에 의하면 베드로도 로마에서 십자가에 달려 순교했다고 한다. 그러나 어떤 사람들은 이 기록에 대해 의심을 제기하는데 그것은 근거있는 주장이다. 헤게시푸스는 네로가 베드로를 죽이려는 계획을 세웠다고 말했다. 이것을 알아차린 백성들은 베드로에게 로마를 떠나 피하라고 간청했다. 베드로는 그들의 간곡한 부탁에 의하여 떠나기로 작정했다. 그러나 로마 성문에 이르렀을 때 그는 주님이 그곳으로 오시는 것을 보았다. 그가 주님께 경배하며 "주여, 어디로 가시나이까?"라고 물으니, 주님께서는 "나는 다시 십자가에 못 박히러 가노라"고 대답했다. 이 말씀을 듣고 베드로는 로마로 돌아갔다. 제롬이 말하기를 베드로는 스스로 거꾸로 십자가에 달리기를 요구하여 거꾸로 달려 죽었다고 한다. 그는 주님과 똑같은 형태, 똑같은 방법으로 십자가에 달릴 자격이 없다고 말했다는 것이다.

바울

회심하기 전에는 사울이라고 불렸던 사도 바울은 그리스도의 복음을 전파하기 위해서 말할 수 없는 고생과 수고를 하다가 네로 시대에 있었던 최초의 박해 때에 순교했다. 아브디아스(Abdias)의 기록에 의하면, 네로 황제는 바울에게 페레가와 파르테미우스를 보내어 그가 처형된다고 알리게 했다. 그들은 사람들을 가르치고 있던 바울에게 가서 자기들도 믿음을 가질 수 있도록 기도해 달라고 말했다. 바울은 그들이 머지않아 믿음을 갖게 되며 바울의 무덤에서 세례를 받을 것이라고 말했다. 이 말이 끝나자 병사들은 바울을 성 밖 처형장으로 데리고 갔으며 바울은 기도한 뒤에 목을 내밀어 칼을 받았다.

요한

제1차 박해는 베스파시안이 왕위에 오르면서 종식되었다. 베스파시안은 가련한 기독교인들에게 어느 정도 안식을 주었다. 그러나 그의 짧은 통치가 끝나고 티투스의 동생 도미티안(Domitian)이 즉위하면서 제2차 박해가 시작되었다. 도미티안은 처음에는 온화하고 신중했으나 나중에는 걷잡을 수 없이 교만하고 폭정을 보였다. 그는 자기를 신으로 예배하고, 금이나 은으로 만든 상을 신전에 세우라고 명령했다.

이 박해 기간에 도미티안은 복음서의 기자인 사도 요한을 밧모섬에 유배했다. 도미티안이 살해된 후 원로원이 그의 조례들을 폐지했으므로, 요한도 석방되었다. 요한은 A.D. 87년 에베소로 가서 트라얀 시대까지 계속 그곳에 머물면서 아시아의 교회들을 다스렸다. 그는 그곳에서 요한복음을 기록했고, 그리스도께서 고난을 받아 죽으신 지 68년이 되는 해까지 살았으니, 당시 그의 나이 100세였다.

알렉산드리아의 클레멘트는 이 거룩한 사도에 대해 유익한 이야기를 덧붙였다.

> 밧모섬에서 풀려나 에베소로 온 요한은 인접한 곳들로부터 방문해 달라는 요청을 받았다. 요청에 따라 그는 어느 도시에서 형제들을 위로하다가 아름다운 얼굴과 뜨거운 마음을 가진 건장한 청년을 보았다. 요한은 새로 임명된 주교를 진지하게 바라보면서 '나는 그리스도와 교회 앞에서 이 사람을 엄숙한 마음으로 그대에게 맡깁니다'라고 말했다.
> 요한의 명령을 받은 주교는 신실하고 부지런히 명령을 지키겠다고 약속했다.
> 주교는 요한이 맡긴 청년을 자기 집에 데리고 가서 보호하고 양육하여 세례를 줌으로 그것이 그 청년에게 올바른 그리스도인이 되는 최선의 안전한 방법이라고 믿고 그에 대한 보호와 감독을 게을리했다.
> 그리하여 자유로운 생활을 하게 된 청년은 우연하게 방탕하고 어리석은 악한 옛 친구들과 합류하게 되었다. 처음에 그들은 호화롭고 방탕한 연회에 초대하다가 그 뒤에는 함께 도둑질을 하자고 요구했고, 나중에는 더 큰 범죄와 악을 범하도록 부추겼다. 그는 점

점 그 방면에 능숙해졌다. 그에게는 재치와 용기가 있었기 때문에 고삐 풀린 야생마처럼 옳은 길을 떠나 폭행과 무법한 일에 깊이 빠져 들었다. 그는 이전에 배운 구원의 교리를 완전히 망각하고 배격하고서 멸망의 길에 깊이 들어섰다. 그는 도둑들 중 두목이 되어 온갖 살인과 중한 죄를 범했다.

이러한 때에 요한이 우연한 기회로 그 지방을 방문하게 되어 그 주교를 만나 자신이 전에 그리스도와 그곳에 모인 온 회중의 앞에서 그에게 맡겼던 것을 가져오라고 말했다. 요한의 말을 들은 주교는 그를 불신하진 않았지만 그가 자신에게 받지도 않은 돈을 맡겼다고 주장한다고 생각하며 어떻게 대답을 해야 할지 몰라 당황해 했다. 그것을 본 요한은 자기 말의 의미를 분명히 밝혀 "내가 그대에게 보호를 의뢰했던 형제, 그 청년의 영혼을 말하는 것이오"라고 말했다. 주교는 슬피 울면서 큰 소리로 "그는 죽었습니다!"라고 대답했다. 요한이 어떻게 되었냐고 물으니 주교는 "그는 하나님 안에서 죽었습니다. 그는 악하고 버림받은 사람과 어울려 결국 강도가 되었습니다. 또한 그는 교회에 나오지 않고 악한 도둑들과 함께 산에 출몰합니다"라고 대답했다.

요한은 자기 옷을 찢고 크게 슬퍼하며 "내가 이곳에 형제의 영혼을 지킬 훌륭한 관리인을 남겨 두었었거늘…나에게 말 한 필과 청년에게로 안내해줄 사람을 준비해 주시오"라고 말했다. 말과 안내인이 준비되자 그는 서둘러 교회를 떠나 청년이 있다는 곳으로 갔다.

그곳에 도착한 그는 망을 보고 있던 도둑들에게 "나는 목적이 있어 이곳에 왔으니 너의 두목에게로 안내하라"라고 말했다. 그는 두목에게로 안내되었다. 완전 무장을 한 두목은 무섭게 그를 바라보기 시작했다. 그러나 곧 그가 요한임을 알고서 부끄럽고 당황하여 도망치려 했다. 늙은 요한은 자기의 나이도 잊고서 온 힘을 다해 그를 따라가며 소리쳤다. "내 아들아, 왜 아버지에게서 도망하느냐? 왜 무장을 한 네가 무기도 갖지 않은 나에게서 도망하느냐? 젊은 네가 왜 늙은 나에게서 도망치느냐? 내 아들아, 너를 불쌍히 여기고 있다. 두려워 하지 말아라. 아직 구원의 소망이 있다. 내가 그리스도께 너를 위해 보상을 하겠다. 필요하다면 너를 위해 죽을 작정이다. 그리스도께서 우리를 위해 죽으셨듯이 나도 너를 위해 목숨을 바치겠다. 나를 믿거라. 그리스도께서 나를 너에게 보내셨다"라고 소리쳤다.

이 말을 들은 청년은 마치 미로에 빠진듯이 혼란을 느끼며 멍하게 서 있다가 힘을 잃고는 무기를 버렸다. 그는 처음에는 두려워하다가 점차 슬프게 울기 시작했다. 그리고 그에게 달려와 울며 그에게 안겼다. 그는 마치 눈물로써 다시 세례를 받는 것 같았다. 그러나 오른손은 감추고 내밀지 않았다.

요한은 그가 구세주로부터 죄사함을 얻을 것이라고 약속한 뒤에 무릎을 꿇고 기도하고 이 살인자의 오른손에 입을 맞추었다. 그는 부끄러워서 감히 그 손을 내밀지 못했었다.

요한은 회개하고 정결하게 된 청년을 데리고 교회로 돌아갔다. 그는 여러 날 동안 금식하며 기도하면서 많은 말씀으로 그의 마음을 위로하고 확신을 준 뒤에 다시 교회로 보냈다. 이것은 성실한 회개의 본보기고 중생의 증거이며 장래 있을 부활의 기념비였다.

로마 황제들이 기독교인을 박해한 것은 두려움과 증오심 때문이었다. 첫째, 로마의 황제들과 원로원 의원들은 그리스도의 나라가 어떤 것인지 알지 못했기 때문에 그리스도가 자기들의 제국을 전복시킬 것이라는 우려와 두려움을 가지고 있었다. 따라서 그들은 모든 수단을 동원하여 온갖 고문과 처형을 함으로써 기독교인이라는 명사와 그에 대한 기억까지 완전히 없애려고 노력했다.

둘째, 이 세상은 태초부터 하나님의 백성들을 미워했고 그들에게 악의를 품었다는 것이 그들의 증오심의 부분적 원인이다. 또한 세상과 반대되는 본성과 종교를 지닌 기독교 신자들은 참되고 살아계신 유일하신 하나님을 섬기기 때문에 로마인들이 섬기는 거짓된 신들을 멸시하고 그들의 우상숭배를 비방했으며 우상 속에서 역사하는 사단의 권세를 수 차례나 중지시켰다. 따라서 세상의 왕인 사단은 로마의 군주들과 맹목적인 우상 숭배자들을 선동하여 신자들을 더욱 증오하고 괴롭혔다. 그들은 로마의 어느 지방이나 도시에 기근, 역병, 지진, 전쟁, 기이한 일, 기상 이변 등 상서롭지 못한 일이 발생하면, 그 책임을 기독교인에게 전가했다.

사단의 도구인 압제자들은 그들의 육체적 생명을 빼앗는 것으로 만족하지 않았다. 그들은 여러 가지 무서운 사형 방법을 사용했다. 그들은 인간이 발명해낸 온갖 잔인한 장치들을 기독교인들을 고문하는데 사용했다. 채찍질, 찢어 죽이기, 돌로 쳐서 죽이기, 뜨겁게 달아 오른 철판 위에 올려 놓기, 깊은 감옥에 가두기, 몸을 잡아 당겨 심한 고통을 주는 고문, 감옥 안에서 질식시키는 방법, 사나운 짐승의 먹이가 되어 죽게 하는 법, 석쇠, 교수대, 황소의 뿔에 받혀 죽이는 방법 등이 사용되었다. 더욱이 그들은 이렇게 하여 죽은 사람들의 시체를 쌓아놓고 그대로 방치해두어 장례를 치르지 못하게 했다.

그러나 이처럼 무서운 형벌과 박해가 계속되었음에도 불구하고 교회는 사도들과 사도 시대 사람들의 교리에 깊이 뿌리를 내리고 성도들의 피라는 풍성한 수액을 공급받아 성장했다.

익나티우스

제3차 박해 때에 저명한 학자인 플리니 2세는 통탄스러운 기독교인 학살을 보고 연민을 느껴 트라얀에게 서신을 보냈다. 그는 그 서신에서 수천 명의 기독교인들이 박해를 받을 만큼 로마법을 범하지 않았지만 매일 처형된다고 증언했다.

"그들의 잘못, 혹은 범죄에 대해 제시할 수 있는 근거는 단지 그들이 정해진 날 새벽에 모여 하나님이신 그리스도에게 정해놓은 형식대로 기도하면서 범죄하지 않겠다고 맹세한다는 것이었습니다. 즉 결코 절도나 간음을 하지 않으며 거짓말하지 않고 남을 속이지 않겠다고 맹세한 뒤 헤어졌다가 다시 모여 함께 식사를 나누는 것이 그들의 관습입니다."

이 박해 때에 많은 사람들의 존경을 받는 익나티우스(Ignatius)가 순교했다. 익나티우스는 베드로의 뒤를 이어 안디옥 교회의 감독으로 임명되었었다. 일설에 의하면 그는 그리스도를 믿는 신앙을 고백했기 때문에 시리아에서 로마로 압송되어 그곳에서 사나운 짐승들의 밥이 되었다고 한다. 그에 대해서 다음과 같은 이야기도 있다: 그는 체포되어 로마로 압송되어가는 도중, 아시아를 지나면서 말씀을 전파하고 권면함으로써 온 도시의 교회들에게 확신과 힘을 주었다고 한다. 그는 서머나에서 로마에 있는 교회에게 편지하기를 자신을 구출함으로써 자신이 바라고 동경하는 귀한 것, 즉 순교의 면류관을 그에게서 박탈하지 말라고 권면했다.

"이제 비로소 나는 그리스도의 제자가 되기 시작했습니다. 나는 눈에 보이는 것이나 보이지 않는 것에는 전혀 관심을 기울이지 않고 오직 그리스도를 얻기만 바랍니다. 나는 불에 태워지거나 십자가에 달리거나 사나운 짐승들에게 던져 지거나 뼈가 부서지고 사지가 찢어지거나 온갖 마귀의 궤계가 임하더라도 오직 예수 그리스도를 얻기만 바랍니다!"

자신이 갈망했던 대로 짐승에게 던져 죽이라는 선고를 받은 그는 사자의 으르렁거리는 소리를 들으면서도 "나는 그리스도의 밀입니다. 그러므로 나는 사나운 짐승의 이빨 속에서 절구질되어 순결한 빵이 될 것입니다"라고 말했다.

폴리갑

A.D. 161년 경 온화하고 조용했던 군주 안토니우스 피우스 (Antonius Pius)가 사망하고 그의 아들 마르쿠스 아우렐리우스 (Marcus Aurelius)가 즉위했다. 그는 대단히 엄하고 혹독한 성품의 황제였다. 그는 학문 연구와 내정에 있어서는 훌륭했으나, 기독교인들에게는 모질고 혹독했다. 이 황제의 의해 제4차 박해가 시작되었다.

마르쿠스 시대에 기독교인이라고 고백한 많은 진실한 신자들이 잔인한 고문과 형벌을 당했는데, 서머나 교회의 감독 폴리갑 (Polycarp)도 이 때에 순교했다. 유세비우스의 진술에 따르면 폴리갑의 교회 형제들이 전 세계의 형제들에게 보냈다는 서신에서 발췌한 폴리갑의 종말과 순교에 대한 이야기를 여기에서 언급하는 것도 유익하리라고 생각된다

폴리갑은 체포되기 사흘 전날 밤, 기도하다가 잠이 들었다. 그는 꿈 속에서 자기가 베고 자던 베개에 불이 붙어 거의 타버린 것을 보았다. 꿈에서 깨어난 그는 그 꿈을 해몽하면서 자신이 그리스도 때문에 산 채로 화형을 당할 것이라고 예언했다. 그를 체포하려는 사람들이 가까이 왔을 때에 그는 사랑하는 형제들을 위해 다른 마을로 피신하라는 권유를 받아들여 피신했지만 그를 추적하여 그 마을까지 따라온 사람들은 근처에 사는 두 명의 소년을 붙잡아 채찍질한 결과 그 중 한 아이의 안내로 폴리갑이 숨어 있는 곳으로 왔다. 그들이 밤 중에 그곳에 도착했을 때 폴리갑은 그 집의 제일 꼭대기에 있는 방에서 잠을 자고 있었으므로 도망치려는 마음만 먹었다면 도망칠 수 있었다. 그러나 그는 그렇게 하기를 거절하며,

"주님의 뜻이 이루어지이다"라고 말했다.

자기를 체포하려는 사람들이 왔다는 소식을 들은 폴리갑은 아래층으로 내려와 명랑하고 쾌활한 표정으로 그들에게 말했다. 그를 한번도 본 일이 없었던 이 사람들은 그의 연로함, 그리고 장엄하고 침착한 태도에 크게 놀랐으며, 왜 이렇게 늙은 노인을 체포하려고 그처럼 애를 써야 하는지 의아해했다. 폴리갑은 즉시 식사를 준비하라고 하여 그들에게 마음껏 먹으라고 권했다. 그리고 한 시간 동안만 방해를 받지 않고 기도하게 해달라고 요청했다. 그들이 허락했으므로 그는 일어나서 기도하기 시작했다. 그는 하나님의 은혜로 충만했기 때문에 그의 기도 소리를 듣는 사람들은 깜짝 놀랐으며, 많은 사람들은 이처럼 훌륭하고 경건한 사람이 사형을 받아야 한다는 사실을 대단히 안타깝게 생각했다.

그는 기도를 끝마치면서 자기와 관계가 있었던 모든 사람들, 신분이 높은 자와 낮은 자, 귀족과 서민, 그리고 전 세계에 있는 모든 교회를 위해 기도했다. 이윽고 떠날 시간이 되었다. 그들은 폴리갑을 노새에 태워 로마로 데려갔다.

그곳에서 분봉왕 헤롯과 그의 부친 니세테스는 그를 마차에 태우고 설득하기 시작했다. "가이사를 인정하고 그를 예배하여 너 자신을 구원한다면 해로운 것이 없지 않은가?" 폴리갑은 아무 말도 하지 않았다. 그러나 대답하라고 강요했으므로 "나는 당신의 충고를 따르지 않겠습니다"라고 대답했다. 그가 자기들의 말을 듣지 않았기 때문에 화가 난 그들은 그에게 폭언을 퍼붓고 마차에서 밀어내어 그를 다치게 하였다. 그러나 그는 아무렇지 않게 밝은 모습으로 호위병들의 인도를 받아 경기장으로 향했다.

경기장 안은 말소리가 전혀 들리지 않을 정도로 시끄러웠다. 그런데 폴리갑이 경기장으로 들어갈 때에 하늘에서 "폴리갑아, 강건하여라. 그리고 용감하게 처신하라"라고 소리가 들렸다. 아무도 말한 사람을 보지는 못했지만 그 음성은 많은 사람들이 들었다. 그는 판사 앞으로 끌려 나갔다. 지방 총독은 그에게 "네가 폴리갑인가?"라고 물었다. 그렇다고 대답을 하자 "당신 자신을 생각하고 나이를 생각해 보시오"라고 말하며 그리스도를 부인하라고 권고했다. 그리고는 "가이사의 이름으로 맹세하시오. 뉘우치고 '무신론자들은 물러가라'고 외치시오"라는 그들이 버릇처럼 하는 말들로 그를 권면했다. 폴리갑은 비장한 얼굴로 경기장에 있는 모든 군중을 바라보고 그들을 향해 손짓을 하며 깊은 한숨을 지었고 하늘을 바라보며 "무신론자들을 데려가라!"고 말했다. 총독은 계속 강권하며 "맹세하시오. 그러면 당신을 석방하겠습니다. 그리스도를 부인하시오"라고 말했다.

폴리갑은 대답하기를 "나는 86년 동안 그리스도를 섬겨 왔지만, 그분은 한번도 나에게 해를 끼친 일이 없습니다. 그런데 내가 어찌 나를 구원하신 나의 왕을 모독할 수 있겠습니까?"라고 했다. 총독은 다시 가이사의 이름으로 맹세하라고 강요했다. 폴리갑은 "당신은 나의 참 성품을 알지 못하기 때문에 나에게 가이사의 이름으로 맹세케 하려는 헛수고를 하고 있소. 내가 누구인지 솔직하게 말할 테니 들어보시오. 나는 기독교인이요. 만일 당신이 기독교 교리를 알기를 원한다면 나에게 하루만 내주시오. 그러면 말씀드리겠소."

이 말을 들은 총독은 "나는 사나운 짐승들을 소유하고 있소. 만일 당신이 뉘우치지 않는다면 당신을 짐승들에게 내어주겠소"라고 말했다. 폴리갑은 "짐승들을 부르시오. 선에서 악으로 변한다면 그것은 악한 것이요. 악에서 선으로 변하면 선한 것입니다"라고 말했다. "당신은 사나운 짐승들을 멸시하고 있으므로, 만일 당신이 뉘우치지 않는다면 나는 당신을 불로 다스리겠소"라고 총독은 말했다.

폴리갑은 대답했다. "당신은 나를 불로 위협하고 있지만, 그 불은 한 시간 정도 타다가 꺼지게 마련이요. 그러나 경건치 못한 자들에게는 심판의 불, 영원한 형벌의 불이 예비되어 있다는 것을 당신은 모르고 있소. 자, 왜 지체하고 있소? 당신이 하고 싶은 대로 하시오."

총독은 전령을 경기장 복판으로 보내어 "폴리갑은 자신이 기독교인이라고 고백했다"고 세 번 소리치게 했다. 이 말을 들은 순간 서머나에 거하고 있는 이방인들과 유대인 등 많은 사람들은 격분하여 "그 자는 아시아의 박사요, 기독교인들의 교부요, 우리들의 신을 파괴하는 자이다. 그는 많은 사람들에게 우리 신들을 예배하거나 제사를 드리지 말라고 가르쳤다"고 소리쳤다. 그들은 아시아의 영주 빌립을 찾아가 폴리갑을 사나운 짐승의 밥으로 만들라고 요청했다. 그러나 그는 이미 경기가 끝났다고 말하며 거절했다. 그러자 그들은 폴리갑을 산 채로 화형에 처해야 한다고 소리쳤다.

그리하여 폴리갑이 기도하던 중에 보았던 환상, 자기의 베개가 불에 타는 환상이 이루어지게 되었다. 유대인들이 앞장을 서서 작업장과 목욕탕에서 장작이나 마른 땔감을 모아왔다.

사람들이 폴리갑을 기둥에 묶으려 했을 때에 그가 말하기를 "나를 그대로 두시오. 당신들이 나를 못으로 고정시키지 않더라도 나에게 화형을 견딜 힘을 주시는 분께서는 장작더미 속에서 물러서지 않고 견딜 힘도 주실 것이요"라고 말했다. 이 말을 듣고 사람들은 그에게 못질을 하지 않고 묶기만 했다. 그는 "오. 아버지시여, 나로 하여금 순교자들의 반열에 들어갈 수 있게 해 주신 당신께 감사하나이다"고 기도했다.

그가 "아멘"이라고 말하는 순간 집행관은 불을 당겼다. 불꽃은 마치 바람을 맞은 돛단배의 돛처럼 아치의 형상을 이루며 이 순교자의 몸을 휘감았다. 불 가운데 있는 폴리갑의 몸은 불타는 육체가 아니라 풀무불 속에서 정련되는 금이나 은 같았다. 우리는 유향, 또는 값비싼 향에서 풍겨나는 향기를 맡을 수 있었다. 마침내 폴리갑의 몸을 불로 태워버릴 수 없다는 것을 깨달은 악인들은 그의 몸을 칼로 찌르라고 명했다. 그의 몸을 칼로 찌르니 피가 솟구쳐 나와 불이 꺼지고 말았다.

이 의인을 시기하며 악의를 품은 원수들은 그의 가련한 시신을 가져가지 못하게 방해했다. 어떤 사람들은 니세테스에게 총독에게 가서 폴리갑의 시신을 기독교인에게 내어주지 말라고 하라고 제안했다. 그들은 "그렇게 하지 않으면 그들은 십자가에 달린 그 분을 버려두고 폴리갑을 예배하기 시작할 것입니다"고 말했다. 그들은 유대인들의 제안과 주장에 근거하여 이렇게 말했는데, 이 유대인들은 우리가 화형장에서 시신을 가져 오려고 할 때에 우리를 지켜보고 있었다. 유대인들의 악의를 감지한 백부장은 시신을 불에 태워버렸다. 우리는 타고 남은 그의 뼈들—그것은 금이나 보화보다 귀한 것이었다—을 주워 모아 적절한 곳에 안치했다.

프랑스의 순교자들

역시 이 박해 때에 프랑스의 리용(Lyons)과 비엔느(Vienne)에서는 훌륭하고 신앙이 굳은 순교자들이 박해를 당했다. 그들은 장엄한 증언을 했으며, 모든 기독교인들에게 우리 주 예수 그리스도 안에 있는 굳건한 믿음의 본보기를 나타냈다. 그들의 이야기는 그들의 교회에 의해 발표되었는데, 그 내용은 다음과 같다.

총독과 군인들과 많은 군중들이 비엔느의 집사인 상투스(Sanctus), 개종한지 얼마 되지 않았으나 영적인 일에 있어서 도량이 넓은 마투루스(Maturus), 교회의 기둥이요 대들보인 페르가모스의 아탈루스(Attalus), 그리고 블란디나(Blandina)에게 격분을 쏟아 부었다.

인간들이 볼 때에는 보기 흉하고 경멸스러운 일들이 하나님이 보시기에는 지극히 훌륭한 일임을 블란디나를 통해 보여 주셨다. 그녀는 결코 자만하거나 교만한 겉치레가 아니라 진정한 정력적으로 하나님에 대한 사랑을 나타냈다. 우리 모두, 그리고 고귀한 순교자의 한 사람이었던 그녀의 여주인까지도 그녀의 육신이 약하여 훌륭한 신앙의 증인이 될 수 없을까 염려했다. 그러나 블란디나는 대단한 강인함으로 모든 시련을 견디어냈다. 아침부터 밤까지 연이어 그녀를 고문하던 사람들은 지치고 고문 도구들에 질리고 말았다. 그들은 온 몸이 찢기고 상처 투성이가 되었는데도 여전히 숨이 붙어 있는 그녀를 보고 놀라지 않을 수 없었다. 이 경건한 여인은 신앙 고백을 통하여 활력을 금세 되찾았다. 그녀가 "나는 기독교인이다. 우리는 악을 행하지 않는다"라고 말하는 순간 모든 고통이 사라지는 듯했다.

경건치 못한 사람들이 상투스에게서 복음을 거슬리는 말을 듣기 위하여 야만적으로 광분하며 그를 괴롭혔으나 그는 인간의 한계를 초월하는 태도로 모든 고난을 이겨냈다. 그는 자기의 이름과 국적을 묻는데도 대답하지 않았고, 자유인인지 노예인지에 대해서도 대답하지 않았다. 그는 모든 질문에 대해 오직 "나는 기독교인입니다"라고 대답했다. 기독교인이라는 것은 그에게 있어서 자기의 이름이요, 조국이요, 가문이요 모든 것이었다.

　이 신실한 사람들은 형장으로 끌려 가면서도 기쁘게 발걸음을 내딛었다. 그들의 얼굴은 은혜와 영광으로 빛났고 묶은 끈은 마치 아름다운 장신구처럼 보였으며, 화려한 화환으로 장식하여 그리스도의 향기를 호흡하는 신부처럼 보였다. 그들은 여러 가지 방법으로 처형을 당했지만 그것은 다양한 향기와 꽃으로 화관을 엮어 하나님께 바친 것이다.

　마투루스, 상투스, 블란디나, 아탈루스는 비인간적인 이방인들의 구경거리가 되어 원형 경기장에서 사나운 짐승을 맞게 되었다. 그들은 미친 군중들이 소리치며 요구하는 온갖 야만적 만행을 당했다. 그 중에도 가장 잔인한 것은 그들을 쇠로 만든 뜨거운 의자에 앉힌 것으로서 그들의 몸은 그 뜨거운 의자 위에서 익어 역겨운 냄새를 풍겼다. 그럼에도 불구하고 오랫동안 숨이 붙어 있었지만 결국에는 숨이 끊어지고 말았다.

　블란디나는 화형에서는 면제되었으나, 사나운 짐승의 밥이 되었다. 사람들은 그녀가 십자가 형태로 매달린 채 열심히 기도하는 모습을 볼 수 있었다. 동료 신자들은 이 자매의 모습에서 자신을 위해 십자가에 달리신 주님의 형상을 목격하고 크게 감동을 받았다. 그 순간에는 사나운 짐승들 조차도 그녀에게 접근하지 못했다. 그녀는 기둥에서 풀려나 다시 감방에 던져졌다. 그녀는 겉보기에는 연약하고 비천하게 보였지만 무적의 승리자이신 그리스도로 옷 입었으므로 온갖 형태로 접근하는 원수들을 맞아 싸워 결국 승리하여 불멸의 면류관을 썼다.

　아탈루스는 기독교인들의 존경을 받는 인물이었으므로 사람들은 무섭게 그의 처형을 요구했다. 그는 즐겁고 침착한 마음으로 앞으로 나왔다. 그는 원숙한 기독교인이었으며, 진리를 증거하기 위한 만반의 준비가 되어 있었다. 그는 "이 사람은 기독교인 아탈루스다"라고 새긴 판을 들고 원형 경기장을 한 바퀴 돌았다. 사람들은 격분하여 당장에 그를 처치하려고 했다. 그러나 그가 로마인이라는 사실을 알게된 총독은 그를 감방에 데려 가라고 명했다. 총독은 로마인이기에 특권을 주장할 수 있었던 아탈루스 및 몇 명의 사람들에 대한 황제의 지시를 바라는 서신을 띄웠다. 황제는 그리스도를 믿는 신자들은 처형해야 한다는 명령을 내렸다. 로마인들에게는 참수(斬首)되어 죽을 수 있는 특권이 주어졌고, 나머지 사람들은 사나운 짐승들의 밥이 되었다.

한편 주님은 한 때 배교했던 사람들을 통해서도 영광을 받으셨다. 그들은 곧 석방될 것으로 간주되어 다른 사람들과 분리되어 심문을 받았으나, 다시 신앙을 고백하여 이방인들을 놀라게 했고, 역시 순교자의 대열에 들어섰다.

블란디나는 마지막으로 자신의 자녀들에게 자비하게 권면을 하여 먼저 왕이신 그리스도께로 가게한 뒤 그들이 당한 고난을 회고하면서 자신도 동일한 길을 걷기를 서둘렀다. 그녀는 사나운 짐승에게 나아가는 것이 아니라 결혼 잔치에 초대되어 가는 사람처럼 기쁘고 의기양양하게 경기장 안으로 들어갔다. 그녀는 매를 맞고, 짐승에게 찢기고, 쇠의자에 앉히는 악형을 당한 뒤에, 그물에 매달려 황소의 뿔에 받혀 숨을 거두었다. 그러나 그녀는 소망, 자기의 믿음의 목적과 그리스도와의 교제가 실현된다는 생각으로 말미암아 고통을 이겨냈다.

성 로렌스

이제 우리는 대단히 견고하고 담대한 순교자 성 로렌스(St. Lawrence)의 이야기를 대하게 된다. 로렌스의 말과 행위는 무성한 월계수처럼 그리스도인의 마음 속에 새롭고 신선한 감화를 준다. 이 목마른 사슴은 생명수를 동경하여 고달픈 죽음의 협곡을 넘어 그곳에 이르기를 갈망했다. 그는 로마의 주교요 부지런한 목자인 식스투스(Sixtus)가 악한 폭군들에 의해 마치 흠 없는 어린 양처럼 죽음을 당하는 것을 보았을 때에 어찌할 바를 모르는 마음으로 눈물을 흘리며 이렇게 외쳤다.

"오, 사랑하는 아버지! 당신의 사랑하는 아들을 버려두고 어디로 가십니까? 내게 당신을 노하게 만든 죄가 있습니까? 내게 애정이 없어서입니까? 자애로운 아버지, 말씀해 보십시오. 당신은 신실한 목회자를 뽑았습니까? 그렇지 못했습니까? 당신은 그와 당신의 피로 맺은 교제를 부인하십니까?"

그가 이렇게 말한 것은 자기의 스승이 고난을 당해야 한다는 사실 때문이 아니라 자신이 목마르게 사모해온 죽음의 잔을 맛보지 못하게 되었기 때문이었다.

식스투스는 이렇게 대답했다. "내 아들아, 나는 너를 버리지 않는다. 너에게는 보다 무서운 싸움이 남아 있다. 나는 너보다 약하고 연약한 노인이기 때문에 보다 쉽고 가벼운 죽음의 경주를 한다. 그러나 너는 활기찬 청년이기 때문에 한층 더 기운차고 영광스럽게 이 폭군과 싸워 이겨야 한다. 너의 때가 다가오고 있다. 울거나 탄식하지 말아라. 너는 사흘 후에 나를 따라올 것이다. 왜 너는 나의 고난에 나와 함께 참여하려고 하느냐? 나는 너에게 모든 기업을 넘겨준다."

　순교자 로렌스의 가슴에서 타오르던 불에 접근함으로써 우리의 차가운 마음이 따뜻해질 수 있을 것이다. 로렌스가 성례를 집전할 뿐만 아니라 교회의 재산을 나누어주고 있다는 것을 알아낸 무자비한 폭군은 그를 체포함으로써 두 가지를 얻으려 했다.
　첫째, 그는 탐욕이라는 갈고리로 가난한 기독교인들의 재산을 긁어 모으려 했으며, 다음으로는 무서운 폭정의 갈퀴로 그들을 키질하고 괴롭혀 마침내 그들이 신앙을 지키는 일에 지치게 만들려는 것이었다.
　이 탐욕스러운 늑대는 사납고 잔인한 얼굴로 로렌스에게 교회의 재산을 보관하고 있는 곳을 대라고 요구했다. 로렌스는 사흘의 말미를 주면 보물이 있는 곳을 밝히겠다고 약속했다. 그리고 그 동안 그는 가난한 교인들을 불러 모았다. 약속한 날이 되었다. 박해자는 그에게 보물이 있는 곳을 밝히라고 명령했다. 용감한 로렌스는 가난한 사람들을 가리키며 말했다.
　"이 사람들이 교회의 귀중한 보물입니다. 이 사람들의 마음은 그리스도를 향한 믿음이 지배하고 있고, 그들의 마음 속에 예수 그리스도의 저택이 있습니다. 그리스도께서 친히 거하시겠다고 약속한 심령보다 더 귀한 보화가 어디 있겠습니까? 그래서 성경에는 '내가 주릴 때에 너희가 먹을 것을 주었고 목마를 때에 마시게 하였고 나그네 되었을 때에 영접하였고…너희가 여기 내 형제 중에 지극히 작은 자 하나에게 한 것이 곧 내게 한 것이니라'고 기록되어 있습니다. 그리스도께서 기꺼이 자신을 나타내 보이시는 이 가난한 사람들 외에 더 큰 보화가 무엇이 있겠습니까?"
　이 말을 들은 폭군은 미친 듯이 노했다. 그의 두 눈은 이글거렸고, 입에는 멧돼지처럼 거품을 물었고, 지옥의 악귀처럼 이를 갈았다. 그는 이성이 있는 사람이라기보다 으르렁거리는 사자라고 부르는 편이 더 어울렸을 것이다. 그리고는 이렇게 외쳤다.

"불을 지펴라. 장작을 아끼지 말아라. 이 악한은 황제를 기만하지 않았는가? 그를 죽여라. 채찍으로 때리고 막대기로 비틀고 주먹으로 치고 곤봉으로 머리를 때려라. 이 반역자는 황제를 조롱했다. 뜨거운 인두로 지지고, 그의 몸을 불타는 철판으로 에워싸라. 튼튼한 쇠사슬과 불갈퀴, 그리고 쇠창살을 댄 쇠침대를 가져다 놓고 거기에 불을 붙여라. 저 반역자의 손과 발을 묶고 침대가 뜨거워진 뒤에 그 위에 올려 놓아라. 그를 불에 굽고 지지고 던지고 뒤집어라. 형리들아, 만일 너희가 이 명령을 위반하면 우리의 분노를 사게 될 것이다."

그의 말이 떨어지자마자 모든 준비가 이루어졌다. 이 온유한 어린 양은 많은 잔인한 고문을 당한 뒤에 무시무시한 쇠침대 위에 눕혀졌다. 그러나 그에게 있어서 그것은 무서운 쇠침대가 아니라 포근한 오리털 침대 같았다. 하나님께서는 순교자 로렌스에게 강하게 역사하셨으며 자신이 조성하신 요소인 불을 기적적으로 진정시키셨으므로 그것은 태워 죽이는 고통의 침대가 아니라 풍성한 안식을 주는 짚이불 같았다.

영국 최초의 순교자 알반

알반(Alban)은 그리스도를 위해 순교한 최초의 영국인이다. 디오클레시안(Dioclesian)과 막시미안(Maximian) 황제가 기독교인을 박해하기 위한 가혹한 서신들을 발표했을 때에, 당시 불신자였던 알반은 박해자의 추적을 피해 도망쳐온 사람을 자기 집의 사무원으로 맞아들였다. 알반이 보니 그는 매일 밤낮으로 깨어 기도하고 있었다. 그러던 중 하나님의 크신 자비로 말미암아 알반은 그의 믿음과 경건한 생활을 본받게 되었고, 그의 온전한 권면의 가르침을 받아 우상숭배에서 벗어나 마침내 온전한 기독교인이 되었다.

앞서 말한 사무원이 그의 집에 머무르게 된지 얼마 뒤 악한 군주는 이 선한 기독교인이 알반의 집이나 그 근처에 머무르고 있다는 정보를 입수했다. 그리하여 병사들에게 그 사실을 확실히 조사하라고 명했다. 병사들이 알반의 집에 이르렀을 때, 알반은 자기의 손님인 동시에 스승인 사무원이 입었던 옷을 입고서 그를 대신하여 병사들에게 나타났다. 병사들은 그를 묶어 즉시 재판관에게 데려갔다.

우연히도 알반이 판사 앞에 끌려갔을 때에 판사는 제단 앞에서 마귀에게 제물을 바치고 있었다. 알반을 본 판사는 크게 노했다. 왜냐하면 알반은 자기 집에 숨겨둔 사람의 안전을 위해 위험을 무릅쓰고 자원하여 잡혀왔기 때문이었다. 판사는 알반을 자기가 예배하는 우상들 앞으로 데려오라고 명하고 그에게 다음과 같이 말했다.

"당신은 반역자를 병사들에게 넘겨주어 그가 지은 신성모독죄에 합당한 형벌을 받게 하지 않고 오히려 그를 숨겨주고 다른 곳에 보내었다. 만일 내가 보기에 당신이 우리의 예배 방법에 조금이라도 반감을 품는다고 생각되면 당신은 그가 받아야만 할 형벌을 대신 받게 될 것이다."

자원하여 박해자들에게 자기가 기독교인임을 밝혔던 알반은 군주의 협박도 두려워하지 않았다. 오히려 영적 갑옷으로 무장한 그는 군주의 명령에 복종하지 않겠다고 선언했다. 그러자 판사가 물었다. "그대는 어느 가문 출생인가?"

"내가 어느 가문 출신이든 그것이 당신과 무슨 상관이 있는가? 만일 당신이 내 신앙의 진실을 알고자 한다면 말하겠다. 나는 기독교인이며 그 부르심에 온전히 전념하고 있다." 이 말을 듣고 판사가 말했다. "나는 당신의 이름을 알고자 하는 것이니, 지체말고 이름을 말하라." 알반은 대답했다. "내 부모님은 나를 알반이라고 이름 지었으며, 나는 온 세상을 지으신 살아 계신 참 하나님을 예배한다." 그 말을 듣고 크게 노한 판사는 "만일 그대의 생명을 연장시키고 싶다면 위대한 신들에게 제사를 드려라"고 말했다. 알반은 "마귀에게 바치는 이런 제사는 사람들에게 도움을 주지 못하며, 또한 마귀는 그런 기도를 드리는 자들의 기도와 소원을 이루어주지도 못한다"라고 말했다. 이 말을 듣고 진노한 판사는 형리에게 그를 채찍질하라고 명했다. 그렇게 함으로써 말로 설득시키지 못한 그의 신앙의 절개를 꺾어보려 했다. 알반은 잔인하게 매질을 당했지만 주님을 위해 인내하며 즐거운 마음으로 견디었다. 마침내 고문에 의해서는 그의 신앙을 꺾거나 변절시킬 수 없다는 것을 깨달은 판사는 그에게 참수형을 선고했다.

로마누스

이제 다시 박해가 불 일듯 일어났던 국가로 돌아가 본다.

무자비한 갈레리우스(Galerius)는 지방장관 아스클레피아데스(Asclepiades)와 함께 안디옥을 공격했다. 그의 목적은 무력으로 기독교인들을 휘어잡아 순수한 신앙을 완전히 부인하게 만들려는 것이었다. 당시 기독교인들은 한 곳에 모여 있었는데 로마누스(Romanus)라는 사람이 황급히 달려오더니 기독교인들을 잡아 먹으려는 늑대들이 바로 앞에 와 있다고 알려 주었다. 그는 "형제들이여, 그러나 두려워 마십시오. 그리고 이 임박한 위험으로 인해 당황하지도 마십시오"라고 말했다. 로마누스를 통해 역사하시는 크신 하나님의 은총으로 말미암아 나이 먹은 남자들과 기혼 부인들, 부모들, 젊은 청년과 처녀 등 모두가 한 마음 한 뜻이 되어 기독교 신앙을 방어하기 위해 피 흘릴 각오를 했다.

무장한 군사들은 무장한 교인들의 손에서 신앙의 지팡이를 빼앗지 못했으며, 또 로마누스가 신자들을 강력하게 격려했으므로 그들은 그리스도를 위해 영광스럽게 죽기를 바라며 무방비 상태의 좁은 통로를 내놓지 않으려고 한다는 소식이 지방 장관에게 전해졌다. 그 소식을 들은 장관은 "그 반역자를 찾아내어 그 종파에 대한 책임을 지게 하라"고 말했다. 로마누스는 체포되어 마치 도살장으로 가는 양처럼 묶여 황제 앞으로 끌려갔다. 황제는 몹시 노한 얼굴로 그를 바라보며 말했다. "네가 이 폭동을 선동한 장본인이냐? 네가 많은 사람들을 선동하여 생명을 잃게 만든 사람이냐? 신께 맹세컨대 너는 네 행동에 합당한 고통을 받게 될 것이다. 먼저 너는 네 동료들을 격려하여 겪게 했던 고통을 네 몸으로 친히 겪게 될 것이다."

로마누스는 대답했다. "나는 기쁘게 당신의 선고를 받아들입니다. 나는 내 형제들을 대신하여 희생되는 것, 당신이 고안해낼 잔인한 방법에 의해 희생 당하는 것을 거부하지 않습니다. 당신의 병사들은 기독교인들로부터 격퇴 당했습니다. 그런 일이 일어난 까닭은 우상숭배자와 마귀를 예배하는 자들이 거룩한 하나님의 집에 들어가 참된 기도의 처소를 더럽히는 것이 허락되지 않기 때문입니다."

이 완강한 답변을 듣고 크게 노한 아스클레피아데스는 로마누스의 두 팔을 동여 묶고 창자를 꺼내라고 명했다. 그러나 아스클레피아데스보다는 인정이 많았던 사형집행인들은 "전하, 그리하지 마십시오. 이 사람은 귀족입니다. 귀족에게 그처럼 천한 죽음을 명하는 것은 부당합니다"라고 말했다. 그러자 아스클레피아데스는 "작은 납덩어리들이 달린 채찍으로 그를 때려라"고 말했다. 로마누스는 자기가 귀족이라는 이유로 그에게 은혜를 구하지 않았다. 그는 눈물을 흘리거나 한숨을 짓거나 신음하지 않고 내내 시편을 노래하면서 채찍질을 당했다. 그는 "나를 고귀하게 만드는 것은 조상들의 피가 아니라 기독교 신앙이다"라고 말했다. 이 순교자가 하는 의로운 말은 박해자의 진노의 불에 기름을 붓는 격이 되었다. 로마누스가 말을 하면 할수록 그는 더욱 미친듯이 날뛰었다. 그는 이 순교자의 옆구리의 뼈가 드러날 때까지 찌르라고 명했다.

로마누스가 두번째로 살아 계신 하나님과 그의 아들 주 예수 그리스도와 그분의 보혈을 믿음으로 얻는 영생을 전파했을 때, 아스클레피아데스는 형리에게 로마누스의 입을 쳐서 이빨이 빠져 말을 하지 못하게 하라고 명령했다. 그 명령은 그대로 시행되었다. 그의 얼굴은 채찍질을 당했고 눈꺼풀은 채찍 끝에 달린 못 때문에 찢어지고 두 뺨은 칼로 찢겼다. 그의 턱수염은 조금씩 벗겨져 나가 마침내 그의 점잖은 얼굴이 온통 흉하게 되었다. 그러나 이 온유한 순교자는 말했다. "나는 당신에게 감사하게 생각합니다. 당신은 나에게 많은 입을 만들어 주어 나로 하여금 그 입들로 나의 주 예수를 전파하게 해 주었습니다. 보십시오. 나에게는 수 많은 상처가 있습니다. 이 많은 입들로 나는 하나님을 찬미하고 찬양합니다."

이처럼 특이한 신앙의 절개에 놀란 아스클레피아데스는 고문을 중지하라고 명령했다. 그는 로마누스를 무서운 불로 위협하고 욕하며 하나님을 모독하는 말을 했다. "네가 믿는 십자가에 달린 그리스도는 어제의 하나님에 지나지 않지만 이방인의 신들은 옛부터 있었던 신들이다."

로마누스는 이 기회를 이용하여 다시 그리스도의 영원하심, 그의 인성(人性), 인류를 위한 그리스도의 죽음과 대속에 대해 길게 설교를 했다. 설교를 마친 뒤, 그는 이렇게 말했다. "나에게 7살 짜리 아이를 데려다 주시오. 그 나이 또래의 어린이는 나이 먹은 사람들처럼 악의와 악에 물들어 있지 않을 것이니 그 아이가 무엇이라고 말하는지 들어 보십시오."

그의 요구는 받아들여져 군중들 속에서 어린 소년을 불러다가 그의 앞에 세웠다. 순교자는 말했다. "애야, 우리가 그리스도 한 분, 그 한 분 아버지만 예배해야 하는지, 아니면 많은 신들을 예배해야 하는지 말해보렴."

이 소년은 이렇게 대답했다. "사람들이 하나님이라고 확인하는 분은 반드시 한 분이어야 하며, 그 한 분은 독특해야 합니다. 그리고 그리스도는 독특한 분이시므로 마땅히 그리스도가 참 하나님이셔야 합니다. 그렇기 때문에 우리 어린이들은 많은 신들이 있다고 해도 믿을 수 없습니다."

이 말을 들은 아스클레피아데스는 깜짝 놀라 소년에게 물었다. "이 악한 반역자야, 어디서, 누구에게서 그런 말을 배웠느냐?"

"어머니에게서입니다. 나는 어머니의 젖을 빨면서 내가 믿어야 할 분은 그리스도라는 것을 배웠습니다."

그리하여 소년의 어머니가 불려나왔다. 그녀는 기쁜 마음으로 나타났다. 이 폭군은 어린 아이를 매달고 채찍질하라고 명령했다. 이 무자비한 행동을 바라보는 마음 약한 구경꾼들은 눈물을 흘렸다. 그러나 그 어머니만은 기쁘고 즐거운 마음으로 눈물을 흘리지 않은 채 서 있었다. 그녀는 사랑하는 아들이 찬물 한 방울만 달라고 애원하자 그를 꾸짖었다. 그녀는 아들에게 베들레헴의 어린 아이들이 어머니의 젖과 젖꼭지를 잊고서 마셨던 잔을 목마르게 갈망하라고 명령했다. 또 자신이 제물로 바쳐질 제단과 칼을 보고서도 기꺼이 아버지의 칼 앞에 목을 내민 어린 이삭을 기억하라고 말했다. 이 말을 하고 있을 때 무자비한 형리는 소년의 머리 피부와 머리카락 모두를 벗겨버렸다. 그러나 어머니는 소리쳤다. "아들아. 인내하여라. 너는 곧 네 벗겨진 머리를 영원한 영광의 면류관으로 장식해 주실 분에게로 가게 될 것이다." 어머니가 권고하면 아이는 권고를 받았고 어머니가 격려하면 아이는 힘을 얻었다. 그리하여 아이는 채찍질을 당하면서도 웃는 얼굴을 하고 있었다.

이 아이를 이길 수 없다는 것을 깨달은 지방 장관은 아이를 냄새 나는 감옥에 집어 넣고는, 이 모든 악의 원흉인 로마누스를 다시 더욱 혹독하게 고문하라고 명령했다. 로마누스는 다시 끌려나와 채찍질을 당했다. 먼저 번의 상처 위에 다시 형벌이 가해졌다. 이윽고 폭군은 더 이상 참지 못하여 사형 선고를 하며 말했다. "이처럼 오래 살아있는 것이 고통스럽지 않은가? 너와 너를 도와 반역한 저 소년을 태워 재로 만들 불이 준비되고 있다."

로마누스와 소년은 형장으로 끌려갔다. 형장에 도착했을 때 형리는 그 때까지 아들을 안고 있던 어머니에게 아들을 내놓으라고 말했다. 그녀는 아이에게 입을 맞춘 후 형리에게 내주었다. "안녕, 사랑하는 아들아. 네가 그리스도의 나라에 들어가면, 그곳에서 네 어미를 기억해다오" 사형 집행인이 소년의 목에 칼을 대려할 때에 그녀는 이렇게 노래했다.

"모두 마음과 소리를 다해 찬미하고 찬양하라.
오 주님, 우리는 당신께 복종하나이다.
성도의 죽음이 당신께 귀한 것임을 우리는 아나이다."

이 죄 없는 어린 아이의 목이 잘리자, 어머니는 그 머리를 자기 옷으로 싸서 가슴에 안았다. 반대 편에서는 뜨거운 불이 타오르고 있었는데 로마누스는 그 불 속에 던져졌다. 그런데 마침 큰 폭풍이 일어나 그 불을 꺼버렸다. 결국 이 순교자의 강건함과 용기에 지친 폭군은 그를 다시 감옥에 데려가 그 곳에서 목을 졸라 죽이라고 명령했다.

콘스탄틴 대제

　제10차 박해가 시작될 무렵 황제가 된 디오클레시안(Dioclesian)은 막시미안(Maximian)을 좋아했다. 이 두 사람은 황제로서 함께 통치하면서 그들 밑에 또 다시 두 명의 가이사(Caesar)를 두었으니, 갈레리우스와 콘스탄틴 대제의 부친인 콘스탄티우스(Constantius)였다.

　디오클레시안은 막시미안과 함께 통치하면서, 재위 19년에 기독교인에 대한 대박해를 시작했다. 그러나 그의 통치는 오래 지속되지 못했다. 왜냐하면 하나님께서 이 폭군의 입에 재갈을 물리셨으므로 2년 후 디오클레시안과 막시미안은 황제직을 양위하고 평민이 되었기 때문이다.

　이들이 황제의 자리를 빼앗긴 뒤에는 콘스탄티우스와 갈레리우스가 제국을 지배했다. 그들은 제국을 둘로 나누어 갈레리우스는 동쪽의 나라들을, 콘스탄티우스는 서쪽 지방을 다스리게 되었다. 그러나 겸손한 군주였던 콘스탄티우스는 이탈리아와 아프리카는 사양하고 프랑스, 스페인, 영국만 통치했다.

　갈레리우스는 막시미안과 세베루스(Severus)를 가이사로 선정하여 자기 밑에 두었고, 콘스탄티우스는 자기의 아들 콘스탄틴을 가이사로 임명했다.

그런데 갈레리우스가 두 가이사와 함께 아시아에 있는 동안, 로마 군인들은 스스로 퇴위했던 막시미안의 아들 막센티우스(Maxentius)를 황제로 옹립했다. 동쪽 로마제국의 황제 갈레리우스는 이를 대적하기 위해 자기의 아들 세베루스를 파견했다. 그러나 세베루스가 이 항해에서 막센티우스에게 살해되었으므로 갈레리우스는 그의 후임으로 리시니우스(Licinius)를 가이사로 임명했다.

이 두 명의 황제와 가이사들은 디오클레시안과 막시미안이 시작한 박해를 이어받아 A.D. 313년까지 약 7, 8년에 걸쳐 계속했다.

그러나 콘스탄티우스와 그의 아들 콘스탄틴은 여기에 크게 가담하지 않았다. 오히려 그들은 기독교인들을 보살피고 지지해 주었다.

콘스탄티우스 황제는 대단히 훌륭하고 공손하고 온유하고 점잖고 관대했다. 그리고 그는 자신의 주위 사람들이 선을 행하기를 원했다. 언젠가 사이루스(Cyrus)가 말한 바와 같이 그는 친구들을 부유하게 해줌으로써 자기를 위한 보물을 얻었다. 콘스탄티우스는 자신의 보물 창고에 공공 재산을 쌓아 두는 것보다는 백성들이 소유하는 편이 낫다고 말했다고 전해진다. 또 그는 본래 적은 것으로 만족하며 흙으로 만든 그릇에 음식을 담아 먹고 마시곤 했다. 시실리 사람 아가토클레스(Agathocles)는 이것을 크게 칭찬했다. 그는 혹시 자기의 식탁을 장식해야 할 일이 생기면 친구들에게 사람을 보내어 그릇이나 다른 기구들을 빌려왔다. 이러한 덕행으로 말미암아 그의 영토에는 큰 평화와 안정이 도래했다.

그는 이러한 덕행에 더욱 귀한 것을 곁들였으니, 그것은 하나님의 말씀에 대한 사랑과 헌신이었다. 그는 하나님의 말씀의 인도하심을 받았으므로 기독교 신앙과 경건을 반대하는 전쟁을 일으키지 않았으며, 그런 전쟁을 일으키는데 협력하지도 않았다. 그는 교회를 파괴하지 않고 오히려 온갖 무례한 악으로부터 신자들을 안전하게 보호하고 보존하라고 명했다. 제국의 다른 지역에서 교회가 박해를 받을 때에도 그는 신자들이 자기들의 관습에 따라 살게 해 주었다.

언젠가 콘스탄티우스는 자기의 궁정에 신실하고 선한 신자가 있는지 알아보려고 관리와 종들을 모두 불러 모았다. 그리고는 귀신에게 제사를 드리는 사람들은 그대로 궁정에 거하면서 직책을 소유하겠지만 그렇게 하기를 거절하는 사람은 궁 밖으로 쫓아내겠다고 말했다. 황제의 말을 들은 조신들은 두 무리로 나뉘어졌다. 황제는 지조가 있고 경건한 사람들을 눈여겨 보았다. 어떤 사람들은 기꺼이 제사를 드리겠다고 했고, 또 어떤 사람들은 담대하고 솔직하게 거절했다. 황제는 쉽게 제사를 드리겠다고 말한 사람들은 거짓되고 하나님을 반역한 자들이라고 판단하여 그들을 꾸짖었다. 그리고 그처럼 하나님을 배반하는 사람은 자기의 궁 안에 머물 자격이 없으므로 궁 밖으로 추방하라고 했다. 그러나 제사 드리기를 거부하고 하나님께 대한 신앙을 고백한 사람들은 크게 칭찬했다. 그는 그들만이 군주의 주위에 있을 가치가 있다고 확신했으므로 이후로 그들을 그 자신과 왕국의 충실한 옹호자요, 고문관으로 삼겠으며, 또 그들만이 공직을 맡을 가치가 있는 사람이며, 그들을 자신의 확실한 친구로 여기고, 자기의 보물 창고에 있는 어떤 재산보다 더 귀하게 여기겠다고 말했다.

콘스탄티우스는 A.D. 306년, 박해가 시작된지 3년이 되는 해에 사망하여 요크(York)에 묻혔다. 그의 뒤를 이어 황제가 된 콘스탄틴은 하나님께서 자기 백성들은 비참한 포로생활에서 구원하여 자유를 누리게 하기 위해 일으켜 세우신 제2의 모세였다.

콘스탄틴은 선하고 덕망 있는 아버지에게서 태어난 선하고 덕망 있는 아들이었다. 그는 브리튼에서 태어났으며, 어머니 헬레나(Helena)는 코일루스(Coilus) 왕의 딸이었다. 그는 학문과 예술을 사랑하며 책을 읽고 쓰며, 연구하는 일에 힘썼으며 대단히 관대하고 아량 있는 군주였다. 그는 자신이 시도한 모든 일에서 큰 성공의 결과를 거두었다. 그것은 그가 기독교 신앙의 보호자였기 때문이라고 생각된다. 그는 신앙을 받아들인 후로는 더욱 헌신적이고 경건하게 하나님을 공경했다.

그는 선천적으로 능숙하고 훌륭한 철학자였으며, 토론에 있어서는 솔직하고 날카로웠다. 그는 황제는 공익을 위한 일이 아닌 것을 배격해야 하며, 제국은 하나님의 확고한 뜻이 있어 주어진 것으로써 하나님으로부터 그 제국을 받은 사람은 부지런히 일함으로 그분께서 자신을 가치 있는 사람이라고 생각하게 되어야 한다고 말했다.

앞에서 말한 바와 같이 막시미안의 아들인 막센티우스(Maxentius)는 근위병들의 지원을 받아 로마 황제가 되었다. 당시 원로원 의원들은 그 일을 인정하지 않았으나 두려움 때문에 저지하지 못했다. 스스로 퇴위했던 막시미안은 이 소식을 듣고서 자기의 왕권을 되찾으려는 마음을 품고 디오클레시안에게 같이 일하자고 설득했다. 그러나 디오클레시안의 마음을 움직이지 못한 그는 아들의 수중에서 제국을 빼앗으려는 생각으로 로마에 자주 드나들었다. 그러나 병사들이 그것을 허락하지 않았으므로 그는 자기의 아들 막센티우스에 대해 불평을 한다는 교묘한 핑계 하에 콘스탄틴을 죽이려는 목적을 가지고 프랑스에 있는 콘스탄틴에게로 갔다. 그러나 그의 음모를 콘스탄틴과 결혼한 그의 딸 파우스타(Fausta)

가 알아챘기 때문에 콘스탄틴은 하나님의 은혜로 생명을 유지하게 되었고, 막시미안은 그곳을 떠나 도망가다가 붙잡혀 처형되었다.

한편 로마를 통치하는 막센티우스는 참을 수 없이 악한 폭정을 베풀고 있었다. 그는 애굽의 바로나 네로와 거의 흡사했다. 그는 대부분의 귀족들을 살해하고 그들의 재산을 탈취했다. 때때로 화가 나면 병사들을 시켜 수 많은 로마 시민들을 죽이기도 했다. 그는 온갖 해롭고 음탕한 짓을 빠짐없이 자행하였다.

또한 그는 마술에 심취했는데, 제국의 권위보다는 마술을 행하는 것이 그에게 더 어울렸다. 때때로 그는 은밀한 방법으로 주문을 외워 마귀들을 불러내곤 했다.

그는 끝까지 악하고 해로운 시도를 자행하면서도, 통치 초기에는 스스로 기독교인들의 보호자인 것처럼 행동 했으며, 로마인들을 자기의 친구로 삼기 위해서 기독교인들에 대한 박해를 그치라고 명령했다. 그러나 그 자신은 전혀 신자들을 괴롭히는 일을 자제하지 않았으며, 결국은 공공연하게 자신이 박해자임을 드러내기 시작했다.

막센티우스의 형언할 수 없는 사악함과 견딜 수 없는 폭정 아래서 학대와 괴롭힘을 당하고 있었던 로마 시민들과 원로원 의원들은 콘스탄틴에게 서신을 보내어 로마와 그들의 조국을 해방시켜 달라고 탄원했다. 그들의 비참하고 가련한 상태를 듣고 깨달은 콘스탄틴은 먼저 막센티우스에게 편지를 보내어 타락하고 잔인한 짓을 그만두라고 권면했다. 그러나 편지나 권면이 전혀 효력이 없었다. 마침내 로마인들을 불쌍히 여긴 그는 영국과 프랑스에서 군대를 모아 이 폭군의 광포함을 저지하기로 했다. 그리하여 사람들의 병력과 하나님의 힘으로 무장한 콘스탄틴은 이탈리아로 진군했으니, 이 때가 A.D. 313년으로서 박해가 종식된 해이다.

콘스탄틴이 진군하고 있다는 것을 안 막센티우스는 백성들의 호의보다는 오히려 악한 주술에 의지했다. 물론 그는 백성들의 호의를 얻을 자격이 없는 인물이었다. 그는 로마시 밖으로 나가려 하지 않았고 또 넓은 전쟁터에서 콘스탄틴을 맞아 싸우려 하지도 않았다. 그는 콘스탄틴이 통과할 여러 해협에 비밀 요새를 만들어 놓고 그를 기다렸다.

콘스탄틴은 막센티우스와 여러 차례 교전했으나 하나님의 능력으로 말미암아 그들을 정복하고 퇴각시켰다. 그럼에도 불구하고 로마시 가까이에 접근한 콘스탄틴은 내심 막센티우스의 주술과 마술에 대한 두려움과 걱정으로 마음이 편치 못했다. 막센티우스는 과거에 주술로 갈레리우스가 보낸 세베루스를 물리친 일이 있었다. 막센티우스가 행할 주술의 작용을 막는데 도움이 될 것이 무엇인지 생각하면서 로마로 진군하던 콘스탄틴이 눈을 들어 해가 지는 남쪽 하늘을 보았을 때, 하늘이 크게 밝아지며 십자가와 비슷한 형태가 나타났고 "In hoc vince(이 기호로 싸워 이기라)"라는 글씨가 나타났다.

처음 이 광경을 본 콘스탄틴은 크게 놀라 부하들에게 그것이 무엇을 의미하는지 조언해 달라고 했다. 그날 밤 그가 잠이 들었을 때 그리스도께서는 그가 낮에 보았던 십자가 기호를 가지고 나타나셔서는 그 형상을 만들어 앞세우고 진군하면 승리를 거둘 것이라고 말씀하셨다.

여기에서 독자들이 유의해야 할 점은 이 십자가 기호와 그 위에 덧붙여진 글자 "In hoc vince"는 하나님께서 콘스탄틴에게 주신 것으로써 십자가 자체에 능력이 있다거나 그 안에 힘이 있어 승리를 얻게 된다는 미신적인 견해를 갖게 하려는 것이 아니라는 것이다.

그것은 그와는 다른 의미, 즉 십자가에 달려 죽으신 분에 대한 믿음과 지식을 구하여 그와 온 세상이 구원을 받고 그리스도의 영광이 나타나게 하라는 권면이었다. 꿈을 꾼 다음날, 콘스탄틴은 금과 보석으로 자기가 본 형상과 같은 십자가를 만들게 하여, 군기 대신에 그것을 앞세우고 진군했다. 그는 하늘나라 무기로 무장했기 때문에 승리를 확신하며 자신만만하게 적을 향해 진군했다.

콘스탄틴을 맞아 부득이 로마시 밖으로 나오게 된 막센티우스는 티베르강 건너편 평야에서 그와 교전하려고 모든 군대를 파견했다. 교활한 막센티우스는 '폰스 밀비우스(Pons Milvius)'라는 다리를 파괴한 뒤에 보트와 나룻배를 연결하고 그 위를 널판지와 판자로 덮어 다리처럼 보이게 만들라고 지시했다. 그는 그것을 함정으로 하여 콘스탄틴을 잡으려고 생각했다.

그러나 바로 여기에서 시편 7편에 기록된 일이 일어났다.

> "저가 웅덩이를 파 만듦이여 제가 만든 함정에 빠졌도다 그 잔해는 자기 머리로 돌아오고 그 포학은 자기 정수리에 내리리로다."
>
> (시편 7:15-16)

이 말씀이 막센티우스에게서 그대로 증명되었다. 이 두 적수가 만나 싸우게 되었을 때에 막센티우스는 그리스도의 십자가 밑에서 싸우는 콘스탄틴의 군대를 감당하지 못하고 퇴각하게 되었다. 콘스탄틴을 잡으려고 설치했던 다리 위로 퇴각하던 그는 서두르다가 말이 넘어지는 바람에 강물에 빠졌는데 갑옷이 무거워 익사했고 그의 군대는 홍해에 빠져 죽었다. 바로가 이 막센티우스의 예언적 상징인 듯하다. 애굽에서 노예생활을 하던 이스라엘을 박해한 최후의 박해자가 물에 빠져 죽었듯이, 로마제국의 마지막 박해자 막센티우스도 결국 물에 빠져 죽은 것이다. 그리스도의 십자가 밑에서 막센티우스와 싸워 승리한 콘스탄틴은 기독교인들에게 자유를 주었고, 그리하여 300년에 걸친 로마에서의 박해가 종식되었다.

우리는 역사 속에서 많은 승리와 정복에 관한 기사를 읽을 수 있지만 결코 이것과 같이 훌륭하고 완전한 승리의 기록은 읽어본 적이 없으며, 앞으로도 마찬가지 일것이다. 이것은 많은 유혈 사태를 종식시켰으며, 대대로 많은 후손들에게 생명과 자유를 부여했다.

콘스탄틴이 교회의 평화를 정착시킨 후 존 위클리프(John Wickliff)의 시대에 이르기까지 1000년 동안 기독교인에 대한 박해가 없었다.

콘스탄틴이 거둔 승리는 대단히 영광스럽고 기쁜 것이었으므로 그는 콘스탄틴 대제라고 불렸다. 콘스탄틴에게 구원을 요청했던 로마 시민들은 기뻐서 어쩔 줄 모르며 그를 로마 시로 영접했다. 그는 그곳에서 훌륭한 대접을 받으며 7일 동안 지냈다. 로마 시민들은 광장에 그의 동상을 세웠는데, 그 동상의 오른손에는 십자가의 상징이 들려 있었으며, 다음과 같은 말이 새겨져 있었다.

> "나는 이 온전한 상징, 참된 견인의 표시를 가지고서 우리 시민을 폭군의 멍에에서 구출했다."

곧이어 콘스탄틴은 동료 리시니우스와 함께 사람이 신앙을 갖는 것을 금지하지 않으며 모든 사람에게 자유를 준다는 선언을 발표했다. 기독교인들은 위험을 느끼지 않으며 신앙생활을 할 수 있게 되었으며, 사람들은 마음대로 신자들에게 접근할 수 있게 되었다. 모든 로마인들과 지혜로운 사람들은 이 '신교 자유령'을 크게 환영했다.

독자들은 하나님의 위대하신 능력의 놀라운 역사를 잘 알 수 있을 것이다. 수 많은 황제들이 하나님과 그의 기름 부은 자이신 그리스도를 대적하기 위해 연합했으며, 온 세상을 자기의 지배하에 두고 있었던 그들은 그리스도와 모든 기독교인들의 이름을 근절시키기 위해 온갖 궤계를 도모했다. 그들은 사람의 힘으로 할 수 있는 일이라면 무슨 일이든지 했다. 그들은 기독교인을 박해하기 위해 온갖 정책과 궤계를 사용했다. 인간이 고안해낸 잔인한 형벌과 고문 방법 중에서 그들이 사용하지 않은 것이 없었다. 그들은 힘없는 기독교인들을 대적하는 법률, 칙령, 선언문 등을 서판(書板)에 기록했을 뿐만 아니라 동판에 새기기도 했다. 그러나 어떤 계획도 하나님 앞에서는 견디지 못했다. 이 모든 것들은 사라졌으나 그리스도와 그의 교회는 여전히 굳게 서 있다.

개혁의 샛별 존 위클리프

위클리프의 시대 이전에도 많은 사람들이 위클리프와 마찬가지 동기에서 수고하고 노력했을 것이다. 성령께서는 때때로 하나님의 교회 안에서 역사하여 로마 교황을 대적하여 일하며 형제들의 미신을 약화시키며, 나날이 세상에서 유행하고 증가해가는 큰 오신(誤信)을 정복하여 없애게 하셨었다. 그러나 그런 사람들은 그다지 많지 않았고 또 그다지 유명하지도 못했으므로 우리는 존 위클리프(John Wickliff)의 이야기로부터 시작하려 한다.

위클리프 시대에 있었던 무서운 박해는 위클리프를 기원으로 해서 발단된 듯하다. 하나님께서 영국에서 일으키신 진리의 수호자 존 위클리프는 가톨릭 교리와 거짓된 신앙의 해악을 보다 완전하고 충실히 탐지해내기 위해 하나님의 섭리로 말미암아 순교의 경기장에 발을 들여 놓았다.

위클리프는 옥스포드 대학의 유명한 신학 강사였다. 그는 위대한 성직자, 깊이 있는 대학 교수, 그리고 철학의 대가라는 평을 받았다. 이러한 사실은 위클리프 자신의 학구적인 저서 뿐만 아니라 그의 앙숙이었던 왈덴(Walden)이 교황 마틴 5세(Martin V)에게 보낸 서신에서도 나타난다. 그는 "그가 얻은 권위 있는 지위들 및 그의 이성의 힘과 열정을 지닌 강력한 논증에 크게 놀랐다"고 말했다.

위클리프는 에드워드 3세가 영국을 통치하던 A.D. 1371년 경에 등장했다. 당시 세계는 대단히 절망적이고 부도덕한 상태에 있었으며, 하나님의 진리에 대해 통탄스러울 만큼 어둡고 무지했다. 위클리프는 용감한 전사(戰士)처럼 앞에 나서서 싸웠다. 오니아스(Onias)의 아들 시몬에게 사용했던 표현을 그에게 적용해도 무리가 아닐 것이다.

"샛별이 구름 사이를 비추듯이,
달이 시간이 흐르면 보름달이 되듯이,
태양의 밝은 빛 같이,
그는 하나님의 교회와 성전을 비추며 반짝인다."

당시 종교는 완전히 타락하고 부패하여 그리스도라는 명사는 기독교인들 사이에만 남아 있었고, 거의 모든 사람들이 주님의 참되고 살아 있는 교리와 그리스도라는 이름을 알지 못하고 있었다. 신앙, 위로, 율법의 목적과 효용, 그리스도의 직무, 인간의 무능함과 연약함, 성령, 죄의 세력, 참된 행위, 은혜와 믿음으로 얻는 값없는 칭의, 기독교인의 자유 등은 거의 언급되지 않고 있었다.

하나님의 말씀의 강한 능력을 버린 세상은 완전히 표면적인 의식들과 인간의 전승에 따라 맹목적으로 움직이고 있었으며, 사람들은 이런 것들 안에서 구원을 얻으려는 소망을 굳혔다. 성전이나 교회 안에서는 이런 것들 외에 다른 것은 발견할 수 없었고, 설교에서도 다른 것은 말하거나 가르치지 않았다. 그들은 그림자에 지나지 않는 특정한 의식들만 쌓아 올렸으며, 이처럼 의식들을 끝없이 되풀이했다.

교회는 온갖 지독한 폭정을 하기 시작했고, 그리스도의 겸손과 가난을 버리고 잔인하고 가증한 생활을 추구했다. 수 많은 의식의 속박과 유혹으로 말미암아 그리스도의 구속을 받아 자유함을 얻은 사람들의 양심이 유혹과 위협을 받았다. 기독교인들은 그리스도의 뜻이 지시하는 바를 따르지 못하고 인간들이 만든 법령과 법률, 심지어는 주교들이 제멋대로 인도하는 대로 끌려 다녔다. 성경을 전혀 알지 못하는 무식하고 천한 사람들은 목회자들이 전해 주는 것들만 알면 된다고 생각했다. 성직자들은 로마 교황청에서 공표한 것 외에 다른 것은 거의 가르치지 않았다. 대부분의 성직자들은 그리스도의 영광보다는 교단의 유익에 치중했다.

이처럼 순전한 교리의 불이 완전히 꺼져 불씨까지 사라져 버린 것처럼 보이는 시기에 하나님의 섭리에 의해 위클리프가 일어났다. 하나님께서는 그를 통하여 인간 전승의 깊은 바다 속에 빠져 죽어 가는 세상을 깨워 일으키려 하셨다.

그리스도의 복음의 참 교리가 주교들과 수도사들의 더러운 조작물들과 무지한 오신으로 인해 저급해지고 더럽혀졌음을 깨달은 위클리프는 온 세상의 보편적 무지로 인해 슬퍼하고 한숨 지으며 오랫동안 자기 자신과 싸우며 심사숙고한 끝에 더 이상 그 같은 사태를 묵인할 수 없으므로 그처럼 크게 빗나가고 있는 일들을 바로잡기로 결심했다.

이 거룩한 사람은 교회를 우상숭배로부터 돌이키게 하는 것, 특히 그리스도의 살과 피와 관련된 성례 문제에 있어서 오류를 벗어나게 하는 것이 자신의 주요 목표임을 공공연하게 밝히며 많은 수고를 했다. 그러나 그가 종기, 또는 상처를 건드렸으므로 전 세계는 아픔과 슬픔을 느꼈다. 무엇보다도 수도사들과 탁발 형제들이 미친 듯이 격분했다. 이들은 마치 따거운 침을 가진 말벌들처럼 사방에서 이 선한 사람을 공격했다. 그들은 자기들의 제단과 위(胃)와 탐욕을 위해 싸웠다. 뒤 이어 사제들과 주교들, 그 다음에는 당시 대주교였던 시몬 서드베리(Simon Sudbury)까지 그 일에 관계했다. 시몬은 위클리프가 옥스포드에서 받고 있던 성직록을 박탈했다. 그러나 자신의 능력으로는 이처럼 솟아오르는 진리를 이겨낼 수 없음을 깨달은 그들은 가장 강력하고 튼튼한 마지막 피난처로서 로마 교황의 공격을 의지했다. 그러나 당시 왕의 도움과 후원을 받고 있었던 위클리프는 수도사들과 대주교의 악의를 견디어냈다. 그의 지지자들 중에는 존 건트, 랭카스터 백작, 왕의 아들, 헨리 퍼시 경 등이 있었다.

위클리프가 성직을 박탈 당한 것은 다음과 같은 주장을 했기 때문이다. 즉, 교황에게는 어느 사람을 파문할 권리가 없다. 만일 교황이 어느 사람으로부터 파문할 권리를 받았다면, 면죄의 권리는 그에게는 물론 다른 사제들에게도 있다. 그는 더 나아가 다음과 같이 주장했다. 왕이나 이 세상의 귀족들은 교회나 성직자에게 종신연금을 주어서는 안 된다. 왜냐하면 만일 성직자가 상습적으로 범죄할 경우에 세속 정부에서는 과거에 그들에게 수여했던 것을 빼앗는 것이 유익할 수도 있기 때문이다.

그는 그 일이 윌리엄 루푸스(William Rufus)에 의해 영국에서 실시되었음을 증명했다. 그는 이렇게 말했다. "만일 그가 행한 일이 합법적인 일이었다면, 오늘날 동일한 일이 일어나서는 안 된다는 이유가 없지 않은가? 만일 그가 행한 일이 정당하지 못한 일이었다면, 교회는 오류를 범하고 있으며 그를 위해 기도하는 것도 정당하지 못한 일이다."

그는 성만찬 문제도 거론했다. 즉 성찬의 떡에 임하는 사건들은 실체나 본체가 없이 존재하는 것이 아니며, 또한 성경에는 단순하고 명백한 진리가 나타나는바 모든 인간의 전승은 반드시 이것을 참조해야만 한다는 것을 증명했다. 이처럼 진실하게 진리를 주장했기 때문에 위클리프는 많은 사람들, 특히 수도승과 사제들의 증오를 받았다.

그러나 그는 랭카스터 백작과 헨리 퍼시 경의 지원을 받아 계속 그들의 잔인성과 폭력에 저항했다. 결국 A.D. 1377년 주교들은 과거 위클리프의 성직을 박탈했으며 그런 문제로 더 이상 사람들을 선동하지 말라고 금한바 있는 대주교 시몬 서드베리를 선동하여 위클리프를 고발하는 소송을 제기하고 그에게 소환장을 보내는데 성공했다.

위클리프가 주교들 앞에 서게 된 것을 안 백작은 위클리프 혼자서는 그처럼 많은 사람을 대적하기 어려운 것이라고 염려하여 각 형제단에서 한 사람씩, 도합 4명의 신학사를 불러내어 위클리프와 합류하게 했다. 2월 19일 목요일, 지정된 날이 되어 위클리프는 네 명의 형제들, 랭카스터 백작, 헨리 퍼시 경, 잉글랜드의 문장원 장관과 함께 출두했다. 퍼시 경은 위클리프의 앞에서 길을 인도했다.

이와 같이 위클리프는 하나님의 섭리하심으로 말미암아 충분한 보호를 받으며 주교들이 있는 곳에 이르렀다. 사람들은 그에게 그 곳에 참석한 주교의 무리를 조금도 두려워하거나 위축되지 말라고 격려하고 권면했다. 그들은 말하기를 주교들은 위클리프에 관해서 전혀 알지 못한다고 했다. 또 그곳에 모인 사람들이 그를 지키고 보호하여 전혀 해를 입지 못하게 할 것이니 두려워 말라고 했다.

이러한 격려의 말과 귀족들의 도움을 받은 위클리프는 용기를 얻어 런던에 있는 성 바울 교회로 다가갔다. 그 곳에는 재판을 방청하기 위해 수 많은 사람들이 모여 혼잡했다. 너무나 많은 군중이 모여 있었기 때문에 마샬 경의 위력에도 불구하고 백작들은 간신히 길을 뚫을 수 있었다. 런던의 주교 윌리엄 코트니(William Courtney)는 문장원 장관이 교회 안에서 사람들을 선동하고 있는 것을 보고서 퍼시 경에게 말하기를 만일 마샬 경이 교회를 그렇게 지배하는 줄 알았더라면 오지 못하게 했을 것이라고 했다. 백작은 주교의 말을 무시하면서 그는 그곳에 오지 않고서도 교회를 그렇게 지배했을 것이라고 대답했다.

그들은 무척 애쓴 끝에 군중을 헤치고 마침내 성모 예배실(Our Lady's Chapel)에 도착했다. 그곳에는 공작들과 남작들이 대주교를 비롯한 주교들과 함께 앉아 있었다. 관례에 따라 위클리프는 자신의 죄목을 알기 위해 그들 앞에 섰다. 먼저 퍼시 경이 그에게 말했다. 그는 위클리프에게 앉으라고 명령한 뒤, 그가 답변해야 할 일이 많으므로 안락의자가 필요하다고 말했다. 그러나 런던 주교는 이 말을 듣고 불안해하면서 위클리프가 의자에 앉아서는 안된다고 말했다. 그는 대감독의 심문을 받기 위해 소환된 사람이 앉아서 답변하는 것은 법이나 이성에 어긋나는 일이므로 일어나 답변해야 한다고 주장했다. 그리하여 두 사람은 언쟁을 벌였다. 그들은 서로 상대방을 꾸짖고 욕설을 퍼부었으므로 불안을 느낀 사람들은 서둘러 떠나기 시작했다.

그때 공작이 급히 퍼시 경의 편을 들며 주교를 체포하라고 말했다. 주교도 이에 맞서서 조금도 뒤지지 않고 비난하고 욕하고 저지했다. 그는 공작이 욕한 만큼만 되갚은 것이 아니라 욕하고 꾸짖는 기술에 있어서 공작을 능가했으므로, 모욕을 당한 공작은 얼굴이 붉어졌다. 그는 욕설과 말다툼으로는 주교를 이길 수 없었기 때문에 주교를 협박하고 위협하여 자신의 자존심 뿐만 아니라 온 영국의 성직자들의 자존심까지 깎아 내렸다. 그는 이렇게 말했다. "당신은 부모를 믿고 너무 교만합니다. 그러나 당신의 부모는 그대를 돕지 못할 것입니다. 당신의 부모님은 자조(自助)해야 할 일이 많을 것이기 때문입니다." 주교의 부모는 데본셔의 백작이었다. 주교는 이에 맞서 자기는 부모도 믿지 않고 어떤 사람도 믿지 않고 오직 하나님만 믿는다고 대답했다.

그러자 공작은 옆에 있는 사람의 귀에 대고서 이 주교의 머리카락을 잡아 교회에서 끌어내고 싶다고 말했다. 그런데 말소리가 컸기 때문에 시민들에게까지 들렸다. 화가 난 시민들은 자기들이 섬기는 주교가 모욕 당하는 것을 참을 수 없으며, 주교가 머리카락을 잡혀 끌려 나가느니 차라리 자기들의 목숨을 잃는 편이 낫다고 했다. 결국 욕설과 비난 때문에 회의가 진행되지 못하여 9시도 못되어 폐회되었다.

에드워드 3세의 뒤를 이어 그의 손자 리처드 2세가 왕위에 올랐다. 그는 위클리프의 교리와 방법을 크게 반대하지는 않았다. 그러나 왕국을 통치하는 일을 랭카스터 공작에게 맡겼던 늙은 왕이 제거되고, 랭카스터 공작을 비롯하여 퍼시 경과 마샬 경이 직책을 사임했으므로 정치에 간여하지 않고 사가에 머물러 있다는 것을 안 주교들은 지금이야말로 위클리프를 공격할 좋은 시기라고 생각했다.

이제까지 위클리프는 랭카스터 공작과 마샬 경의 보호 아래 어느 정도 편안하고 조용한 생활을 해왔었다. 그는 교리를 가르치지 말라는 주교의 명령에도 불구하고 몇몇 동료들과 함께 맨발에 거친 모직으로 만든 가운을 입고 부지런히 사람들에게 전파하러 다녔다. 그의 설교에는 다음과 같은 조목들이 있었다.

위클리프의 설교 조목

- 성찬의 떡은 성찬식이 끝난 뒤에는 그리스도의 몸이 아니다.
- 로마 교회는 일반 교회와 마찬가지로써 교회의 머리가 아니며, 또 그리스도께서 베드로에게 다른 사도들보다 더 많은 권한을 주시지 않았다.
- 로마 교황은 다른 사제들보다 더 많은 열쇠를 갖는 것이 아니다.
- 복음은 다른 규칙이 없이도 모든 신자들의 생활을 다스리기에 충분한 규칙이다.
- 많은 경건한 사람들이 준수하고 있는 다른 규칙들은 결코 복음을 더 완전하게 하지는 못한다.
- 교황이나 어떤 성직자도 범죄자를 처벌하기 위한 감옥을 소유해서는 안 된다.

주교들과 성직자들로부터 침묵하라는 명령을 받았음에도 불구하고 위클리프는 조금도 그 명령에 구애되지 않았으며, 진리에 대한 열정 때문에 훨씬 더 맹렬하게 진리를 전파했다. 몇몇 귀족들의 호의와 은총을 받고 있었던 그는 평민들에게 자신의 교리를 전하려 했다. 그때 바리새인들은 이제 널리 비추기 시작한 복음의 빛을 저지하기 위해 떼를 지어 몰려들었다. 교황도 그 일에 있어 자기의 동료들보다 조금도 뒤지지 않았다. 그는 그들에게 교서와 칙령을 계속 보냈다. 그가 그렇게 하지 않고 가만히 있었어도 그들은 광포하고 미친듯이 행했을 것이다.

A.D. 1377년, 리처드 2세가 즉위하던 해에 교황 그레고리는 옥스포드 대학에 교서를 보내어 교황답게 신랄하고 절박하게 꾸짖었다.

그는 위클리프의 교리가 뿌리를 내리도록 오랫동안 내버려둔 것, 그리고 가톨릭교리로 그것을 근절하지 못한 것을 꾸짖었다. 이 교서를 받은 옥스포드의 학생감과 교사들은 모두 모여 이것을 존경하는 마음으로 받아들일 것인지, 아니면 수치로 여겨 거부할 것인지 오래 숙의했다.

교황이 그들에게 보낸 과격한 교서의 내용은 다음과 같다.

> "많은 신뢰할 만한 사람들이 나에게 다음과 같은 소식을 알려 주었다. 즉 링컨 관구의 목사요, 신학 교수인 존 위클리프라는 자가 가증하고 어리석은 행위의 절정에 이르러 감옥 같이 더러운 마음으로 잘못과 거짓의 이교적인 타락의 기미가 있는 명제와 결론들을 가르치고 전파하기를 두려워하지 않으며, 교회의 권위 및 세속 정부의 권위까지 약화시키고 전복시키려 하고 있다고 한다. 영국은 부유하고 찬란한 권세를 지녔으며, 순결한 믿음으로 빛나고 있으며, 성서에 대한 건전하고 분명한 지식을 지니고 뛰어난 헌신과 성숙한 태도를 지닌 사람들과 담대한 가톨릭 신앙의 옹호자들을 배출하고 있다. 그러나 위클리프는 영국에 이러한 교리들을 유포하여 그리스도의 양들을 타락하게 하고, 올바르고 신실한 신앙의 길에서 벗어나 영원한 멸망으로 빠지게 하고 있다. 이처럼 해로운 인물을 내버려둘 수 없으므로 위클리프를 체포하여 엄한 감시 하에 캔터베리 대주교나 런던 주교에게 보내줄 것을 명하는 바이다."

이밖에도 동일한 문제를 다룬 두 개의 교황의 서신이 있다. 하나는 만일 위클리프를 찾아내지 못한다면, 3개월 이내에 로마 교황 앞에 서라고 공개 소환할 것이라는 경고의 내용이며, 또 하나는 주교들에게 보낸 것으로서 영국의 왕과 귀족들이 존 위클리프와 그의 교리를 신봉하지 않도록 권면하라는 내용이었다.

교황의 편지를 받은 캔터베리 대주교와 주교들은 용기를 냈다.

교황의 편지를 받아 용기를 얻어 더욱 광포하고 잔인해진 그들은 교구회의 때에 담대하고도 탐욕적으로 다음과 같이 말했다. 즉, 그들은 어떤 두려움이나 유익도 상관하지 않으며, 지위고하를 막론하고 누구의 명령도 받지 않을 것이며, 어떤 사람이 위협을 하거나 보상을 해준다고 유혹해도 넘어가지 않고, 생명이 위험에 처하는 일이 있어도 공의의 길만 걷겠다고 했다. 주교들은 이처럼 간교한 계략을 내포하고 있는 광포한 욕설과 강력한 약속이 확실하고 든든하다고 생각했지만, 인간의 계략이 통하지 못하는 하나님 앞에서 그것은 간단한 이유로 혼란을 일으켜 뒤집어지고 말았다.

위클리프를 심문하는 날이 되었다. 귀족은 아니었지만 궁중에서 일하고 있는 루이스 클리포드(Lewis Clifford)라는 인물이 주교들에게 나타나서 위클리프에게 확정 판결을 내리지 말라고 명령했다. 이 말을 들은 주교들은 너무나 놀라고 콧대가 꺾여서 아무 말도 하지 못했다. 그리하여 놀라우신 하나님의 섭리의 역사로 말미암아 위클리프는 또 다시 주교들의 손아귀에서 빠져 나왔다.

이 선한 사람은 자신의 경건한 목적을 버리지 않고 처음 시작할 때와 마찬가지로 노력했다. 다행스럽게도 하나님의 섭리로 말미암아 그 해에 위클리프에 대한 공격을 선동한 장본인인 교황 그레고리 9세가 사망했다. 그의 죽음은 위클리프에게는 다행한 일이었다. 왜냐하면 그의 사망 직후에 로마의 교황과 프랑스의 교황 사이에 큰 분쟁이 일어나 서로를 대적하여 싸우게 되었기 때문이다. 이러한 교회의 분열은 콘스탄스 공의회(Council of Constance, A.D. 1417)가 개최되기까지 39년간 계속되었다.

거의 같은 시기에(약 3년 뒤) 영국에서는 평민들과 귀족들 사이에 무서운 분쟁이 있었다. 이 분쟁으로 말미암아 나라는 크게 소란하고 어지럽게 되었다. 이 소요의 와중에 캔터베리 대주교 시몬 서드베리가 과격하고 무례한 사람들에게 잡혀 참수형을 당했다. 그의 후임자 윌리엄 코트니는 이단을 뿌리 뽑는 일에 대단한 열심을 보였다. 그럼에도 불구하고 위클리프의 분파는 날이 갈수록 강성해졌다.

A.D. 1381년 경에 옥스포드의 명예총장 윌리엄 버톤(William Berton)이 옥스포드 대학을 완전히 다스리게 되었다. 그는 8명의 수도원 박사들과 다른 네 명을 소집하여 놓고 하나의 서류에 대학교의 직인을 찍어 칙령을 발표했다. 그 칙령은 이후 위클리프를 옹호하거나 선동하는 자들과 교제하는 사람은 중한 벌을 받게 된다는 내용이었다. 또 위클리프와 그의 추종자들이 사흘 안에 회개하고 개심하지 않으면 파문하여 감옥에 넣겠다고 경고했다. 이 사실을 안 위클리프는 교황과 모든 성직자들을 버리고 왕의 권위에 의지하려고 생각했다. 그러나 랭카스터 공작은 그에게 종교재판의 견책과 판결에 복종하는 편이 낫다고 말했다. 그 때문에 위클리프는 큰 파도 가운데 있는 것처럼 고민과 고통에 휩싸인채 다시 자신의 교리를 고백해야만 했다.

하나님의 거룩한 권고, 또는 경고의 큰 기적이 여기에서 나타났다. 대주교와 부주교들, 신학 박사들과 법률가들, 많은 형제들과 경건한 사람 등 큰 무리가 위클리프의 저서에 관한 견해를 들으려고 모였다. 그들은 성 던스탠 축일(St. Dunstan's Day) 오후 2시 경 런던에 있는 도미니코 수도원에 모였다. 그런데 그들이 일을 시작하려는 순간 영국 전역에 큰 지진이 발생했다. 이 기이하고 놀라운 사건으로 인해 공포에 질린 몇 명의 부주교들은 이 지진의 의미를 생각해본 뒤 자기들의 목적을 포기하는 것이 좋겠다고 생각했다. 그러나(그 무리의 우두머리로서 지혜롭다기보다는 오히려 무모할 정도로 담대한) 대주교는 그 사건을 완전히 거꾸로 해석했다. 그는 이미 두려움으로 기가 질려 있는 그들의 마음을 강하게 하여 계획된 일을 진행하려 했다. 그는 성서의 거룩한 규범이 아니라 자기의 사사로운 감정과 인간적 전승에 따라 위클리프의 신조들을 거론하여 그것들 중 어떤 것은 이단적이고, 어떤 것은 잘못된 것이며, 또 어떤 것은 비종교적이며, 어떤 것은 선동적이고 로마 교회에 일치하지 않는다고 선고했다.

사실인지는 확실치 않으나 존 후스(John Huss)의 적들의 기록에 의하면 당시 이 지진 외에도 하나님이 행하신 또 다른 기이하고 놀라운 일이 있었다고 한다. 후스의 적들은 콘스탄스 공의회에서 후스의 죄목에 다음과 같은 사실을 덧붙였다. 즉 과거 위클리프와 논쟁하기 위해 경건한 사람들과 박사들이 어느 교회에 모였을 때에 갑자기 번개가 치고 문이 부서졌기 때문에 거의 모든 위클리프의 적들은 피하지 못하고 상처를 입었다는 이야기를 후스가 사람들에게 공개적으로 했다는 것이다. 이것은 후스의 적들이 후스를 대적하여 제시한 이야기이지만, 후스는 이 사실을 부인하지 않았다. 또 그가 그런 이야기를 하지는 않았을 것이다.

위클리프에 관한 신빙성 있는 이야기 중에는 다음과 같은 이야기도 있다. 위클리프가 런던에서 병들어 누워 있다는 소문을 듣고 몇 명의 수도사들이 그를 권면하러 왔다. 그들은 가톨릭 교회, 위클리프의 잘못된 생각, 로마 교황에 관해 많은 이야기를 지껄였다. 그들의 어리석기 짝이 없는 이야기를 들은 위클리프는 침대에 똑바로 누워 담대하게 "내가 죽지 않고 살아서 여호와의 행사를 선포하리로다"라는 말씀을 암송했다(시편 118편).

캔터베리 대주교가 위클리프와 그의 지지자들을 대적하기 위해 런던 주교에게 내린 명령

교황청이나 관할 주교의 허락 없이는 누구도 공적으로나 사적으로 설교하는 직무를 행할 수 없음에도 불구하고 망령이 든 멸망의 자식들은 신성(神聖)이라는 베일을 쓰고서 스스로에게 설교할 권위를 부여하여 두려움 없이 증거하고 가르치며, 하나님의 교회가 정죄했으며 거룩한 교회의 결정에 어긋나는 이단적이고 거짓되고 잘못된 명제와 교리들을 거리에서, 타락한 곳에서, 심지어는 교회 안에서까지 공공연하게 전파하고 있다. 그들은 많은 선한 기독교인들에게 나쁜 영향을 주어 유일한 구원의 길인 가톨릭 신앙의 길에서 벗어나게 만들고 있다.

그러므로 이후로는 지위 고하를 막론하고 누구나 앞서 말한 이단이나 오신(誤信)들을 신봉하거나 가르치거나 전파하거나 옹호하지 말 것이며, 또 그러한 이단이나 오신에 귀를 기울이지 말 것이며, 공개적으로나 은밀하게 그를 옹호하거나 지지하지 말고 독사를 피하듯이 피해야 할 것이다. 그렇지 않는 사람은 큰 저주를 받게 될 것이다. 또한 사랑하는 형제들에게 명하노니, 그러한 주제넘은 주장들을 신중하고 부지런히 조사하여 고발하기를 바란다.

당시 옥스포드의 학장이었던 로버트 리지(Robert Rygge)는 위클리프에게 호감을 가지고 있었으므로 어떤 문제들을 여러 차례 감추거나 눈감아 주었고, 당시 큰 위험에 처해 있었던 복음주의가 촉진될 수 있도록 도와 주었다. 그는 설교할 기회가 주어지면 위클리프의 가장 큰 지지자라고 불릴 만한 내용의 설교를 했다. 존 헌트만과 월터 디쉬라는 두 명의 학생감도 위클리프의 주장에 찬성했다.

1382년 성 프리데스위드(St. Frideswid) 수도원에서 앞서 언급했던 로버트 리지 학장과 학생감들이 승천일 설교를 하기로 되어 있었다. 학장과 학생감은 여기에서의 절차를 필립 레핑돈과 니콜라스 헤러포드에게 맡겼다.

히어포드는 처음부터 공공연하게 위클리프가 신실하고 선하고 무죄한 사람이라고 옹호하여 주목을 받았다. 그리하여 수도사들은 크게 소동하며 소리쳤다. 헤러포드는 오래 전부터 위클리프를 지지하고 찬성했으므로 진리의 적들은 그를 의심하기 시작했다. 그가 위클리프를 변호하는 듯한 내용을 거리낌없이 말하기 시작하자 칼멜수도회를 비롯한 모든 수도회에서는 그를 괴롭히며 그의 설교 중 여기 저기에서 끌어낸 내용들을 이단이라고 고발했다. 특히 칼멜수도회의 피터 스톡스(Peter Stokes)가 이 일에 앞장 섰는데, 그는 그런 목적을 위해 태어난 사람인 듯 쉽게 소란을 피우고 논쟁과 불화를 일으키는 인물이었다. 작가들은 향기로운 초목의 수액을 독거미가 빨아 먹었다가 뱉으면 독으로 변한다는 이야기를 쓰곤 한다. 이 수도복을 입은 장사치들은 이 일에 있어서 독거미를 능가했다. 그늘은 어떤 사람에게서든 악하고 해로운 것을 찾아내서는 이빨로 갉아 먹어 치우며, 참되고 선한 견해까지도 분파주의와 이단으로 만들어 버렸다.

이 일이 있은 후 그리스도 성체절(Corpus Chrisi)이 다가왔다. 이 날은 레핑돈이 설교하기로 되어 있었다. 그는 학교에서 자신이 오랫동안 감추고 숨겨왔던 사실을 발표하며 모든 도덕적 일에 있어서 위클리프를 옹호하겠으나 성찬 문제에 관해서는 하나님께서 성직자들의 마음을 조명해 주실 때까지 침묵을 지키겠다고 공포했었다.

레핑돈이 설교할 것을 안 수도승들은 그가 자기 종교의 아픈 상처를 건드리지나 않을까 염려하여 캔터베리 대주교와 의논을 했다. 그리하여 레핑돈이 설교하기 직전에 이미 비공식적으로 정죄 된바 있는 위클리프의 주장들을 옥스포드 학생 전체가 모인 곳에서 공개적으로 비방하기로 했다. 이 일은 위클리프를 대적하는데 최적임자인 피터 스톡스에게 맡겨졌다.

　대주교의 편지를 받은 학장은 이 칼멜수도사의 악한 계획을 감지하고는 그를 대적하려는 생각을 품었다. 그는 대학의 상태를 어지럽게 한 일로 인해 대주교 및 그의 무리와 다투었다. 그는 말하기를, 주교나 대주교는 대학을 지배할 권한을 가지지 못하며 또한 이단에 대한 판결권도 가질 수 없다고 말했다. 그후 그는 심사숙고한 뒤에 학생감을 비롯하여 이사들과 이사가 아닌 사람들을 소집하여 놓고 자신은 결코 이 칼멜수도사의 행위를 돕지 않겠다고 공언했다.

　이런 일이 있은 뒤 레핑돈은 지정된 시간에 설교하러 나아갔다. 그는 다음과 같은 내용의 설교를 했다고 한다.

> "모든 도덕적 문제에 있어서 본인은 위클리프를 참되고 보편적인 박사로 옹호할 것이다. 랭카스터 공작은 이 문제에 있어서 대단히 진지한 감동을 받았고 또 이 일을 염두에 두고 있다. 따라서 그러한 사람들은 모두 그의 보호 아래 받아들여질 것이다."

　그는 이밖에도 위클리프를 찬양하고 옹호하는 내용의 설교를 많이 했다.

　설교를 마친 레핑돈은 여러 친구들과 함께 프리데스위드 교회로 들어갔다. 그런데 그의 적들은 이 사람들이 옷 속에 무기를 감추고 있다고 생각했다. 칼멜수도사 스톡스는 이들이 자기를 공격할 것이라고 생각하고서 성소 안에 숨어 고개도 내밀지 못했다. 학장과 레핑돈은 교회 현관에 서서 인사하며 사람들을 전송했다. 그리하여 모두가 자기 집으로 돌아갔다. 그 설교로 인해 온 대학이 크게 기뻐했다.

잠시 추방되었었거나 혹은 은밀하게 어느 장소에 갇혀 있었던 위클리프는 얼마 후 다시 자기의 교구인 루터워스로 돌아왔다. 1384년 성 실베스터 축일에 그는 육체와 작별하고 하나님 안에 영면했다. 임종할 당시 그는 나이가 많았다. 그는 늙어서도 젊었을 때에 즐겨했던 일을 즐겼다.

위클리프에게는 평생 많은 적들이 있었다. 그 중에서도 가장 무섭고 잔인한 적은 성직자들이었다. 또 그에게는 많은 친구들이 있었다. 천민들은 물론이요, 귀족들도 그의 친구가 되었다. 그 중에는 존 클레본, 루이스 클리포드, 리처드 스터리, 토머스 라), 윌리엄 네빌, 존 몬터규 등이 있었다. 존 몬터규는 자기 교회 안에 있는 모든 성상(聖像)들을 제거하기도 했다. 샐리스베리 백작도 그의 친구였다. 백작은 성찬을 멸시하여 그것을 자기 집에 가져갔기 때문에 샐리스베리의 주교 랄프 얼곰(Ralph Ergom)은 그에게 그 일을 기록한 돌십자가를 만들어 세우고 평생 동안 매주 금요일에 모자를 쓰지 않고 맨발로 그 십자가 앞에 와서 무릎을 꿇고 자신의 행위를 참회하라고 명령했다.

또 그들은 위클리프의 책과 신조에 대해서 잔인한 조처를 내렸을 뿐만 아니라, 그가 죽고 나서 몇 년이 지난 후에는 그의 시체와 뼈를 주워 모아 태우라는 잔인한 명령을 내렸다. 1415년 발표된 콘스탄스 회의 교령에는 다음과 같이 기록되어 있다.

"이 거룩한 회의에서는 다음과 같이 선포하고 결정하고 선고한다. 존 위클리프는 악명 높은 이단자로서 자신의 이단을 완강하게 고집하다가 죽었으므로 그를 저주하며 그의 영혼을 정죄한다. 이 회의에서는 다음과 같이 명한다. 즉 다른 신실한 성도들의 시신들과 구별할 수 있다면, 그의 시신과 뼈를 묘지에서 골라내어 교회의 매장지가 아닌 곳에 던져야 한다."

이 악하고 사악한 포고는 너무나 어리석고 헛되고 야만적인 것이므로 논쟁을 통해 반박하기보다는 차라리 무시하고 비웃어버리는 편이 나을 것이다.

점잖고 존경 받는 지도자들이 이미 죽어 땅에 묻힌지 오래 된 사람의 시체를 체포하기 위해 머리를 맞대고 있는 모습을 본다면 헤라클리투스(Heraclitus)가 웃고 데모크리투스(Democritus)가 울지 않을 수 없을 것이다. 그들이 위클리프의 유골을 찾지 못하고 다른 시신을 체포하여 이단으로 만들 수도 있지 않은가!

이 점에 있어 위클리프는 그들에게 감사할 몇 가지 이유가 있다. 즉 그들은 최소한 그가 자연사(自然死)할 때까지 목숨을 살려 두었으며, 또 그가 죽고 나서 41년이 지난 후에야 그의 무덤을 파헤쳐 뼈를 골라내어 강에 버렸다. 그들은 그가 흙과 불과 물이라는 세 요소로 돌아갔으며, 위클리프의 교리와 이름을 완전히 없앴다고 생각했다. 과거 바리새인들과 로마 군인들이 예수님을 무덤에 넣어 두고서는 그가 다시 부활하지 못할 것이라고 생각한 것과 너무나 흡사한 일이다. 그러나 이들을 비롯한 모든 사람들은 다음과 같은 사실을 알아야만 한다. 즉 인간의 계획은 결코 하나님을 대적할 수 없으며 진리는 결코 감출 수 없다. 위클리프의 경우에서 잘 나타나듯이 진리는 흙과 먼지 속에서도 솟아 나오게 마련이다. 그들은 위클리프의 시신을 파 내어 뼈를 태우고 재를 강물에 던졌지만, 하나님의 말씀과 그의 참 교리 및 열매는 결코 태울 수 없었다.

롤라드의 지도자 존 올드 캐슬 경

예수 그리스도의 진실한 종으로서 훌륭한 생활을 했고 학식이 많았던 존 위클리프는 26년이 넘도록 거대한 유럽의 적그리스도(로마 교황) 및 수 많은 위선자들과 맞서 그리스도께서 승천하시면서 남기신 순수한 교회를 회복시키려고 애쓰다가 1384년 세상을 떠나 하나님의 품에 들어갔다. 그는 레스터주 루터워스에 있는 자신의 교구 교회에 매장되었다.

이 선한 사람은 과도한 교만, 야망, 성직 매매, 탐욕, 위선, 신성 모독, 폭정, 우상 숭배 및 목이 굳은 바리새인들의 더러운 열매들에 맞서 복음의 겸손과 비천함을 옹호할 많은 경건한 제자들을 남겨 두고 떠났다.

1413년 캔터베리 대주교 토머스 아룬델(그는 바로, 안티오쿠스, 헤롯, 또는 가야바 만큼이나 무서운 인물이었다)은 이들의 경건한 사역을 저지하기 위해 런던에 있는 성 바울 교회에서 영국에 있는 모든 가톨릭 성직자들의 회의를 소집했다.

이 회의의 주요 목적은 복음의 성장과 확산을 억제하는 것, 특히 대주교가 롤라드(Lollards)라고 명명한 자들을 영접하고 찬성하는 인물로 주목을 받고 있었던 콥햄 경(Lord Cobham)을 공격하려는 것이었다. 콥햄 경은 특히 런던, 로체스터, 헤러포드에서 주교들의 허락을 받지 않은 사람들을 세워 설교를 하게 했다. 그는 로마 교회의 성례전, 성상, 순례 여행을 반대하는 견해들을 주장하고 가르쳤으며, 로마 교회의 결정을 받아들이려 하지 않았다. 따라서 주교들은 대단히 위험한 이단자인 그에 대한 소송 절차를 밟기로 결정했다.

그들 중에서 교활하고 경험이 많은 몇몇 사람은 그 문제를 성급하게 다루는 것은 좋지 않으며 먼저 그에 대한 몇 가지 준비를 해야 한다고 생각했다. 콥햄 경은 훌륭한 가문의 인물이었고 당시 왕의 총애를 받고 있었으므로, 그들은 먼저 왕의 의향을 알아보기로 했다. 이 계획에 따라 대주교 토머스 아룬델(Thomas Arundel)과 주교들을 비롯한 많은 성직자들은 당시 켄팅톤에 머물고 있던 왕에게로 갔다. 그들은 의롭고 경건한 콥햄을 중상하여 크게 모욕하고 불명예스럽게 만들었다. 왕은 군왕의 권위를 잃지 않고 이 피에 굶주린 성직자들의 말을 조용히 경청한 후에 콥햄이 귀족이요 기사라는 사실을 고려하여 그에 합당하게 다루어야 하며, 가능하다면 엄하고 극단적으로 다루지 말고 그를 다시 교회 안에 들어 오게 만들라고 했다. 또 만일 그들이 신중하게 고려한다면 왕 자신이 그 문제를 그와 의논하겠다고 약속했다.

그 일이 있은 직후, 왕은 사람을 보내서 콥햄 경을 불렀다. 그가 도착하자 왕은 그를 은밀하게 불러 어머니인 거룩한 교회에 복종하고 순종하는 자녀로서 범죄했음을 인정하라고 권면했다. 이 그리스도의 기사는 이렇게 대답했다.

"존귀하신 전하, 당신께서는 기독교인 왕이며 하나님께서 임명하신 사역자로서 악인을 벌하고 선인을 보호하기 위한 검을 가지고 계신 분이심을 알고 있으므로 저는 언제나 기꺼이 당신께 복종합니다. 나는 영원하신 하나님 다음으로 당신께 순종하고 복종할 의무가 있습니다. 나는 당신께서 하나님 안에서 명하시는 것이라면 무엇이든지 언제라도 행할 준비가 되어 있습니다. 그러나 교황과 그의 영성에 관한한 내게는 결코 그를 섬기거나 그에게 복종할 의무가 없습니다. 성경에 비추어볼 때 그는 무서운 적그리스도요 멸망의 아들이요, 하나님의 공공연한 대적이며, 거룩한 곳에 있는 가증한 것이기 때문입니다."

 이 말을 비롯하여 여러 가지 유사한 말을 들은 왕은 그를 완전히 포기하여 더 이상 권면하려 하지 않았다. 대주교가 왕의 대답을 얻기 위해 왕을 방문했을 때, 왕은 그에게 소위 "거룩한 교회의 법"이라고 부르는 악한 법령에 따라 그를 소환하고 심문하고 처벌하라고 전권을 부여했다. 콥햄이 지정된 날 출두하지 않았으므로 교활한 대주교는 그에게 소환불응 죄를 선고했다. 그후 자신이 고용한 접자들과 아첨꾼들로부터 콥햄이 그를 비웃고 그의 모든 행위를 멸시하며, 옛 주장을 그대로 주장하고 있으며, 교회의 권한 및 주교와 성직자들의 권위를 경멸한다는 소식을 들은 그는 정당한 증거도 없이 그를 파문했다.

 하나님의 신실한 종이요, 훌륭한 기사인 존 올드캐슬, 콥햄 경은 적그리스도가 무서운 분노의 불을 자신을 겨냥해 밝힌 것을 보고서 자신이 무서운 위험에 에워싸였음을 깨달았다. 그는 자신의 신앙고백을 기록하고 친히 서명하여 봉했는데 그 문서에는 대주교가 그에게 덮어 씌운 네 가지 조목에 대한 답변이 기록되어 있었다. 그는 왕의 자비와 은총을 얻으리라는 신념을 가지고 그 문서를 가지고 왕에게 나아갔다.

 그러나 왕은 그 문서를 받으려 하지 않았으며, 그것을 판사들에게 가져가라고 명령했다. 그래서 콥햄은 자신이 결코 이단이 아니라는 것을 증명해줄 100명의 기사들과 종자(從者)들을 왕이 계신 곳으로 불러 오게 해달라고 요청했다. 그리고 자기의 신앙을 위해서라면, 왕과 귀족들만 제외하고 기독교인이나 이교도를 불문하고 누구하고라도 결투를 하겠다고 제안했다. 결국 그는 그곳에 있는 모든 사람들 앞에서 하나님의 율법에 따라 자기에게 집행되는 징계는 거부하지 않고 순종하겠다고 단언했다.

그가 이렇게 말했음에도 불구하고 왕은 그를 자신의 전용실로 불러들였다. 콥햄은 자신이 교황에게 상소했으므로 대주교는 결코 자기를 재판하는 재판관이 될 수 없다고 말하며 이미 기록해 가지고 있었던 상소문을 공손하게 왕께 보여드렸다. 그러나 왕은 그 일로 인해 더욱 진노하여 그에게 결코 상소를 올리지 못하게 할 것이며, 때가 되면 교황의 허락을 받아 투옥할 것이라고 말했다.

이처럼 콥햄이 합법적인 방법으로 요구한 것은 하나도 허락되지 않았다. 그는 결코 교회에 굴복하지 않을 것이며, 따라서 대주교가 명령하는 어떤 속죄 행위도 하지 않겠다고 맹세했으므로 왕은 그를 체포하여 런던탑에 가두라고 명령했다.

드디어 재판날이 되었다. 토머스 아룬델 대주교는 리처드 클리포드 런던 주교, 헨리 볼링브룩(Henry Bolingbrook) 윈체스터 주교와 함께 성 바울 성직자 집회소의 가야바실(室)에 좌정했다. 기사요 런던탑을 지키는 부관이었던 로버트 몰리 경이 콥햄을 주교 앞으로 데려왔다. 주교는 그에게 다음과 같이 말했다.

"존 경(卿), 지난 번 이 지방 성직자 회의 때 당신이 주장하고 있는 이단이 발각 되었고 유죄임이 드러났습니다. 그리하여 거룩한 법의 명령에 의해 당신을 소환했으나 당신은 출두하지 않았습니다.

따라서 반역적인 불복종으로 인해 당신은 파문을 당했습니다. 그러나 이제라도 당신이 겸손하게 면죄를 요청하면 우리는 기꺼이 당신을 사면해줄 준비가 되어 있습니다."

콥햄은 자신은 사면을 바라지 않는다고 대답했다. 그는 자신이 신봉하고 있으며 언제까지나 지키려고 작정하고 있는 신앙을 대주교와 그의 형제들 앞에서 설명하겠다고 말했다. 그는 품 안에서 자신에게 부과된 죄목들에 관해 기록한 문서를 꺼내 읽었다.

"나는 그리스도를 믿는 신앙이 고난을 통해 교회에 주어졌으므로 주 예수 그리스도의 고난과 많은 성도들의 선한 생활과 순교를 기억하게 하기 위해 성상(聖像)들을 세우라고 명령되었을 뿐, 그것들이 믿음의 대상은 아니라고 생각한다. 하나님만이 예배의 대상이 되어야 함에도 불구하고 죽은 사람들의 모습을 새긴 성상을 예배하거나 그들에게 도움을 바라거나 소망을 두는 사람, 또는 하나님보다 그것들을 더 사랑하는 사람은 우상숭배라는 대죄를 범하는 것이다.
또 나는 이 세상 모든 사람은 영원한 복락이나 영원한 고통을 향해 여행하는 순례자라고 생각한다. 이 세상에 살면서 하나님의 거룩한 계명을 알지 못하고 지키지 않는 사람은 이 세상 끝까지 순례하다가 죽어도 저주를 받을 것이다. 그러나 하나님의 거룩한 계명을 알고 끝까지 지키는 사람은 오늘날 이 세상 사람들이 하듯이 캔터베리나 로마 등지로 순례를 하지 않아도 구원 받을 것이다."

대주교는 그에게 물러서 있으라고 명령한 뒤에, 두 명의 주교와 다른 박사들과 함께 어떻게 할 것인지 의논했다. 이윽고 그들의 조언과 승낙을 받아 그는 다음과 같이 말했다.

"존 경, 이리 오십시오. 당신은 자신의 견해를 분명하게 밝혀 주어야만 합니다. 성찬식을 거행하고 난 뒤에 남은 떡이 다른 떡과 마찬가지라고 믿는지 그렇지 않다고 믿는지 말하시오. 그리고 고해성사에 관련하여 신자들은 교회에서 임명한 사제에게 자기 죄를 고백해야만 한다고 믿는지 아닌지를 말하시오."

선한 콥햄 경은 이에 대해 자신이 제출한 글에 자기의 의견과 답변을 충분히 밝혔다고 대답했다.

대주교는 다시 말했다. "존 경, 조심하여 신중하게 행동하시오. 만일 지금 당신에게 제기된 문제에 대해 분명히 대답하지 않는다면, 우리는 거룩한 교회의 법에 따라 당신이 이단이라고 선포할 것입니다."

콥햄은 "좋을 대로 행하시오"라고 대답했다. 이 말을 들은 주교들과 성직자들은 놀라서 아무 말도 하지 못했다. 마침내 대주교는 그리스도에 대해서는 전혀 언급하지 않은채 신자들은 성 어거스틴, 성 제롬, 성 암브로스 및 거룩한 박사들의 말을 따라 거룩한 로마 교회가 이 일에 대해 결정한 것을 믿고 따라야 한다고 말했다.

콥햄은 자신은 거룩한 그리스도의 교회가 결정한 것, 또는 하나님께서 원하시는 것이라면 기꺼이 믿고 지키겠지만, 그런 일이 하나님의 말씀에 어긋나는지를 결정할 권리가 로마 교황을 비롯하여 추기경, 대주교, 주교 및 성직자들에게 있다고 생각할 수는 없다고 말했다.

이 말을 들은 대주교는 그에게 성찬 문제, 즉 재단에 봉헌된 성찬에 물질인 떡의 본질이 그대로 남아 있는지에 대해 다음 월요일(9월 25일)까지 깊이 생각해보고 대답하라고 명령했다. 콥햄은 그들이 가장 사악한 계교를 꾸미고 있음을 깨달았다. 그는 다음 번 답변 때에 하나님의 성령께서 도와 주시기를 바라며 하나님의 손에 자기의 목숨을 맡겼다.

이윽고 9월 25일이 되었다. 토머스 아룬델 캔터베리 대주교는 재판정을 성 바울 성직자 회의소로부터 런던의 루드게이트에 있는 도미니코 수도원으로 옮기라고 명령했다. 그가 사제들, 수도사들, 평회원들, 탁발승, 교구 목사, 종 치는 사람, 면죄부 파는 사람 등 온갖 사람들과 함께 그곳에 앉아 있을 때, 로버트 몰리이 경이 콥햄 경을 데리고 와서 마치 이리 떼 속에 어린 양을 두듯이 두고 나갔다.

콥햄 경의 심문

대주교는 콥햄에게 말했다. "존 경, 우리는 당신에게 어머니가 되시는 로마 교회와 거룩한 박사들이 결정한 성찬의 신앙에 관한 기록을 보내 드렸습니다."

이 말을 들은 콥햄은 대답하기를, "나는 그리스도와 그의 제자들 외에 거룩한 분을 알지 못합니다. 그리고 그 결정이란 것은 그리스도와 그의 제자들의 것이 아니라고 알고 있습니다. 왜냐하면 그것은 성경과 일치하지 않으며 오히려 성경을 거스르고 있기 때문입니다."

법률학자 한 사람이 물었다. "거룩한 교회에 대한 당신의 신앙은 무엇입니까?"

콥햄 경은 이렇게 대답했다. "나는 거룩한 성경의 모든 책들이 진리라고 믿습니다. 나는 성경에 기초를 둔 것들만을 철저하게 믿습니다. 왜냐하면 그렇게 하는 것이 하나님께 기쁨이 된다는 것을 알기 때문입니다. 그러나 당신들의 오만한 법률과 근거 없는 결정들은 믿지 않습니다. 당신들의 행위가 나타내주듯이 당신들은 결코 그리스도의 거룩한 교회의 일 부분이 아닙니다. 당신들은 그리스도의 거룩한 법과 뜻에 완강하게 반항하는 적그리스도들입니다. 당신들이 만들어낸 법은 그리스도의 영광을 위한 것이 아니라 당신들의 헛된 영광과 가증한 탐심을 위한 것입니다. 당신들은 교만한 사람들입니다. 만일 당신들이 그리스도의 사람들이라면 교만한 상관이 아니라 겸손한 봉사자가 되어야 합니다."

그 말을 들은 왈덴(Walden) 박사는 "위클리프를 신봉하는 학자들은 언제나 쉽게 이웃을 판단한다!"고 말했다.

이에 대해 콥햄은 이렇게 대답했다. "고결한 위클리프에 대해 이 자리에서 하나님과 사람 앞에서 말씀드리겠습니다. 나는 멸시 받고 있는 그의 교리를 알기 전에는 죄를 전혀 억제하지 못했었습니다. 그러나 그의 교리 속에서 하나님을 경외하는 법을 배웠으니, 결코 당신들이 주장하는 훌륭한 교훈에서는 발견할 수 없는 큰 은혜를 알았습니다."

박사는 다시 그에게 말했다. "수 많은 고결한 사람들이 살아 있고, 많은 사람들이 성경을 가르치고 있으며, 조상들의 풍부한 본보기가 있음에도 불구하고, 만일 그 마귀가 전파하는 것을 듣고서야 내 일생을 바로 잡을 은혜를 소유한다면 그것은 옳은 일이 아닐 것이다!"

콥햄은 대답했다. "당신들의 조상, 즉 옛 바리새인들은 그리스도께서 행하신 이적들이 바알세불에게서 비롯된 것이라고 했습니다. 그들의 후손인 당신들도 역시 그리스도의 신실한 추종자들에 대해 동일한 판단을 하고 있습니다. 당신들은 자신의 타락한 생활을 질책하는 사람들은 모두 이단이라고 정죄하고 있으며, 성경에는 그렇게 하라는 말이 없음에도 불구하고 당신들의 박사들은 그것을 증명해야만 합니다."

이렇게 말하고나서 그는 그곳에 있는 모든 사람들을 향해 말했다. "우리가 당신들을 올바로 판단려면 당신들의 행동을 살펴 보기만하면 됩니다. 성경 어느 곳에 지금 당신들이 하듯이 신자를 재판하는 자리에 앉으라거나, 또는 이곳에서 매일 되어지는 것처럼 사람들에게 사형 선고를 내리라는 말씀이 있습니까? 그리스도를 재판했으며 또 그리스도께서 승천하신 뒤 제자들을 심판한 안나스와 가야바가 행한 일 이외에는 당신들이 하는 행동의 근거가 될 만한 것이 성경에는 없습니다. 당신들이 그리스도의 지체를 심판하는 근거는 베드로와 요한이 아니라 안나스와 가야바에게서 취한 것입니다."

몇몇 법률학자들은 "그렇다고 인정하더라도 그리스도께서도 유다를 비판하셨습니다"라고 반박했다.

그러나 콥햄은 말했다. "결코 그렇지 않습니다. 그리스도께서는 유다를 비판하지 않았습니다. 그는 스스로를 비판하고 나가서 목을 매 죽었습니다. 그리스도께서는 그 사람의 탐욕적인 행위로 인해 화가 있으리라고 말씀하셨습니다. 주님은 지금도 당신들 중 많은 사람에게도 그렇게 말씀하십니다. 유다가 교회 안에 독을 흘렸기 때문에 당신들은 그리스도를 따르지 않으며 하나님의 온전하신 율법 안에 서지도 않고 있습니다."

대주교는 "당신이 말하는 독(毒)이란 무엇을 의미합니까?"라고 물었다.

콥햄은 대답했다. "당신들의 재산과 영지를 의미합니다. 당신들의 연대기에 기록된 바와 같이 옛날[1] 천사들은 '화로다. 화가 있으리로다. 오늘 하나님의 교회에 독이 떨어졌도다'라고 소리쳤습니

---

1) 콘스탄틴 대제가 교회에 재산을 기부했을 때를 말한다.

다. 그 전까지 일했던 모든 로마 교황들은 어떤 의미에서 순교자들이었습니다. 그러나 연대기에 의하면 그 일이 있은 후로는 순교의 기록은 거의 대할 수 없습니다. 그때 이후로, 사람들은 다른 사람들을 억누르고 해를 끼치며 저주와 살해하며, 온갖 악행을 행했습니다. 우리는 그리스도께서는 온유하고 자비하셨다는 것을 기억해야 합니다. 그러나 교황은 오만한 폭군입니다. 그리스도는 가난하셨으며 용서하시는 분이셨으나 교황은 부유하고 악한 살인자입니다."

그러자 존 켐프(John Kemp)라는 법학 박사가 전에 대주교 회의의 결정에 따라 런던탑에 갇혀 있는 콥햄에게 보냈던 법안을 품안에서 꺼내었다. 그는 그렇게 함으로써 그에 대한 심문을 쉽게 끝낼 수 있으리라고 생각했다. 그는 "콥햄 경. 우리는 다음과 같은 네 가지 문제에 관한 당신의 견해를 알고자 합니다"라고 말하고서는 문서를 읽기 시작했다.

"첫째, 제단에 봉헌된 거룩한 성찬에 관한 거룩한 교회의 결정과 믿음은 다음과 같습니다. 즉, 사제가 미사 때에 봉헌의 말씀을 선포하면 전에는 물질에 불과했던 떡은 그리스도의 몸으로 변하며, 포도주는 변하여 그리스도의 피가 됩니다. 봉헌의 말씀을 한 뒤의 성찬은 물질적인 떡과 포도주가 아닙니다. 존 경, 당신은 이것을 믿습니까?"

콥햄 경은 대답했다. "그것은 내 신앙이 아닙니다. 이미 말한 것과 같이 나는 제단 위의 거룩한 성찬 속에는 그리스도의 몸이 떡의 형태로 존재한다고 믿습니다."

박사는 계속하여 낭독했다. "둘째, 거룩한 교회는 이 땅에서 육신을 입고 사는 모든 신자들은 교회가 정한 사제에게 죄를 고백해야 한다고 결정했습니다. 존 경, 당신은 이것을 어떻게 생각합니까?"

그는 대답했다. "병이 들고 부상을 당한 환자에게는 그 병의 근원과 위험성을 잘 아는 의사가 필요합니다. 그러므로 가장 필요한 일은 먼저 하나님께 죄를 고백하는 일입니다. 하나님만이 우리의 질병을 알고 계시며 우리를 도와주실 수 있습니다."

박사는 다시 읽기 시작했다. "셋째, 그리스도는 베드로를 이 세상에서 일할 주님의 대리인으로 임명하셨습니다. 그의 교구는 로마교회입니다. 또 주님께서는 베드로에게 주신 것과 동일한 권리가 베드로의 후계자들에게 계승된다고 하셨습니다. 베드로의 후계자를 우리는 로마교황이라고 부르며, 교회 내에서의 그들의 권리에 의해 고위 성직자, 대주교, 교구 목사, 부목사 및 여러 계급의 성직자들이 임명됩니다. 그러므로 신자들은 로마 교회의 법을 좇아 그들에게 복종해야 합니다. 이것이 거룩한 교회의 결정입니다. 당신은 이것을 믿습니까?"

그는 이렇게 대답했다. "베드로의 순결한 생활을 가장 가까이 따르는 사람이 그의 후계자입니다. 그러나 당신들의 오만한 교단에서는 가난한 베드로의 위대하고 겸손한 행위를 존중하지 않고 있습니다. 당신들이 베드로에 대해 뭐라고 말하던 당신들은 실베스터(Silvester)에 이르기까지 그의 뒤를 계승하여 순교자처럼 생활한 사람들의 겸손한 태도에 그다지 관심을 갖지 않고 있습니다."

이 말을 듣고 나머지 박사들 중에서 한 사람이 물었다. "그렇다면 당신은 교황에 대해 어떻게 생각합니까?"

그는 대답했다. "그를 비롯하여 당신들 모두가 적그리스도입니다. 교황은 머리요, 당신들 주교, 사제, 고위성 직자, 수도사들은 몸입니다. 그리고 탁발 수도사들은 꼬리입니다."

박사는 다시 문서를 읽기 시작했다. "넷째, 거룩한 교회는 신자들이 성지를 순례하며, 그곳에서 성인, 사도, 순교자들, 증성자(證聖者:박해에도 불구하고 신앙을 지킨 성자) 및 기타 로마 교회가 인정한 성도들의 성유물(聖遺物)과 성상(聖像)들을 예배하는 것이 공로가 된다고 규정하고 있습니다. 당신은 이에 대해 어떻게 생각합니까?"

그는 다음과 같이 대답했다. "나는 그런 일을 하라는 하나님의 명령을 받지 않았습니다. 그런 일은 당신들의 탐욕을 위한 일이므로 나는 결코 그런 일들은 따르지 않겠습니다. 당신들은 그것들을 거미줄과 먼지가 없이 깨끗이 청소하여 그것들의 피해가 전염되지 않도록 저장해 두거나, 아니면 하나님의 형상인 노인들에게 하듯이 땅 속에 파묻는 것이 좋을 것입니다. 평생 동안 탐욕과 구걸을 증오하다가 죽은 성인들이 그처럼 탐욕에 빠지고 가난에 쪼들려서 비참하게 구걸한다는 것은 참으로 놀라운 일이 아닐 수 없습니다. 당신들은 성체용기(聖體容器)와 성상들, 그리고 조작한 사죄와 면죄를 가지고서 재산과 부귀, 그리고 모든 기독교 영역에서의 즐거움을 끌어 모으고 있습니다."

대주교가 그에게 말했다. "존 경, 거룩한 교회의 법에 순종하지 않으면 당신은 큰 위험을 자초하게 됩니다. 우리는 이 문제들에 관해서 당신이 거룩한 로마 교회의 보편적 믿음이 아닌 견해를 갖지 않기를 요구합니다. 그리고 순종하는 자녀처럼 어머니인 교회 안으로 돌아오기를 바랍니다."

콥햄 경은 그들 모두 앞에서 분명하게 말했다. "나는 이 문제에 대해 지금 이곳에서 말씀 드린 것과 다르게 믿지 않겠습니다. 그러니 나를 당신들 마음대로 처리하시오."

이 말을 들은 대주교는 일어서서 그를 정죄하는 문서를 낭독했고, 성직자들과 평신도들은 모자를 벗었다.

"기사요 귀족인 존 올드캐슬 경, 또는 콥햄 경은 분명한 이단일 뿐만 아니라 거룩한 로마 교회의 믿음과 신앙을 대적하는 이단들의 강력한 옹호자임을 우리는 밝혀냈다. 또한 그는 불의와 어두움의 자식으로서 마음이 대단히 완악하여 전혀 교구 목사의 말에 귀를 기울이려 하지 않고 있다. 게다가 지독한 고집으로 말미암아 그의 오신은 배가(倍加) 되었으므로 우리는 그의 재판을 세속 법정에 위탁한다.
우리는 여기에 있는 이 이단자 뿐만 아니라 앞으로 그의 잘못된 신앙을 찬성하거나 옹호하며, 여러 가지 방법으로 그를 돕거나 보호해 주려는 모든 이단자들은 정죄 받은 이단자들의 옹호자, 조력자, 영접자로 간주하여 파문하고 저주할 것이다.
성직자들은 이 이단자와 그의 추종자들에게 내린 파문과 정죄 선고를 사람들이 많이 모이는 때에 모든 교구, 도시, 마을에서 부목사나 교구의 사제를 통해 발표할 것을 명한다. 모든 신부들은 강단에 서서 각기 자신의 모국어로 공개적으로 분명하고 또렷하고 듣기 쉬운 목소리로 이 사실을 선포하여 모든 사람에게 이 사실을 알려 이 선고에 대한 두려움으로 인해 사람들이 최근 선동적인 설교자들로 말미암아 품었던 악한 생각을 버리게 하라."

대주교가 사람들 앞에서 콥햄을 정죄하는 문서를 낭독한 후, 콥햄 경은 지극히 평안한 얼굴로 다음과 같이 말했다. "당신은 쓸모없는 것에 불과한 내 육체를 정죄했습니다. 그러나 사단이 욥의 영혼을 해치지 못했듯이 그것이 내 영혼에게는 결코 해를 끼칠 수 없다고 나는 확신합니다. 내 영혼을 창조하신 분께서는 무한한 자비의 뜻에 따라 내 영혼을 건지실 것입니다. 나는 이것을 결코 의심치 않습니다."

이렇게 말한 뒤 그는 그들이 보는 앞에서 무릎을 꿇은 뒤 두 손을 맞잡고 두 눈을 들어 하늘을 바라보며 자기의 원수들을 위해 기도했다. "영원하신 주 하나님! 당신의 뜻이라면 당신의 크신 자비하심으로 내 원수들을 용서하여 주시옵기를 구하나이다."

이 일로 인해 주교들과 사제들은 귀족과 평민들로부터 신용을 잃게 되었다. 왜냐하면 그들은 선한 콥햄 경을 몹시 잔인하게 다루었기 때문이었다. 고위 성직자들은 이로 인해 사태가 자기들에게 더욱 불리하게 될 것을 염려했다. 그리하여 머리를 맞대고 의논한 결과 전과는 다른 방법을 사용하기로 합의했다.

그들은 자기들이 고용하고 있는 종, 친구, 그리고 허튼 소리를 지껄이기 좋아하는 사람들을 시켜 콥햄 경이 개심하여 성찬에 관한 견해를 바꾸었으며, 모든 일에 있어서 거룩한 교회에 복종했다는 소문을 퍼뜨렸다. 그리고 그의 이름을 도용하여 포기 각서를 위조했다. 그렇게 함으로써 사람들이 전에 그에게서 들은 견해를 신봉하지 않게 만들며, 또 그처럼 위대한 인물이 그들에게 굴복했다는 사실로 인해 더욱 그들을 경외하게 만들려 했다.

그러나 이러한 계략이 도움이 되기는 커녕 더욱 그들에게 불리하게 된 것을 깨달은 성직자들은 또 다른 거짓 계략을 강구해냈다. 그들은 왕에게 다음과 같이 탄원했다. 즉 위클리프와 콥햄의 주장 때문에 왕국의 방방 곡곡에서 큰 불만, 소문, 소동, 소요, 동맹, 알력, 분열, 다툼, 불화, 해악, 중상, 분파주의, 파당, 폭동, 선동, 동요, 위험, 불법 집회, 쟁론, 투쟁, 싸움, 반역적인 말다툼, 폭동이 끊이지 않고 있다고 호소했다. 또 교회가 미움을 받고 있어 교인들은 교구 목사에게 순종하지 않고, 존경하지 않으며, 곳곳에서 부주교, 부감독, 주교의 법률고문, 박사, 감독 대리, 종교 재판소의 판사, 평의회

회장, 법률가, 필경사 등이 멸시를 받고 있으며, 신령한 재판, 권위, 명예, 권리, 정책, 법, 의식, 견책, 교황권, 파문 및 교회법에 따른 벌칙들이 완전히 멸시를 당하고 있어 어떤 의미에서는 완전히 유명무실한 것이 되고 말았다고 불평했다.

그들은 사태가 이렇게 된 이유는 이단들과 위클리프의 견해를 신봉하는 롤라드들이 담대하게 그 교리를 전파하여 비밀집회를 개최하고, 사가에서 학교를 경영하며, 책을 제작하고 논문을 편찬하고 노래를 만들어 부르고, 숲속이나 들판이나 초원이나 작은 숲이나 땅 속의 굴 등 은밀한 곳에서 비밀리에 가르치기 때문이라고 말했다. 이에 대한 대책을 조만간 마련하지 않는다면 나라의 공익이 파괴되고 나라가 전복되며 왕권이 완전히 쇠퇴할 것이라고 말했다.

그들은 교활하게도 먼저 번 회의에서 행했던 조처에 왕에 권위를 더함으로써 그 조처를 더욱 강화하려는 속셈이었다. 그들은 자신이 이전에 기획했던 것은 적들을 추적하기에 너무나 약하다는 것을 잘 알고 있었다.

이러한 탄원을 받은 왕은 곧 레스터(Leicester)에 의회를 소집했다. 당시 콥햄 경이 런던과 웨스트민스터에서 크게 지지를 받고 있었기 때문에 웨스트민스터를 피한 것이다.

이처럼 그리스도의 사람들은 여러 가지 방법으로 배반을 당했으며, 그들의 목숨은 사고 팔렸다. 왕은 레스터에 소집한 의회에서 다음과 같은 모독적이고 잔인한 법령을 항구적인 조례로 선포했다. 즉 영어로 기록된 성경—당시 이것은 위클리프의 학문이라고 불렸다—을 읽는 사람은 누구를 막론하고 땅, 가축, 육체, 생명 및 재산을 몰수 당할 것이며 하나님께 대한 이단자요 왕에 대한 원수요,

국가에 대한 반역자라는 선고를 받게 된다는 것이었다. 그 밖에도 강도나 살인자는 성소나 왕국 내의 특별 구역에 들어가서 피할 수 있으나 이단자들은 용납되지 않는다는 법을 제정했다. 또 만일 이단적인 신앙을 버리지 않거나 또는 용서를 받은 뒤에 다시 이단에 빠지는 사람들은 두 가지 죽음을 겪게 되는데, 먼저는 왕께 대한 반역죄에 해당하는 교수형이요, 다음으로는 하나님을 대적한 이단죄에 적용되는 화형이라고 규정했다.

주교들, 사제들, 수도사들, 탁발 형제들은 의기양양해 졌다. 도처에서 많은 사람들이 체포되어 잔인하게 처형되었다. 많은 사람들은 독일, 보헤미아, 프랑스, 스페인, 폴투갈, 스코틀랜드, 웨일즈, 아일랜드로 도피하여 그곳에서 많은 놀라운 일을 행했다.

사형선고를 받은 콥햄 경은 로버트 몰리의 호송을 받아 다시 런던탑에 갇혔다. 그는 그곳에 얼마 동안 갇혀 있다가 (어떤 방법에 의해서인지는 알려져 있지 않으나) 어느 날 밤 그곳에서 탈출하여 웨일즈로 피신했다. 왕은 존 올드캐슬 경을 생포하거나 사살하는 자에게는 많은 상금을 주겠다고 선포했다.

콥햄 경은 당시 웨일즈의 총독이었던 포위스(Powis) 경에게 상당한 선물을 주고 그와 연합했다. 그러나 4년 뒤, 재물이 탐나서인지 아니면 그리스도의 참되고 신실한 교리가 싫어서인지 포위스는 가룟 유다처럼 행하게 되었다. 그는 겉으로는 콥햄과 화목하고 그를 지지하는 체 하다가 자신의 악한 목적을 달성하기 위해 비겁하게 그를 체포하여 런던으로 데려갔다. 이것이 1417년 12월의 일이었다.

당시 런던에서는 하원의회가 소집되어 있었다. 그는 왕과 제국에 대해 범죄한 반역자인고로 런던탑에 끌려가 있다가 템플 바

(Temple Bar: 런던 서쪽에 있는 문으로 반역자와 죄인의 머리를 매달던 곳) 밖에 있는 성 가일즈(St. Giles)에 있는 새 교수대에서 교수형을 당한 뒤 매달린 채 불에 태우라는 판결을 받았다.

사형 집행일이 되었다. 콥햄은 두 팔을 뒤로 묶인채 런던탑에서 끌려나왔다. 그러나 그의 얼굴은 대단히 평화로왔다. 그는 마치 왕권에 도전한 극악한 반역자인것 처럼 썰매에 태워 가일즈 처형장으로 보내졌다. 처형장에 도착하여 썰매에서 내린 그는 경건하게 무릎을 꿇고 원수들을 용서해달라고 기도했다. 기도를 마친 그는 일어나서 군중들을 바라보며 경건한 태도로 성경에 기록된 하나님의 율법을 따르며 말과 생활이 그리스도와 반대되는 교사들을 조심하라고 권면한 후, 쇠사슬로 허리를 묶인 채 산 채로 화형에 처해졌다. 그는 숨이 끊어지는 순간까지 계속 하나님의 이름을 찬양했다. 그곳에 있던 사람들은 크게 슬퍼했다. 이것이 1418년의 일이었다.

당시 사제들은 사람들에게 콥햄은 교황에게 불순종하여 죽었으므로 그를 위해 기도하지 말것이며 그는 지옥에서 저주를 받는다고 판단하라고 요구하는 등 콥햄을 저주하는 행동은 말로 형언할 수 없을 정도였다.

용감한 그리스도의 기사, 존 올드 캐슬 경은 그리스도의 신실하신 말씀의 증거를 위해 큰 환난을 당한 경건한 성도들과 함께 하나님의 제단인 예수 그리스도 밑에서 쉬게 되었다.

존 후스

보헤미아인들은 그곳 출신으로써 리처드 2세와 결혼한 앤(Anne)여왕 때문에 위클리프의 책들을 접하게 되었다. 그들은 처음으로 그리스도의 복음을 맛보기 시작하여, 존 후스의 설교 때문에 더욱 많은 지식을 갖게 되었다. 이러한 소식을 듣고 진노한 교황 알렉산더 5세는 프라하의 대주교에게 교서를 보냈다. 그는 대주교에게 그 누구도, 어느 곳에서도 그 교리를 주장하지 못하게 하라고 명령했고, 후스를 소환했다.

후스는 교황에게 응답하기를 교황의 교서나 명령은 그리스도와 제자들의 분명한 행위와 본보기에 거슬리는 것이며, 하나님의 말씀이 자유로이 전파하지 못하도록 속박하는 것은 복음의 자유에 해가 된다고 선언하면서 현명한 판단을 내리라고 상소했다. 그러나 그가 상소하는 동안 교황 알렉산더는 사망했다.

알렉산더의 뒤를 이어 교황이 된 요한 23세도 역시 온갖 수단을 다해 보헤미아인들을 지배하려 했다. 그는 먼저 보헤미아인의 지도자로서 당시 프라하에 있는 베들레헴 교회에서 복음을 전파하고 있었던 후스에게 적의를 발하기 시작했다. 왜냐하면 후스는 주교들의 전승보다는 그리스도의 복음을 가르치려 한다고 여겨 이단죄로 고발되었기 때문이었다.

교황은 이 모든 일을 콜룸나(Columna) 추기경에게 일임했다. 추기경은 고발을 받고서 날짜를 정하여 후스를 로마 법정에 출두하라고 명했다. 아내인 소피아와 보헤미아의 모든 귀족들의 요청, 그리고 프라하와 대학의 열렬한 탄원을 받은 보헤미아와 로마의 왕 웬세슬라우스(Wenceslaus)는 로마 교황에게 사절을 보내어 후스의 소환과 재판을 면제해 달라고 요청했다. 그리고 만일 보헤미아 왕국이 이단적이고 거짓된 교리에 감염되었다고 의심된다면, 사신들을 보내어 그 점을 시정하게 할 것이며, 이 모든 일은 보헤미아 왕이 비용을 대고 명령하여 행할 것이라고 했다. 또 그는 자기 이름을 걸고 약속하기를 만일 잘못된 교리를 믿는 사람이 발견되거나 체포된다면 자기의 권세와 권위를 동원하여 교황의 사절들을 도와 그를 처벌하겠다고 약속했다.

한편 자신의 소환일이 이르기 전에 대리인들을 로마 법정에 보내어 자신의 무죄를 확고하고 타당하게 증명했으므로 자신감을 얻은 후스는 지정된 날에 법정에 출두하라는 강요를 받지 않을 것이라고 생각했다. 그러나 이 문제를 전담하고 있었던 클룸나 추기경이 피고의 항변이나 변명을 인정하려 하지 않았으므로 후스의 대리인들은 교황에게 항소했다. 그러나 이 마지막 방법은 콜룸나 추기경에게 그다지 설득력을 발휘하지 못했다. 추기경은 후스가 정해진 날에 출두하지 않았다고 해서 그를 이단자로 간주하여 파문했다.

그러나 후스의 대리인들은 이미 교황에게 항소했으므로 베니스와 아킬레이아(Aquileia)의 추기경들을 비롯한 몇 명이 재판관으로 임명되었다. 이들은 이 문제를 약 1년 반 동안 미루다가 결국 콜룸나 추기경과 동일한 선고를 했으며, 후스의 대리인들에게 더이상 후스를 변호하지 말고 떠나라고 명령했다. 그러나 후스의 대리인들은 탄원하기를 그치지 않았으므로 그 중 몇 명은 투옥되어 중한 형벌을 받았고 나머지 대리인들은 보헤미아로 돌아갔다.

보헤미아인들은 이 모든 일에 그다지 관심을 갖지 않았다. 그러나 그들은 복음을 많이 알게 되면서 더욱 교황을 등한히 여기게 되었으며, 하나님의 말씀과 그리스도의 복음 전파를 금지시킨 대주교에 대해 매일 불평했다. 그들은 로마 교황청은 면죄부와 그밖의 다른 관습에 의해 그리스도의 유익이 아닌 자기 자신의 유익을 추구하고 있으며, 그리스도의 양들에게서 털을 뽑고 우유를 짜면서도 하나님의 말씀이나 선한 본보기로 양육하지 않는다고 말했다. 그리고 교황과 고위 성직자들의 명령에 순종하지 말고 그리스도와 제자들의 생활과 교리를 좇으라고 가르쳤다. 그들은 교황의 재판권을 비웃고 조소했다. 왜냐하면 당시에는 교회 내의 분열로 인해 세 명의 교황이 있어 서로 교황권을 얻으려고 싸웠기 때문이다.

당시 교황의 영역을 침범하여 약탈한 나폴리의 왕 라디슬라우스를 대적하기 위해 전쟁을 일으킨 교황 요한은 교황을 지원하는 싸우는 모든 사람의 죄를 사면해 주었다. 이러한 면죄에 관한 교황의 교서가 프라하에 도착하여 발표되었을 때, 당시 교황을 지지하던 웬세슬라우스 왕은 아무도 교황의 면죄부를 반대하지 말라는 명령을 내렸다.

그러나 이처럼 불의한 면죄부를 묵과할 수 없었던 후스와 그의 추종자들은 그것을 비방하기 시작했다. 그들 중에는 세 명의 기술자가 있었는데, 그들은 사제가 면죄부에 대해 설교하는 것을 듣고서는 공개적으로 그것을 비방하며 교황을 적그리스도라고 말했다. 그 때문에 그들은 의회에서 재판을 받고 투옥되었다. 그런데 백성들이 단결하여 무장을 하고 판사들에게 와서 그들을 석방하라고 요구했다. 판사들은 온유한 말과 공정한 약속으로 백성들을 무마시켰으므로 사람들은 모두 집으로 돌아가고 폭동은 가라앉았다. 그러나 투옥되었던 존, 마틴, 스타스콘은 참수형을 당했다.

이 세 사람이 순교했음을 알게 된 백성들은 그들의 시신을 베들레헴 교회로 가져갔다. 이들의 장례식 때에 그들을 지지하는 많은 사제들은 "하나님의 언약을 위해 자기 몸을 바친 이 사람들이야말로 성인들이다"라고하며 찬양했다. 이들의 시신은 베들레헴 교회 안에 매장되었다. 후스는 장례식 설교를 하면서 그들의 신앙의 절개를 찬양했다.

이 일로 인해 프라하는 양분되었다. 고위 성직자들을 비롯한 대부분의 성직자들과 손해를 보지 않으려 하는 대부분의 귀족들은 교황을 지지했다. 반면에 평민들과 일부 성직자들 및 대학생들은 후스에게 동조했다.

이것이 폭동으로 변할까 염려한 웬세슬라우스 왕은 박사들과 성직자들과 귀족들의 제안대로 후스를 프라하에서 쫓아내는 것이 가장 좋은 방법이라고 생각했다. 그는 이 같은 교회 내의 불화를 종식시키기 위해 이 문제를 박사들과 성직자들에게 일임했다. 그들은 함께 모여 의논한 결과 위클리프와 후스의 교리를 반대하며 교황과 로마 교황청을 지지하는 18개 조항을 포함한 포고문을 왕의 이름으로 발표했다.

이리하여 프라하를 떠나 고향으로 돌아간 후스는 그곳에서도 영주의 보호 하에 계속 교리를 전파했다. 많은 사람들이 그의 설교를 듣기 위해 모여들었다. 그는 아직 프라하에서 추방 당하지는 않았으므로 때때로 베들레헴 교회에 가서 사람들에게 설교했다.

그는 앞서 박사들이 발표한 포고문을 반박하는 조항들을 발표했는데, 그 내용은 다음과 같다.

박사들이 발표한 포고문에 대한 후스의 반박문

스스로 베드로와 사도들의 참되고 분명한 후계자라고 하는 교황과 추기경들의 주장은 거짓이다. 또 이 세상에서 그들 외에는 베드로와 사도들의 후계자가 없다는 주장도 거짓이다. 모든 주교와 사제가 베드로와 사도들의 후계자일 수 있다.

교황이 아니라 그리스도만이 교회의 머리가 되신다. 그리고 추기경들이 아니라 모든 그리스도의 신실한 백성들이 교회의 몸이 된다. 타락한 교황은 결코 거룩한 교회의 머리가 될 수 없으며 물론 그 지체도 될 수 없다. 그는 마귀와 그의 무리의 머리일 뿐이다.

또 우리가 모든 일에 있어서 교황과 추기경들의 결정을 지켜야 한다는 것도 진리가 아니다. 우리는 그것들이 거룩한 신구약 성경과 일치할 때에만 지켜야 한다.

주님께서는 로마 교회를 모든 교회의 으뜸 관구로 정하시지 않았다. 모든 사제들의 머리이신 그리스도께서는 예루살렘에 계셨고, 베드로는 안디옥에 있다가 나중에 로마로 왔다. 또 교황 중에도는 볼로냐(Bologna), 페루기아(Perugia) 아비뇽(Avignon) 등에 거한 교황도 있었다.

고위 성직자들, 그리고 거룩한 성경을 그릇 해석하는 자들은 우리가 모든 일에 있어서 교황에게 복종해야 한다고 말한다. 그러나 그 이유는 무엇인가? 우리가 알기에 많은 교황이 이단이었고, 또 어느 교황은 여성이었다.

그들은 경솔하고 유치하게도 프라하의 모든 성직자들이 인정했으므로 후스에게 발한 소송 절차가 준수되어야 한다고 주장하고 있다. 그들은 동일한 근거에서 우리의 첫 조상 아담과 하와가 마귀에게 복종했으므로 우리는 마귀에게 복종해야 한다고 주장할지도 모른다.

이러한 존 후스의 반박에 대해 가톨릭 박사들은 장황하게 답변했는데, 그것은 주로 교황의 권리를 옹호하고, 이 세상의 군주보다 교황에게 복종하라고 주장하는 내용이었다. 그들은 마치 그리스도가 왕의 왕이시므로 프랑스의 국왕 찰스가 그 밑에 존재하는 것처럼, 그리스도는 만유의 머리이시며 교황은 그리스도 아래서 모든 교회의 머리가 된다고 말했다. 주님은 이 세상에 육체로 계실 때에 친히 교황이시오, 수석 주교였으며 따라서 이 세상 전투적 교회의 머리이셨다. 그러나 주님이 이 세상을 떠나신 뒤, 그의 몸된 이 세상의 전투적 교회가 머리가 없이 존재할 수는 없기 때문에 주님은 세상 끝날까지 주님을 대신할 교회의 머리로 베드로와 그의 후계자들을 임명하셨다는 것이다.

이 일로 인해 후스는 프라하에서 추방되었다. 게다가 그는 파문을 당했으므로 그가 있는 곳에서는 미사를 올리지 못하게 되었다. 그리하여 백성들은 고위 성직자들과 가톨릭 사제들에게 불만의 소리를 외치기 시작했다. 백성들은 그들을 탐욕스럽고 교만한 성직매매자라고 비난했고, 악을 폭로하여 큰 수치와 불명예가 되게 하기를 주저하지 않았고, 성직자들이 개혁되기를 갈망했다.

왕은 백성들의 동향이 어떤 것인지 깨달았으며, 성직자들의 사악함을 알고 있었음으로 교회를 개혁한다는 구실 하에 악한 생활을 하고 있다고 알려진 성직자들과 사제들에게 많은 세금을 요구했다. 그래서 후스를 지지하는 사람들은 가톨릭 도당이나 후스의 적이라고 알려진 모든 사람들을 고발했다. 그로 인해서 잘못이 있는 가톨릭 성직자들은 재산을 압류 당했고, 잘못이 없는 성직자들은 크게 두려워했다. 그들은 프로테스탄트를 노하게 하지 않으려고 기꺼이 그들에게 동의했다. 이 일로 인해 많은 자유를 누리게 된 후스는 베들레헴에 있는 자신의 교회에서 전혀 간섭을 받지 않고 설교하기 시작했고 백성들은 작은 평안을 누릴 수 있었다. 그로인해 왕은 많은 소득을 얻었다.

그러나 후스를 박해하는 일에 열중했던 가톨릭 성직자들은 큰 환난에 휩싸여 도처에서 복음주의 성직자는 물론 평신도들로부터 고난을 받았다. 심지어 부인들과 아이들까지도 그들이 후스에게 금령(禁令)을 내린 일로 인해 그들을 대적했다.

이러한 괴로움을 당하는 것이 후스 때문이 아니라 자신의 사악함에 따른 응분의 보상임에도 불구하고 가톨릭 성직자들은 괴로움을 당할수록 더욱 후스를 미워하고 앙심을 품었다. 그리고 교황은 그 문제의 해결을 촉진하기 위해 지기스문트(Sigismund) 황제의 형제인 보헤미아의 왕 웬세슬라우스에게 후스와 그의 교리를 억제하라는 서신을 보냈다.

> "우리는 당신이 다스리고 있는 지역 여러 곳에 이단의 괴수인 위클리프의 교리를 전파하고 따르는 사람들이 있다는 소식을 들었습니다. 이미 오래 전에 로마 공의회에서는 그의 서적이 오류 투성이요, 이단적이요 보편신앙에서 벗어난 것이라고 정죄한 바 있습니다. 그러므로 우리는 당신이 하나님의 영광과 보편신앙의 옹호를 위해 제왕의 권력을 발해 주시기를 권합니다. 이단을 근절하는 것은 가톨릭 군주로서 마땅히 해야 할 일입니다."

교황 요한의 재임하는 동안에는 세 명의 교황이 공존하고 있었으며, 이미 36년 동안 계속 되어온 불화가 아직도 종식되지 않고 있었다. 그런 이유로 1414년 교황 요한 23세와 지기스문트 황제는 콘스탄스에 종 교회의를 소집했다. 세 명의 교황은 이탈리아인들이 옹립한 요한, 프랑스인들이 옹립한 그레고리(Gregory), 옹립한 베네딕트(Benedict)였다. 이 분파적이고 야심적인 싸움에서 사람들은 각기 자기들의 교황을 옹호했으므로 신자들은 큰 혼란을 겪었다. 종교회는 3년 5개월 동안 계속되었다. 만일 타락한 육체를 지닌 성직자들이 복음이라는 소금을 영접하고 진리를 사랑할 수 있었다면 하나님의 영광과 공익을 위한 크고 유익한 일들이 이 회의에서 결정되었을 것이었다.

 결국 이 공의회의 명령에 따라 교황 요한은 폐위되었는데, 그에게 43개 이상의 악하고 무거운 죄가 있다는 것이 증명되었다. 예를 들면 전임자인 교황 알렉산더를 독살하기 위해 마실리우스 파르멘시스(Marcilius Parmensis)라는 의사를 고용했다는 죄목을 비롯하여, 이단자, 성직 매매자, 위선자, 살인자, 노름꾼이라는 죄목도 있었다. 그 밖에도 그가 감염되지 않은 죄가 무엇이 있겠는가?

 콘스탄스 회의에서는 그다지 기억할 만한 일이 제정되고 제도화되지 않았다. 다만 교황의 권위는 공의회 아래 있으며, 공의회가 교황을 재판한다는 것이 결정되었을 뿐이다. 그리고 그리스도와 제자들이 2종 성찬(떡과 포도주)을 사용했다는 사실을 공의회가 부인하지 않았음에도 불구하고 이 공의회에는 그와 반대되는 명령을 내렸다.

 이 공의회는 세 명의 교황의 불화를 진정시키기 위해 소집되었다고 생각되어지고 있으나, 보헤미아인들, 특히 후스도 공의회 소집의 큰 원인이 되었다. 왜냐하면 회의가 개최되기 전, 지기스문트 황제는 가족 중에서 몇 명의 보헤미아인들을 보내어 후스를 이 공의회에 데려 오게 했기 때문이다. 그 의도는 후스가 자신에게 가해진 비난을 깨끗이 씻고 제거하게 하려는 것이었다. 황제는 후스에게 자유로이 콘스탄스에 올 수 있는 행동의 자유를 약속했으며, 또 속임수나 방해를 받지 않고 보헤미아에 돌아가게 해 주겠으며 또 자신과 온 제국의 보호 아래 받아들이겠다고 약속했다.

황제의 공정한 약속과 보증을 받은 후스는 공의회에 가겠다고 대답했다. 그는 보헤미아, 특히 프라하를 떠나기 전 문서들을 기록하여 그것을 가톨릭 교회와 교구 교회의 대문, 회랑, 수도원에 붙이게 했다. 그는 자신이 콘스탄스 공의회에 가서 자신이 이제까지 신봉해왔고 지금도 믿고 있는 신앙을 선포할 것이며, 하나님의 도움을 받아 죽기까지 그 신앙을 옹호하고 지키겠다고 예고했다. 만일 자기의 교리를 의심하는 사람이 있다면 프라하의 대주교 콘라드 (Conrad) 경 앞에서 밝힐 것이며, 만일 콘스탄스 공의회에서 그를 의심하는 사람이 있다면 그들 모두가 있는 앞에서 자기 신앙의 근거와 타당성을 이야기하려 했다.

1414년 10월 15일 경, 후스는 두바의 웬세스라우스와 클룸의 존 (Clum of John)과 함께 프라하를 떠나 콘스탄스를 향했다. 그가 지나가는 도시마다 많은 사람들이 그를 만나러 나왔으며, 독일에서는 가는 곳마다 그를 지지하는 사람들만 아니라 모든 시민들, 때로는 부주교들의 환대를 받았다. 후스가 어느 서신에 고백한 것과 같이 그는 보헤미아의 적들 만큼이나 무서운 적들은 어느 곳에서도 발견하지 못했다. 그가 도착할 것이라는 소문이 난 곳에서는 그를 만나려고 하는 사람들로 거리가 가득찼다. 특히 누렘버그 (Nuremberg)에서는 많은 부주교들이 그를 찾아왔다. 그들은 후스와 은밀하게 이야기를 하고자 했으나 후스는 비밀리에 이야기하기보다는 사람들 앞에서 공개적으로 자신의 의향을 밝히기를 원한다고 말했다. 그는 아무 것도 감추기를 원하지 않았다. 그리하여 저녁 식사 후부터 밤이 될 때까지 그는 사제, 평의원 및 많은 시민들 앞에서 이야기했다. 그들은 그를 크게 존경했다.

프라하를 떠난지 20일째 되는 11월 3일, 콘스탄스에 도착한 후스는 성 게일(Gale) 거리에 있는 "신실한 자"라고 불리는 정직한 과부의 집에 묵었다.

이튿날 존 데 클룸 경과 헨리 라젬보그 경은 교황을 만나 후스의 도착을 알리고 그가 콘스탄스에 있는 동안 어려움이나 고통이나 방해를 받지 않고 자유로이 머물 수 있게 해 주기를 원했다. 교황은 후스가 자기의 형제를 죽였다고 하더라도 콘스탄스에 머무는 동안에는 전혀 해나 폭행을 당하지 않을 것이라고 대답했다.

이 기간 동안에 후스의 가장 큰 적수로서 역시 보헤미아 태생인 스테픈 팔레즈(Stephen Paletz)가 콘스탄스에 왔다. 팔레즈는 마이클 데 카우시스(Michael de Causis)라는 사람과 교제하고 있었는데, 그는 최초로 후스를 지독하게 비난한 사람이었다. 팔레즈는 청년 시절부터 후스를 잘 알고 있었다. 교황 요한 23세가 아폴리아(Apulia)의 왕 라디슬라우스를 대적하는 교서를 프라하에 보내었을 때, 후스는 그 교서가 악하고 무익하다는 것을 알았기 때문에 공개적으로 반대했었다. 그러나 팔레즈는 후스가 참석한 어느 연회장에서 이 교서가 공평과 공의에 어긋난다고 고백했었으면서도 교황에게서 성직록을 받고 있었기 때문에 후스를 대적하여 그 교서를 옹호했다.

팔레즈의 동료 마이클 데 카우시스는 한 때 뉴 프라하의 신부로 있었으나 거기에 만족하지 못했으므로 보다 큰 먹이를 얻기 위해 새로운 계략을 꾸미고 있었다. 그는 폐광으로 버려진 길로위(Gilowy) 금광에서 다시 작업을 할 수 있는 새로운 것을 발견해낸 것처럼 꾸몄다. 이렇게 하여 그는 국왕 웬세슬라우스와 함께 많은 일을 하게 되었다. 국왕은 그에게 이미 약속한 일을 하라고 거액의 돈을 주었다. 그러나 이 사람은 며칠 동안 그 일을 해본 후, 자신이 아무 것도 이룩하지 못했으며 자기 목적이 완전히 실패했음을 깨닫고서 남은 돈을 가지고 몰래 보헤미아를 빠져나와서는 알맞은 보금자리인 로마 교황청으로 갔다.

이들 두 지독한 소동꾼, 팔레즈와 마이클 데 카우시스는 후스에게 불리한 기사를 작성하여 그것이 후스의 저서, 특히 교회에 관한 논문에서 발췌한 것이라고 말했다. 그들은 이곳 저곳, 위 아래로 다니며 그 기사를 추기경, 주교, 수도사들에게 보여 주었다. 그리고 그 외에도 후스가 교회와 교황의 명령 및 거룩한 법에 대해 기록한 더욱 중요한 자료들이 있으며, 필요하다면 그것들을 공의회에 제출하겠다고 말했다. 그들이 불을 붙였기 때문에 추기경과 크게 분노한 사제들은 한 마음이 되어 후스를 체포해야겠다고 생각했다.

후스는 콘스탄스에 도착한지 26일이 되었을 동안 독서와 집필 및 친구들과의 대화에 몰두해 있었다. 저녁 때쯤 팔레즈와 마이클 데 카우시스의 선동을 받은 추기경들은 아욱스부르그의 주교와 트렌트의 주교를 콘스탄스의 시장 및 어느 기사와 함께 후스가 묵고 있는 곳으로 보냈다. 그들은 자신이 교회와 추기경의 보냄을 받았다고 밝힌 뒤, 후스 자신이 바라던 대로 교황과 추기경 앞에서 후스의 교리에 대한 지식을 이야기 하러 와야 하며, 물론 그들은 기꺼이 그의 답변을 듣겠다는 말을 전했다.

후스는 그들에게 대답했다. "나는 교황과 추기경들 앞에서 나의 입장을 변호하려는 목적으로 이곳에 온 것이 아닙니다. 나는 공의회에 출두하여, 공개적으로 나에게 묻는 모든 질문에 두려움이나 의심 없이 대답하겠습니다. 그러나 당신들이 나에게 추기경들에게 가자고 요구한다면 굳이 거절하지는 않겠습니다. 나는 주 예수께서 나를 위로해 주시고 힘 주심을 믿고 있으므로, 그들이 나를 악하게 취급하거나 다루어도 내가 거룩한 성경을 통해 배운 진실을 부인하기보다는 차라리 주님의 영광을 위해 죽기를 원하겠습니다."

주교들은 비밀리에 자기들이 모인 곳과 다른 집들에 군사를 배치해 놓았으면서도 겉으로는 전혀 악의가 없는 체 했으므로 후스는 자기가 묵고 있던 집에 두었던 말을 타고서 교황과 추기경들이 있는 곳으로 갔다. 그는 추기경들에게 인사를 했다.

그들은 다음과 같은 식으로 그에게 말하기 시작했다. "우리는 당신에 관한 많은 보고를 듣고 있습니다. 만일 그것들이 사실이라면 당신은 처벌을 받아야 합니다. 사람들은 당신이 참된 교회의 교리에 어긋나는 잘못된 교리들을 가르치고 있으며, 오랜 세월 동안 보헤미아 지방 전역에 잘못된 교리를 전파해왔다고 말하고 있습니다. 그러므로 우리는 사태가 어떻게 되고 있는지 알기 위해 당신을 이곳으로 소환했습니다."

후스는 그들에게 몇 마디로 대답했다. "존경하는 사제들이여! 내게 단 한 가지라도 범죄한 일이 있다고 여김을 받으니 차라리 죽기를 선택할 결심임을 여러분들은 알게 될 것입니다. 만일 누구라도 나에게서 잘못된 점이 있음을 증명한다면 나는 기꺼이 형벌을 받겠습니다."

추기경들은 그의 말이 마음에 든다고 대답했다. 그리고 나서 그들은 무장한 사람들로 하여금 후스와 존 데 클룸 경을 감시하게 하고 떠나서는 오후 4시까지 그대로 두었다.

4시가 지나서 추기경들은 다시 교황청에 모여 후스를 어떻게 할 것인지 의논했다. 스테픈 팔레즈와 마이클 데 카우시스는 여러 명의 지지자들과 함께 그를 석방해서는 안 된다고 탄원했다. 그들은 판사들의 지지를 얻고 있었으므로 미친 사람처럼 허풍을 떨며 후스를 조롱했다. 그리고 "이제 우리는 그대를 완전히 손아귀에 넣었다. 그대는 우리의 지배와 사법권 아래 있으며 최후의 한 푼까지 대가를 치르지 않는 한 석방되지 못할 것이다"라고 말했다.

밤이 되자 그들은 로마 교황청의 사제장을 존 데 클룸 경에게 보내어 숙소로 돌아가도 좋다고 했다. 그러나 후스에게는 그러한 조처를 내리지 않았다. 이 소식을 들은 존 데 클룸 경은 대단히 불쾌했다. 왜냐하면 그들은 술책과 교활함과 그럴싸한 말로 이 선한 사람을 함정에 빠뜨리고 있었기 때문이었다. 그리하여 그는 교황에게 가서 지금까지 되어진 모든 일을 밝혔다. 그리고 교황이 그와 헨리 라젬보그 경에게 한 약속을 환기시키며 교황이 경솔하게 자신의 신뢰를 깨뜨리지 않기를 바란다고 겸손하게 말했다. 교황은 이 모든 일이 자기의 허락이나 명령이 없이 되어졌다고 말했다. 그리고 클룸 경에게 따로 말하기를, "그대가 이 행위의 책임을 나에게 전가하는 까닭은 무엇인가? 나 자신도 추기경들과 주교들의 수중에 있다는 것을 그대는 잘 알고 있지 않은가?"라고 말했다.

이리하여 클룸 경은 슬픈 마음으로 돌아왔다. 그는 교황이 행한 횡포에 대해 공공연하게 항의했으나 아무 유익이 없었다. 이 일이 있은 후 후스는 콘스탄스 교회 성가대의 선창자(先唱者)의 집으로 끌려가서 8일 동안 갇혀 있었으며, 그곳에서 다시 라인강 가까이에 있는 도미니코 수도회로 넘겨져 수도원 내의 감옥에 갇혔다.

그곳에 갇힌 후스는 학질에 걸려 극도로 쇠약해졌으므로 사람들은 그가 죽은 것이라고 생각했다. 그가 감옥에서 죽을까 염려한 교황은 의사를 보내어 그를 치료하게 했다. 이처럼 후스가 병마에 시달리고 있을 때에, 후스를 비난하는 자들은 공의회의 회장에게 그를 정죄할 것을 강하게 탄원했으며, 교황에게 다음과 같은 기사를 제출했다.

"후스는 교회의 성례, 특히 그리스도의 몸이라는 성찬에 대해 범죄했습니다. 그는 공공연하게 몸과 피라는 두 가지 성찬을 사람들에게 주어야 한다고 전파했습니다. 많은 사람들은 그가 학교에서나 교회에서 제단에 봉헌하는 말씀을 선포한 뒤에도 성찬 속에는 물질인 떡이 그대로 남아 있다고 가르쳤으며, 또 그러한 의견을 가지고 있다고 증언하고 있습니다. 그는 대죄를 지은 성직자들은 성례를 거행하거나 봉헌할 수 없다고 말하는 잘못을 범했습니다. 또 사제가 아닌 사람이 성례를 집행해도 괜찮다고 말했습니다. 그는 교회는 교황, 추기경들, 대주교들 및 그들 밑에 있는 하위 성직자들을 의미한다는 것을 인정하지 않습니다. 그는 교황, 추기경들 및 모든 사제들이 대죄 속에 있을 때에는 교회는 열쇠의 권세를 소유하지 못한다고 주장합니다.

그는 모든 사람에게는 영혼을 치료할 사람을 임명할 권리가 있다는 견해를 가지고 있습니다. 이것은 후스 자신의 행위에 분명히 나타납니다. 보헤미아에서는 교황청이나 프라하의 대감독에게서 임명을 받은 것이 아니라 자신을 옹호하거나 지지하는 사람들, 또는 후스에 의해 임명되어 교구 교회를 다스리는 사람들이 많이 있습니다."

"그는 한번 사제나 집사로 임명된 사람에게서 설교하는 직무를 금지하거나 보류할 수 없다는 의견을 가지고 있습니다. 이것도 역시 그의 행위에 분명히 나타납니다. 후스는 로마 교황청이나 프라하의 대주교로부터 설교해도 좋다는 허락을 받지 않았습니다.

또 프라하 대학의 신학생들이 존 위클리프의 45개 신조를 반대하는 질문을 제기하여 성직자회의를 소집하고, 보헤미아의 모든 성직자들이 위클리프의 신조들은 이단적이고 선동적이고 그릇된 것이라는 결정을 내렸을 때에도 후스는 그와 반대되는 의견을 주장했습니다. 즉, 그 신조들은 전혀 이단적이거나 선동적이거나 잘못된 것이 아니라고 주장했습니다. 후일 그는 프라하의 공립학교에서 그것을 주장하고 가르쳤습니다. 이로 보건대 그는 영국 뿐만 아니라 모든 교회로부터 정죄를 받은 위클리프의 신조들을 인정하고 있음이 분명합니다."

이 고발 건을 심리하기 위해 콘스탄티노플 대주교, 카스텔라마르의 주교, 레베스의 주교가 판사로 임명되었다. 그들은 고발 내용을 청취했고, 프라하의 말 많은 사제들이 맹세하며 증언한 것을 들었다. 그리고 당시 심한 학질에 걸려 감옥에 있었던 후스에게 이 고발 내용을 낭독해 주었다.

이러한 고발 내용을 들은 후스는 변호사의 선임을 요구했으나 거절 당했다. 판사들은 법에 의하면 아무도 이단 혐의를 받고 있는 사람을 변호할 수 없다는 이유로 그의 요구를 거절했다. 증인들은 대단히 어리석고 뻔뻔스러웠다. 따라서 만일 그들이 고발자요, 판사가 아니었다면 아무런 논박도 필요 없었을 것이다.

후스는 종려주일 전 수요일까지 프란시스코회 수도원의 감옥에 갇혀 있었다. 그동안 그는 십계명, 하나님의 지식과 사랑, 결혼, 참회, 인류의 세 가지 원수, 주기도문, 성만찬 등에 관한 책들을 저술했다.

같은 날, 교황 요한 23세는 자신의 밉살스럽고 가증한 소행과 몰수물 때문에 교황권을 박탈 당하게 될 재판을 피하여 변장을 하고 비밀리에 콘스탄스를 빠져 나갔다. 이 일 때문에 후스는 다른 감옥으로 옮겨졌다. 왜냐하면 후스를 지키고 있었던 교황의 종들은 자기의 주인이 도망친 것을 알고서 감옥의 열쇠를 지기스문트 황제와 추기경에게 넘겨 주고 교황을 따라갔기 때문이었다. 그리하여 공의회의 허락 하에 후스는 콘스탄스 주교의 수중에 넘어갔다. 콘스탄스 주교는 후스를 콘스탄스에서 그리 멀지 않은 라인강 저 편에 있는 성으로 보냈다. 후스는 탑에 갇혀 발에 족쇄를 채운 채 지냈으므로 낮에는 거의 걷지 못했다. 그리고 밤에는 침대 옆 벽을 맞은 편에 있는 선반에 묶였다.

한편 폴란드와 보헤미아의 몇몇 귀족들과 향사(鄕士)들이 후그를 구출하려고 애를 쓰고 있었다. 그러나 그 일은 고약한 사람들 때문에 크게 비방과 중상을 받았다. 사태는 악화되어 모든 사람들, 심지어 노예와 천민들까지도 후스를 지지하는 것처럼 보이는 콘스탄스 시민들을 조롱했다. 그 때문에 의논을 한 그들은 1415년 5월 14일 자기들의 요구 사항을 공의회에 제출하기로 결정했다. 그들의 제출한 요지는 다음과 같다.

"존 후스는 안전 통행권을 얻어 자발적으로 콘스탄스에 왔으나 자신의 의견을 발표하지도 못한채 감옥에 갇혀 발에는 족쇄를 채우고 굶주림과 목마름으로 고통하고 있습니다. 후스는 한번도 심문을 받지 않았으며 유죄 선고나 정죄를 받지 않았는데도 체포되어 투옥되었습니다. 그는 빈약한 식사로 인해 대단히 쇠약해져 있기 때문에 힘과 체력이 소진되어 정신을 잃게 되지 않을까 염려가 됩니다. 그런한 까닭에 우리는 당신들에게 우리나라 국왕이 보장한 안전 통행권의 신용 및 보헤미아 왕국과 당신들의 국가의 명예와 명성의 보존 및 증가를 위해 존 후스의 사건을 속히 종식시켜 주시기를 바랍니다."

이들 백작과 영주들은 황제에게도 다음과 같이 탄원서를 제출했다.

"존경받는 사제들과 영주들이 우리의 공정한 탄원에 귀를 기울이도록 폐하께서 중재하여 주시기를 바랍니다."

황제가 어떤 대답을 했는지는 알려지지 않았다. 그러나 이 선한 황제는 완강한 추기경들과 주교들의 악한 영향을 받아 자신의 약속과 신앙을 깨뜨렸다. 추기경들과 주교들은 이단 혐의를 받고 있거나 재판을 받고 있는 사람은 결코 안전 통행권이나 그 밖의 다른 조처에 의해 보호할 수 없다는 것을 이유로 내세웠다.

후스가 다시 공의회에 소환되어 나갔을 때 기이하고 수치스러운 일이 발생했다. 그들은 한 가지 조항을 읽고서 몇 가지 증거를 제출했다. 그러나 후스가 입을 열어 그것에 대해 답변하려 하자 이 미친 무리들은 한 마디도 대답할 시간이 없다고 소리쳤다. 그 소란과 혼란이 얼마나 크고 격렬했는지, 만일 누군가가 그 소리를 들었다면 사람의 소리가 아니라 야생동물들의 소리라고 생각했을 것이며, 그들이 그처럼 중요하고 심각한 문제를 결정하기 위해 모인 사람들이라고는 생각할 수 없었을 것이다. 어떤 사람은 그에게 폭언을 퍼부었고, 어떤 이는 조롱했다. 이처럼 무례하고 야만적인 소음 때문에 꼼짝하지 못하게 되었고 말해보았자 아무 유익이 없다는 것을 깨달은 후스는 침묵을 지키기로 결심했다. 그 순간 그의 적들로 이루어진 폭도들은 자기들이 싸움에서 이겼다고 생각하여 모두가 함께 소리쳤다. "자, 그는 이제 말문이 막혔다. 그는 말을 하지 못하고 있는데 이것은 자신의 잘못된 신앙을 인정한다는 표시이다." 그 중에서도 온건하고 정직한 사람들은 이러한 혼란을 보다 못해 회의를 진행할 수 없다고 판단하여 모든 일을 다음 회의로 미루기로 결정했다. 이들의 충고는 받아들여져 회의는 폐회하고 이틀 후 그곳에서 다시 재판을 계속하기로 약속했다.

약속된 날이 되었다. 그 날은 6월 7일이었다. 해가 지기 조금 전, 약 7시 경이 되자 지난 번에 모였던 무리들은 다시 작은 형제단 수도원에 모였다. 그리고 그들의 명령에 따라 후스가 무장한 사람들의 호위를 받으며 나아왔다. 황제, 귀족들, 웬세슬라우스 데 두바 경, 존 데 클룸 경도 그 사건의 해결을 보려고 그곳에 참석했다.

이윽고 후스가 위클리프의 잘못된 신조들을 가르치고 옹호했다고 주장하는 내용의 고발장이 낭독되었다. 그들은 자신의 고발을 확실히 하기 위해서 최초로 로마에서 위클리프의 신조를 정죄할 때에 후스가 반대했다고 주장했다. 그리고 동일한 문제로 프라하의 대주교와 학자들이 프라하에서 성직자회의를 개최했을 때, 후스는 자기의 양심상 동의할 수 없다고 대답했다고 주장했다. 그리고 교황 실베스터와 콘스탄틴이 교회에게 많은 것을 기부하고 포상한 것은 잘못된 일이며, 또 교황이나 사제일지라도 대죄를 범한 사람은 세례를 베풀거나 성직을 수행할 수 없다고 주장했다는 것이다.

이 말을 들은 후스는 "나는 그 조목에 다음과 같은 단서를 달았습니다. 대죄를 범하여 하나님의 성례를 집행하기에 부적당한 사역자는 성직을 수행하거나 세례를 베풀 자격이 없습니다"라고 말했다. 그는 위클리프의 신조들을 정죄할 성경적 근거들이 없는 한 그 신조들을 정죄할 수 없다고 주장했다.

후스는 다음과 같이 말했다.

"프라하 대학의 많은 박사들과 석사들도 나와 동일한 생각을 가지고 있습니다. 대주교 스빈코가 프라하에 있는 위클리프의 책을 모두 거두어 오라고 명령했을 때, 나는 몇 권의 위클리프의 책을 대주교에게 가져가서는 만일 그 책들 속에서 조금이라도 잘못되거나 이단인 부분들을 표시해 주면 그것들을 공개적으로 발표하겠다고 했습니다. 그런데 대주교는 전혀 오신이나 이단을 발견하지 못했으면서도 그에게 가져온 다른 책들과 함께 내 책들을 불태워 버렸습니다. 그는 위클리프의 책에는 많은 오신이 있으니 모든 사람들의 손에서 제거하라는 교황의 교서를 받았던 것입니다. 대주교는 자신이 이 교서의 권위를 이용하여 보헤미아의 국왕과 귀족들로 하여금 위클리프의 책들을 정죄하게 만들 수 있다고 생각했습니다. 그러나 그것은 잘못된 생각이었습니다. 그는 몇 명의 신학자들에게 위클리프의 책들을 심사하고, 교회법 안에 명시된 판결에 의해 그 책들을 고발하는 권한을 주었습니다. 이 사람들은 그 책들을 모두 태워야 한다는 판결을 내렸습니다. 이 소식을 들은 프라하 대학의 박사, 석사, 학자들은 일치 단결하여(전에 대주교로부터 제멋대로 재판할 권리를 받았던 사람들만 제외하고) 국왕에게 그 판결을 연기해달라고 탄원하기로 결정했습니다.

국왕은 이들의 요청을 받아들여 그 문제를 조사하기 위해 대주교에게 사람을 보냈습니다. 대주교는 위클리프의 저서에 관한 일에 있어서 국왕의 뜻과 의지에 반대되는 명령은 내리지 않겠다고 말했습니다. 그리하여 이미 다음 날 위클리프의 책들을 태워 버리기로 결정되었었지만 왕에 대한 두려움 때문에 그대로 넘어갔습니다. 한편 교황 알렉산더 5세가 사망하자, 대주교는 자신이 교황에게서 받은 교서가 효력이나 힘을 갖지 못할 것이라고 염려하여 비밀리에 자신의 지지자들을 불러 모은 다음 자기 관저의 문을 닫고 무장한 병사들에게 지키게 한 뒤, 위클리프의 책들을 모두 태워 버렸습니다. 대주교는 이 커다란 모욕 외에도 앞서 말한 교서를 빌미로 또 하나의 참을 수 없는 짓을 저질렀습니다. 즉, 그는 앞으로 교회에서 그것을 가르치는 사람을 파문하겠다고 명령했습니다. 그 때문에 나는 교황에게 항소했으나 마침 교황이 사망했으므로 내 문제에 대한 소송은 확정되지 못했고, 따라서 나는 그의 후임자인 요한 23세에게 항소했습니다. 그러나 그는 2년이 지나도록 소송에서 변호인이 나를 변론하는 것조차 허락하지 않았으므로 나는 다시 대주재이신 그리스도께 항소했습니다."

후스가 말을 마치자 그들은 그에게 교황의 사면을 받았는지 물었다. 그는 "아니오"라고 대답했다. 그들은 다시 물었다. "그리스도에게 항소하는 것이 과연 합법적인 일인가?"

그에 대해 후스는 이렇게 대답했다. "그리스도께 항소하는 것보다 더 공정하고 효과적인 항소는 없다는 것을 나는 당신들 모두 앞에서 확신합니다. 하급 판사에게서 부당한 판결을 받았을 때에는 상급 판사에게 탄원하여 도움을 요청할 수 있다고 법은 규정하고 있습니다. 그렇다면 그리스도보다 더 높은 판사는 누구입니까? 과연 누가 그리스도보다 더 의롭고 공정하게 그 문제를 알거나 재판할 수 있습니까? 그리스도에게는 거짓이 없으며, 또 그분은 결코 속지도 않습니다. 불쌍하고 학대받는 자들을 주님보다 더 잘 도울 사람이 어디 있습니까?"

후스는 침착하게 열렬한 얼굴로 이렇게 선포했으나 공의회에 모인 모든 사람들은 그를 비웃고 조롱했다.

이어 그의 죄목이 또 한 가지가 열거되었다. 즉, 후스는 자신이 위클리프의 책에서 발췌하여 평민들에게 가르친 이단을 확증하기 위해 위클리프의 영혼이 있는 곳에 자기의 영혼도 있게 되기를 원한다고 말했다는 것이다. 이에 대해 후스는 12년 전 보헤미아에 위클리프의 신학 서적이 들어오기 전에 자신은 위클리프의 철학책을 보게 되었는데 그것은 참으로 그에게 큰 기쁨을 주었으며, 위클리프의 선하고 경건한 생활을 알게 되었으므로 그와 같은 말을 했다고 대답했다.

재판이 끝난 후, 후스는 리가(Riga)의 대주교의 관리를 받게 되었다. 후스가 그곳으로 호송되기 직전, 켐브레이(Cambray) 추기경은 황제가 있는 곳으로 그를 불러들여 이렇게 말했다. "존 후스, 내가 들은 바에 의하면 당신은 자신의 의도에 따라 자발적으로 콘스탄스로 온 곳이며, 만일 올 마음이 없었다면 황제나 보헤미아의 왕일지라도 억지로 오게 할 수 없었을 것이라고 말했다고 하던데요."

후스는 그에게 대답했다. "존경하는 사제여, 보헤미아에는 나를 사랑하고 지지하며, 안전하고 은밀한 곳에 나를 숨겨줄 귀족들과 향사들이 많습니다. 따라서 나는 황제나 보헤미아 왕의 뜻을 좇아 강제로 콘스탄스에 온 것이 아닙니다."

이 말을 듣고 화가나서 얼굴이 붉어진 캠브레이 추기경은 경멸하듯이 "여러분들은 이 사람의 뻔뻔스러움을 보지 못합니까?"라고 말했다.

여기 저기에서 사람들이 중얼거리고 속삭일 때에 존 데 클룸 경은 후스의 말이 사실이라고 확인하기 위해 다음과 같이 말했다. "보헤미아에 있는 많은 사람들과 비교할 때에 나는 그다지 힘이 없는 사람입니다. 만일 나에게 힘이 있다면 나는 일년 안에 이 크고 강대한 왕들의 군대와 세력에 대항하여 그를 지킬 것입니다. 그러니 나보다 큰 힘과 권세, 그리고 훨씬 튼튼한 성을 가지고 있는 사람들은 더욱 훌륭하게 이 일을 할 수 있지 않겠습니까?"

클룸 경의 말이 끝난 뒤 캠브레이 추기경은 말했다. "이런 이야기는 그만 둡시다. 후스, 당신에게 권고하겠습니다. 당신은 감옥에서 약속했듯이 공의회의 판결과 의견에 복종해야 합니다. 그렇게 하는 것이 당신에게 유익하고 영광된 일일 것입니다."

황제도 같은 의도로 말했다. "많은 사람들은 우리에게 이단자나 이단 혐의를 받고 있는 사람을 옹호해서도 안되고 옹호할 권리도 없다고 말했다. 따라서 당신은 더 이상 고집스럽게 자기의 의견을 주장하지 말고 거룩한 교회의 권위에 복종하는 것이 좋을 것이다. 만일 그렇게 한다면 우리는 당신이 가볍게 속죄 행위를 하고서 평안히 떠나게 하라고 공의회에 명령하겠다. 그러나 만일 그 일을 거절한다면 공의회의 의장들은 당신을 고발할 것이며 우리는 곧 당신을 화형에 처하여 더이상 당신이 완강한 태도로 자기의 의견을 주장하지 못하게 할 것이다."

그 다음 날인 6월 8일 아침, 그들은 다시 프란치스코회 수도원에 모였고 후스는 그들 앞에 끌려나갔다. 그들은 후스 앞에서 그의 저서에서 발췌했다고 주장하는 조목들을 낭독했다. 후스는 그 조목들이 성실하고 진실하게 수집된 것이라야 자신의 것이라고 인정했다. 그러나 거기에는 그렇게 수집된 조목은 거의 없었다.

후스의 서적에서 발췌한 조목들, 그리고 그에 대한 후스의 답변

"베드로는 결코 거룩한 보편 교회의 머리가 아니었으며, 지금도 아니다."

답 변

이 조목은 나의 저서 중에 있는 다음과 같은 표현에서 발췌된 것이다: "보는 사람들은 베드로가 교회의 반석이신 그리스도로부디 겸손, 가난, 견고한 믿음, 그리고 그에 따른 축복을 받았다는 것에 동의한다. 그리스도께서 '내가 이 반석 위에 내 교회를 세우리라'고 하신 말씀은 베드로라는 인물 위에 전투적 교회를 세우시겠다는 의미가 아닐 것이다. 그리스도는 반석, 즉 그리스도 자신 위에 교회를 세우셔야 했으며, 베드로는 거기에서 견고한 믿음을 받았다. 베드로가 아니라 예수 그리스도가 교회의 유일하신 머리요 기초이다."

"예수 그리스도의 대리인이라고 불리는 사람이 삶 속에서 그리스도를 본받는다면 그는 참된 대리인일 것이다. 그러나 만일 그가 그리스도와 반대되는 길로 행한다면, 그는 적그리스도의 사자이며, 예수 그리스도와 사도 베드로의 원수이며, 가롯 유다의 대리인이다."

답 변

나의 저서에는 이렇게 기록되어 있습니다: "사도 베드로의 대리인이라고 불리는 사람이 앞서 언급된 기독교적인 덕의 길로 행한다면, 우리는 그를 참된 대리인이며 진실한 주교로서 교회를 다스릴 수 있다고 믿을 것이다. 그러나 만일 그가 그와 반대되는 길로 행한다면 그는 적그리스도의 사자로서 사도 베드로는 물론이요 주 예수 그리스도를 대적하는 자이다. 그러므로 성 버나드(St. Bernard)는 그의 네 번째 저서에서 교황 유진(Eugene)에 대해 기록하기를, '당신은 호화롭고 화려하게 치장하고서 오만하고 교만하게 행하는 것을 즐기고 있습니다. 당신의 양떼들이 당신에게서 무슨 열매나 유익을 얻겠습니까? 내가 감히 말하건대 그것은 양들이 뛰노는 풀밭이 아니라 마귀들의 풀밭입니다. 사도 베드로와 바울은 그렇게 행하지 않았습니다. 그러므로 당신의 행위로 판단하건대 당신은 사도 베드로의 후계자가 아니라 콘스탄틴 대제의 후계자인 것 같습니다'라고 했다."

나는 그 다음에 이렇게 기록했습니다: "만일 그의 생활 태도와 관습이 사도 베드로의 태도와 어긋나거나 탐욕에 빠져 있다면, 그는 불의의 재물을 사랑하여 주 예수 그리스도를 팔아 먹은 가룟 유다의 대리인이다."

"교황의 권위는 그 기원을 로마 황제들에게 두고 있다."

답변

내 저서에 기록된 말의 뜻에 유의하십시오. 나는 다음과 같이 말했습니다: "교황의 탁월한 권위와 성직 임명권은 황제의 권위나 세력에서 비롯된 것이다. 그 이유는 콘스탄틴 황제가 로마 교황에게 이러한 특권을 하사했으며, 그의 뒤를 이어 다른 황제들도 그 특권을 확인했기 때문이다. 아우구스투스(Augustus) 황제가 교회에 표면적이고 물질적인 재산을 하사했기 때문에 다른 왕들보다 뛰어난 왕으로 여겨지고 있듯이, 로마의 주교는 다른 모든 주교들 위에 있는 최고 사제로 불려야 한다."

"계시를 받지 못하고서 자신이나 어떤 사람을 특별한 교회의 머리라고 단언하는 것은 타당하지 못하다."

답변
그것은 나의 저서에 기록된 것임을 고백합니다.

"교황이 자신의 생활을 예수 그리스도의 생활에 맞추지 않으며 사도 베드로의 태도를 본받지 않는다면 대리인으로서의 교황의 권리는 헛되고 헛된 것이다."

답 변
나의 저서에는 다음과 같이 기록되어 있습니다: "대리인으로 임명된 사람은 자기를 그 직위에 임명하신 분의 권위에 자신의 신분과 생활 태도를 맞추어야 한다."

"만일 추기경들이 제자들의 본을 따라 살지 않고 주 예수의 계명과 명령을 지키지 않는다면, 그들은 베드로를 제외한 나머지 제자들의 참된 후계자가 아니다."

답 변
그것은 나의 저서에 기록된 것과 같습니다: "세속 정부가 이단자를 처형해서는 안 된다. 이단자는 교회의 견책을 받는 것만으로 충분하다."

답 변
내 책에 기록된 내용은 다음과 같습니다: "그들은 자신이 내리는 잔인한 판결과 선고를 부끄럽게 여겨야 할 것이다. 왜냐하면 신구약 성서의 주교이신 예수 그리스도께서는 불순종하는 자들을 세속 재판에 회부하지 않았으며 또 육체적 죽음을 선고하지 않았기 때문이다."

"우리는 이단자에게 먼저 기독교적인 사랑과 온유함으로 성서를 가르쳐야 합니다. 그러나 온유하고 사랑으로 가득찬 권면과 가르침에도 불구하고 고집을 꺾지 않고 완강하게 진리를 대적하는 사람은 육체적인 형벌을 받아야 합니다."

후스가 말을 마치자 판사들은 그의 저서 중에 있는 한 구절을 낭독했다. 그것은 이단이라는 선고를 받지 않은 사람을 세속 정부에 넘겨준 사람들을 통렬하게 비판하면서 그들을 "우리에게는 사람을 죽이는 권한이 없나이다"라고 말하고 그리스도를 빌라도에게 넘겨준 대제사장, 서기관, 바리새인으로 비유한 내용이었다. 그러나 그리스도의 증언에 따르면 그들이야말로 빌라도보다 훨씬 큰 살인자들이었다. 왜냐하면 그리스도께서는 "나를 네게 넘겨준 자의 죄는 더 크니라"라고 말씀하셨기 때문이다.

이것을 들은 추기경들과 주교들은 크게 소동하며 후스에게 "그대가 바리새인으로 비유한 사람들은 누구인가?"라고 물었다. 후스는 "서기관과 바리새인들이 예수 그리스도를 빌라도에게 넘겨 주었듯이, 무죄한 사람을 세속의 권력에 넘겨주는 사람들입니다"라고 대답했다.

"교황으로부터 파문을 받은 사람이 교황과 공의회의 판단을 거부하고 예수 그리스도께 항소한 뒤에는 교황의 파문과 저주가 그를 괴롭히거나 해치지 못할 것이다."

답 변

나는 그들이 나를 비롯하여 나를 지지하는 사람들에게 부당한 일을 행했으며 또 교황청에서 나의 항소를 거부한 데 대한 불평을 기록했습니다. 나는 전임 교황이 사망한 뒤, 그의 후계자에게 항소했으나 전혀 성과가 없었으므로 최후의 수단으로 교회의 머리가 되시는 나의 주 예수 그리스도께 항소했습니다. 주님은 결코 잘못을 범하지 않으시며 공정한 동기로 공의를 요청하는 자에게 공의를 베푸시기를 거부하지 않으시며 결코 무죄한 자를 정죄하지 않으십니다. 주님은 사건과 소송을 논하고 결정하는데 있어서 어느 교황보다 더 훌륭하고 선하십니다.

"그리스도의 법에 따라 생활하며, 성서에 대한 지식을 가지고 있으며, 사람들을 교화시키려는 진지한 갈망을 가진 그리스도의 사역자는 교황의 파문에 상관치 말고 복음을 전파해야 한다. 만일 교황이나 통치자가 복음을 전파하는 사제나 목회자에게 복음 전파를 금지하더라도 그에게 복종해서는 안 된다."

답 변

나의 책에 기록된 내용은 다음과 같습니다: "만일 어느 기독교인이 그리스도의 명령대로 행해서는 안 된다는 식으로 파문을 하겠다고 위협을 받거나 실제로 파문을 당한다면, 사도 베드로와 다른 제자들의 말에 나타난 것과 같이 그는 사람보다는 하나님께 복종해야만 합니다."

이 구절 뒤에는 다음과 같은 말이 이어집니다. "이 법에 따라 생활하는 그리스도의 사역자는 파문을 받았더라도 복음을 전파해야 한다. 왜냐하면 하나님께서는 사람들에게 전파하고 증거하라고 명하셨기 때문이다. 그러므로 만일 교황이나 교회의 다른 통치자가 복음을 전파하려는 열망을 가진 사역자에게 복음을 전파하지 말라고 명한다면 그런 명령에는 복종할 필요가 없다."

그들은 후스가 그런 종류의 파문은 오히려 축복이라고 말했다고 반박했으므로 후스는 이렇게 대답했다. "불의하게 파문을 당한 사람에게는 그 파문이 하나님 앞에서 복이 된다고 나는 지금이라도 다시 말할 수 있습니다. 충분한 지식을 가지고 있는 사람은 무지한 사람들을 가르치고 권고하며, 회의에 빠져 있는 사람을 훈계하고, 무엄한 사람을 징계하며, 다른 자선 행위를 하기보다 먼저 자신에게 해를 끼친 사람을 용서하여 주어야 한다는 사실을 모르는 신자는 없습니다."

"그의 저서에는 영적으로 교회를 다스리는 머리가 있어야 하는 바, 그 머리는 언제나 전투적 교회와 관계를 맺고 있어야 한다는 내용이 전혀 없다."

답 변

나는 그것을 인정합니다. 그리스도는 가이사가 속세를 다스려야 하는 것보다 더 큰 필요성에 의해 전투적 교회를 다스리고 지배하시는 교회의 머리이십니다. 그리스도는 전투적 교회의 머리로써 하나님의 우편에 앉으셔서 교회를 다스리십니다.

"그리스도께서는 그처럼 기괴한 머리들이 없이도, 전 세계에 흩어져 있는 참된 제자들에 의해 자기의 교회를 보다 잘 통치하실 것이다."

답변

나의 책에 기록된 것은 다음과 같습니다.
"우리는 그리스도께서 전혀 부족함이 없이 모든 교회를 다스리시며, 계속적인 내적 충동과 의식을 부어주시는 머리이심을 진심으로 믿는다. 사도 시대의 교회는 오늘날의 교회보다 훨씬 훌륭하게 통치되고 다스려졌다. 오늘 날 그리스도께서 참된 제자들을 통해 교회를 다스리시지 않는 까닭은 무엇인가? 그것은 기괴한 머리들이 존재하기 때문이 아닌가?

이 조목들의 낭독과 답변이 끝난 후, 캠브레이 추기경은 후스에게 다음과 같이 말했다.
"당신은 이제까지 자신에게 얼마나 무서운 죄목들이 많이 적용되는지 청취했습니다. 이제는 당신이 어떻게 할 것인지 선택할 때입니다. 공의회는 당신에게 두 가지 방법을 제시하겠습니다. 첫째,

당신이 공의회의 심판에 겸손히 복종하며 어떤 결정이든지 인내하고 감수하는 것입니다. 만일 당신이 이렇게 행한다면, 우리는 당신을 지극히 인간적으로 사랑과 온유로 다룰 것입니다. 그러나 만일 지금까지 제시한 조목들 중 어느 것이라도 변호하려 하여 추가 심리를 요청한다면, 굳이 당신의 권리를 부인하지는 않겠습니다. 그러나 당신이 알아 두어야 할 것이 있습니다. 즉, 우리는 당신의 글에서 발췌한 조목들을 반격할 확고한 근거와 충분한 지식을 가지고 있으므로, 그렇게 하는 것은 당신에게 크게 해롭고 위험한 일이 될 것입니다."

후스는 겸손한 표정으로 대답했다. "존경하는 사제들이여! 나는 이미 여러 번 자신의 자유 의지에 의해 이곳에 왔다고 밝힌바 있습니다. 내가 이곳에 온 목적은 무엇을 변호하려는 것이 아니라, 만일 내가 왜곡되거나 그릇된 견해를 품고 있다면 온유함과 인내함으로 그것을 고치고 가르침을 받기 위해서입니다. 그런 까닭에 나는 내 의견을 더 자세히 밝힐 자유를 누리게 되기를 원합니다. 내가 주장하고 있는 의견에 대한 확고하고 강력한 근거들을 개진하는 일 이외에는 당신들이 요구하는 대로 기꺼이 복종하겠습니다."

캠브레이 추기경은 말했다. "당신이 이 공의회의 은혜에 복종했으므로 다음과 같이 명령한다. 첫째, 당신은 이 조목들이 잘못된 것이라고 겸손하게 고백해야 한다. 둘째, 이후로는 이러한 조목들을 주장하거나 가르치지 않겠다고 맹세해야 한다. 마지막으로, 당신은 이 조목들을 공개적으로 철회해야 한다."

이 판결에 대해 여러 사람들이 자기들의 견해를 말한 뒤, 후스는 이렇게 말했다.

"만 백성의 하나님이 되시는 분의 이름으로 당신들 모두에게 겸손하게 요청하오니, 나의 양심에 거리끼는 일이나 영원한 저주를 받을 위험한 일을 하라고 강요하시지 않기를 바랍니다. 즉, 나를 공격하기 위해 제기된 그 모든 조목들을 철회하라고 강요하지 마십시오. 그러나 만일 그것들과 반대되는 진리를 가르쳐 준다면 나는 기꺼이 당신의 요구대로 하겠습니다."

그러자 플로렌스의 추기경이 말했다. "존 후스, 우리는 관대하고 너그러운 포기 선언서를 작성하여 당신에게 전해주겠소. 그러면 당신은 그렇게 할 것인지 아닌지를 쉽고 빨리 결정할 수 있을 것이오."

그러나 후스는 계속 같은 말을 되풀이 했기 때문에 그들은 후스를 고집불통이라고 했다. 그들이 가혹하고 귀찮게 다루었고 전날 밤에 치통으로 한 잠도 자지 못했기 때문에 후스는 지치고 말았다. 그리하여 후스를 감시하는 책임을 맡은 리가의 대주교는 그를 감옥으로 데려가라고 명령 하였다. 존 데 클룸은 후스를 따라가며 위로해 주었다. 모든 사람들로부터 버림을 당해 미움을 받으면서 큰 싸움을 하고 있는 후스에게 있어서 그의 대화는 비록 짧았지만 말로 표현할 수 없이 큰 용기를 주었다.

후스가 끌려 나간 뒤, 황제는 공의회의 모든 참석자들에게 다음과 같이 권면했다.

"여러분은 후스에게 적용된 여러 가지 무거운 죄목들을 청취했습니다. 그것들은 명백하고 강력한 증언에 의해 증명되었으며 후스 자신도 인정했습니다. 내가 판단하건대 그 죄목들은 사형에 합당한 것이므로 후스에게 그 모든 조목의 철회를 요구하지 말고 화형에 처하는 것이 옳다고 생각됩니다."

후스에게 형을 선고하기 전 날(7월 6일), 지기스문트 황제는 네 명의 주교를 후스에게 보냈다. 웬세슬라우스 데 두바와 존 데 클룸 경도 동행했다. 그들은 후스가 어떻게 할 것인지를 알고자 했다. 후스가 감방에서 나와 그들에게 왔을 때, 존 데 클룸이 그에게 말했다. "후스, 나는 무식한 사람이며 지혜가 없기 때문에 당신에게 조언을 할 자격이 없습니다. 그러나 당신에게 묻고 싶습니다. 당신에게 적용된 그 죄목들에 관해 자신이 유죄임을 인정하고 부끄러움 없이 당신의 주장을 바꾸시겠습니까? 그러나 나는 당신이 양심에 거슬리는 일을 하지 않기를 바랍니다. 스스로 진리라고 여기는 것을 부인하느니 차라리 형벌을 받는 편이 나을 것입니다."

후스는 눈물을 흘리며 말했다. "진실로, 공의회가 성경이 가르친 것보다 더 선한 것을 나에게 가르쳐줄 수 있다면 기꺼이 내 뜻을 바꾸겠다고 지극히 높으신 하나님을 증인으로 하여 맹세합니다."

곁에 앉아 있던 주교 중 한 사람은 그가 공의회의 심판을 받을 때에는 그처럼 오만하게 자신의 주장을 선택하지 못할 것이라고 말했다.

후스는 그에게 대답했다. "만일 공의회에 모인 사람들 중에 지극히 작은 자라도 나의 잘못을 깨닫게 해줄 수 있다면 나는 공의회가 요구하는 것을 무엇이든지 겸손한 마음으로 행하겠습니다."

주교들은 그가 고집스럽게도 잘못된 주장을 굽히지 않는다고 말하고 간수들에게 그를 다시 감방으로 데려가라고 명령했다.

다음 날(9월 6일 토요일), 콘스탄스시의 교회에서 종교계와 세속 군주들의 총회가 열렸다. 지기스문트 황제는 황제의 의상을 입고 참석했다. 회의장 한 복판에는 탁자처럼 정방형으로 단을 만들었고, 그 옆에는 목제 책상이 있었는데, 책상 위에는 사제들이 입는 법복이 놓여 있었다. 후스가 세속 정부에 넘겨지기 전에 공개적으로 그의 사제직을 박탈하는 의식을 거행하려는 것이었다.

그곳에 끌려온 후스는 무릎을 꿇고 오랫동안 기도했다. 공의회의 대소인(代訴人)이 확정 판결을 내리겠다고 선포했고, 그를 심리한 판사들 중 한 사람인 주교가 앞서 언급했던 조목들을 다시 낭독했다. 후스는 그 조목들에 대해 한 두 마디 정도로 간단히 대답하려 했다. 그러나 그가 대답하려 할 때마다 캠브레이 추기경은 침묵하라고 명하며 "원한다면, 나중에 한꺼번에 답변하라"고 말했다. 그러나 후스는 "내가 그것들 모두를 기억하지도 못하는데 어떻게 그것들에 대해 한꺼번에 답변할 수 있습니까?"라고 말했다. 그러자 플로렌스의 추기경은 "우리는 이미 당신의 답변을 충분히 들었소"라고 말했다.

그럼에도 불구하고 후스가 침묵하려 하지 않자 그들은 그에게 관리들을 보내어 억지로 침묵하게 만들었다. 후스는 그곳에 참석한 사람들에게 자신에 관한 보고가 진실이라고 믿지 말고 자기의 말을 들어달라고 간청했다. 그러나 이것도 소용이 없었으므로 그는 무릎을 꿇고 하나님과 주 예수 그리스도께 그 모든 일을 위탁했다. "오, 주 예수 그리스도시여! 당신의 말씀은 이 공의회에서 공공연하게 정죄 받고 있습니다. 나는 당신께 다시 상소합니다. 당신은 원수들에 의해 악한 취급을 받을 때에 당신의 소송을 지극히 의로우신 재판관이신 하나님 아버지께 맡기셨습니다. 명백한 불의와 부정에 의해 압박을 받고 있는 우리도 당신을 본받아 당신에게 피신해야 합니다."

후스가 기도를 마친 후 그에 대한 확정 판결문을 낭독했다.

"존 위클리프의 제자 존 후스는 하나님의 교회가 정죄한 위클리프의 신조들을 가르치고 전파하고 증거했다. 특히 그는 자기의 지지자들 및 공범들과 함께 위클리프의 신조를 정죄한 조처에 대해 학교에서 공개적인 설교로 저항했다. 그리고 그는 많은 성직자들과 신도들 앞에서 위클리프의 교리를 찬양하고 칭찬하며, 위클리프는 참된 복음적인 박사요 보편적인 인물이라고 칭송했다. 그런 까닭에 거룩한 콘스탄스 공의회는 존 후스가 저술한 모든 책들을 정죄하는 바이며, 콘스탄스 및 모든 곳에서 성직자들과 백성들이 있는 곳에서 그 책들을 공개적으로 불태워버릴 것을 명한다. 또한 신실한 신자들은 그의 교리를 경멸하고 멀리 할 것을 명한다. 이 거룩한 종교회의는 그러한 논문들과 저서를 부지런히 찾아내어 만일 그런 책들이 발견된다면 불로 태워 없앨 것을 엄히 명한다.

존 후스는 분명한 이단자이며, 교회의 가르침과 견책을 멸시하고 공공연하게 이단과 잘못된 교리를 전파했음을 이 거룩하고 신성한 종교회는 확정하고 선포하는 바이다. 그는 잘못된 교리 안에서 여러 해를 지내는 동안 마음이 완전히 굳어졌고, 고집스럽게 지극히 높으신 재판관이신 주 예수 그리스도께 항소함으로써 신실한 기독교인들을 크게 노하게 했다.

그런고로 종교회는 후스를 이단자로 정죄한다. 그가 주님께 올린 항소는 해롭고 무례한 짓이며 교회의 사법권을 조롱하는 행위리고 판단하는 바이다. 후스는 자신의 저서와 설교를 통해 기독교인들을 유혹했다. 그는 결코 그리스도의 복음을 전하는 참 전도자가 아니며, 완고하고 목이 굳은 사람이므로 거룩한 어머니인 교회의 무릎으로 다시 돌아오지도 않을 것이며 자신이 공개적으로 전파하고 옹호했던 오신과 이설들을 포기하지도 않을 인물이라고 판단한다. 따라서 거룩한 공의회는 후스에게서 사제직과 권리를 박탈할 것을 명령한다."

후스는 발언을 금지 당했음에도 불구하고 판결문이 낭독되는 동안 몇 번이나 말을 가로챘는데, 고집불통이라는 비난을 받았을 때는 큰 소리로 "나는 한번도 고집을 부리지 않았습니다. 지금까지도 그랬지만 지금도 나는 거룩한 성령에 따른 가르침을 받기를 원할 뿐입니다"라고 말했다.

그는 판결문이 낭독되는 동안 종종 하늘을 우러러 기도했다. 판결문의 낭독이 끝난 후에도 무릎을 꿇고 기도했다.

"주 예수 그리스도시여! 나의 원수들을 용서하시옵소서. 저들이 거짓으로 나를 고발하고 거짓 증언과 비방을 했음을 당신은 아시나이다. 당신의 크신 자비하심으로 저들을 용서하시옵소서."

그곳에 모인 많은 사람들, 특히 고위 성직자들은 이 같은 그의 기도를 비웃고 조롱했다. 마침내 후스에게서 성직을 박탈하기 위해 선발된 일곱 명의 주교들이 그에게 사제의 제복을 입으라고 명령했다. 후스는 사제가 입는 흰 법의를 입으러 나오면서 헤롯이 예수 그리스도를 조롱하려고 흰 옷을 입혔던 일을 기억했다. 이처럼 그는 모든 일에 있어서 그리스도께서 남기신 본보기를 보고 스스로를 위로했다. 그가 사제의 제복을 모두 갖춰 입은 후, 주교들은 그에게 뜻을 바꾸어 목숨과 명예를 보존하라고 권면했다.

그러나 후스는 눈물을 흘리며 사람들에게 다음과 같이 말했다. "이 귀족들과 주교들은 내가 잘못을 범했었다고 여러분 모두에게 자백하라고 권면하고 충고하고 있습니다. 그렇게 하는 것이 사람 앞에서만 부끄럽고 비난 받을 일이라면 그들의 권면대로 할 수도 있을 것입니다. 그러나 나는 지금 주 나의 하나님이 보시는 곳에 서 있습니다. 그들의 요구대로 한다면 하나님께 불명예가 되며 내 양심을 거스리게 될 것입니다. 그렇다면 내가 무슨 얼굴로 하늘을 바라볼 수 있겠습니까? 그렇게 함으로써 이전에 나의 가르침을 받았던 많은 사람들이 분명하고 확실하다고 믿었던 일들에 대한 확신을 잃게 된다면, 내가 무슨 면목으로 그들을 바라볼 수 있겠습니까? 내가 그렇게 한다면, 우리 주 예수 그리스도의 복음과 순수한 교리에 관한 튼튼하고 확실한 지식을 부여 받았으며 사단의 공격을 맞서기 위해 무장하고 있는 수 많은 영혼들과 양심들이 놀라고 괴로워하지 않겠습니까? 나는 결코 그런 일은 하지 않겠습니다. 그런 죄를 범하여 이 악한 육체의 목숨을 보존하기보다는 차라리 죽음을 더 귀하게 생각하겠습니다."

그때 주교 한 사람이 그의 손에서 성찬 배를 빼앗으며 말했다. "오, 저주 받은 유다여! 어찌하여 그대는 평화의 길과 권고를 저버리는가? 우리는 그대에게서 구원의 성찬 배를 박탈하노라."

그러나 후스는 이 저주에 대해 다음과 같이 응답했다. "전능하신 성부 하나님과 나의 주 예수 그리스도께 나를 위탁합니다. 나는 그분 때문에 이 모든 고난을 당하고 있으므로 그 분은 나에게 구속의 성찬배를 빼앗지 않으실 것입니다. 나는 오늘 그의 나라에서 구속의 잔을 마시게 될 것이라는 견고한 소망을 가지고 있습니다."

나머지 주교들은 차례로 후스에게 입혔던 의복들을 벗겨가면서 후스를 저주했다. 그러한 저주를 받으면서 후스는 자신이 주 예수 그리스도의 이름을 위하여 기꺼이 그 저주를 듣고 환영한다고 대답했다.

마침내 그의 머리를 면도질하는 절차를 치르게 되었다. 그러나 그 일에 착수하기 전 어떤 도구를 사용해야 하는가—면도기를 쓸 것인가, 가위를 쓸 것인가로 큰 논쟁이 있었다. 그 동안에 후스는 황제를 향해 "나는 그들이 한결 같이 잔인한 마음을 갖고 있지만 그 잔인함의 종류가 같지 않다는 사실에 놀라고 있습니다"라고 말했다. 마침내 그들은 가위를 사용하기로 합의했다.

그들은 일련의 절차를 마친 뒤 다음과 같이 덧붙여 말했다. " 교회는 그에게서 교회의 장신구와 특권을 모두 박탈했다. 이제 남은 일은 그를 세속 정부에 넘겨 주는 일뿐이다."

그들은 후스를 세속 정부에 넘겨 주기 전에 또 한 가지 교활하고 치욕적인 의식을 거행했다. 그들은 종이로 약 1큐빗 정도 되는 면류관을 만들고는 거기에 흉칙하게 생긴 마귀 셋을 그린 뒤에 그 마귀들의 머리에 "이교의 두목"이라는 제목을 붙였다. 후스는 이것을 보고서 "주 예수 그리스도는 나를 위해 가시면류관을 쓰셨으니, 아무리 수치스럽다고 해도 내가 어찌 주님을 위해 이처럼 가벼운 면류관을 쓰지 않을 수 있으리요? 나는 기꺼이 이 면류관을 쓰겠다"라고 말했다.

주교는 후스의 머리에 이 면류관을 씌운 뒤, "이제 우리는 너의 영혼을 마귀에게 위탁한다"고 말했다. 그러나 후스는 눈을 들어 하늘을 바라보며 "오, 주 예수 그리스도시여, 당신께서 구속하신 내 영혼을 당신의 손에 맡기나이다"라고 말했다.

이리하여 이 무례하고 치욕적인 의식은 끝이 났다. 주교들은 황제를 향해 서서 말했다. "거룩한 콘스탄스 종교회는 이제 하나님의 교회 안에서 아무 직무도 소유하지 않은 존 후스를 세속의 재판과 권력에 양도합니다."

황제는 자신의 옷을 입고 손에는 십자가와 황금 사과를 쥐고 서 있던 바바리아(Bavaria)의 공작 루이(Louis)에게 후스를 주교들에게서 인수하여 사형집행인에게 넘겨주라고 명령했다. 그들에게 끌려 처형장으로 가던 후스는 교회 문 앞에서 자신의 저서들이 불타고 있는 것을 보고 웃었다. 그는 지나가는 사람들에게 자기에게 잘못이 있거나 이단자이기 때문에 죽는 것이 아니라 원수들의 악의 때문에 죽는다고 생각하라고 권면했다. 어떤 의미에서 온 도시의 사람들이 무장을 하고서 그를 따라갔다.

처형장은 고트리벤(Gottlieben)문 앞으로 정해졌다. 그곳에 도착한 후스는 무릎을 꿇고 눈을 들어 하늘을 바라보며 기도했다. 그리고 시편 31편과 51편을 암송했다. 그의 가까이에 서 있던 사람들은 그가 기도하면서 가끔 기쁘고 쾌활한 표정으로 "나의 영혼을 주의 손에 부탁하나이다"라고 반복하는 소리를 들었다. 곁에 서서 이 모습을 본 평신도들은 말하기를 "우리는 그가 과거에 무슨 일을 했는지 알지 못한다. 그러나 지금 우리는 그가 경건하고도 진심으로 말하며 기도하는 모습을 본다."

초록색 가운을 입고 말을 타고 있던 사제는 "그는 이단자이므로 그의 말을 들어서는 안 된다"고 말했다. 후스는 하늘을 우러러 보며 기도하느라고 고개를 들었기 때문에 종이 면류관이 벗어져 땅에 떨어졌다. 어느 병사는 그것을 다시 씌워주며 "이것을 다시 그의 머리에 씌우자. 그러면 그는 자신이 섬겨온 마귀들과 함께 불에 타죽을 것이다"라고 말했다.

기도를 마치고 형리의 명령을 받아 일어선 후스는 큰 소리로 외쳤다. "주 예수 그리스도시여! 나를 도와주소서. 지극히 거룩한 당신의 말씀과 복음을 전파했기 때문에 선고된 이 치욕스러운 죽음을 정숙하고 인내하는 마음으로 맞게 해 주시옵소서."

그리고는 전과 같이 사람들에게 자신이 사형을 당하는 원인을 밝혔다. 드디어 사형집행인은 그의 옷을 벗기고 두 손을 뒤로 묶은 뒤, 물에 적신 밧줄로 그를 말뚝에 묶었다. 우연히도 그는 동쪽을 향해 섰는데 그는 이단자이니 동쪽을 바라보지 못하게 하라고 소리쳤다. 그래서 그는 서쪽을 향해 묶였다. 집행인은 쇠사슬로 그의 목을 말뚝에 묶었다. 후스는 그 쇠사슬을 보고서 웃으며 그것보다 훨씬 더 무거운 쇠사슬로 묶이신 예수 그리스도를 위하여 기꺼이 그것을 환영한다고 말했다. 그들은 그의 발 밑에 짚을 섞은 나무 두 다발을 놓고, 발 끝에서 턱 밑까지 장작으로 둘러쌌다.

장작에 불을 붙이기 전, 바바리아의 공작 루이는 클레멘트의 아들인 향사와 함께 후스에게 와서 잘못된 주장을 철회하고 목숨을 구하라고 권면했다. 그러나 후스는 "나에게 전혀 죄가 없다는 것을 알고 있는데 어떤 잘못된 주장을 철회하라는 말입니까? 예수 그리스도의 복음의 진리에 따라 사람들에게 회개와 죄 사함을 가르치는 것이 나의 교리의 으뜸 가는 목표였습니다. 그러므로 나는 기쁜 마음으로 담대하게 죽음을 맞을 준비가 되어 있습니다"라고 말했다. 이 말을 마치자 그들은 그를 버려두고 헤어졌다.

드디어 장작에 불을 붙였다. 후스는 큰 소리로 "살아 계신 하나님의 아들 예수 그리스도시여, 나를 불쌍히 여기소서"라고 기도했다. 세 번째로 이 기도를 올릴 때 바람이 불어 불꽃이 그의 얼굴을 삼켜 숨이 막혔다. 그럼에도 불구하고 그는 주기도문을 세번 암송할 정도의 시간만큼 살아 있었다. 장작이 모두 탔는데도 그의 윗몸은 쇠사슬에 걸린채 남아 있었다. 그들은 그 시신을 끌어내려 화형할 때 사용했던 기둥과 함께 새로 불을 붙였다. 그들은 그의 머리를 짧게 잘랐기 때문에 곧 그것은 타서 재가 되었다. 그들은 그의 심장을 찾아내어 막대기와 곤봉으로 두들긴 후, 뾰족한 막대기로 찔러 따로 불에 태웠으며, 남은 재를 긁어 모아 라인강에 던졌다.

그들은 후스의 잔해가 이 세상에 남지 못하게 하려 했다. 그러나 불이나 물이나 어떤 고문에도 불구하고 경건한 사람들의 마음 속에 남아 있는 그의 기억을 지울 수는 없었다. 그리스도의 신실한 후스는 1415년 7월 6일 콘스탄스에 매장되었다.

윌리엄 틴데일

　윌리엄 틴데일(William Tyndale)은 오만하기 그지없는 교황청의 성직제도의 뿌리와 토대를 뒤흔들어 놓은 하나님의 특별한 도구였다. 따라서 이 거대한 어두움의 왕자와 그의 졸개들은 온갖 방법을 동원하여 교묘하게 그를 함정에 빠뜨리고 배반하고 생명을 빼앗았다. 이러한 사실은 이제부터 전개되는 이야기에 나타날 것이다.

　충실한 그리스도의 사역자 윌리엄 틴데일은 웨일즈 지방의 변두리에서 태어났다. 그는 어려서부터 옥스포드 대학에서 교육을 받았다. 그는 그곳에서 언어와 문학에 대한 지식을 배양했고 특히 성서 연구에 몰두했다. 따라서 모들린 대학(Magdalen College) 학료(學寮)에 머물고 있을 때에 그는 대학의 동료들과 학생들에게 비밀리에 신학에 대한 글을 읽어 주기도 했다. 그는 성경의 진리와 지식 안에서 그들을 가르쳤다. 그의 성경에 대한 태도와 교제도 성경과 일치했기 때문에 그를 아는 사람들은 누구나 그를 지극히 고결하고 흠없는 사람이라고 여겼다.

　그는 옥스포드 대학에서 학문을 배양하고 학위 취득을 위한 절차를 밟던 중 그곳을 떠나 캠브리지대학으로 갔다. 그곳에서 얼마 동안 머물면서 하나님의 말씀에 대한 지식을 충분히 얻었기 때문에 그 대학을 떠났다. 그는 글러스터(Gloucestershire)에 사는 기사

웰치(Welch)를 자주 방문했으며, 그의 자녀들을 가르치는 교사로 일하게 되었다. 그는 웰치에게 호감을 가지고 있었다. 이 향사는 종종 훌륭한 만찬을 준비하곤 했는데, 그 자리에는 수도원장, 학장, 부감독, 박사들 및 성직록을 받은 거물급 인사들이 참석했다. 틴데일은 이들과 함께 식사를 하고 교제를 나누면서 루터, 에라스무스 등의 학자에 관한 것, 또는 성경에 관한 논쟁이나 문제점 등에 대해 대화를 나누었다.

틴데일은 하나님의 일에 대한 지식이 많고 능통했으므로 자기의 판단을 주저하지 않고 간단 명료하게 밝혔다. 그리고 자신의 의견이 그들과 다를 때에는 그들의 잘못을 반박하고 자기의 주장을 증명하기 위해 성경 구절들을 찾아 제시하거나, 근거를 찾아 설명했다. 이렇게 얼마 동안 함께 모여 추론하고 논쟁하는 일을 계속하다 보니 그들은 이 일에 싫증을 느끼게 되었고 은밀히 틴데일에게 앙심을 품게 되었다.

이런 일이 있고 얼마 후 만찬에 참석하곤 했던 박사들 중 한 사람이 웰치 부부를 연회에 초대했다. 그 연회에 모인 사람들은 조금도 거리낌이 없이 자기들의 맹목성과 무지를 나타내는 발언들을 했다. 집에 돌아온 웰치 부부는 틴데일을 불러놓고 연회에서 사제들이 이야기했던 문제들을 논하기 시작했다. 틴데일은 성경을 근거로 하여 대답하면서 진리를 주장하고 그들의 거짓된 견해를 비난했다. 틴데일의 기록에 의하면 웰치 부인은 참으로 용감하고 지혜로운 여인이었다. 그녀는 이렇게 말했다. "자, 박사들 중 어떤 이는 100파운드를 저축하고, 다른 어떤 이는 200파운드를, 또 300파운드를 저축했을 것입니다. 그러나 그것이 우리가 그들보다 당신을 믿을 근거가 된다고 생각합니까?"

틴데일은 대답을 하지 않았으며 그 이후로도 그 문제에 대해 이야기하지 않았다. 당시 그는 『*Enchiridon Militis Christiani*』라는 책을 번역하려 하고 있었는데, 그 책을 주인 부부에게 전해 주었다. 그들은 그 책을 정독한 뒤로는 고위 성직자들을 자주 초청하지 않았으며, 혹시 그들이 방문해도 전처럼 쾌활하게 대하지 않았다. 이것을 눈치 챈 그들은 그 원인이 틴데일에게 있다고 생각했으며, 차츰 그 집의 방문을 삼가다가 마침내 완전히 발길을 끊고 말았다.

사태가 이렇게 되자 그 지방의 사제들은 떼를 지어 모여 틴데일에 대해 불평을 하고 공격하기 시작했다. 그들은 술집이나 그밖의 장소에서 그에 대해 불평을 하고 그의 말이 이단이라고 단언했으며, 은밀하게 주교의 종교법 고문관을 비롯한 여러 명의 직원에게 그를 고발했다.

얼마 후 주교의 종교법 고문관은 재판 개정을 지시하고, 사제들에게 출두하라고 통고했는데, 그 중에는 틴데일도 포함되어 있었다. 틴데일이 그들의 위협 때문에 염려를 하고 있었는지, 또는 그들이 그에게 어떤 죄목을 덮어 씌울 것이라는 것을 누가 알려 주었는지는 확실치 않지만 그는 그들이 은밀하게 자기를 고발했을 것이라고 의심했기 때문에 그곳으로 가는 도중 마음 속으로 말씀의 진리 안에 견고히 설 수 있는 힘을 달라고 하나님께 부르짖었다.

틴데일이 법관 앞에 섰을 때, 법관은 마치 개처럼 그를 욕하고 꾸짖으며 무섭게 위협했다. 그리고 그에게 많은 죄목들을 덮어 씌웠다. 그러나 그 자리에 참석한 그 지방 사제들은 아무도 그 죄목들이 사실임을 증명하지 못했다. 틴데일은 그들의 수중에서 빠져나와 집과 작별하고 다시 주인에게 돌아갔다.

그다지 멀지 않은 곳에 과거에 주교의 종교법 고문관으로 일했던 박사가 살고 있었다. 그는 대단히 늙은 사람으로서 틴데일과 친했으며 그에게 호감을 가지고 있었다. 틴데일은 그에게 가서 성서에 대한 여러 가지 문제에 관한 자기의 의견을 털어놓았다. 틴데일은 그에게는 두려움 없이 자기 마음을 털어 놓을 수 있었다. 박사는 틴데일에게 말하기를, "당신은 교황이 성경이 말한 적그리스도라는 것을 알지 못합니까? 그러나 당신은 말을 조심해서 하십시오. 만일 당신이 그런 생각을 가지고 있다는 것을 사람들이 알게 되면 당신의 생명이 위험하게 될 것입니다"라고 말했다.

얼마 지나지 않아 틴데일은 우연히 신학자와 교제하게 되었다. 그와 함께 사귀고 논쟁하던 중 틴데일은 이 문제를 다루게 되었다. 이 위대한 박사는 다음과 같이 신성을 모독하는 말을 내뱉었다. "우리는 하나님의 법이 없이는 지낼 수 있으나 교황의 법이 없이는 지낼 수 없다." 경건한 열정으로 가득차 있었던 틴데일은 그처럼 모욕적인 말을 참을 수 없었기 때문에 "나는 교황과 모든 그의 법을 받아들이지 않는다"고 응답했다. 그리고 만일 하나님께서 자기의 생명을 살려 주신다면 몇 년 후엔 쟁기를 가는 소년이 자기보다 더 성경을 잘 알게 만들겠다고 덧붙여 말했다.

틴데일에 대한 사제들의 증오심은 점점 더 커졌다. 그들은 끊임없이 틴데일을 향해 으르렁거리며 그에게 많은 죄목을 덮어씌우고 이단자라고 비난했다. 그는 너무 귀찮고 괴로웠기 때문에 어쩔 수 없이 그 지방을 떠나야만 했다. 그는 웰치에게 떠나겠다고 말했다. "저는 더 이상 이 지방에 머물 수 없습니다. 당신은 나를 성직자들의 손에서 보호하려 하지만 그렇게 할 수 없다는 것을 알고 있습니다. 나를 보호함으로써 당신이 받게 될 불이익은 하나님께서 아십니다. 나는 그 일에 대해 죄송하게 생각합니다."

결국 틴데일은 호의를 보인 주인과 작별하고 런던으로 왔다. 그는 그곳에서도 잠시 지방에서 했던 것처럼 설교를 했다. 그는 에라스무스가 칭찬할 정도로 해박한 지식을 가지고 있었던 런던의 주교 쿠드버트 톤스탈(Cuthbert Tonstal)을 섬길 수 있다면 참으로 행복할 것이라고 생각했다. 그는 자신이 희랍어 원문을 번역한 아이소크라테스(Isocrates)의 연설문의 번역본을 가지고 왕의 회계검사관인 헨리 길포드(Henry Guilford) 경에게 가서는 길포드 경에게 런던 주교에게 자신을 추천해 달라고 요청했다. 길포드 경은 기꺼이 그렇게 해 주었다. 그는 친히 주교에게 보내는 편지를 써주었다. 그는 그 편지를 윌리엄 헤빌트웨이트(William Hebilthwait)라는 하인에게 넘겨 주었다. 윌리엄은 옛부터 잘 알고 있는 사람이었다. 그러나 이것이 틴데일의 목적이나 교회의 유익을 위한 최선의 일이 아님을 아시는 하나님의 은밀한 섭리로 말미암아 그는 주교의 눈에 들지 못했다. 주교는 틴데일에게 말하기를 자기 집은 대만원이며 필요 이상의 인원을 데리고 있으니, 런던이 아닌 다른 지역에서 일자리를 찾아보라고 충고했다.

주교로부터 거절 당한 틴데일은 런던시 참사회원인 험프리 멈무스(Humphrey Mummuth)를 찾아가 도움을 요청했다. 멈무스는 즉시 틴데일을 자기 집으로 맞아들였으며, (멈무스의 말에 의하면) 틴데일은 그곳에서 밤낮으로 연구하며 선한 사제처럼 생활했다. 그는 자원하여 눅눅해진 빵과 약간의 맥주 외에는 먹지 않았다. 그 집에 머무는 동안 틴데일은 한번도 린넨으로 된 옷을 입지 않았다.

틴데일은 거의 일년 동안 런던에 머물면서 이 세상, 특히 성직자들이 얼마나 자만하며 자기들의 권위를 세우는지 눈여겨 보았다. 또 고위 성직자들의 화려한 생활을 비롯한 여러 가지를 보게 되었고 대단히 혐오했다. 따라서 그는 주교의 집 뿐만 아니라 영국 어디에도 자신이 들어앉아 신약을 번역할 수 있는 방이 없다는 것을 깨닫게 되었다.

그는 하나님의 섭리하심에 따라 험프리 멈무스 및 몇 명의 선한 사람들의 조력으로 영국을 떠나 독일로 갔다. 이 선한 사람은 독일에 머물러 있으면서도 조국에 대한 염려와 열심으로 불타고 있었으며, 어떻게 해서든지 영국의 동포들이 하나님께서 주신 거룩한 말씀과 진리를 맛보고 이해할 수 있게 하려고 수고와 노력을 아끼지 않았다.

그는 심사숙고한 끝에 가난한 사람들이 평이하고 분명한 하나님의 말씀을 읽을 수 있도록 성경을 서민의 언어로 번역하는 것 외에 더 좋은 방법이 없다고 생각했다. 모국어로 된 성경을 읽어 의미를 이해하지 못하는 한 평신도들은 결코 진리 안에 설 수 없다고 생각했다. 그렇지 않는 한 그들에게 어떤 진리를 가르쳐도 진리의 원수들은 성경에 근거가 없는 궤변이나 스스로 만들어낸 전승으로 그것을 억눌러 버릴 것이요, 만일 성경의 올바른 의미가 이해된다해도 성경 말씀을 교묘하게 다루어 전혀 상관이 없는 의미로 해석할 것이었다.

틴데일은 하나님의 말씀을 평신도들이 읽지 못하게 하는 것이 교회 안에 팽배한 모든 오류의 유일하고 주된 원인이라고 생각했다. 바리새인적인 성직자들은 오랫동안 발각되지 않고 계속하여 가증스러운 행위와 우상숭배를 행해왔다. 그러므로 그들은 전력을 다하여 말씀을 억누르려 했고, 따라서 성경을 읽지 못하게 하거나, 또는 혹시 읽게 된다해도 궤변으로 올바른 의미를 흐리게 만들려 했으며, 자신의 가증한 행위를 비난하거나 멸시하는 사람들을 괴롭히고 성경을 본문의 의미와는 상관없이 자기들의 목적에 맞추려고 애를 썼다. 그들이 무식한 평신도들을 이처럼 미혹하게 했으므로, 평신도들은 그들이 말하는 것이 모두 거짓이라는 것을 마음으로 느끼고 확신하면서도 그들이 만들어낸 교묘한 수수께끼를 풀지 못했다.

이러한 상황이었으므로 하나님께서는 이 선한 사람을 일으켜 세워 조국의 평신도들을 위해 성경을 영어로 번역하게 하셨다. 그는 먼저 신약의 번역에 착수했는데, 그것은 1529년에 출판되었다. 런던의 주교 쿠드버트 톤스탈과 토머스 모어(Thomas More) 경은 이를 대단히 불만스럽게 여김으로 그 번역 성경이 오류 투성이라고 말하며 없애버릴 방법을 강구했다.

당시 어거스틴 패킹톤(Augustine Packington)이라는 비단장사가 앤트워프에 머물고 있었는데, 이 주교도 마침 그곳에 머무르고 있었다. 패킹톤은 틴데일을 지지하고 있었으면서도 주교에게는 그렇지 않은 것처럼 행동했다. 주교는 자기의 목적을 이루기를 갈망했기 때문에 그에게 틴데일이 번역한 신약성서들을 샀으면 좋겠다고 말했다. 이 말을 들은 패킹톤은 "주교님! 만일 당신의 기쁨이 될 수만 있다면 내가 그 일을 맡겠습니다. 나는 틴데일의 성경을 구입해다가 이곳에서 팔고 있는 네델란드인과 이방인들을 알고 있습니다. 그러나 그 성경책들은 값을 지불하지 않고서는 살 수 없습니다. 나는 아직 팔리지 않은 성경책들은 모두 당신에게 가져다 주겠다고 장담할 수 있습니다"라고 말했다. 주교는 하나님이 자기 편이라고 생각했으므로 "패킹톤씨! 나를 위해 그 책들을 구입해 주시오. 대가는 얼마든지 드리겠습니다. 나는 그 책들을 바울의 십자가 교회 앞에서 모두 태워버릴 작정입니다"라고 말했다. 패킹톤은 틴데일에게 가서 이 일을 모두 이야기했다. 결국 그들의 계약에 따라 런던 주교는 성경책을 소유하게 되었고, 패킹톤은 그에 대한 사례를 받았으며, 틴데일은 돈을 소유하게 되었다.

　이 일이 있은 뒤, 틴데일은 수정하여 새로 출판된 성경책을 무더기로 영국에 반입했다. 이것을 알게 된 주교는 사람을 보내어 패킹톤을 불러다가 말했다. "해외에 신약성서가 그처럼 많다니 어찌된 일입니까? 당신은 나에게 그것들을 모두 사다 주겠다고 약속하지 않았습니까?" 패킹톤이 대답했다. "물론 나는 내가 구입할 수 있는 책은 모두 구입했었습니다. 내 생각에는 그들이 그 후에 다시 인쇄한 듯합니다. 그들이 활자와 타인기(打印器)를 가지고 있는 한 별 뾰족한 대책이 없을 것 같습니다. 그러니 당신이 그 타인기를 사들이는 것이 가장 좋은 방법이며, 그렇게 되면 당신도 마음을 놓을 수 있을 것입니다." 이 말을 들은 주교는 미소를 지었고, 그 일은 거기서 일단락되었다.

　그로부터 얼마 후 당시 영국의 대법관이었던 토머스 모어는 조지 콘스탄틴을 이단 죄로 체포했다. 토머스 모어는 콘스탄틴에게 물었다. "콘스탄틴! 당신은 내가 묻는 질문에 분명하게 대답하십시오. 그렇게 하면 당신에게 적용되어 있는 여러 죄목에 대해서 은혜를 베풀겠습니다. 지금 해외에서는 틴데일, 죠이 및 많은 당신의 동료들이 활동하고 있습니다. 그들은 다른 사람들부터 도움을 받으며 살고 있다는 것을 나는 알고 있습니다. 어떤 이들은 그들을 돈으로 돕고 있으며 당신도 도움을 받는 사람 중 한 사람이므로 당신은 그 도움의 출처를 알고 있을 것입니다. 부디 그들을 돕는 사람들이 누구인지 말하십시오."

　콘스탄틴은 다음과 같이 대답했다. "각하, 당신께 진실을 말씀드리겠습니다. 지금까지 우리를 도와준 사람은 런던의 주교입니다. 그는 우리의 신약성서를 불태워 없애기 위해 많은 돈을 주고 성경을 사들였는데, 그것이 우리의 유일한 도움이요, 위안이었습니다."

토머스 모어는 "내가 생각하기에도 그런 것 같소. 나는 주교가 그 일에 착수하기 전에 그와 많은 이야기를 했었소"라고 말했다.

그 후 틴데일은 구약성서의 번역에 착수하여 모세오경의 번역을 끝마쳤다. 그것은 해박하고 경건한 머리말이 첨부되어 있어 모든 선한 기독교인들이 읽고 또 읽을 가치가 있었다. 이 성경들은 영국으로 보내졌다. 그것이 어두움 속에 갇혀 있던 모든 영국민들의 눈을 열어 빛을 보게 해 주었다는 것은 말할 필요도 없는 일이다.

틴데일은 처음 영국을 떠나 독일로 가서 루터 및 여러 학자들과 협의를 가졌으며, 그곳에 얼마 동안 머물다가 다시 네델란드로 가서 앤트워프에 머물렀다.

틴데일의 경건 서적들, 특히 그가 번역한 신약성서는 사람들의 손에 들어가 널리 퍼지게 되면서 경건한 사람들에게 크고 귀한 유익을 주었다. 그러나 경건치 못한 자들은—남들이 자기보다 조금이라도 지혜롭다는 사실을 시기하고 멸시하여, 진리의 빛이 자기들이 만들어 놓은 어두움의 행위를 드러낼 것을 두려워하여— 크게 흥분하기 시작했다.

그 당시 신명기 번역을 완성한 틴데일은 그것을 함부르그에서 출판할 생각으로 배를 타고 그곳으로 갔다. 그러나 네델란드 해안에서 배가 난파되어 자신의 모든 저서, 문집, 사본, 돈, 시간을 잃어버리게 되어 모든 일을 처음부터 다시 시작해야 하게 되었다. 그는 다른 배를 타고 함부르그로 갔다. 그곳에는 그의 명령에 따라 석사 커버데일(Coverdale)이 그를 기다리고 있었다. 그는 틴데일을 도와 모세오경의 번역을 완성했다. 그들은 1529년 부활절부터 12월까지 신앙심 깊은 과부 마가렛 반 에머슨 부인의 집에서 일했다. 그때 그 마을에 발한성 전염병이 창궐했기 때문에 그는 함부르그에서의 일을 급히 처리하고 앤트워프로 돌아갔다.

하나님의 뜻은 평민들의 언어(영어)로 기록된 신약성서가 널리 퍼지는 것이었으므로, 틴데일은 번역 성서의 마지막에 하나의 서신을 첨부했다. 그는 그 서신에 만일 번역 성서에서 잘못된 점이 발견된다면 학식 있는 사람들이 그것을 수정해 주기를 바란다고 기록했다. 만일 그 성서에 시정해야 할 잘못이 있었다면 지식과 판단력을 가진 사람들은 정중하고 품위 있게 자기의 지식을 발휘하여 시정했어야 했다. 그러나 그 책이 널리 퍼지는 것을 원하지 않았던 성직자들은 그 책 안에는 너무 많은 이론(異論)이 들어 있으므로 그것을 바로 잡아 시정하기보다는 발행을 금지해야 한다고 소리쳤다. 어떤 사람들은 성경을 영어로 번역한다는 일이 있을 수 없다고 말했고, 또 어떤 사람은 평신도들이 모국어로 된 성경을 소유하는 것이 정당하지 못하다고 했으며, 또 어떤 이들은 그 성경이 모두를 이단으로 만들 것이라고 말했다. 또 그들은 세속 통치자들을 자기들의 취지로 끌어 들이려는 의도에서 그 성경이 백성들을 국왕에게 반역하게 만들 것이라고 했다.

틴데일은 이 모든 것을 모세오경 중 첫번째 책인 창세기 서문에서 밝혔다. 그는 더 나아가 그 번역 성경을 검토하고 그들의 상상물들과 비교하는데 얼마나 큰 노력을 기울였는지도 밝혔다. 만일 그들이 성경을 번역했다면 자기만큼 노력하지 않았을 것이라고 가정했다. 더욱이 그들은 편협하게도 구석 구석을 자세히 조사하여 구둣점이 하나만 빠져 있어도 그것을 이단이라고 무식한 사람들에게 말한다는 것도 밝혔다.

 성직자들은 백성들을 빛으로 인도하는 안내자가 되어야만 하는 사람들임에도 불구하고 오히려 백성들이 성경에 대한 지식을 갖지 못하게 하기 위해 완고한 계획들을 강구했다. 그들은 스스로 성경을 번역하지 않았으니 다른 사람들이 번역하는 것도 참지 못했다. 틴데일의 말을 빌리자면, 그들은 세상을 어둠 속에 머물게 하여 헛된 미신과 거짓 교훈을 통해 스스로 백성들의 양심 속에 좌정하며, 자기들의 야망과 만족할 줄 모르는 탐욕을 충족시키며, 국왕이나 황제보다 자기들의 영광을 더 높이려 했다.

 주교들과 고위 성직자들은 국왕의 허락을 받아내어 틴데일이 번역한 신약성서를 금지한다는 포고를 발표했다. 이것은 1537년 경의 일이었다. 그들은 여기에 만족하지 않고 나아가 자기들이 쳐놓은 함정에 틴데일을 빠뜨려 그의 생명을 빼앗으려 했다. 그들이 어떤 방법으로 이 일을 성취했는지는 앞으로 다루게 될 것이다.

 런던의 등기부에는 다음과 같은 사실이 분명히 나타나 있다. 즉, 주교들과 토머스 모어는 앤트워프에 살았던 사람들을 데려다가 틴데일에 관한 모든 일들을 조사하고 질문했다. 틴데일이 어디에서 누구와 함께 사람들을 접대했으며, 그의 집은 어디에 있는지, 그의 키는 얼마나 되며 어떤 옷을 입고, 어디에 자주 가는지 등을 알아낸 뒤 그들은 비범한 솜씨를 발휘하기 시작했다.

 윌리엄 틴데일은 앤트워프에 머무는 동안 토머스 포인츠(Thomas Pointz)라는 영국인에 집에서 약 일년 동안 묵었는데, 이 사람은 영국 상인들을 위한 여관을 경영하고 있었다. 헨리 필립스(Henry Philips)라는 사람이 영국을 떠나 그곳에 도착했는데 그의 부친은 풀(Poole)의 고객이었다. 그는 잘 생긴 사람이었고, 종을 데리고 있었으나 그가 어디에서 무슨 목적으로 그곳에 왔는지는 아무도 알지 못했다.

틴데일은 여러 번 상인들과 함께 식사하자는 청을 받았으며 이런 일이 계기가 되어 헨리 필립스는 틴데일과 친해졌다. 틴데일은 그를 신뢰하여 자신이 묵고 있는 토머스 포인츠의 집으로 데려왔고, 함께 식사도 했다. 그들의 우정은 더욱 깊어져 틴데일의 주선으로 그도 포인츠의 집에 머물게 되었다. 틴데일은 그에게 자기의 책들뿐 아니라 서재에 있는 비밀들까지도 보여주었다. 당시 틴데일은 이 배반자를 조금도 의심하지 않았다.

그러나 포인츠는 이 사람을 그다지 신뢰하지 않았으므로 틴데일에게 어떻게 해서 필립스를 알게 되었느냐고 물었다. 틴데일은 그는 훌륭한 교육을 받았으며 정직하고 대단히 위안을 주는 사람이라고 대답했다. 틴데일이 그를 몹시 좋아하고 있음을 깨달은 포인츠는 더 이상 묻지 않았고 그가 친구들을 통해 그를 알게 되었을 것이라고 생각했다. 필립스는 그 도시에 삼 사일을 머물렀는데, 한 번은 포인츠에게 그 도시 외곽으로 가면 상품을 보여주겠다고 했다. 그들은 교외를 함께 걸으면서 국왕의 일을 비롯하여 여러 가지에 대해 이야기를 나누었다. 이때까지만 해도 포인츠는 그를 전혀 의심하지 않았다. 그러나 얼마 후 포인츠는 자기가 돈을 받고 필립스를 도울 것인지를 알아내려는 의도였음을 깨달았다. 그는 이미 필립스는 부자라는 사실을 알았으며, 또 필립스는 포인츠가 그렇게 생각해 주기를 원하고 있음을 감지했었다. 그는 포인츠에게 "나에게는 돈이 많이 있습니다"라고 말하면서 여러 가지를 도와달라고 요청했다.

필립스는 앤트워프에서 약 24 마일 떨어진 브루셀에 갔다가 돌아오는 길에 지사를 데리고 왔다. 이 사람은 황제의 대리인으로서 몇 명의 관리를 거느리고 있었다.

삼 사일 후, 포인츠는 앤트워프에서 18 마일 거리에 있는 바로아 (Barrois)로 떠났다. 그는 그곳에 한 달이나 6주 동안 머물러야 했다. 그가 없는 동안 앤트워프로 돌아온 헨리 필립스는 포인츠의 집을 방문하여 그의 아내에게 틴데일이 집에 있느냐고 물었다. 그리고는 다시 밖으로 나가더니 브루셀에서 데리고 온 관리들을 거리와 대문 근처에 배치했다. 정오 쯤 되어 다시 돌아온 그는 틴데일에게 가서 40실링을 빌려 달라고 했다. 그는 그 정도의 돈은 자기 수중에 있는 한 쉽게 빌려 주곤 했다. 그는 이 세상의 간사한 궤계를 너무나 모르고 미숙했다. 필립스가 저녁을 대접하자고 했으나 틴데일은 정중히 거절하며 자신도 오늘 저녁에 외식이 있다며 같이 참여하고자 했다.

저녁 때가 되었으므로 틴데일은 필립스와 함께 나갔다. 포인츠씨의 집 앞 길은 길고 좁아서 두 사람이 나란히 걸을 수 없었다. 틴데일은 필립스에게 앞장서라고 했으나 필립스는 틴데일에게 앞장서라고 함으로써 자신이 훌륭한 인간성을 지닌채 했다. 그리하여 그다지 키가 크지 않은 틴데일이 앞장을 서고, 키가 크고 잘 생긴 필립스가 그의 뒤를 따라갔다. 필립스는 이미 대문 양쪽에 관리들을 배치해놓고 감시하게 해놓았었다. 필립스는 틴데일의 머리 위에서 아래쪽으로 손가락질을 했다. 그것은 그가 체포해야 할 사람이라는 것을 알리는 표시였다. 관리들은 틴데일을 감옥에 집어 넣은 뒤 포인츠에게 말하기를 자기들은 틴데일의 순진함을 보고 너무 가련하게 느꼈다고 말했다. 그들은 틴데일을 황제의 변호사에게 데리고 갔으며, 그는 그곳에서 식사를 했다. 그후에 지사는 포인츠의 집에 와서 책을 비롯하여 틴데일의 물건들을 모두 가져갔다. 틴데일은 앤트워프에서 18 마일 떨어진 곳에 있는 필포드(Filford)성으로 옮겨졌다.

곧, 영국 상인들의 도움으로 틴데일을 지지하는 편지가 브르셀궁에 전달되었다. 곧 이어, 영국에서는 브르셀 의회에게 편지를 발송하고서 앤트워프의 모험적인 상인들에게 그것들이 속히 배달되게 하라는 명령이 떨어졌다. 앤트워프의 상인들은 포인츠에게 틴데일을 지지하는 편지들을 바로아 경을 비롯한 사람들에게 전하는 책임을 맡으라고 요구했다. 당시 바로아 경은 브루셀을 떠나 있었다.

이튿날 포인츠는 말을 타고 에이콘(Achon)까지 가서 바로아 경을 만나 편지들을 전해 주었다. 바로아 경은 그 편지들을 받아 읽은 뒤 직접적인 대답을 하지 않고 약간의 반론을 제기하며 최근에 영국에서 네델란드 사람들을 화형에 처한 일이 있다고 말했다(실제로 스미스필드에서 재세례파 사람들이 화형을 당했다). 포인츠는 이렇게 말했다. "그렇지만 그 죄가 무엇이든, 폐하나 어느 귀족이 그들을 용서해달라는 편지를 썼다면, 그것을 거부하지는 못했을 것입니다."

바로아 경은 "공주가 이미 말을 타고 떠날 준비를 하고 있기 때문에 편지를 쓸 시간이 없습니다"라고 말했다.

포인츠는 "각하께서 허락하신다면 제가 다음 번 휴게소인 매스트리히트까지 따라 가겠습니다"라고 말했다.

이 말을 듣고 영주는 "당신이 그렇게 해준다면 가는 도중에 무엇이라고 써야 할지 곰곰히 생각해 보겠소"라고 말했다.

이리하여 포인츠는 에이콘에서 15 마일 떨어진 매스트리히트까지 그를 따라가서 세 통의 편지를 받아왔다. 한 통은 의회에게, 또

한 통은 용감한 상인들에게, 나머지 한 통은 영국의 크롬웰에게 보내는 것이었다.

　브루셀로 돌아온 포인츠는 영국에서 보낸 편지들과 바로아 경의 편지들을 의회에 전달했다. 얼마 후 그는 자신이 앤트워프로 가지고 와서 전해준 편지에 대한 영국 상인들의 답신을 받았는데, 이 영국 상인들은 포인츠에게 그 편지들을 영국에 가져가 달라고 요청했다. 그는 틴데일을 속히 감옥에서 구출해내기를 갈망했기 때문에 자기 사업은 제껴놓고 편지들을 가지고 가서 의회에 전달했으며, 그들은 그에게 답신을 받을 때까지 기다리라고 명령했다. 한 달 후, 답신이 전달되었으므로 그는 그것들을 가지고 돌아와 브루셀에 있는 황제의 의회에 전달하고서 그 대답을 기다렸다.

　필립스는 그곳에서 틴데일을 고발하는 일에 종사하고 있었다. 그는 자신이 포인츠에게 넘겨진다는 소식을 듣고서 자신의 뜻을 이루지 못하게 될까 염려했다. 그는 포인츠를 고발하는 것 외에 더 나은 방법이 없다고 생각하여 포인츠는 앤트워프의 주민으로서 틴데일의 지지자로서, 같은 견해를 가지고 틴데일을 석방시키려 노력하고 있다고 고발했다. 그리하여 포인츠는 무장한 두 병사의 감시를 받게 되었다.

　감옥에 갇힌 틴데일은 변호사와 대리인을 제공받았으나 스스로 자신을 변호하겠다고 말하여 거절했다. 그는 자기를 지키고 있는 사람들 및 그와 친교가 있는 사람들에게 복음을 전파했으므로 그들은 틴데일이야말로 선한 기독교인이라고 말했다.

　마침내 많은 논란 끝에 사형을 받아야 할 죄가 없었음에도 불구하고 그는 아욱스부르그의 회의에서 황제의 명령에 따라 사형선고를 받았다. 사형장으로 끌려 나온 그는 말뚝에 묶였다. 사형집행인은 그의 목을 졸라 죽인 뒤 불로 태웠다. 이것이 1536년 필포드에서의 일이었다. 그는 말뚝에 묶여서도 열렬하고 큰 목소리로 "하나님이시여! 영국 왕의 눈을 뜨게 해 주시옵소서!"라고 소리쳤다. 그의 교리는 대단히 힘이 있었고 생활도 성실했기 때문에 감옥에 있는 동안 그를 지키던 간수와 그의 딸 및 여러 식구들이 회심했다고 한다.

적들이 그가 번역한 신약성서에 이단이 가득하다고 주장하며 비난했기 때문에 그는 존 프리드(John Frith)에게 다음과 같은 편지를 썼다.

"우리가 주 예수 앞에 서게 될 날을 대비하여 다음과 같이 기록해 주시기를 하나님께 요청합니다. 즉, 나는 양심에 맹세코 하나님의 말씀을 한 음절도 바꾸지 않았으며, 이 세상에 있는 모든 영광과 기쁨과 부귀가 주어진다해도 결코 그런 일은 하지 않을 것입니다."

마틴 루터

마틴 루터는 1483년 삭소니(Saxony)주 아이슬레벤(Eisleben)에서 태어났다. 그는 처음에는 마그데부르그(Magdeburg) 대학에 갔다가 에르푸르트 대학으로 옮겼다. 에르푸르트 대학에는 어거스틴 수도회에 소속의 연로한 사람이 있었는데 그도 루터와 같은 어거스틴 수도회의 수도사였다. 루터는 여러 가지 문제, 특히 죄 사함에 대해 그와 토론했다 이 연로한 사제는 하나님께서는 모든 사람들에게 자기의 죄가 그리스도 안에서 사함을 받는다고 믿으라고 분명히 말씀하셨으며, 성 버나드는 이것을 다음과 같이 해석하여 증거했다고 설명했다.

> "이것은 성령께서 당신의 마음 속에서 '네 죄가 사함을 받았다'고 말씀하시면서 주시는 증거이다. 인간은 믿음으로 말미암아 값없이 의롭다함을 얻는다는 것이 사도 바울의 견해이다."

루터는 이 말을 듣고 크게 힘을 얻었으며, "믿음으로 말미암아 의롭다함을 얻는다"는 사도 바울의 말의 의미를 충분히 깨달았다. 이미 이 말씀에 관한 여러 사람들의 주석을 읽어보았던 루터는 이 노사제의 설교와 자신이 받은 영적 마음으로 위로에 의해 과거에 자신이 읽었던 스콜라 철학자들의 해석이 무가치하다는 것을 깨달을 수 있었다. 그는 차츰 선지자들과 사도들의 말씀과 본보기를 읽으면서 그것들을 기도의 힘에 의한 신앙의 자극과 하나님께 대한 호소와 비교하면서, 그 교리가 분명하다는 것을 깨달았다. 그는 어거스틴 수도회에 4년 동안 머물면서 에르푸르트에서 연구를 계속했다.

이 무렵 비텐베르그(Wittenberg) 대학 설립을 촉진하는 일에 도움을 주었던 스타우피티우스(Staupitius)는 이 신설 대학의 신학 연구를 촉진하기 위해 열심을 내고 있었다. 그는 에르푸르트 대학에 있는 루터의 인물됨을 보고서 그의 전도가 유망하다고 판단하여 그를 비텐베르그 대학으로 데려왔다. 이것이 1508년, 루터의 나이 26세 때의 일이었다. 루터는 신학 연구를 조금도 게을리하지 않았다.

3년 후 그는 삭소니 공작 프레데릭 선거 후(Elector Frederic)의 후원을 받아 로마를 방문하고 돌아와서 박사 학위를 받았다. 프레데릭은 루터의 설교를 듣고 그가 총명한 사람임을 알게 되었다. 그는 루터의 불 같은 이야기를 곰곰이 검토해 보았으며, 그가 설교 속에서 정확하고 원숙하게 설명하는 심오한 일들을 특별히 칭찬했다. 루터는 박사 학위를 받으려 하지 않았지만 스타우피티우스는 그에게 학위를 받으라고 강요했으며, 하나님께서 루터를 통해 교회 안에서 많은 일들을 이루실 것이라고 말했다. 이 말은 농담으로 한 말이었으나 얼마 후 그대로 이루어졌다.

그 후 루터는 로마서와 시편을 해설하기 시작했는데 그는 여기에서 율법과 복음의 차이점을 밝혔다. 또 당시 학교나 설교 속에 군림하고 있는 오류, 즉 바리새인들이 가르친 것처럼 사람은 자기의 행위에 의해 죄 사함을 받으며 표면적인 근행에 의해 하나님 앞에서 의롭다함을 얻는다는 주장을 뒤집어 놓았다. 루터는 사람들의 마음을 하나님의 아들에게로 복귀시켰다. 세례 요한이 세상 죄를 지고 가는 하나님의 어린 양을 설명했듯이, 루터는 길고 어두운 밤이 지나간 뒤에 떠오른 밝은 태양처럼 교회를 비추며 인간은 하나님의 아들을 사랑함으로써 값없이 죄사함을 얻으며, 이 풍성한 은사를 충실하게 믿어야 한다고 분명하게 지적했다.

그의 생활은 신앙고백과 일치했다. 그가 하는 말은 입에서 나오는 소리에 그치는 것이 아니라 마음 속 깊은 곳에서부터 울려나오는 것이었다. 그의 설교를 듣는 사람들은 이 같이 거룩한 생활을 보고서 더욱 그에게 매료되었다.

이 기간 동안 루터는 교회의 의식들을 조금도 변경하지 않았고 동료들과 함께 지내며 규칙을 엄격히 지켰다. 그는 결코 의심스러운 주장에 관여하지 않았고, 오직 이 교리가 모든 교리 중에서 가장 으뜸되는 것이라고 가르쳤다. 그는 회개, 죄 사함, 믿음, 그리스도의 십자가 안에서 찾는 참된 위로 등의 교리를 논하고 공표했다. 모든 사람이 이 달콤한 교리의 훌륭한 맛을 보았고, 학식이 있는 사람들은 예수 그리스도와 선지자들과 사도들을 바라보고 어두움을 벗어나 빛으로 나아오는 큰 기쁨을 누렸다.

이 무렵, 많은 사람들은 에라스무스의 학구적인 저서의 영향을 받아 헬라어와 라틴어를 연구하게 되었다. 에라스무스는 과거에 비해 즐거운 학문을 그들에게 개방했으므로, 그들은 수도사들의 천하고 현학적인 학문을 멸시하기 시작했다. 루터는 교리의 원천을 파고 들어감으로써 건전한 판단을 하기 위해 헬라어와 라틴어를 공부하기 시작했다.

1516년, 루터가 독일에서 이러한 일에 종사하고 있을 때, 줄리우스 2세의 뒤를 이어 로마 교황이 된 레오 10세는 터어키와의 전쟁을 구실로 기독교 세계에 면죄부를 판매했으며, 이 일을 통해 막대한 부와 보물을 걷어 모았다. 면죄부 판매인들은 누구든지 10실링을 기부하면 한 사람의 영혼을 연옥의 고통에서 구출할 수 있으나, 10실링에서 한 푼이라도 부족하면 전혀 유익이 없다고 선전했다.

　이 교황의 상품―면죄부―은 독일에도 들어오게 되었다. 도미니코 수도회의 수도사 테첼(Tetxel)은 독일 전역에서 지극히 뻔뻔스럽게 면죄부를 판매했다. 이 파렴치한 수도사의 신성모독적인 설교에 대한 분노, 그리고 참 종교를 보존하고자 하는 진지한 마음의 열정 때문에 루터는 면죄부에 관한 몇 가지 의견을 비텐베르그 성 곁에 있는 교회의 문에 붙여 놓았다. 이것은 1517년 만성절 다음 날의 일이다.

　그러나 비열한 수도승은 교황의 은총을 얻으려는 마음에서 자기 수도회의 궤변을 늘어 놓는 신학생들과 수도승들에게 루터를 대항하는 반박문을 쓰게 했다. 그리고 그 자신도 루터에게 욕을 퍼붓기 시작했다. "루터는 이단이다. 그는 마땅히 화형에 처해야 한다." 그는 루터의 주장과 면죄에 대한 설교 기록을 공개적으로 불태워 버렸다. 이 수도사의 광포함과 독한 분노는 루터로 하여금 자신의 주장을 더욱 충분히 논하고 진리를 고집하게 했다. 이리하여 논쟁이 시작되었다.

　선한 프레데릭 공작은 그 시대의 모든 군주들 중에서 가장 고요와 평온을 사랑하는 사람이었으므로 루터를 격려하지도 않았고 지지하지도 않았다. 그는 더 큰 분쟁들이 일어날 것을 염려했으며, 종종 마음 속에 있는 슬픔과 시름을 겉으로 나타내곤 했다. 그러나 그는 현명한 사람이었고 하나님의 섭리를 따르는 사람이었으므로 그 일에 대해 충분히 심사숙고한 뒤 무엇보다도 하나님의 영광을 우선적으로 택해야 한다고 생각했다. 또 그는 진리를 거역하는 것은 신성모독이며 하나님의 정죄를 받게 된다는 것도 모르지 않았다. 그러므로 그는 경건한 영주로서 하나님께 복종하며 하나님의 거룩한 은혜와 전능하신 보호 아래 자신을 맡겼다.

맥시밀리안(Maxiimilian)황제와 스페인의 왕 찰스, 그리고 교황 줄리우스(Julius)는 프레데릭 공작에게 루터를 추방하고 설교하지 못하게 하라는 명령을 내렸다. 그러나 프레데릭은 루터의 설교와 저서를 자세히 검토하고, 루터가 인용한 성경 구절과 증거들을 살펴본 결과 루터는 신실한 사람이라고 판단했다. 그는 자신의 판단을 신뢰하면서도 학식 있고 연로한 사람들의 판단을 알고 싶어했는데 그 중에는 에라스무스도 포함되었다. 프레데릭은 에라스무스에게 루터의 일에 관한 견해를 밝혀 달라고 요청하면서 만일 자신이 진리에 어긋나는 주장을 알면서도 용납한다면 땅이 입을 열어 자기를 삼켜버릴 것이라고 맹세했다.

에라스무스는 공작의 요청에 농담조로 대답하기를 루터는 두 가지 큰 잘못을 범했다고 말했다. 첫째 잘못은 그가 수도사들의 배(胃)를 건드린 것이며, 두번째 잘못은 교황의 면류관을 건드리려 했다는 것이었다. 이렇게 말한 뒤 그는 공작에게 자신의 생각을 분명하게 털어 놓으면서 루터가 교회의 오류들을 탐지해낸 것은 참으로 잘한 일이며 참으로 교회의 개혁이 절실하게 요구된다고 말했다. 또 루터의 교리의 취지가 진실하다는 말도 했다.

그 이듬해 에라스무스는 루터의 주장에 관해 멘츠의 대주교에게 다음과 같은 편지를 썼다.

"온 세상은 사람들이 만들어낸 제도와 비열한 수도사들의 횡포로 인해 무거운 짐을 지고 있다. 과거에는 복음을 반대하는 사람을 이단이라고 여겼으나 이제는 토머스 아퀴나스를 반대하는 사람이 이단자로 여겨진다. 사람들은 자기의 마음에 들지 않거나 자신이 이해하지 못하는 것은 모두 이단이라고 주장한다. 헬라어를 아는 것도 이단이요, 자기들보다 더 훌륭하게 말하는 것도 이단이 된다."

수도원에 틀어박혀 있던 경건하고 신실한 신자들은 성상(聖像)들을 삼가야 한다는 것을 이해했으며, 자신들을 얽매고 있던 속박을 벗어 버리기 시작했다.

루터는 특히 오만하고 방자하게도 교황은 복음을 가르칠 뿐만 아니라 공화국을 다스리고 세속 재판권을 행사할 책임을 가지고 있다고 주장하는 로마의 주교들을 경멸했다. 그는 사람들에게 하나님의 것은 하나님께 바치고 가이사의 것은 가이사에게 바치라고 권면했으며 사람들은 모두 하나님을 섬겨야 한다고 말했다.

이 일이 있은 후 테첼은 동료 수도사들과 함께 공공연하게 루터를 비방하며 교황의 면죄부를 옹호했고 루터는 자기의 주장을 옹호하기 위해 이 악습을 반대하는 반박문을 발표했다. 놀랍게도 이 반박문은 신속하게 방방곡곡으로 퍼졌으며 원근 각지에서 많은 사람들이 그것을 받아들였다.

곧이어 실베스테르 데 프리에로(Silvester de Priero)라는 도미니코 수도사가 등장했다. 그는 루터를 반대하는 뻔뻔스럽고 공격적인 담화를 발표했는데, 루터는 이에 맞서 성경을 근거로 응답했다.

8월 7일, 아스콜리(Ascoli)의 주교 히에롬(Hierome)은 루터를 로마로 출두하라고 소환했다.

그 무렵 과거 교황 레오의 사절로서 명령서를 가지고 아욱스부르그에 파견된 토머스 카제탄(Thomas Cajetan) 추기경이 아욱스부르그에 머물고 있었다. 루터가 소환 명령을 받았음을 알게 된 비텐베르그 대학에서는 곧 교황에게 루터를 옹호하는 편지를 보냈다. 그리고 독일 태생으로서 교황의 시종이었던 카로루스 밀티티우스(Carolus Miltitius)에게도 서신을 띄웠다. 또 선량한 프레데릭 공작은 루터의 재판은 로마가 아니라 아욱스부르그에서 추기경의 심문 하에 이루어져야 한다고 끊임없이 탄원했다.

공작의 탄원을 받은 카제탄은 교황에게 서신을 띄웠으며 다음과 같은 회답을 받았다. 즉 교황은 아스콜리의 주교 히에롬을 시켜 루터에게 로마로 출두하라는 명령을 내린 바 있으며, 히에롬은 명령 받은 대로 부지런히 행했다는 것이다. 그러나 루터는 이 제안을 능욕하고 멸시했으며, 출두하기를 거부했을 뿐만 아니라 더욱 담대하고 완강하게 자신의 이론(異論)을 계속 주장하고 있는바, 이것은 그의 저서에 잘 나타나 있다는 것이다.

교황은 추기경에게 루터를 아욱스부르그에 출두시키고, 필요하다면 황제와 독일 영주들의 도움을 받아 출두하는 루터를 체포하여 로마로 호송하라고 했다. 만일 루터에게 잘못이 없거나 자기의 잘못을 시정한다면 그를 석방하여 다시 교회로 복귀시키겠지만, 그렇지 않을 경우에는 성직 수행을 금지시키겠다고 했다.

물론 루터의 지지자나 선동자, 옹호자들도 지위 고하를 막론하고—공작이든, 백작이든 남작이든— 모두 함께 파문하겠다고 하면서 이 모든 사람들에게도 동일한 저주와 악담을 했다. 그는 루터에게 거처를 제공하고 교황청에 복종하지 않는 모든 국가, 영지, 시, 주거지, 마을에는 교회의 견책에 의한 금령을 내릴 것이며 반면에 교황청에 순종하는 사람들에게는 모든 죄를 완전히 사해 주겠다고 약속했다.

교황은 프레데릭 공작에게도 루터를 비난하는 내용의 편지를 띄

웠고, 명령을 받은 추기경은 속히 루터에게 아욱스부르그로 출두하라는 소환장을 보냈다.

10월 초, 루터는 로마 교회에 복종하여 아욱스부르그로 왔다. 그는 그곳에서 추기경과 대화를 하지 않고 사흘을 지냈다. 그의 친구들은 맥시밀리안 황제로부터 충분한 보장이나 안전통행권을 받기 전에는 추기경과 이야기하지 말라고 충고했었기 때문이다. 마침내 황제로부터 보장을 얻은 후 루터는 추기경과의 담화에 들어갔다. 추기경은 대단히 온유하게 루터를 맞아 주었으며 교황의 명령에 따라 루터에게 다음과 같은 세 가지를 제안했다.

1. 루터 자신의 잘못을 회개하고 취소할 것.
2. 이후로 동일한 일을 되풀이 하지 않겠다고 약속할 것.
3. 어떻게 해서든 교회를 어지럽게 할 가능성이 있는 모든 일을 삼갈 것.

루터는 자신이 어떤 점에서 잘못을 범했는지 알려 달라고 요청했다. 카제탄은 루터가 면죄부가 그리스도의 공로가 되는 것이 아니며 성찬을 받는 자에게는 반드시 믿음이 필요하다고 주장하고 가르친 것이 잘못이라고 대답했다. 루터는 그리스도의 공로는 사람에게 맡겨지지 않으며, 교황의 말이라도 성경과 일치하는 것에만 순종해야 하며, 교황일지라도 잘못을 범할 수 있으며 그런 경우에 교황은 비난을 받아야 한다고 주장했다. 또 신앙의 문제에 있어서 교황보다 훌륭한 권위와 근거를 의지하는 공의회와 개개의 신자들은 모두 교황보다 우위에 있다고 밝혔다. 그러나 추기경은 전혀 성경 말씀에 귀를 기울이지 않으려 했으며, 성경은 전혀 언급하지 않고 자기 머리 속에서 고안해낸 주석과 해설을 늘어 놓았다.

추기경에게서 아무 말도 하지 말고 물러가 있으라는 명령을 들은 루터는 6일 동안 기다리다가 친구들의 충고에 따라 비텐베르그로 돌아오면서 로마 교황에게 보내는 공소장을 남겼다.

카제탄은 프레데릭 공작에게 신랄하고 날카로운 편지를 보냈다. 이 편지에서 그는 만일 공작이 자신의 명예와 안전을 귀히 여기고 대주교의 총애를 소중히 여긴다면 루터를 로마로 압송하거나 그의 영토에서 추방하라고 권했다.

공작은 추기경에게 답신을 보내면서 자기 자신과 루터의 결백함을 밝혔다. 즉, 루터는 양심에 따라 하나님의 말씀에 토대를 두고 있으므로 그의 일은 잘못된 일이 아니며, 따라서 자기의 주장을 철회하지 않을 것이라고 말했다. 또 추기경이 요구하는 일이라고 해서 정당한 이유도 알지 못한채 루터를 자기 영토에서 추방하거나 로마로 압송하는 것은 결코 정직한 일이 아니며 양심적인 일도 아니므로 만일 루터를 추방해야 하는 원인을 밝혀준다면 자신은 기독교 영주로서 해야 할 일을 충실히 행하겠다고 말했다. 그는 또 추기경이 합법적인 절차에 따라 죄와 오류로 선고되지 않은 진리와 무죄함이 압박을 받지 않도록 추기경이 교황 사이에서 중재 역할을 해 주기 바란다고 응답했다.

이 일이 있은 후 공작은 추기경에게서 받은 편지를 루터에게 보냈고, 루터는 공작에게 다음과 같이 회답했다.

"나는 나 자신의 처지보다 당신이 내 문제로 인해 위험에 처하게 되었음으로 대단히 슬퍼하고 있습니다. 이제 원수들의 악한 의도로부터 나를 보호해줄 수 있는 국가나 처소가 없다는 것을 알았으므로 나는 기꺼이 조국을 버리고 이곳을 떠나 하나님께서 인도하시는 곳으로 가겠습니다."

루터는 이미 조국을 떠날 준비가 되어 있었고 공작도 그를 보호하는 일에 대해 큰 두려움을 느끼는 궁지에 이르렀으므로 만일 하나님의 놀라우신 섭리가 없었다면 루터는 큰 위험에 처했을 것이었다. 그러나 하나님께서는 이 일을 인도하셔서 인간의 능력이 미치지 못하는 곳에 치료책을 예비하셨다. 즉, 하나님께서 비텐베르그 대학을 온통 선동하셨으므로 진리의 주장이 쇠퇴하는 것을 본 비텐베르그 대학은 일치 단결하여 루터와 그의 주장을 옹호하는 편지를 공작에게 보냈다. 그들은 공작에게 겸손하게 탄원하기를 교황 주변에 있는 악한 아첨꾼들의 폭력 때문에 성경과 마찬가지로 명백하고 순전한 진리가 저지되고 압제 당하게 하지 말라고 했다.

이 편지들로 인하여 공작은 루터의 주장을 더욱 진지하게 검토하고 그의 저서를 읽고 그의 설교를 듣기 시작했다. 이처럼 하나님의 거룩하신 역사를 통하여 그는 더욱 많은 지식과 힘을 갖게 되었고 전보다 더 루터의 불만을 이해하게 되었다. 이것이 1518년 12월 초의 일이었다.

한편 교황 레오는 면죄부에 관련된 새로운 포고를 내렸다. 그는 이 포고에서 베드로의 후계자요 그리스도의 대리인인 로마 교황은 사면해 주고 면죄해줄 권리와 능력을 소유하며, 또한 산 자나 죽어서 연옥에서 고통을 겪고 있는 사람들에게도 면죄를 허락할 특권을 소유한다는 것이 모든 교회의 우두머리인 거룩한 로마 교회의 보편 교리이며, 이 교리를 영접하지 않는 신자들은 큰 저주를 받고 모든 거룩한 교회로부터 완전히 분리될 것이라고 명령했다.

돈을 모으기 위한 새로운 상품, 또는 밑천으로서 그 거룩한 교부의 유익을 위해 기독교계의 방방곡곡에 제시된 이 교황의 포고와 면죄부는 12월 경 독일에 도착했다. 로마에서 사람들이 자신을 비방한다는 소식을 들은 루터는 합법적인 형식을 갖춘 공소장을 마련하여 교황이 아닌 공의회에 상소했다.

  교황 레오는 자신의 면죄부가 흡족할 정도로 성공하지 못할 것이며 루터를 로마로 송환할 수도 없으리라는 것을 깨닫고서 교묘한 방법으로 자신의 목적을 이루려 했다. 그는 자기의 시종인 독일 태생의 카로루스 밀티티우스(Carolus Miltitius)를 삭소니로 보내어 매년 행해 온 의식에 따라 프레데릭 공작에게 황금 장미를 바쳤다. 그리고 공작의 의회에 속해 있는 귀족들에게도 비밀리에 편지를 보내어 교황의 주장을 관철시키려 했으며 가능하다면 공작의 마음을 루터에게서 돌려 놓으려 했다.

  그러나 맥시밀리안 황제는 1519년 1월, 밀티티우스가 독일에 도착하기 전에 사망했다. 당시 선거에 입후보할 수 있는 사람은 두 사람이었으니, 프랑스 왕 프란시스(Francis)와 스페인의 국왕으로서 오스트리아와 버건디의 공작이기도 했던 찰스였다. 선거 후 프레데릭은 찰스를 황제로 신임했으니, 그는 찰스 5세로서 신중(Prudence)이라는 별명을 가졌다. 이것이 8월 말 경의 일이었다.

  그보다 앞서 6월에 프레데릭 공작의 삼촌이었던 삭소니의 조지 공작이 다스리는 라이프찌히에서 공개토론회가 있었다. 이 토론의 발단은 존 엑키우스(John Eckius)라는 수도사와 비텐베르그의 안드레아스 카롤로스타트(Andreas Carolostadt) 박사에게 있었다. 엑키우스는 루터가 그 전 해에 면죄부의 판매를 공격하여 기록한 반박문을 공격했고, 칼롤로스타드 박사는 엑키우스를 공격하고 루터를 옹호하는 글을 썼었다. 엑키우스는 칼롤로스타드를 반격하는 변증을 했고, 카롤로스타트 박사는 글로써 이 변증을 논박했다. 그리하여 토론이 시작되었는데, 조지 공작은 토론에 참가하는 모든 사람들에게 안전통행권을 부여했다. 마틴 루터도 이 토론회에 참석했었는데, 그는 토론에는 참가하지 않고 그곳에서 행해지고 발언되는 것들을 듣기만할 작정이었다.

그러나 공작이 행동의 자유를 보장해 주었기 때문에 루터는 자기의 뜻과는 달리 엑키우스와 토론을 벌이게 되었다. 그들의 논쟁의 주제는 로마 교황의 권위에 관한 것이었다. 이미 루터는 로마 교회에 우선권을 부여하는 사람들은 그 토대를 교황의 명령에 두고 있으며, 이 명령은 성서와 어긋난다고 주장했었다. 그러나 엑키우스는 이 주장에 맞서 상반되는 결론을 설정했다. 그는 베드로의 믿음과 직책을 계승하는 사람들은 이 세상에서 베드로의 후계자이며 그리스도의 대리인으로 받아들여져야 한다고 말했다. 그는 로마 교황의 주권은 하나님의 법에 기초를 두고 있다고 주장했다.

이 문제에 대한 토론은 닷새 동안 계속되었다. 그동안 엑키우스는 진실하지 하고 버릇없이 행동했으며, 어떻게 해서든지 자기의 적수인 루터가 청중들의 미움을 받고 교황의 위협을 받게 만들려고 노력했다. 엑키우스의 논거는 다음과 같았다.

"인간의 육체에 머리가 없으면 존재할 수 없듯이 교회에도 반드시 머리가 있어야 한다. 세속 군대에 우두머리가 없어서는 안 된다는 것은 하나님의 법에 일치하는 사실이며, 따라서 교황은 보편적인 그리스도의 교회의 머리가 되어야 한다는 것이 하나님의 법의 명령이다."

이에 대해 마틴 루터는 응답하기를 교회에 머리가 없으면 안 된다는 사실은 인정하지만 그리스도는 지금도 살아 계시므로 그리스도만이 교회의 유일한 머리가 되시며, 또 교회는 세상 나라가 아닌 영적인 나라이므로 그리스도 외에 다른 머리를 요구하지도 않는다고 응답했다.

그러나 엑키우스는 "너는 베드로라 내가 이 반석 위에 내 교회를 세우리라"고 하신 마태복음의 말씀을 내세웠다. 그러나 루터는 이것은 신앙고백이며 여기에서 베드로는 모든 보편 교회의 인격을 나타내고 있다고 대답했다. 그리고 그리도께서는 이 말씀을 하시며 자신을 반석이라고 하셨다고 응답했다.

또 요한복음에 기록된바 "내 양을 먹이라"는 말씀에 대해 엑키우스는 이것이 베드로 한 사람에게 하신 말씀이라고 주장했다. 그러나 루터는 이 말씀을 하신 뒤 모든 사도들에게 동등한 권리가 부여되었는바, 그리스도께서는 그들에게 "성령을 받으라 너희가 뉘 죄든지 사하면 사하여질 것이라"고 말씀하셨다고 응답했다.

이에 엑키우스는 콘스탄스 공의회의 권위를 언급하며 다른 신조들 가운데 특히 "우리 구원을 위해 로마 교황을 교회의 최고의 머리로 믿는다"는 조항을 내세웠다. 또한 이 콘스탄스 의회에서 총공의회(General Council)는 결코 잘못을 범하지 않는다고 결정했다는 사실도 내세웠다. 루터는 신중하게 응답하기를 콘스탄스회의가 어떤 권위를 갖느냐 하는 문제는 다른 사람들의 판단에 맡기겠다고 했다. 그는 "어떤 공의회도 새로운 신조를 작성할 권위를 갖지 못한다는 것은 지극히 명백한 일이다"라고 말했다.

이듬해인 1520년 루뱅(Louvain)과 쾰른(Cologne)의 수도사들과 박사들은 루터의 책들이 이단적이라고 비난했다. 루터는 그들에 맞서 자신을 충분히 변호했으며 그들의 끈질긴 폭력과 악의적인 불신앙을 비난했다. 며칠 후 교황 레오는 루터에게 청천벽력 같은 위협을 퍼부었다.

루터는 독일 귀족들을 위해 저술한 또 한 권의 책에서 가톨릭교도들이 주장하는 다음과 같은 세 가지 사실을 배격했다.

(1) 세속의 관리들은 성직자들을 지배할 수 없으나 성직자들은 세속 관리들을 지배할 수 있다.

(2) 교황 외에는 누구도 논쟁의 대상이 되고 있는 성경 구절을 해석하거나 판단할 수 없다.

(3) 교황 외에는 아무도 공의회를 소집할 권리를 갖지 못한다.

루터는 그 책에서 이밖에도 여러 가지 문제들을 다루고 논술했다. 즉 교황의 자만심을 내버려두어서는 안 된다는 것, 매년 삼백만 플로린이라는 액수의 돈이 독일에서 교황에게로 나가고 있다는 것, 황제는 결코 교황 밑에 존재하지 않는다는 것, 사제들도 결혼할 수 있다는 것, 육식을 하지 못하게 자유를 억제해서는 안 된다는 것, 마지못해 행하는 청빈 생활이나 탁발은 폐지되어야 한다는 것, 지기스문트 황제가 존 후스와 제롬과의 약속과 믿음을 지키지 않음으로써 당한 불행, 이단자들은 화형에 처할 것이 아니라 성경과 하나님의 말씀의 증거에 의해 죄를 깨닫게 해야 한다는 것, 그리고 어린이에게 처음으로 가르쳐야 할 것은 복음이라는 것 등을 기록했다.

같은 해 10월에 새로운 황제인 찰스 5세의 대관식이 에익스라카펠레(Aix-la-Chapelle)에서 거행되었다. 대관식이 끝난 후, 교황 레오는 프레데릭 공작에게 두 명의 추기경을 사절로 보냈는데 그 중 한 사람이 히에롬 알렉산더(Hierome Alexander)였다. 그는 공작의 고귀한 후손들과 덕행을 찬양한 뒤에 교황의 이름으로 두 가지 요청을 했다. 첫째는 루터의 책들을 모두 불태워 버릴 것이요, 둘째는 루터를 그 지방에서 처형하거나 교황에게로 호송하라는 것이었다.

공작은 이 두 가지 요청을 참으로 기이하다고 생각했다. 공작은 자신이 오랫동안 공적인 일에 관여하지 않았으므로 어떤 일이 있었는지 알지 못하며, 또 루터의 행위에 관여한바 없다고 추기경들에게 대답했다. 공작은 언제나 자신의 의무를 다할 준비가 되어 있었다. 그는 루터를 아욱스부르그에 있는 카제탄 추기경에게로 보냈었고, 그 후에도 교황의 멸령에 따라 루터를 자기의 영토에서 추방하려고 했으나 교황의 시종인 밀티티우스는 루터를 다른 국가로 보내어 그곳에서 더 큰 해를 끼치게 하는 것보다 차라리 그의 나라 안에 붙잡아 두는 것이 낫겠다는 충고를 했었다.

그때까지 루터의 사건은 황제가 심리하지 않았으므로, 공작은 교황의 사절들에게 다음과 같이 요청했다. 즉, 이 문제를 심리하고 결정하기 위해 근엄하고 의로운 판단을 내릴 학자들을 임명하며, 루터를 이단자로 만들거나 그의 저서들을 불태우기 전에 먼저 루터의 잘못이 무엇인지 알게 해줄 것이며 이 일이 이루어져 명백하고 온전한 성경의 증거에 의해 루터의 잘못이 밝혀진다면 공작은 더 이상 루터에게 호의를 베풀지 않겠다고 했다.

그 후 추기경들은 루터의 책들을 가져다가 공개적으로 불태웠다. 이 소식을 들은 루터도 역시 비텐베르그에 있는 수 많은 학생들과 학자들을 불러다 놓고 교황의 칙령과 최근 자신과 관련하여 발송한 교서들을 가져다가 공개적으로 불태웠다. 이것이 1520년 12월 10일의 일이었다.

교황과 루터 사이에 이러한 일이 발생하기 얼마 전인 1월 6일 황제는 웜스(Worms)에서 제국의회를 개최할 것을 명했다. 이 의회에서 프레데릭 공작이 중재한 결과 황제는 루터의 사건을 자신이 심리하겠다고 밝혔다. 3월 6일, 프레데릭 공작의 부추김을 받은 황제는 루터에게 서신을 보내었다. 그 서신에서 황제는 루터가 어떤 책들을 보급했으므로 황제 주위에 있는 귀족들과 군주들의 조언을 받아 그 사건을 황제의 법정에서 심리하겠다고 밝혔다. 그리하여 황제는 루터에게 고국으로 돌아올 수 있게 허가해 주었고 모든 제국의 이름으로 루터의 여권과 안전통행권을 약속했다. 황제는 루터가 그 편지를 받은 날로부터 21일째 되는 날에 그곳에 출두하기를 원했다.

루터는 세족 목요일(Maunday Thursday)에 교황으로부터 저주를 받았으며 부활절 직후에 서둘러 웜스를 향해 떠났다. 웜스에 도착한 루터는 황제를 비롯한 독일의 고위층 앞에서 진리를 고수하고 자신을 변론하며 적수들에게 응답했다.

루터는 숙소를 제공 받고 환대를 받았다. 백작, 남작, 기사, 향사, 사제, 평민 등 많은 사람들이 밤 늦게까지 그의 숙소를 방문했다.

그의 귀국은 그의 적수들을 비롯한 많은 사람들의 예상을 뒤엎은 것이었다. 그의 친구들과 많은 사람들은 그에게 위험이 도사리고 있으니 모험을 하지 말라고 설득했었다. 루터는 이들의 충고와 권면을 듣고나서 다음과 같이 대답했다.

"나는 부름을 받았으므로 우리 주 예수 그리스도의 이름으로 웜스에 가기로 작정했습니다. 물론 웜스에는 지붕에 덮힌 기와처럼 많은 마귀들이 나를 대적하려 하고 있다는 것을 알고 있습니다."

그가 귀국한 다음 날, 황제는 제국 중기병(重騎兵) 중장 울릭(Ulrick)에게 저녁 식사 시간 전에 루터에게 가서 오후 4시에 황제, 선거 후, 공작 및 모든 귀족들 앞에 출두하라고 전하고 그가 소환된 이유를 알리라고 명령했으며, 그는 그것이 자신의 의무이기에 기꺼이 동의했다. 4시가 되어 울릭과 황제의 사자인 카스파르 스트름(Caspar Sturm)이 루터에게 왔다. 카스파르는 루터를 비텐베르그에서 웜스로 안내해온 사람이다.

그들은 잔뜩 모여든 사람들이 루터를 괴롭히지 못하게 하려고 비밀 계단을 통해 황제를 알현하기로 된 장소로 루터를 안내했다. 그러나 이것을 눈치챈 많은 사람들은 루터를 보려고 난폭하게 뛰어 들었으며 어떤 사람들은 맨 위층까지 올라왔다. 마침내 루터는 황제를 비롯하여 공작, 백작 등 제국의 모든 귀족들 앞에 섰다. 울릭은 루터에게 발언 허락을 받을 때까지 침묵을 지키라고 통고했다. 당시 트레브즈 주교의 판사로 있었던 존 엑키우스는 큰 소리로 다음과 같이 말했다. "마틴 루터, 거룩하신 무적의 황제 폐하께서 거룩한 제국의 모든 백성들의 동의 하에 그대를 황제의 보좌 앞에서 심리할 것을 명령했으며, 나는 그대에게 다음과 같은 두 가지를 요구하는 바이다.

첫째, 당신은 이곳에 있는 책들과—그는 라틴어와 독일어로 저술된 루터의 책 더미를 보여 주었다— 도처에 당신의 이름으로 퍼져 있는 책들이 당신의 것들이라고 승인하는지 아닌지를 고백해야 한다. 둘째, 당신은 그 책들과 책 안에 수록된 것들을 취소할 것인지, 아니면 계속 그것을 고집할 것인지 답변해야 한다."

루터는 대답했다. "황제 폐하, 저에게 생각할 자유와 여유를 주시기를 청합니다. 내가 하나님의 말씀을 침해하지 않고 또 나 자신의 영혼을 위험하게 하지도 않으면서 이 심문을 충족시키게 해 주십시오."

군주들은 이 문제를 의논했다. 의논이 끝난 후 대변인인 엑키우스는 그들의 결정을 선포하여 "황제 폐하께서는 그대에게 하루 동안 생각할 여유를 허락하셨다. 당신은 내일 이 시간에 자신의 견해를 글이 아니라 생생한 목소리로 발표해야 할 것이다"라고 말했다.

루터는 전령관의 인도를 받아 숙소로 돌아왔다. 다음 날 루터는 다시 전령관의 인도로 황제의 궁으로 갔다. 그러나 군주들은 중요한 회의를 하고 있었으므로 6시까지 기다려야 했다. 그곳에서 기다리는 동안 많은 사람들이 그를 에워싸서 거의 질식할 정도였다. 군주들이 좌정한 뒤에 루터는 그곳에 들어갔다.

판사인 엑키우스는 루터에게 말했다. "황제의 명령에 답변하시오. 당신은 스스로 자신의 책이라고 인정한 책들을 계속 고집하겠습니까? 아니면 그것들을 취소하고 복종하겠습니까?"

루터는 겸손하면서도 담대하게 기독교인의 지조를 가지고 대답했다. "폐하께서는 나에게 분명한 대답을 요구하셨습니다. 따라서 나는 의심이나 궤변이 없이 확신을 갖고 대답하겠습니다. 나는 교황을 신뢰하지 않으며, 여러 차례 잘못을 범해온 교황의 총회도 믿지 않습니다. 비록 내가 성경의 증거에 의한 확신을 갖지 못한다 해도, 나의 양심은 성경과 하나님의 말씀에 완전히 사로잡혀 있습니다. 그러므로 나는 결코 취소하지 않겠습니다. 왜냐하면 양심을 거슬려 행동하는 것은 경건하거나 정당한 일이 아니기 때문입니다. 나는 여기에 서 있습니다. 이 밖에는 할 말이 없습니다. 하나님이시여, 나를 불쌍히 여기소서!"

군주들이 모여 루터의 답변을 검토해본 뒤, 대변인은 루터에게 다음과 같이 반박했다. "황제 폐하께서는 당신이 '예'나 '아니오'로 간단하게 답변하기를 요구하신다. 당신은 기독교 신자로서 자신의 모든 저서를 옹호하겠는가? 그렇지 않겠는가?"

루터는 황제와 귀족들을 바라보며 자신을 대적하는 자들이 이유로 내세우는 반증이 아니라 성경을 따르고 있는 자기의 양심을 거슬려 굴복하라고 강요하지 말라고 요청했다. 그는 "나는 성경에 매어 있습니다"라고 말했다.

이윽고 밤이 되었으므로 귀족들은 일어나 그곳을 떠났다. 루터가 황제와 작별하고 숙소로 가는 동안 여러 명의 스페인 사람들이 한참 동안 그를 따라가며 비웃고 소리치며 조롱했다.

다음 금요일, 군주들과 선거 후, 공작 및 여러 귀족들이 모였을 때에 황제는 공의회에 다음과 같이 서신을 보냈다.

> "진실한 기독교 군주였던 우리 선조들은 로마 교회에 순종했다. 그러나 루터는 이 교회를 비난했으며 자신의 잘못을 조금도 철회하려 하지 않고 있다. 우리는 선임자들이 나타낸 좋은 본보기를 더럽힐 수 없다. 우리는 옛 신앙을 지키며 로마 교황청을 도울 것이다. 또 우리는 마틴 루터의 교리를 완전히 없애기 위해 루터와 그의 지지자들을 파문 등 여러 방법으로 문책할 것이다. 그러나 우리는 이미 그에게 약속했던 신뢰를 저버리지는 않겠으며 따라서 그가 안전하게 자기가 거하던 곳으로 돌아갈 것을 명령한다."

이 기간 동안 많은 군주, 백작, 남작, 기사, 향사, 사제, 수도사, 평신도 등이 루터를 방문했다. 이 사람들은 황제의 법정에 내내 참석했었던 사람들로서 그를 멀리서 보는 것만으로는 만족하지 못했었다. 또 여러 가지 법안이 제출되었는데 어떤 것은 그를 지지하는 것이고 어떤 것은 그를 반대하는 것이었다. 많은 사람들은 이 일이 루터의 적들에 의해 교묘히 행해진 것이며, 따라서 그에게 주어진 안전통행권을 박탈한 이유가 제시될 것이라고 추측했다. 물론 교황의 사절들은 이 일을 성취하려고 열심으로 노력했다.

황제의 명을 받은 대주교의 판사 존 엑키우스는 황제의 비서가 참석한 가운데 루터에게 다음과 같이 전했다. 즉, 루터는 황제 폐하와 선거 후, 군주 및 제국의 모든 사람들의 권고에도 불구하고 교회의 일치와 조화 속으로 돌아오지 않았음으로 가톨릭 신앙의 옹호자인 황제는 다음과 같이 처리한다는 것이었다. 황제의 명령의 내용인즉 루터는 21일 이내에 안전통행권 하에서 안전하게 호위를 받아 자신이 떠나온 곳으로 돌아가야 하며 여행 중에 회의나 설교를 통해 소요를 일으켜서는 안 된다는 것이었다.

이 명령을 들은 루터는 대단히 온건하고 기독교인답게 대답하기를 "하나님의 뜻대로 이루어지이다. 하나님의 이름이 복되도다!"라고 말했다. 그는 겸손하게 황제와 모든 군주들과 제국의 모든 백성들에게 자신의 호소를 자비하고 관대하게 들어주고 안전하게 왔다가 돌아갈 수 있게 해준 것에 대해 감사했다. 궁극적으로 그는 거룩하신 하나님의 말씀과 성서의 조화에 따른 개혁 외에 달리 바라는 것이 없었다. 그렇지 않았다면 그는 황제를 위하여 생명과 죽음, 물건, 명성, 비난 등 모든 희생을 감수했을 것이었다. 그는 죽을 때까지 고백하기를 자신은 하나님의 말씀 외에는 아무 것도 자신을 위해 간직하지 않았다고 했다.

다음 날인 4월 26일, 그는 자신을 지지해 주고 종종 방문해 주었던 자비로운 친구들과 작별하고 아침 식사를 한 뒤 10시에 자신을 호송할 사람들과 함께 웜스를 떠났다.

그가 떠나고 나서 얼마 후 황제는 교황의 환심을 사려는 목적에서—황제는 그때까지 자기 제국에서 인준을 받지 못하고 있었다—루터 및 그를 지지하는 모든 사람에 대한 법외 방치령을 내렸다. 그는 어디에서든 루터가 도착하면 그를 체포하고 그의 저서들을 불태우라고 명했다.

한편, 프레데릭 공작은 충실하고 믿을만하다고 생각되는 귀족들의 도움을 받아 비밀리에 루터를 숨겨주었다. 루터는 이곳에 홀로 숨어 있으면서 많은 서신들과 저서를 집필했다. 그 중에는 어거스틴 수도사들에게 헌정한 『De abroganda Missa』라는 책도 있다. 그런데 이 수도사들은 그의 격려를 받아 사송(私誦) 미사를 그만 두었다. 이 일로 인해 큰 소요가 일어날 것을 염려한 프레데릭 공작은 비텐베르그 대학에 그 문제에 대한 판단을 요청했다.

그들은 공작에게 그의 영토 안에서 미사를 폐지하라고 명하는 것이 좋다고 밝혔다. 비록 그렇게 함으로써 소동이 일어난다 해도, 그것이 참된 교리의 발전을 억제할 이유가 될 수는 없으며, 또 그러한 소란의 책임을 그 교리를 가르친 사람에게 전가하지 말고 고의적이고도 사악하게 그리스도께서 우리에게 주신 진리를 걷어차는 사람들에게 전가해야 한다고 밝혔다. 따라서 소요가 두려워서 마땅히 행해야 할 일을 중지해서는 안 되며, 세상이 어떻게 평가하고 미친듯이 날뛰더라도 끊임없이 하나님의 진리를 옹호해나가야만 한다」 밝혔다.

우연히도 같은 시기에 헨리 8세는 루터를 비방하는 글을 썼다. 그는 그 책에서 먼저 교황의 면죄부에 대한 루터의 견해를 책망했고 둘째로는 로마 교황의 최고 권위를 옹호했으며, 셋째로는 교회의 성례전에 대한 자신의 교리를 되풀이해 설명했다.

이 책은 제목에 왕의 이름을 달고 있었으나, 이것을 제안하고 문장을 구성한 사람은 다른 사람이었다. 누구의 노력으로 이 책이 출판되었든지 어쨌든 국왕은 그에게 감사하고 사례해야 한다. 왜냐하면 로마 교황은 국왕 헨리와 그의 후계자들에게 "신앙의 수호자"라는 칭호를 하사했기 때문이다.

이 일이 있은 직후 교황 레오는 갑자기 열병에 걸려 47세의 나이로 사망했다. 어떤 이들은 그가 독살되었다고 추정하기도 한다.

그의 후임자인 교황 아드리안 6세(Adrian VI)는 찰스 황제를 가르친 일이 있는 인물이었다. 교황 아드리안은 독일에서 태어나 루뱅에서 성장했으며, 학식에 있어서 일반적인 모든 교황들을 능가했다. 따라서 그는 이제까지의 다른 교황들과는 달리 절제있는 생활을 했다. 그러나 그는 의로운 교황의 지위를 조금도 퇴보시키려 하지는 않았으므로 마틴 루터와 그의 동조자들에게는 치명적인 원수였다.

웜스의회가 해산된 직후인 1522년 황제는 누렘베르그(Nuremberg)에 제국의회를 개최하여 독일의 모든 군주와 귀족들을 소집했다.

교황 아드리안은 이 회의에 서신을 보냈고, 또 교황청 대사 케레가투스(Cheregatus)에게도 편지를 보내어 루터에게 어떤 죄목을 씌워야하는지 알려 주었다.

교황 아드리안 6세가 독일의 군주들과 로마 제국의 귀족들에게 보낸 서신

우리가 듣건대 저주스러운 옛 이단들을 새로이 내세우고 있는 마틴 루터는 사도적 주교의 자애로운 훈계, 그에게 언도된 정죄 선고, 그리고 스페인의 국왕이요 로마의 황제인 찰스 황제가 독일 전역에 선포한 명령에도 불구하고 아직도 구속되지 않고 있으며, 미친 짓을 삼가지도 않고 오히려 더해가고 있다고 합니다.

그는 오신과 이단과 모욕적인 표현과 선동적인 내용으로 가득찬 새 저서들을 내놓아 세상을 어지럽게 하며, 이 괴악한 질병을 독일과 그 인접 국가들에게 계속 퍼뜨리고 있다고 합니다. 아직도 그는 독기 있는 말로 무지한 영혼들과 사람들의 관습을 타락시키려 애쓰고 있습니다. 가장 좋지 못한 현상은 천민들만 아니라 많은 귀족들까지 그를 지지하고 있다는 것입니다. 그들은 교회와 세속 정부에 순종해야 함에도 불구하고 오히려 사제들의 재산을 침범하기 시작했으며, 마침내 자기들끼리 내란과 불화를 일으키기에 이르렀습니다.

오, 독일의 영주들과 백성들이여! 당신들은 이것이 루터와 루터란(Lutherans)이라는 그의 분파들이 의도하고 계획하는 악과 재해의 서곡에 불과하다는 것을 알지 못합니까? 당신들은 루터란들이 구실로 내세운 복음적 진리의 수호라는 것은 당신들의 행복을 망치려는 것으로서 오래 전부터 그들이 의도했던 것임을 직접 목격하고 있지 않습니까? 당신들은 이 불의의 자식들이 자유라는 미명 하에 순종을 밀어내며 모든 사람들을 제멋대로 행동하게 만들고 있다고 생각하지 않습니까? 사제나 주교, 또는 대주교에게 순종하기를 거부하며, 당신들의 면전에서 교회의 재산과 하나님께 바쳐진 것들을 노략질하는 사람들이 그 더러운 손으로 평신도들의 행복을 약탈하지 않을 것이라고 생각하십니까? 그들은 당신들에게서 강탈하고 약탈할 수 있는 것이라면 무엇이든지 빼앗아가지 않을까요? 그렇지 않다고 생각해서는 안됩니다.

이것에 신속히 대처하지 않는다면 이 비참한 재앙은 결국 당신늘과 당신들의 재산, 집, 아내, 자녀, 영토, 그리고 당신들이 거룩히 여기는 성전에까지 미칠 것입니다.

그러므로 모든 신자들이 하나님과 베드로와 이 세상에 있는 그의 대리인에게 바쳐야 하는 순종을 근거로 하여 우리는 당신들에게 다음과 같이 요청합니다. 즉, 이 공개적인 불을 끄기 위해 모든 사람들에게 도움을 제공하고, 이 혼란과 오신들을 만들어낸 마틴 루터와 모든 선동자들의 생활과 신앙을 선한 순종과 타협으로 이끌 수 있는 방법을 강구하시기를 바랍니다. 만일 루터의 사상에 감염된 사람들이 당신들의 권면을 거부한다면, 아직 감염되지 않고 온전하게 남아 있는 지역이 감염되지 않도록 예비하십시오.

만일 순하고 약한 약을 사용하여 이 해로운 질병을 치료할 수 없다면 독한 연고나 뜨거운 인두로 지져 다스릴 수 있을 것입니다. 우리 몸에서 곪은 부분을 제거해내야 온전한 부분이 감염되지 않습니다. 그래서 하나님께서는 분열을 일삼는 형제 다단(Dathan)과

아비람(Abiram)을 지옥에 던져 넣으셨으며, 사제의 권위에 순종하지 않는 사람은 사형에 처하라고 명령하셨고, 주님의 수제자인 베드로는 하나님을 속인 아나니아와 삽비라에게 죽음을 선고했습니다. 또한 과거 경건한 황제들은 이단자인 조비니안(Jovinian)과 프리실리안(Priscillian)을 참수하라고 명령했습니다. 제롬은 이단자인 비질란트(Vigilant)의 육체를 죽여서라도 그 영혼이 하나님의 날에 구원 받게 되기를 원했고, 또 콘스탄스 공의회에서 우리의 선임자들은 존 후스와 그의 동료 제롬에게 사형을 선고했습니다. 그런데 지금 이들이 루터 속에서 되살아나고 있는 듯합니다. 당신들이 선조들의 훌륭한 행위와 모범을 본받는다면 자비하신 하나님께서 속히 그의 교회를 구원하실 것입니다.

교황이 루터를 대적하여 내린 이 지시들을 살펴보라. 그는 "이단, 이단"을 외치고 있지만 아무런 이단도 증명하지 못했다. 그는 왕과 영주들로 하여금 루터에게 분노하게 만들었지만 거기에는 전혀 정당한 이유가 없었다. 또 루터에게 불순종이라는 죄목을 씌웠지만 그들만큼 행정장관과 세속법에 순종치 않은 사람도 없었다. 그들은 루터에게 평신도들의 재산을 약탈하고 압박한다는 죄목을 씌웠지만 교황보다 더 평신도들의 주머니를 약탈한 사람이 과연 누구인가?

이제 이 교황 아드리안의 제안과 지시에 대한 영주들의 답변을 살펴 보기로 하자.

신성 로마제국의 귀족들과 영주들이 교황청 대사에게 제출한 답변

그들은 루터파의 번성 및 그로 말미암아 수 많은 영혼들이 멸망의 위험에 처하게 됨으로 인해 교회가 크게 슬퍼하고 있음을 이해한다. 주지사를 비롯한 영주들도 교황 못지 않게 슬퍼하고 있음을 전하는 바이다. 그러나 루터에 대한 교황청의 선고와 황제의 명령이 지금까지 시행되지 못한 데에는 크고 중요한 이유들이 있다. 첫째, 그렇게 함으로써 야기될 큰 재해와 불편함 때문이다. 왜냐하면 많은 독일 국민들이 이 신앙을 소유하고 있었으며, 루터의 저서를 읽고 큰 확신을 가졌으므로 로마 교황청으로 말미암아 독일 국가에 큰 불평거리와 불편이 초래되었다. 그러므로 만일 교황의 선고와 황제의 명령대로 시행하려 한다면, 많은 사람들은 이것이 복음의 진리를 타파하며 과거의 불평의 원인들과 악습을 공고히 하고 후원하기 위한 것으로 생각하여 큰 전쟁과 소요가 벌어졌을 것이다. 그러한 악습과 불평의 원인들이 개선되지 않는 한 종교계와 세속 사회 사이에 참된 평화와 일치는 있을 수 없으며, 독일 내에서 이 소요와 오신을 박멸하기를 기대할 수 조차 없다.

교황은 루터란의 오신을 저지하는 가장 좋은 방법이 무엇인지 알기를 원한다고 했는데, 되도록 빠른 시기에 황제 폐하의 승인을 얻어 스트라스부르그나 멘츠나 쾰른, 또는 메츠 등 독일 내의 편리한 장소에 기독교 공의회를 소집하는 것보다 더 효과적인 방법이 어디 있겠는가? 이 공의회에서 세속인이나 종교인을 막론하고 관심이 있는 사람이라면 비난이나 저지를 받지 않고 하나님의 영광과 영혼들의 건강과 기독교계 전체의 공익을 위해 자유로이 자신의 의견을 발표하고 의논할 수 있게 하는 것이 좋을 것이다. 또 모든 선한 사람들이 자유로이 발언하고 진리를 요령있게 발표하며, 결코 아첨하거나 듣기 좋은 말이 아니라 유익한 말을 하며, 아무런 거짓이나 관계가 없이 단순하고 의롭게 자신의 판단을 발표할 수 있어야 한다.

앞서 언급했던 주지사와 영주들은 독일 백성들의 소요와 오신을 진정시킬 방법에 대해 협의했다. 루터와 그의 동료들은 프레데릭 공작의 영지에 거하고 있으므로 주지사를 비롯한 제국의 여러 의원들은 삭소니의 공작과 그 문제를 의논하여 루터와 그의 추종자들이 그 기간 동안 아무 것도 저술하거나 발표하거나 인쇄하지 않도록 했다.

따라서 주지사와 영주들은 독일의 설교자들을 설득하여 군중들로

하여금 반역을 꾀하게 만들거나 소동을 일으키게 하거나 또는 오류를 범하게 만들 일들을 가르치거나 전파하지 못하게 할 것이다. 또 그들이 천민들 사회에서 논쟁이나 토론을 야기시켜서는 안될 것이며, 논쟁의 대상이 되는 모든 것은 공의회에서 결정하라고 권면하겠다.

대주교, 주교 및 교구 내의 고위 성직자들은 성경에 대해 올바른 판단을 하는 경건한 학자들로 하여금 부지런히 이러한 설교자들을 살펴보게 해야 할 것이다. 이 설교자들이 잘못을 범했거나 옳지 않은 것을 발설했을 때에는 경건하고 온유하게 지적하고 타일러 아무도 복음의 진리가 억압을 받는다는 불평을 하지 않게 해야 할 것이다. 그러나 만일 설교자들이 완강하게 권면을 거부하고 음탕한 짓을 그만두지 않는다면 관할 대감독들은 그 죄에 합당한 형벌을 선고해야 한다.

영주들과 귀족들은 앞으로 새로운 서적이 인쇄되거나 은밀하게 판매되지 못하게 하기 위해 가능한 모든 조처를 강구할 것이다. 새로운 책을 저술하거나 판매하거나 인쇄하려는 사람은 먼저 경건하고 학식이 있고 분별 있는 사람들로 하여금 그것들을 숙독하게 해야 하며 그들이 그것을 인정하거나 용납하지 않는다면 군주는 그 책의 출판을 허락하지 않을 것이다.

마지막으로, 성직자가 결혼을 하거나 수도원을 떠나는 문제에 대해 영주들은 다음과 같이 생각한다. 세속의 법으로는 그들에게 부과할 형벌이 없으므로 그런 사람들은 교회의 법에 따라 적절하게 처벌해야 할 것이다. 즉, 그들의 성직록과 특전을 박탈하거나 또는 다른 응분의 견책을 가해야 할 것이다.

이제 다시 루터의 이야기를 계속하기로 하자. 앞서 말한 바와 같이 루터는 황제의 칙령 때문에 삭소니 귀족들의 충고에 따라 잠시 홀로 숨어 지냈다. 한편 루터가 비텐베르그를 떠나 있게 되었으므로 안드레아스 카롤로스타트는 더욱 열심으로 신앙운동을 펼쳐나갔다. 그는 사람들을 선동하여 교회 안에 있는 성상들을 부수게 했다. 그러나 루터는 카롤로스타트의 경솔함을 꾸짖었다. 그는 사람들의 행동은 순서가 잘못되었으니, 먼저 자기들의 양심과 마음 속에서 그러한 그림이나 성상들을 제거해야 한다고 말했다. 그리고 먼저 우리는 하나님 앞에서 구원을 받으며 오직 믿음으로만 하나님을 기쁘시게 할 수 있고, 성상들은 아무 유익도 주지 못한다고 가르쳐서 사람들이 충분한 가르침을 받으면, 성상을 섬길 위험이 사라지고, 이러한 우상들은 저절로 넘어지게 될 것이라고 루터는 말했다. 그는 성상들을 세우라거나 그대로 놓아두라고 주장한 것이 아니라 그런 일은 담당 관리에 의해 이루어져야 하며, 각 사람이 아무런 명령이나 권리도 없으면서 자기의 뜻대로 억지로 해서는 안 된다고 했다.

교회에는 훌륭하고 학식 있는 저술가들이 많이 있어 교리 문제를 가르칠 수 있다. 그러나 우리에게 위안을 주는 주요 문제들, 즉 그리스도의 영광, 그리스도의 고난의 능력, 신앙의 힘 등이 어디에 있는지는 우리의 양심이 깨달아야 한다. 그리고 생명과 죽음을 놓고 씨름하는 영혼이 위로를 필요로 하는 곳은 어디인가에 대해서, 과거 성 키프리안(St. Cyprian)이 터툴리안을 지적하여 "Da magistarum: 나에게 스승을 주시오"라고 했던 것과 동일한 말을 루터에게 적용할 수 있을 것이다.

성인들의 전기를 기록하는 사람들은 그들의 거룩한 생활과 경건한 덕을 묘사하고 찬양하며, 하나님께서 그들 안에서 행하신 기적들을 기록한다. 루터에 관해서도 이러한 기록이 대단히 풍부하다. 가난한 수도사가 맹목적이고 눈 먼 수도원을 기어나와 우주의 주교이며 전능하신 하나님의 대리인이라고 자처하는 교황과 추기경들을 대항하고 온 세상이 자기에게 퍼붓는 악의와 증오를 견딘 것,

제 왕이나 황제나 모든 학자들이 감히 엄두도 내지 못한 일, 즉 로마 교회와 교황과 추기경들을 대항하여 일한 것이야 말로 기적이라 할 수 있을 것이다. 이것은 하나님께서 행하신 기적으로써 다윗이 골리앗을 넘어뜨린 것에 비교할 수 있겠다.

그러므로 만일―교황이 정의한 바와 같이― 기적들이 성인을 만드는 것이라면 루터야말로 성인으로서 부족함이 없을 것이다. 그는 무서운 권력을 가지고서 간교하게 행하는 교황, 추기경, 고위 성직자들을 공공연하게 대적했으며, 이 세상의 모든 황제들과 국왕들은 그를 적으로 삼았다. 그는 29년 동안 그리스도를 전파하고 가르치면서 조금도 자기의 원수들을 해치지 않았고, 결국 자기가 태어난 고향에서 고요히 세상을 떠나 평화로이 잠들었다. 마틴 루터의 생애에 있어서 그가 교황을 대적한 것이 첫번째 기적이요, 교황을 이긴 것은 더 큰 기적이며, 그처럼 많은 원수들이 있었는데도 한 사람도 해치지 않은 것은 가장 큰 기적이라 할 수 있을 것이다.

그에게는 기도의 힘이 있었다. 또 하나님께서 그의 설교 속에 은혜를 주셨으므로 그의 설교를 듣는 사람들은 자신이 당하고 있는 유혹이 낱낱이 지적되고 언급된다고 생각했다. 친구들이 어떻게 그런 설교를 할 수 있느냐고 물었을 때에 루터는 "나 자신이 겪은 수많은 유혹과 경험이 나로 하여금 그러한 설교를 할 수 있게 했습니다"라고 대답했다.

독자들은 다음과 같은 사실을 알아야 한다. 루터는 어린 시절부터 영적 갈등을 경험했다. 마틴 루터의 제자였던 학자 히에로니무스 벨레루스(Hieronymus Wellerus)는 스승 루터가 종종 자신이 단 한 '가지 유혹, 즉 탐심만 제외하고는 모든 종류의 유혹의 공격을 받고 번민했다고 말했다고 기록했다. 루터는 평생 동안 탐심으로 인한 번민이나 유혹은 한번도 받지 않았다고 말했다.

  루터는 63세까지 살았으며 약 29년간 저술과 설교를 계속했다. 1546년 멜랑톤(Melanchon)은 비텐베르그에서 청중들에게 루터의 죽음에 대해 다음과 같이 말했다.

    수요일이 지나고 2월 17일이 되었다. 마틴 루터 박사는 오랜 지병인 식도의 통증으로 몸이 편치 않았다. 이 증세는 저녁 식사 후에 일어났다. 루터는 곁방으로 데려가 달라고 요청하여 그곳에서 두 시간 동안 침대에 누워 쉬었다. 그 동안에도 통증은 계속 더해갔다. 요나스(Jonas) 박사가 그의 방에 누워 있었는데 루터는 그를 깨우며 일어나서 자기의 자녀들을 가르치는 교사 암브로스(Ambrose)를 불러달라고 청했다. 그리고 다른 방에 불을 지피라고 한 뒤 그 방으로 옮겨달라고 했다. 그가 그 방에 들어갔을 때의 맨스필드의 백박 알버트 부부 및 여러 사람들이 그의 방으로 들어왔다. 이윽고 2월 18일 아침 9시가 되기 전, 자기가 더 이상 살지 못하리라는 것을 느낀 루터는 하나님께 다음과 같이 경건하게 기도했다.

    "하늘에 계신 나의 아버지, 영원하시고 자비하신 하나님이시여! 당신께서는 나에게 당신의 귀한 아들이신 주 예수 그리스도를 알게 해 주셨습니다. 나는 그 분을 알고 가르쳐 왔습니다. 나는 그분을 나의 성경이요 건강이요, 구속으로 여기고 사랑합니다. 악인들은 주님을 박해하고 비방하고 해를 입혔습니다. 내 영혼을 당신께로 이끌어 주시옵소서."

    루터는 이렇게 기도한 뒤에 다음과 같이 세번 되풀이했다.

    "내 영혼을 당신의 손에 맡기나이다. 오, 진리의 하나님이시여, 당신께서는 나를 구속하셨나이다!"

    "하나님이 세상을 이처럼 사랑하사 독생자를 주셨으니 이는 저를 믿는 자마다 영생을 얻게 하려 함이라."

여러 번 기도를 되풀이한 뒤에 그는 하나님 앞으로 갔다. 그의 무죄한 영혼은 평화로이 육체를 떠나간 것이다.

존 후퍼

존 후퍼(John Hooper)는 옥스포드 대학에서 수학했다. 그곳에서 공부하는 동안 그는 하나님의 은밀한 소명을 통해 많은 유익을 얻었다. 대학을 졸업한 그는 성경을 알고 사랑하고픈 갈망에 사로잡혀 성경을 부지런히 읽고 연구하고 기도했다. 그리하여 성령의 은혜가 그의 갈망을 충족시키며 참으로 거룩한 빛을 비춰주었다.

하나님의 은혜로 말미암아 후퍼의 영적 지혜는 더욱 성장했고 거기에 그의 재기(才氣)까지 나타났으므로 옥스포드의 교사들 중에는 그를 미워하고 불쾌하게 여기는 사람들도 있었다. 그들은 후퍼를 공격하기 시작했는데, 특히 스미스 박사의 활동으로 말미암아 후퍼는 옥스포드 대학을 떠나게 되었다.

옥스포드를 떠난 후퍼는 토머스 아룬델(Thomas Arundel)의 청지기로 고용되었다. 토머스 아룬델은 후퍼가 지니고 있는 견해와 신앙을 알게 되었다. 그는 그것들을 좋아하지 않았으나 후퍼를 총애하고 있었으므로 윈체스터 주교에게 보내는 메시지를 후퍼편에 보내면서 어떻게 하면 후퍼에게 유익하게 해줄 수 있을지 알려 달라고 청했으며 어떤 경우에라도 후퍼를 다시 집으로 보내주어야 한다고 요청했다.

윈체스터는 후퍼와 함께 사오 일을 지내면서 의논을 해보았으나 자신이 후퍼에게 자비를 베풀 수 없으며 또 후퍼도 그에게서 호의를 기대하지 않는다는 것을 깨닫고서 아룬델이 요청한 대로 후퍼를 집으로 돌려보냈다. 그는 후퍼의 학식과 지혜를 칭찬했으나 마음 속으로는 후퍼에게 악의를 품고 있었다.

이 일이 있은 후 후퍼는 자기를 위험에 빠뜨리려는 일이 진행되고 있으니 대비하라는 정보를 입수했다. 그리하여 후퍼는 아룬델의 집을 떠나 친구(후퍼는 얼마 전 교수형에 처하게 된 이 친구를 구출해준 일이 있었다)의 말을 빌려 타고 프랑스 해변으로 갔다. 그는 그곳에서 말을 되돌려 보냈다.

후퍼는 파리에 얼마 동안 머물다가 다시 영국으로 돌아와 센트로우(Sentlow)의 집에서 일하게 되었다. 그러나 그는 또 다시 괴롭힘을 당하게 되었다. 사람들은 그에게 아일랜드로 가는 배의 선장이 되어달라는 구실을 붙여 억지로 배를 타고 떠나게 했다. 그는 도중에 물에 빠져 죽을 뻔했으나 도망쳐서 프랑스를 거쳐 독일 고지대로 갔다.

그는 바실(Basil)에서 학자들과 친교를 갖게 되었는데 그들로부터 친근하고 따뜻한 환대를 받았다. 특히 취리히에서는 불링거(Bullinger)와 막역한 친구가 되었다. 또 그는 그곳에서 결혼도 하고 히브리어를 열심히 공부했다.

하나님의 섭리로 국왕 에드워드가 다시 영국을 다스리게 되어 복음을 전파하는 사람들에게 어느 정도 평화와 안식이 주어졌으므로 영국을 떠나 유랑하던 많은 사람들이 고국으로 돌아왔다. 후퍼는 지금이야말로 자신이 능력껏 주님의 사업을 이루어야 할 때라고 생각하여 불링거를 비롯한 친구들을 찾아가 그들이 여러 가지로 베풀어준 친절함과 인정에 대해 감사를 표하며 작별을 고했다.

불링거는 후퍼에게 다음과 같이 말했다.

"후퍼씨, 이제 당신이 오랜 추방생활을 끝내고 조국으로 돌아가게 된 것은 우리로서는 헤어져야 하는 슬픈 일이지만 그리스도의 참 신앙과 당신 자신을 위해서는 크게 기뻐할 일입니다. 조국에 돌아 가면 당신은 자유를 누릴 것이고, 당신으로 말미암아 그리스도의 교회의 형편과 운동이 보다 개선될 것임을 우리는 믿어 의심치 않습니다.
우리가 당신으로 인해 당신과 더불어 기뻐하는 또 한 가지 이유가 있습니다. 즉 당신이 유배생활을 벗어나 자유를 누리게 되었을 뿐만 아니라 이 메마르고 불쾌한 불모의 땅, 무례하고 야만적인 나라를 떠나 젖과 꿀이 흐르며 기쁨과 풍요로 가득찬 땅으로 돌아가게 된 것입니다. 그러나 우리가 이처럼 기뻐하면서도 한 가지 염려하는 것이 있습니다. 당신이 우리를 멀리 떠나 풍요한 부귀와 축복이 있는 곳으로 가서 행복을 누리고 명예를 얻게 되어 주교가 되고 많은 새로운 친구를 사귀게 된다면 옛 친구인 우리를 잊게 되지 않을까 염려됩니다. 그러나 비록 당신이 우리를 잊고 떨쳐 버리더라도 우리는 결코 옛 친구이며 동료인 당신을 잊지 않을 것입니다. 당신이 우리를 잊지 않는다면 우리에게 소식을 전해 주시기 바랍니다."

이 말을 듣고 후퍼는 조국의 자연이나 풍족한 생활의 즐거움이나 새로운 친구들이 생긴다고 해도 결코 옛 친구와 은인들을 잊지 못할 것이라고 대답했다.

"나는 종종 나의 처지를 당신들에게 편지로 알리겠습니다. 그러나 최후의 소식은 쓸 수 없을 것입니다. 왜냐하면—이 때 그는 불링거의 손을 잡으며 말했다— 나는 그곳에서 지극한 고통을 받게 될 것이며 여러분은 내가 화형을 당했다는 소식을 듣게 될 것이기 때문입니다."

런던에 돌아온 후퍼는 매일 한 차례 이상의 설교를 했다. 매일 수 많은 사람들이 오르페우스(Orpheus)의 하프 소리 같은 그의 설교를 들으려고 모여왔다. 때로는 그가 설교하는 교회가 가득차서 사람들이 교회 안에 들어오지 못하는 일도 있었다. 그의 교리는 진지했고, 그의 말은 유창했으며, 성경에 대한 그의 지식은 완전했고, 그는 고통 중에도 지칠 줄 몰랐다.

그는 생을 마칠 때까지 계속 이러한 태도를 유지했다. 그는 많은 노력과 수고를 했지만 결코 쇠약해지지 않았고, 승진한다고 해서 변화되지 않았으며, 훌륭한 음식이 그를 타락시키지 못했다. 그의 생활은 순결하고 선했으므로 아무도 그를 비방하지 못했다. 그는 육체가 강건했고, 지혜가 충만했고, 불굴의 인내력을 지니고 있었으므로 어떤 불운과 역경도 견디어낼 수 있었다. 그는 성실한 판단을 했고 음식을 절제하고 말을 절제하며 시간을 절제했다. 또 집안 살림에 대해서도 대단히 관대했다. 그는 얼굴 표정이나 대화 속에 엄격한 예모를 담고 있었다. 그러나 자신이 최선을 다해 행해야 하는 것이 무엇인지 알고 있었다.

누구인지는 알려져 있지 않으나 어느 정직한 시민이 양심에 거리끼는 것이 있어서 후퍼에게 조언을 얻으려 왔으나 후퍼의 엄한 모습을 보고서 감히 들어오지 못했다. 그는 다른 사람에게서 자신의 어지러운 마음의 치료를 받으려고 그곳을 떠났다. 생각컨대 그리스도의 양떼를 다스리는 사람들은 양떼를 가르치고 교육하기 위해 자신의 생활, 태도, 용모, 표면적인 행동 등을 과도하게 친근하고 가볍게 하여 경멸을 받게 되거나, 또는 지나치게 고귀하고 무섭게 하지 말고 그리스도의 단순한 양들을 교화시키기에 적절한 태도를 취해야 한다고 생각한다.

마침내 후퍼는 국왕 폐하의 부름을 받아 국왕 앞에서 설교를 하게 되었고, 그 후 글로스터의 주교가 되었다. 이것은 많은 사람들에게 유익한 일이었다. 그는 이 직책을 2년 동안 훌륭히 수행했으므로 원수들은 그에게서 흠을 잡지 못했다. 그 후에 그는 우스터의 주교로 임명되었다.

그러나 이 경건한 주교의 선하고 행복한 출발은 주교들의 임명과 복장, 그리고 그밖의 사소한 일에 관한 좋지 않은 논쟁 때문에 흔들리기 시작했다. 당시 영국 교회 안에는 경건한 개혁이 시작되었으나, 주교들은 신자들을 교화하는 데 유익을 준다기보다 야심적이라고 할 수 있는 여러 의식들을 행했으며, 게다가 교황청의 주교들과 같은 의복을 입었다. 그들은 소매 없는 검은 법의를 입고 그 밑에 흰 법의를 받쳐 입었다. 또한 사각형 모자를 썼다. 이러한 사소한 것들이 지나치게 미신적인 경향으로 흘렀기 때문에 후퍼는 결코 그것들을 입으려 하지 않았다. 이런 이유로 그는 국왕에게 자신의 주교 임명을 취소하거나 그러한 의식들을 면제해 달라고 요청했으며 왕은 즉시 그의 청원을 허락해 주었다.

그러나 주교들은 앞서 말한 의식들을 옹호하여 말하기를 그것은 지극히 사소한 일에 불과하며 잘못은 물건을 오용하는 데 있는 것이지 물건 자체에 있는 것이 아니라고 말했다. 또 그처럼 사소한 일에 대해 그렇게 고집을 피워서는 안 되며 그의 고집을 결코 그대로 내버려두지 않겠다고 말했다.

이처럼 양측이 이성을 잃고 싸우는 동안 참 기독교인에게는 슬퍼할 일이요 원수들에게는 기뻐해야 할 일이 벌어졌다. 즉, 이 신학적인 논쟁은 종식되어 주교들이 유리한 고지를 점령하게 되었다. 후퍼는 어쩔 수 없이 설교할 때에 다른 주교들과 같은 제복을 입어야만 한다는 조건에 동의 했다. 그리하여 그는 마치 이상한 옷을 입고 무대에 등장하는 신인 배우처럼 하고서 국왕 앞에서 설교했다. 그는 발 끝까지 내려오는 긴 주홍색 법의를 입고, 그 밑에는 어깨를 온통 덮는 흰 린넨 법의를 입었다. 그리고 그의 둥근 머리에는 사각형 모자를 썼다. 그 날 이 선한 설교자가 기이한 옷차림으로 얼마나 수치를 느꼈을지는 쉽게 판단할 수 있을 것이다.

후퍼는 자신이 맡은 교구를 처음부터 조심스럽게 목회를 했고 그리스도의 양떼를 참된 구원의 말씀 안에서 양육하기 위해 모든 방법을 강구하며 수고를 아끼지 않았다. 그는 가장들이나 정원사나 포도원의 농부보다 더 열심히 사람들에게 복음을 가르치고 전파하며 교구 내의 여러 마을과 도시를 보살폈다.

또 설교를 하지 않는 시간은 소송을 심리하는데 보내거나, 또는 개인적인 연구, 기도, 학교를 방문하는데 보냈다. 그는 자신의 지속적인 가르침에 신중하고 마땅한 징계를 첨가했다. 그러나 그의 징계는 그다지 가혹한 것이 아니었기 때문에 부유한 사람들일지라도 스스로 하고 싶어서 할 정도였다. 그는 부자나 가난한 자 모두를 공평하게 대했다. 요컨대 그의 생활은 교회와 모든 성직자들에게 빛이요 모범이 되었고, 나머지 사람들에게는 영원한 교훈이요 설교가 되었다.

그는 그리스도께서 피 흘려 사신 그리스도의 양떼를 돌보는 일에 힘썼다. 그러면서도 자기 자녀들을 학식 있고 예절 바르게 양육하는 일에도 충분한 배려를 했다. 그는 어디에서나 하나의 교리와 의 안에 있는 신앙을 지키고 유지했으므로 집에서 가장으로서의 그를 찬양해야 할지 아니면 외부에서의 주교로서의 행위를 찬양해야 할지 분별할 수 없을 정도이다. 이 주교의 집을 방문하는 사람은 자신이 교회나 성전에 들어온 것이 아닌가 생각할 정도였다. 그의 집안 곳곳에는 덕행, 선한 본보기, 정직한 대화, 성서 읽기로 인한 향기가 배어 있었다. 그의 집에서는 전혀 훌륭한 잔치와 게으름이나 허영을 찾아볼 수 없었고, 정직치 못한 말이나 맹세하는 소리를 들을 수 없었다.

그는 두 개의 주교직에서 얻는 수입을 한 푼도 자기 주머니에 넣지 않고 남을 대접하는 데 사용했다. 나는 우스터에 있는 그의 집을 두 번 방문했는데, 그때마다 식탁에 음식은 잔뜩 차려 있고 거지들과 가난한 사람들이 들끓고 있었다. 하인들에게 무슨 잔치가 벌어졌냐고 물었더니 그들은 다음과 같이 대답했다. 그들의 주인은 매일 그 도시의 가난한 사람들 몇 명에게 저녁을 대접하는 것을 관례로 한다는 것이었다. 그들은 한번에 네 명씩 따뜻하고 맛있는 음식을 대접 받았는데, 식사를 하기 전에 후퍼나 그의 대리인은 먼저 그들에게 주기도문, 신앙고백, 십계명을 물어 보았다. 그리고 그들이 식사를 마친 뒤에야 후퍼 자신이 식사를 했다.

국왕 에드워드가 사망한 뒤 왕위에 오른 메리는 제일 먼저 이 선한 주교를 런던으로 송환하려고 사람을 보냈다. 후퍼는 자신에게 좋지 못한 일이 일어나게 될 것을 모르지 않았으며 친구들도 그에게 도망치라고 권면했다. 그러나 그는 그대로 머물러 있으면서 이렇게 말했다. "과거에 나는 도망쳤다가 내 발로 걸어왔다. 그러나 이제 나는 소명을 받아 이곳에 왔으므로 내 양들과 함께 머물다가 죽을 것이다."

1553년 9월 1일, 출두하기로 된 날이 되어 런던으로 온 그는 거침없고 담대하게 이야기를 하며 자신의 결백함을 밝혔으나 결국 감옥에 가두라는 명령을 받았다. 그가 감옥으로 떠날 때에 투옥되는 원인이 종교적인 것이 아니라 여왕에게 진 빚 때문이라는 것이 밝혀졌다.

그 이듬 해인 1554년 3월 19일, 그는 윈체스터와 여왕이 임명한 판사들 앞에 출두하라는 명령을 받았다. 대법관은 그에게 결혼을 했는지 물었다. 그는 "예, 죽음이 우리를 갈라놓기 전에는 결코 헤어지지 않을 것입니다"라고 대답했다. 그러자 판사들은 소리를 지르며 크게 웃어대며 그런 장소에는 어울리지 않는 몸짓을 했다. 치체스터의 주교 데이(Day) 박사는 비웃는 표정을 지으며 격렬한 말로 후퍼를 이단자라고 했다. 톤스탈(Tonstal) 주교는 그를 '짐승'이라고 했으며, 평의회의 서기 스미스와 그 곁에 서 있던 여러 사람들도 역시 '짐승'이라고 했다.

더럼(Durham)의 주교 톤스탈은 후퍼에게 화체설(化體說)을 믿느냐고 물었다. 후퍼는 성찬 속에 그리스도의 육체가 현존한다는 것은 있을 수 없는 일이며 자신은 그런 주장을 믿지 않는다고 분명히 대답했다. 그 말을 듣고 윈체스터는 어떤 근거에서 화체설을 믿지 않느냐고 물었다. 이에 대해 후퍼는 하나님의 말씀의 권위를 따른 것이라고 대답했다. 그들은 공증인에게 그가 결혼했다고 기록하라고 명령했다. 그리고 그는 아내와 이혼하지 않으려 하고 화체설을 믿지 않으므로 주교직을 박탈해야 한다고 말했다.

플리트 감옥에서 후퍼가 겪은 일
(1555년 1월 7일 후퍼 자신이 기록한 것이다)

1553년 9월 1일, 나는 리치몬드에서 플리트로 옮겨져 자유로이 지내게 되었다. 그리고나서 엿새 뒤 나는 자유의 값으로 간수에게 5파운드를 지불했다. 그런데 그는 내가 그 돈을 준 일을 윈체스터 주교 스테픈 가디너(Stephen Gardiner)에게 고발했으므로 나는 3

개월 동안 플리트의 탑 속에 갇혀 지내며 지독한 대접을 받았다. 그러다가 나는 어느 귀부인의 은혜로 내려와서 식사를 할 수 있는 자유를 얻었다. 그러나 동료와 이야기를 나누지 못하고 식사가 끝나면 곧 다시 감방으로 돌아가야 했다. 내가 이렇게 내려와 식사하는 동안 간수와 그의 아내는 나에게 싸움을 걸었고, 또 자기들의 위대한 친구인 윈체스터 주교에게 나에 대해 거짓으로 고발했다.

삼 개월쯤 지나서 나는 바빙톤(Babington)간수 부부와 미사 문제로 다투었고, 간수는 윈체스터 주교에게서 나를 감방에 처넣으라는 허락을 받아왔다. 나는 오랫동안 그곳에 갇혀 지냈다. 그 감방에는 침대가 없었고, 볏짚으로 만든 깔개와 솜이 조금 들어 있는 낡은 덮개가 있을 뿐이었다.

하나님의 섭리하심으로 말미암아 선한 사람들은 냄새 나는 더러운 감방에서 지내는 나에게 침구를 보내 주었다. 이 감옥의 한편에는 하수구와 그 집에서 배출되는 오물이 있었고, 반대 편은 수로(水路)였는데 거기에서 풍기는 악취는 나에게 여러 가지 질병을 옮겨 주었다. 그 기간 동안 나는 병들어 앓고 있었는데 감방의 문, 빗장, 고리, 열쇠 등을 꼭 잠그고 조여 놓았으므로 나는 신음하며 소리를 질러 도움을 청했다. 간수는 내가 몇 번이나 죽을 뻔 했다는 것을 알고 있었고 감방에 있는 사람들이 나를 도와주라고 그를 불렀는데도 문을 꼭 잠궈 두라고 명령하고는 자기의 부하들이 나에게 접근하지 못하게 했다. 그는 "그를 혼자 내버려둬. 그를 깨끗이 제거했으면 좋겠다"라고 말했다.

나는 남작들이 하듯이 간수에게 숙박비로 일 주일에 20실링을 지불했었다. 그러나 부당하게 주교직을 박탈 당한 이후로는 그의 집에 거하는 향사들과 같은 액수를 지불했는데도 그는 나를 더욱 악하게 취급했다.

이 간수는 나의 하인 윌리엄 다운톤(William Downton)을 감방에 가두고 편지를 찾아내려고 옷을 모두 벗겼지만 아무 것도 찾아내지 못했고 다만 나를 감옥에서 구출하기 위해 기부금을 보낸 선한 사람들의 이름을 기록한 메모를 찾아냈다. 이 간수는 그들까지 파멸시키려고 하나님의 원수이며 나의 원수이기도한 스테픈 가디너에게 그 목록을 전했다.
나는 거의 18개월 동안 재산, 생계, 친구, 위로를 박탈 당한 채 감옥에서 고생했다. 내가 여왕에게 진 빚은 80파운드에 불과했는데도 여왕은 나를 감옥에 가두고서 아무 것도 지급하지 못하게 했으며 위안이 될 만한 것은 아무 것도 내 가까이에 두지 못하게 했다. 나는 지금 악한 남자와 여자와 함께 있기 때문에 하나님의 도움 외에 아무 해결책이 없다. 나는 재판을 받기 전에 감옥에 투옥될 것이다. 그러나 나는 나의 재판을 하나님께 맡긴다. 생명이든 죽음이든 온전히 하나님의 뜻대로 이루어질 것이다.

1555년 1월 22일, 플리트 감옥의 간수 바빙톤은 후퍼를 윈체스터 주교와 다른 주교들 및 판사들 앞으로 데려오라는 명령을 받았다. 윈체스터 주교의 집은 성 메리 오버리 거리에 있었다. 전체 위원들의 결정에 따라 윈체스터 주교는 후퍼에게 에드워드 6세 시절에 전파했던 악하고 타락한 교리를 버리고 가톨릭 교회로 돌아와 교황이 교회의 머리임을 인정하라고 제안했다. 그리고 과거에 교황과 여왕이 후퍼와 그의 형제들에게 자비와 축복을 베풀었듯이, 만일 그가 거룩한 교황 앞에서 겸손히 행한다면 그를 비롯한 여러 사람들에게 자비를 베풀겠다고 약속했다.

후퍼는 대답하기를, 교황은 그리스도의 가르침과 어긋나는 교리를 가르쳤으므로 교회의 머리가 될 자격이 없으며, 따라서 자신은 결코 그처럼 불법적인 사법권에 복종하지 않겠으며, 또한 그들이 머리라고 부르는 교회를 보편적인 그리스도의 교회로 여기지 않겠다고 했다. 왜냐하면 참 교회는 신랑되시는 그리스도의 음성을 듣고 따르며 낯선 이에게서 도망치기 때문이다. 그는 "그러나 만일 내가 부지중에 조금이라도 여왕 폐하에게 범죄한 것이 있다면, 내 양심이 꺼리지 않고 하나님을 노하게 하지 않는 한 겸손히 복종하여 자비를 구하겠다"고 말했다. 그러나 여왕은 교황의 적에게는 자비를 베풀지 않겠다고 대답했다. 그리하여 바빙톤은 다시 후퍼를 플리트로 데려갔다.

1월 28일, 윈체스터와 판사들은 성 메리 오버리 교회에 법정을 개정했고, 후퍼는 오후에 다시 그들 앞에 출두했다. 많은 토론을 한 뒤 그들은 후퍼에게 로저스(Rogers)의 심문이 끝날 때까지 물러가 있으라고 명령했다. 4시 경에 심문이 끝난 뒤 그들은 두 명의 런던 치안관에게 두 사람을 사우스워크에 있는 콤터(Compter)감옥으로 데려가 다음 날 아침 9시까지 머물게 하면서 그들이 뉘우치고 가톨릭 교회로 돌아올 것인지 살펴 보라고 명령했다.

그리하여 후퍼는 한 사람의 치안관과 함께 앞에서 가고 로저스는 그의 뒤를 따라갔다. 교회의 문을 나섰을 때에 후퍼는 로저스가 가까이 올 때까지 잠시 멈추어 섰다가 뒤를 돌아보며 그에게 말했다. "형제 로저스여, 이리 오시오. 우리 두 사람이 먼저 이 일을 맡아 장작더미들을 태우기 시작해야만 합니까?"

그 말을 듣고 로저스가 대답했다. "예, 하나님의 은총으로 말미암아 그렇게 해야 합니다."

후퍼는 "의심하지 마십시오. 하나님께서 힘을 주실 것입니다"라고 말했다.

그들이 지나가는 거리에는 그들이 신앙을 굳게 지킨 일을 기뻐하는 수 많은 사람들 때문에 혼잡을 이루어 간신히 지나갈 수 있었다.

다음 날 그들은 치안관에게 끌려 주교와 판사들 앞에 나왔다. 오랫동안 진지하게 이야기한 뒤 후퍼가 결코 굴복하지 않으리라는 것을 깨달은 그들은 후퍼의 직위를 박탈하라고 선고하고 판결문을 낭독했다.
　다음에 로저스가 그들 앞에 섰다. 그들은 로저스도 마찬가지 방법으로 다루고 나서 그들 두 사람을 세속 정부에 넘겨 주었다. 런던의 두 치안관은 그들을 윈체스터의 집에서 그리 멀지 않은 곳에 있는 클린크 감옥으로 데려가 밤이 될 때까지 그곳에 머물렀다.
　어두워진 뒤에 창 등의 무기로 무장한 치안관은 후퍼를 이끌고 윈체스터 주교의 집 앞을 지나 런던 다리를 건너고 도시를 가로질러 뉴게이트 감옥으로 향했다. 몇 명의 병사들이 앞장 서서 가면서 거리에 촛불을 켜고 앉아 과일을 팔고 있는 과일 장사들의 촛불을 꺼버렸다. 아마 백성들이 후퍼를 감옥으로 데려가는 것을 보면 후퍼를 빼앗아가지 않을까 염려했거나, 또는 양심이 악하기 때문에 그런 일을 하는데는 어두운 밤이 적합했기 때문이었을 것이다.
　하지만 백성들은 이미 후퍼가 끌려오고 있다는 사실을 알고 있었다. 많은 사람들은 등불을 들고 나와 후퍼에게 인사했다. 그들은 후퍼가 그들에게 가르쳐준 참된 교리를 끝까지 부인하지 않고 신앙을 지키게 해 주신 하나님을 찬양했으며, 하나님께서 그에게 끝까지 견딜 힘을 주시기를 원했다. 후퍼는 지나가면서 사람들에게 자기를 위해 하나님께 열심으로 기도해달라고 부탁했다. 그들은 칩사이드를 가로질러 지정된 장소에 도착한 뒤 뉴게이트 감옥의 간수에게 후퍼를 인도했다. 후퍼는 그곳에 엿새 동안 머물렀다. 그는 중죄인이었으므로 간수와 그곳에서 일하는 사람들 외에는 아무도 그에게 접근하거나 이야기할 수 없었다.
　그 동안 런던의 주교 보너(Bonner)와 몇 사람이 여러 차례 그를 방문하여 어떻게 해서든지 그를 설득하여 다시 적그리스도 교회의 사람으로 만들려 했다. 그들은 자기들이 만들어낼 수 있는 온갖 방법을 다 동원했다. 그들은 항상 하는 대로 성경과 고대 작가들의 증언들을 제멋대로 끌어대고 왜곡하여 제시했고, 대단한 세상의 이익을 제공하겠다고 약속하는 등 표면적으로 친근하고 온유한 태도를 취했지만 온유한 태도가 성공하지 못할 때에는 무서운 위협도 빠뜨리지 않았다. 그러나 후퍼는 한결 같이 견고하고 불굴의 자세를 유지했다.

권면이나 약속으로는 그를 개심시킬 수 없다는 것을 깨달은 그들은 백성들이 후퍼와 그가 믿는 그리스도의 교리를 신용하지 못하게 하려고 그가 개심했다는 거짓 소문을 퍼뜨렸다. 이 소문이 널리 퍼지게 되자 신앙이 약한 사람들은 런던 주교를 비롯한 여러 사람들이 후퍼에게 자주 가는 것을 보고서 그 소문을 믿게 되었다. 마침내 이 소식이 후퍼의 귀에까지 들어가게 되었다. 그는 사람들이 거짓 소문을 믿는다는 사실로 인해 크게 슬퍼하며 다음과 같이 말했다.

"믿을 만한 소식에 의하면 나, 존 후퍼는 그리스도 때문에 정죄 받은 사람으로서 사형선고를 받고 뉴게이트 감옥에 수감되어 처형일을 기다리고 있었는데, 자신이 이제까지 전파했던 모든 것을 취소하고 부인했다는 소문이 퍼지고 있다고 한다. 이 이야기는 런던 주교와 그의 교회사(敎誨師)들이 나를 방문한 데서 비롯되었다. 그들이 나를 방문했을 때 나는 그들과 이야기를 나누었고 지금도 그렇게 하고 있다. 왜냐하면 나는 그들의 주장들을 두려워하지 않으며 죽음도 두려워하지 않기 때문이다. 나는 그들의 방문으로 인해 이제까지 내가 전파해온 진리를 한층 더 확신하게 되었다. 나는 이 세상의 모든 것을 버렸으며 큰 고난을 받고 감방에 갇혀 있다. 그러나 나는 하나님께 감사를 드리며 기꺼이 죽음을 맞을 준비가 되어 있다. 나는 이제까지는 입과 펜으로 진리를 가르쳐 왔지만 조금 있으면 하나님의 은혜로 말미암아 내 피로 그것을 증거하게 될 것이다."

2월 4일, 간수는 후퍼가 월요일에 글로스터에서 사형을 당할 것이라고 넌지시 알려 주었다. 이 말을 들은 후퍼는 대단히 기뻐했다. 그는 두 손을 들고 하늘을 바라보며, 자신이 맡았던 양떼들이 있는 곳에서 처형되어 자신이 그들에게 가르친 진리를 확증하게 해 주신 하나님을 찬양했다. 또 하나님께서 그에게 죽음을 통해 하나님께 영광을 돌릴 수 있는 힘을 주실 것을 의심치 않았다. 그는 소환을 받으면 즉시 말을 타고 떠날 수 있도록 준비를 하려고 사람을 하인의 집에 보내어 장화와 외투를 가져왔다.

다음 날 새벽 4시 경, 간수가 몇 사람과 함께 오더니 후퍼의 몸과 그가 누웠던 침대를 수색했다. 혹시 그가 무엇을 기록해두지 않았는지 알기 위한 것이었다. 그리고 나서 그는 런던의 치안판사와 관리들에 이끌려 뉴게이트를 떠나 플리트가에 있는 성 던스탄 교회 근처로 갔다. 그곳에서 여섯 명의 여왕의 근위병이 그를 인수하여 글러스터로 데리고 갔고, 그곳에서 다시 사형집행을 감시하라는 명을 받은 치안판사, 챈도스 경, 윅스 등 여러 위원들에게 넘겨졌다.

근위병은 후퍼를 에인젤로 데리고 갔다. 그는 그곳에서 그들과 함께 아침 식사를 했는데, 전과는 달리 마음껏 식사를 할 수 있었다. 날이 밝을 무렵 그는 다른 사람의 도움을 받지 않고 쾌활하게 말 등에 올라탔다. 그는 모자 밑에 두건을 써서 아무도 그를 알아볼 수 없게 하고서 글러스터를 향해 출발했다. 근위병들은 후퍼의 옆에서 따라갔다. 근위병은 그가 항상 마초를 주거나 묵곤 했던 곳을 알아내고는 그곳을 피해 다른 여인숙으로 데려갔다.

목요일 11시 경, 후퍼는 글러스터에서 15마일 거리에 있는 시렌스터라는 마을에 도착하여 항상 진리를 미워하고 후퍼를 비방했던 여인의 집에서 식사를 했다. 이 여인은 후퍼가 그곳에 온 이유를 알고서는 친절하게 대해 주었고 눈물을 흘리면서 후퍼의 일을 애석해 했다. 그리고 만일 후퍼가 재판을 받는다면 교리를 끝까지 지키지 않을 것이라는 소문을 냈었다고 고백했다.

그는 식사를 마친 후 다시 말을 타고 떠나 5시 경에 글러스터에 이르렀다. 글러스터에서 1마일 떨어진 곳에는 많은 사람들이 모여 후퍼의 처지를 애석해하며 소리치고 울고 있었다. 그리하여 혹시 그들이 후퍼를 탈취해가지 않을까 염려하여 호위병 중 한 사람이 말을 타고 시로 들어가서 왕과 치안판사에게 도움을 청했다. 경관들과 수행원들은 무장을 하고 돌아와서는 사람들에게 집으로 돌아가 틀어박혀 있으라고 명령했다. 그러나 그들 중에는 폭력을 행하거나 그를 구출하려는 사람은 한 사람도 없었다.

후퍼는 글러스터에 있는 잉그램(Ingram)의 집에 묵었다. 호위병들의 말에 의하면 그날 밤 여행을 완전히 끝낸 후퍼는 조용히 식사를 하고 잠을 충분히 잤다. 잠에서 깨어난 그는 아침까지 밤을 지새우며 기도했다. 그는 같은 방에서 지키고 있는 호위병에게 옆방에 가서 홀로 하나님께 기도할 수 있게 해달라고 요청했다. 그래서 그는 식사와 면회하러 온 사람을 만난 시간을 제외하고는 하루 온 종일 기도에 몰두했다.

후퍼와 이야기를 나눈 사람들 중에는 안토니 킹스톤(Anthony Kingston)도 있었다. 그는 과거에는 후퍼의 친구였으나 지금은 여왕의 명에 따라 후퍼의 처형을 감독할 위원으로 임명되어 있었다. 방에 들어와 후퍼가 기도하고 있는 것을 보는 순간 킹스톤은 눈물을 흘렸다. 후퍼가 처음에는 그를 알아보지 못했기 때문에 킹스톤은 "각하, 당신의 옛 친구인 안토니 킹스톤을 어찌 알아보지 못하십니까?"라고 말했다. 그리고 나서 그들은 계속 이야기했다.

후 퍼: 아, 킹스톤이군요. 당신을 잘 알지요. 당신이 건강한 것을 보니 기쁘며 하나님께 찬양을 드립니다.

킹스톤: 이러한 상황에서 당신을 만나게 되다니 참으로 애석합니다. 당신은 이곳에서 처형될 것입니다. 생명은 달콤하고 죽음은 쓰디씁니다. 그러니 생명을 소유하기 위해 살기를 바라십시오. 이제부터의 인생은 아마 축복된 생이 될 것입니다.

후 퍼: 킹스톤씨, 나는 실제로 이 생명을 끝내고 죽음을 맞으려고 이곳에 왔습니다. 그러나 나는 지금까지 이 교구에 서나 다른 곳에서 당신들에게 가르쳤던 진리를 부인하지 않을 것입니다. 당신의 충고가 내가 기대했던 것과는 다르지만 그래도 당신에게 감사를 드립니다. 킹스톤 씨, 죽음은 쓰고 생명은 달콤합니다. 그러나 장차 임할 죽음은 더욱 쓰고, 장차 얻을 생명은 더욱 달콤하다는 것을 기억하십시오. 나는 장차 임할 죽음에 대한 공포와 두려움, 그리고 장차 얻을 생명에 대한 사랑과 갈망 때문에 이 세상에서의 죽음을 두려워하지 않으며, 이 세상에서의 생명을 귀히 여기지 않습니다. 나는 성령께서 주시는 능력으로 말미암아 나를 위해 준비된 화형의 고통과 고경을 인내하며 견디낼 것입니다. 나는 결코 하나님의 말씀을 부인하지 않겠습니다. 바라건대 당신과 여러분들은 하나님께 나를 불쌍히 여겨 주시기를 기도해 주십시오.

킹스톤: 더 이상 방법이 없는 것 같군요. 이제 당신과 작별해야 겠습니다. 나로 하여금 당신을 알게 해 주신 하나님께 감사드립니다. 하나님께서는 길 잃고 헤메는 어린 아이같은 나를 부르려고 당신을 보내셨습니다.

후 퍼: 당신의 말씀으로 인해 크게 하나님을 찬양합니다. 당신이 앞으로도 계속 하나님을 경외하는 생활을 하게 해달라고 기도하겠습니다.

이와 같은 대화를 나눈 뒤, 후퍼는 킹스톤에게 작별을 고했다. 킹스톤은 가슴 아픈 눈물을 흘렸고 후퍼의 뺨에도 눈물이 흐르고 있었다. 킹스톤과 작별하면서 후퍼는 자신이 감옥에서 겪은 어떤 환난도 그처럼 큰 슬픔을 자아내지는 못했다고 말했다.

그 날 오후 한 눈먼 소년이 호위병에게 오랫동안 간청한 끝에 후퍼를 면회하게 되었다. 이 소년은 얼마 전 진리를 믿는다고 고백했다는 이유로 글러스터에 투옥되었었다. 이 소년의 믿음, 그리고 그가 투옥된 원인을 알게 된 후퍼는 그를 뚫어지게 바라보면서 눈물을 글썽이며 말했다.

"아, 불쌍한 소년아! 하나님께서는 하나님만이 아시는 이유 때문에 너에게서 육체의 시력을 빼앗아 가셨다. 그러나 하나님은 너에게 훨씬 귀중한 눈을 주셨다. 하나님은 네 영혼에 믿음과 명철이라는 눈을 주셨다. 하나님께서는 네가 영적 눈을 잃지 않게 하기 위해서 너에게 끊임없이 기도할 수 있는 은혜를 주셨다. 만일 그 눈을 잃는다면 너는 영과 육이 모두 장님이 될 것이다!"

그날 밤 맡은 임무를 끝낸 호위병들은 후퍼를 글러스터의 치안판사에게 넘겨 주었다. 치안판사는 시장 및 참사회원들과 함께 후퍼가 묵고 있는 곳을 찾아와 그의 손을 잡았다. 후퍼는 시장에게 다음과 같이 말했다.

"시장님, 사형선고를 받은 죄수인 나의 손을 잡아 주시니 진심으로 감사드립니다. 나를 향한 여러분들의 옛 사랑과 우정이 완전히 사라진 것은 아닌 것 같아서 마음이 기쁩니다. 내가 고인이 되신 경건한 국왕의 명을 받아 이곳에서 여러분들의 주교요 목회자로 일할 때에 가르쳤던 것들을 여러분이 완전히 잊지는 않았을 것이라고 믿습니다. 나는 다른 많은 사람들처럼 이 지극히 참되고 진실한 교리를 거짓이라거나 이단이라고 여기지 않았기 때문에 여왕의 명에 따라 이곳에서 사형을 받게 되었습니다. 나는 과거 내가 진리를 가르쳤던 곳에서 피로 그 진리를 증거할 것입니다. 치안 판사들이여, 나를 이곳까지 데려오는 동안 많은 은혜를 베풀고 온유하게 대해 주었던 선한 친구들(호위병을 의미한다)에게서 들은 바에 의하면 당신들이 내일 나를 처형장으로 인도하는 책임을 맡았다고 합니다. 당신들에게 요청하고 싶은 것이 꼭 한 가지 있습니다. 부디 불을 세게 붙여 속히 죽게 해 주십시오. 나는 처형이 진행되는 동안 당신들이 하라는 대로 하겠습니다. 만일 내가 잘못하는 것이 있으면 손가락을 치켜 드십시오. 그러면 시정하겠습니다. 나는 어쩔 수 없어서 이곳에서 처형되는 것이 아닙니다. 나는 영국의 행정관들이 받아들여 공표한 로마 교황의 사악한 가톨릭 신앙에 동의하여 하나님을 노하시게 하고 영광을 가리우기보다는 차라리 진리를 위해 기꺼이 생명을 바치려 했습니다. 나는 내일 하나님의 은혜로 말미암아 충성스러운 하나님의 종이요, 순종하는 여왕의 백성으로 죽을 것입니다."

후퍼의 말을 들은 시장, 치안판사, 참사회원들 중 여러 명이 슬퍼했다. 그러나 두 명의 치안판사는 후퍼를 노스게이트(Northgate)라는 곳에 묵게 하기로 결심했다. 그러나 호위병들은 후퍼가 여행하는 동안 얼마나 조용하고 온유하게 참을성 있게 행동했는지를 설명하면서 어린 아이라도 충분히 그를 지킬 수 있을 것이며, 후퍼를 평민들을 가두어 두는 감옥에 보내게 하느니 차라리 자기들이 직접 그를 지키겠다고 말했다.

그리하여 후퍼는 로버트 잉글램(Robert Ingram)의 집에 머물게 되었다. 치안판사와 경사들 및 경관들이 친히 후퍼를 지키기로 했다. 그날 밤 후퍼는 생각해야 할 일이 많으니 일찍 자게 해달라고 요청했다. 그리하여 그는 5시에 잠자리에 들어 1시간 동안 숙면을 한 뒤 일어나 온 밤을 기도로 지새웠다. 아침에 일어난 그는 사형 집행 시간까지 아무도 방에 들어오지 말고 홀로 있게 해달라고 했다.

8시 경 존 브릿지스 경과 챈도스 경이 많은 사람들과 함께 왔고, 안토니 킹스톤, 에드문트 브릿지스 및 여러 명의 사형감독관이 왔다. 9시가 되었다. 처형 시간이 임박했으므로 후퍼는 준비를 하게 해달라고 했다. 곧 치안판사들이 그를 방에서 데리고 내려왔다. 그들은 길다란 창과 무기를 가지고 있었다. 이처럼 많은 무기로 무장한 것을 본 후퍼는 보안관에게 다음과 같이 말했다.

"치안판사, 나는 반역자가 아닙니다. 그리고 나를 사형장으로 데려가기 위해 그렇게 수고할 필요가 없습니다. 당신이 원한다면 나는 누구에게도 수고를 끼치지 않고 혼자서 화형장의 말뚝으로 가겠습니다."

그 날은 장날이었으므로 약 칠천 명이나 되는 사람들이 모여 있었다. 그 중에 많은 사람들은 죽음을 맞는 후퍼의 태도를 보러온 사람들이었다.

후퍼는 마치 도살장으로 끌려가는 어린 양처럼 두 명의 경관에게 끌려 앞으로 걸어갔다. 그는 자기가 묵었던 여관 주인의 가운과 모자를 쓰고 몸을 지탱하기 위해 지팡이를 손에 쥐고 있었다. 그는 감방에서 걸린 좌골신경통 때문에 조금 절룩거리며 걸었다. 그는 자신이 아는 사람들을 쾌활하게 바라보았다. 그는 지극히 명랑하고 건강한 표정을 하고서 사람들 사이로 지나갔다. 사형 집행장에 도착한 후퍼는 미소를 지으며 자기를 위해 준비해 놓은 말뚝과 준비물들을 쳐다보았다. 말뚝은 커다란 느릅나무 근처에 세워져 있었고 건너편에는 그가 항상 설교하곤 했던 사제들의 대학이 있었다. 건물 주변과 큰 나뭇가지에는 사람들이 가득차 있었다. 그리고 대학 교문 너머에 있는 방에는 늑대 같은 흡혈귀들, 그 대학의 사제들이 서 있었다.

후퍼는 사람들에게 말을 하지 말라는 명을 받고 있었으므로 무릎을 꿇었다. 잠시 그가 기도한 후, 그의 앞에 상자 하나와 만일 그가 돌이킨다면 용서하겠다는 여왕의 사면장을 가져다 놓았다. 이 광경을 본 그는 "만일 당신이 내 영혼을 사랑한다면 그것을 치워 버리시오!"라고 외쳤다.

기도를 마친 그는 말뚝에 묶일 준비를 했다. 그는 자기가 입고 있던 가운을 벗어 치안판사에게 주면서 반드시 주인에게 돌려주라고 부탁했다. 그리고 다른 의복은 모두 벗지만 윗옷과 바지는 입게 해달라고 했다. 그러나 치안판사는 그것을 허락하지 않았다. 후퍼는 그들의 명령에 순종하여 윗옷과 바지를 벗었다. 셔츠 차림이 된 후퍼는 셔츠를 두 다리 사이로 밀어 넣었다. 그는 호위병이 가져다 준 1파운드의 화약을 방광과 양쪽 겨드랑이 밑에 넣었다.

후퍼는 사람들에게 자기를 위해 기도하고 주기도문을 외워달라고 요청하고서—사람들은 그의 고통이 계속되는 동안 눈물을 흘리며 그의 말대로 기도했다— 말뚝으로 다가갔다. 형리들은 그의 허리를 고정시킬 쇠사슬을 가져왔다. 그러나 그들이 또 다른 두 개의 쇠사슬로 그의 목과 다리를 묶으려 했을 때 그는 그것을 거절했다.

모든 준비가 끝난 뒤 그는 사람들을 바라보았다. 그는 키가 큰데다가 높은 의자 위에 서 있었으므로 사람들은 모두 볼 수 있었다. 사람들은 사방에서 슬퍼하며 눈물을 흘리고 있었다. 그는 눈을 들어 하늘을 바라보고 두 팔을 들고 기도했다. 이윽고 불을 붙이기로 된 사람이 그에게 다가와 용서를 청했다. 후퍼는 자기는 그의 공격을 받은 일이 없는데 왜 그를 용서해야 하느냐고 물었다. 그 사람은 "선생님, 저는 불을 붙여야 합니다"라고 말했다. 이 말을 들은 후퍼는 "그 일이라면 당신은 아무런 잘못이 없습니다. 하나님께서 당신의 죄와 당신의 직책을 용서해 주시기 바랍니다"고 말했다.

이윽고 짚다발을 쌓아 올리기 시작했다. 후퍼는 자기 손으로 두 다발을 받아 그것을 포옹하고 입 맞춘 뒤에 양 팔 밑에 한 다발씩 놓았다. 그리고 손으로 짚단이 부족한 곳을 지적하며 나머지 짚단을 어떻게 쌓아야 할지를 가르쳐 주었다.

불을 붙이라는 명령이 떨어졌다. 그러나 그곳에는 말 두 마리가 운반할 만큼의 마르지 않은 나뭇단을 놓았었기 때문에 쉽게 불이 붙지 않았으므로 나뭇단 위에 놓은 짚단에 불이 붙기까지 한참이 걸렸다. 마침내 불은 그의 몸 주위에까지 번졌다. 그러나 마침 그때 바람이 강하게 불어 불길이 다른 곳으로 퍼졌으므로 불길은 그의 몸에 이르지 못했다.

얼마 후 마른 나뭇단을 몇 단 가져다가 다시 나뭇단에 불을 붙였다. 그 불은 아랫 부분에서 타올랐지만 바람 때문에 불길이 위로 번지지 못하여 겨우 그의 머리카락을 태우고 피부를 약간 부풀러 오르게 했을 뿐이었다. 후퍼는 처음 불을 붙였을 때와 마찬가지로 이번에도 조용하게 아무 고통도 없는 듯이 기도했다.

"오 주 예수, 다윗의 아들이시여, 나를 불쌍히 여기시고 내 영혼을 받아 주시옵소서!"

두번째 불도 꺼져 버린 뒤, 후퍼는 두 손으로 눈을 닦았다. 그는 사람들을 바라보면서 침착한 목소리로 "선한 사람들이여, 하나님의 사랑으로 나에게 더 많은 불을 지펴주시오"라고 말했다. 이렇게 하는 동안 그의 하반신이 불에 탔다. 그러나 장작이 너무나 적었기 때문에 불길이 약해서 그의 윗몸은 태우지 못했다.

잠시 후 세번째 불을 붙였다. 이번 불은 화력이 강했기 때문에 화약주머니들이 폭발했으며 이것이 그에게 조그마한 도움이 되었다. 후퍼는 불길 속에서 약간 큰 소리로 "주 예수여, 나를 불쌍히 여기소서. 주 예수여, 나를 불쌍히 여기소서. 주 예수여, 내 영혼을 받아주시옵소서"라고 기도했다. 이것이 그가 입으로 토해낸 마지막 말이었다. 그러나 입이 까맣게 되고 혀가 부풀어 올라 말을 할 수 없게 되었는데도 그의 입술은 움직이다가 마침내 오그라들어 잇몸에 붙었다. 그는 두 손으로 가슴을 두드렸는데 한쪽 팔이 떨어져 나갔다. 그러나 그는 다른 손으로 계속 가슴을 두드렸다. 이 때 그의 손가락 끝에서 기름과 물과 피가 흘러나왔다. 마침내 새로 붙인 불로 인해 그의 기력은 완전히 사라졌고 그의 손은 가슴에 놓여 있는 쇳덩이에 꼭 붙어버렸다. 이윽고 그는 고개를 앞으로 숙이고 숨을 거두었다.

후퍼는 약 45분 이상 불 속에 있었다. 그러나 그는 어린 양처럼 어느 쪽으로도 움직이지 않고 끝까지 그 고통을 인내했으며 마치 침대에 누워 잠자는 어린 아이처럼 고요히 숨을 거두었다. 이제 그는 복된 순교자로서 그리스도를 믿는 신실한 사람들을 위해 만세 전부터 예비된 즐거운 하늘 나라에서 다스리고 있을 것이다.

로랜드 테일러

해들리(Hadley) 마을은 영국에서 최초로 하나님의 말씀을 영접한 마을이다. 이곳에서 그리스도의 복음은 은근한 성공을 거두고 뿌리를 내렸다. 이 교구의 남녀 신도들은 열심히 성경을 공부했다. 성경을 여러 번 통독하고 바울 서신들을 암송한 사람들도 많았다. 따라서 그들은 어떤 논쟁에서나 경건하고 지혜로운 의견을 제시할 수 있었다. 그들은 자녀들과 하인들도 하나님의 말씀에 대한 올바른 지식으로 양육하고 교육했으므로 마을 전체가 피륙을 제조하거나 노동을 하는 사람들이 모인 마을이라기보다 학자들이 모인 대학처럼 보였다. 그중에서도 가장 훌륭한 점은 그들의 생활이 하나님의 말씀을 따르는 생활이었다는 점이다.

로랜드 테일러(Rowland Taylor) 박사는 이 마을에서 살았다. 그는 성직록을 받기 시작할 때부터 일반 성직자들과는 다르게 행했다. 일반적으로 성직록을 받는 사람들은 자신의 성직록을 농부에게 세를 주어 이익을 얻고, 무식하고 무지한 사제로 하여금 목사직을 수행하게 하는 등 양떼를 먹이는 일에는 전혀 관심을 기울이지 않은 채 양털을 소유했다. 그러나 로랜드 테일러는 과거 자기가 몸담고 있었던 캔터베리 주교 토머스 크랜머(Thomas Cranmer)의 집을 떠나 자신이 돌보아야 할 양떼들이 살고 있는 해들리 마을에

목사관을 마련했다. 이곳에서 그는 선한 목자로서 양들과 함께 거하며 성경 공부에 전념했다. 그의 마음에는 그리스도를 향한 사랑이 역사하고 있었으므로 그는 주일날이나 종교적인 축일, 또는 사람들이 모일 때마다 하나님의 말씀과 구원의 교리를 전파했다.

그의 설교는 말로만 그치는 것이 아니었다. 그의 생활과 대화는 성실한 기독교인의 생활과 참된 성결의 모범이었다. 그는 어린 아이처럼 전혀 교만하지 않고 겸손하고 온유했다. 그래서 가난한 사람들이라도 마치 아버지를 찾아가듯이 담대하게 그를 찾아갔다. 그는 때와 장소에 따라 필요한 경우에는 악한 행위자를 엄격하게 꾸짖었지만 그렇지 않은 경우에는 대단히 겸손했고 무섭지도 않았다. 그렇다고 해서 어른답지 못한 것도 아니었다. 그는 잘못을 꾸짖을 때에는 선한 목자답게 성실하고 엄중하게 꾸짖었다. 그는 대단히 온유하여 원한, 앙심, 악의를 품지 않았으며 누구에게도 악을 행하려 하지 않았다.

그는 눈먼 자, 절름발이, 병자, 가난한 자들의 아버지요, 사려깊은 보호자요, 부지런한 부양자였다. 그는 교구민들에게 가난한 자들을 위해 넉넉한 양식을 준비하게 했다. 또 그 자신이—자기 집에 오는 사람들에게 계속적으로 생활 보조금을 주는 것 외에도— 매년 정당한 방법으로 얻은 재산은 자선함에 넣었다.

그의 아내도 역시 정직하고 신중하고 분별있는 여인이었으며, 그의 자녀들은 하나님께 대한 경외심과 훌륭한 교육으로 양육되었다.

그는 타락한 악인들의 관습을 절이는 세상의 소금이요, 모든 선한 사람들이 본받아 따르게 하기 위해 하나님의 집 촛대 위에 놓여진 하나님의 등불이었다.

이 선한 목자는 순결하고 거룩한 에드워드 6세가 재위하던 시절에 세상이라는 이 악한 광야에서 양들을 인도하며 다스렸다. 그러나 하나님께서는 국왕 에드워드를 이 불행의 골짜기로부터 지극히 복된 안식처로 데려가셔서 영원한 기쁨과 복락 속에서 그리스도와 함께 거하며 다스리게 하셨다. 그 후 가톨릭교도들은 참된 복음의 교리를 넘어뜨렸고, 로마 교황을 보편 교회의 머리로 받아들이기를 거부하며 과거 하나님의 말씀에 의해 잘못임이 증명되어 정죄를 받았던 오류와 미신과 우상숭배를 인정하지 않는 사람들을 칼과 불로 박해했다.

이처럼 적그리스도의 광분이 시작될 즈음, 포스터(Foster)라는 보잘 것 없는 향사가 존 클러크(John Clerk)와 협력하여 교황과 그의 우상숭배를 해들리 교회에 도입했다. 지금까지는 테일러가 교회 내에서 에드워드 왕이 제정한 경건한 예배 의식과 개혁을 지켜왔으며, 온 국가를 감염시킨 가톨릭의 타락에 대항하여 성실하고도 열심으로 설교했었다.

포스터와 클라크는 앨담(Aldham)의 교구목사로서 가톨릭 우상숭배자인 존 애버트(John Averth)를 해들리로 오게 하여 가톨릭 미사를 다시 시작하려 했다. 그들은 종려주일 다음 월요일에 미사를 시작하려는 목적으로 서둘러 제단을 세웠다. 그러나 그들의 간계는 수포로 돌아갔다. 왜냐하면 밤 사이에 제단이 파괴되었기 때문이었다. 그들은 다시 제단을 세우고는 다시 파괴하지 못하게 하려고 망을 보았다. 다음 날 포스터와 클라크는 가톨릭 사제를 모시고 왔다. 사제는 가톨릭의 허례 허식을 연출하기 위한 온갖 기구와 제복을 가지고 왔다. 그들은 미사를 드리는 동안 누군가 그를 방해할까봐 사람들로 하여금 칼과 방패를 가지고 그를 호위하게 했다.

테일러 박사가 항상 하는 습관대로 하나님의 말씀을 공부하고 있는데 종이 울렸다. 그는 자신이 교구목사로서 해야 할 일이 있는 것이라고 생각하고서 교회로 갔다. 그런데 교회의 문은 모두 닫히고 잠겨 있고 성단(聖壇)쪽 문에는 열쇠만 걸려 있었다. 테일러가 이 문을 통해 성단으로 들어가 보니 법의를 입고 새로 만든 큰 면류관을 쓴 가톨릭 사제가 가톨릭 교회 예배를 시작하려 하고 있고 그의 주위에는 사람들이 접근하여 방해하지 못하게 하기 위해 칼과 창을 든 사람들이 에워싸고 있었다.

테일러는 "당신은 누구의 허락을 받고 감히 이 그리스도의 교회에 들어와 가증스러운 우상숭배로 교회를 더럽히고 모독하는 것입니까?"라고 말했다. 이 말을 들은 포스터는 불같이 화가 난 표정으로 벌떡 일어서더니, "이 반역자! 너는 이곳에서 여왕이 정한 절차들을 교란시키고 있지 않으냐?"라고 말했다.

테일러는 대답했다. "나는 반역자가 아니라 하나님, 나의 주 그리스도께서 양떼들을 먹이라고 임명하신 목자이다. 따라서 나는 이곳에 있을 권위를 가지고 있다. 하나님의 이름으로 그대에게 명하노니 이곳에서 나가 다시는 그리스도의 양들에게 독을 먹이려 하지 말라."

포스터는 "이 반역적인 이단자! 당신은 소요를 일으키며 여왕의 조처에 저항하려 하느냐?"라고 말했다.

테일러는 이렇게 대답했다. "나는 결코 소요를 일으키지 않는다. 소요와 폭동을 일으키고 있는 것은 다름 아닌 너희 가톨릭교도들이다. 나는 다만 너희 가톨릭 교회의 우상숭배에 하나님의 말씀으로 저항할 따름이다. 이 우상숭배는 하나님의 말씀을 대적하는 것이며 영국을 파멸시키려 하고 있다."

포스터는 무장한 부하들과 함께 테일러를 붙잡아 강제로 교회 밖으로 끌어냈다. 그리고 가톨릭 사제는 가톨릭식의 우상숭배를 계속했다.

남편을 따라 교회에 들어왔다가 남편이 거칠게 교회 밖으로 밀려 나가는 것을 본 테일러의 아내는 무릎을 꿇고 두 손을 벌리고 큰 소리로 기도했다. "의로우신 재판관이신 하나님께 구하오니 이 가톨릭 우상숭배자가 그리스도의 보혈에 가한 악에 보복하여 주시옵소서" 그들은 그녀를 교회 밖으로 밀어내버리고 문들을 모두 닫았다. 왜냐하면 사람들이 이 가톨릭 사제를 죽일까봐 두려웠기 때문이다. 이리하여 사람들의 동의도 없이 창과 검으로 무장한 폭력과 더불어 가톨릭 미사가 시작되었다.

그로부터 하루나 이틀 후, 포스터와 클라크는 윈체스터 주교 요 대법관인 스테픈 가디너(Stephen Gardiner)에게 테일러 박사를 고발하는 서신을 보냈다.

이 서신을 받은 주교는 테일러에게 수일 내에 자기 앞에 출두하라는 내용의 서신을 보냈다. 이 소식을 들은 테일러의 친구들은 크게 슬퍼하고 걱정했으며, 앞으로 이 일이 어떻게 끝나게 될지 예견했기 때문에 테일러에게 도피하라고 권면했다.

그러나 테일러는 이렇게 대답했다.

"사랑하는 친구들이여, 이처럼 나를 염려해 주시니 진심으로 감사합니다. 비록 나의 대적들에게서 공의나 진리를 기대할 수 없고 내가 투옥되거나 사형을 당하게 될 것을 알고 있지만, 나의 주장은 선하고 의로운 것이며 진리가 강하게 나를 지지하고 있으므로 나는 그들 앞에 출두하여 그들의 면전에서 그들의 거짓 행위들과 싸우겠습니다."

그러나 친구들은 그에게 말했다. "박사님, 그렇게 하는 것이 최선의 방법은 아니라고 생각합니다. 당신은 이미 충분히 자신의 의무를 이행했습니다. 그리고 경건한 설교로 진리를 증거했을 뿐만 아니라 이곳에 가톨릭 교회의 미사를 도입하려고 온 앨담의 사제를 비롯한 여러 사람들에게 저항함으로써 역시 진리를 증거했습니다. 우리 구주 그리스도께서는 한 도시에서 우리를 박해하면 다른 도시로 가라고 명령하셨습니다. 그러므로 우리는 교회가 부지런한 교사와 경건한 목사를 필요로 할 때가 올 때까지 당신이 피신하여 자신을 보호하는 것이 좋겠다고 생각합니다."

테일러 박사는 대답했다. "오, 당신들은 나에게 무슨 일을 하라고 하십니까? 나는 이미 늙었고 이 무섭고 악한 세상을 보게 되기까지 살았습니다. 당신들은 자기의 양심이 명하는 대로 도피하십시오. 그러나 나는 주교에게 가서 그를 맞대 놓고 그가 하는 일이 수포로 돌아갈 것이라고 말하겠습니다. 하나님께서는 장차 나보다 더욱 부지런하고 효과적으로 백성을 가르칠 교사들을 세우실 것입니다. 비록 지금 하나님은 우리에게 시련을 주시고 징계를 하시지만 결코 교회를 버리시지는 않을 것입니다. 나는 지금이야말로 하나님을 잘 섬길 수 있는 기회라고 생각합니다. 또 지금처럼 영광스러운 소명을 받은 적이 없었으며, 또 지금처럼 큰 긍휼을 받은 적도 없었다고 믿습니다. 그러므로 당신들과 모든 나의 친구들에게 부탁합니다. 나를 위해 기도해 주십시오. 나는 하나님께서 나에게 능력과 성령을 주실 것을 의심치 않습니다."

테일러의 굳은 결심을 안 친구들은 눈물을 흘리며 그를 위해 하나님께 기도했다.

테일러는 존 훌(John Hull)이라는 하인을 데리고 런던을 향해 떠났다. 존 훌은 런던으로 가는 도중에도 계속 테일러에게 주교에게 가지 말고 피신하라고 권면하면서 자신은 목숨을 잃는 한이 있어도 테일러와 함께 있으면서 그를 위해 일하겠다고 제안했다. 그러나 테일러는 그의 제안에 동의하지 않고 "존! 내가 네 충고와 세상적인 권면에 굴복하여 내 양들을 위험 속에 버려두어야 하겠느냐? 선한 목자이신 그리스도를 생각해 보아라. 그 분은 양떼를 홀로 두지 않으셨으며, 양떼들을 위해 죽으셨다. 나는 그 분을 따라야 하며, 하나님의 은혜로 그렇게 할 것이다"라고 말했다.

얼마 후 테일러는 윈체스터의 주교로서 당시 영국의 대법관이었던 스테픈 가디너 앞에 출두했다. 가디너는 테일러에게 반역자, 이단자 등등 여러 가지 악담을 하고 욕을 퍼부었다. 그런 욕설을 참으며 듣고 있다가 테일러가 말했다. "각하, 나는 반역자도, 이단자도 아닙니다. 나는 진실한 백성이며 신실한 신자입니다. 나는 당신의 명령을 받고 나를 소환하신 이유를 알려고 이곳에 왔습니다."

그러나 주교는 "이 악인아, 그것이 네가 이곳에 온 이유냐? 네가 어찌 감히 내 얼굴을 쳐다보느냐? 부끄럽지도 않느냐? 너는 내가 누구인지 모르느냐?"고 말했다.

테일러가 대답했다. "예, 나는 당신이 누구인지 알고 있습니다. 당신은 스테픈 가디너 박사로서 윈체스터 주교요, 대법관입니다. 그러나 당신은 썩어질 인간에 불과하다고 생각합니다. 내가 당신의 기품 있는 얼굴을 두려워해야 할 것인데 당신은 어찌하여 우리 모두의 주님이신 하나님을 두려워하지 않습니까? 당신은 진리를 저버리고, 우리의 구세주이신 그리스도와 그의 말씀을 부인하며 스스로 맹세하며 기록한 것과 반대로 행하면서 어찌 부끄러운 줄도 모르고 기독교인의 얼굴을 쳐다봅니까? 당신은 장차 그리스도의 심판대 앞에 어떤 얼굴로 서며, 당신이 헨리 8세와 그의 아들 에드워드 6세에게 했던 바 기억에도 생생한 맹세에 대해 무엇이라고 대답하겠습니까?

주교는 이렇게 대답했다. "그것은 헤롯의 맹세로써 부당한 것이며, 따라서 마땅히 파기되어야 했다. 내가 그 맹세를 깬 것은 참으로 잘한 일이다. 나는 내가 우리의 어머니이신 가톨릭 교회로 돌아오게 된 것에 대해 하나님께 감사하고 있으며, 당신도 그렇게 하기를 원하는 바이다."

테일러가 대답했다. "교황과 그를 에워싸고 있는 무리들이 실증하고 있는 지극히 모독적인 거짓말, 오류, 미신, 우상숭배를 시인하기 위해 사도들과 선지자들이라는 참된 기초 위에 세워진 그리스도의 교회를 저버리라는 말입니까? 그럴 수 없습니다. 그것은 하나님께서 금하시는 일입니다. 교황과 그의 무리는 우리의 구세주이신 그리스도와 그의 말씀으로 돌아와 모든 가증스러운 우상들을 교회에서 내던져버려야 합니다. 그러면 기독교인들은 교황에게로 돌아갈 것입니다. 당신은 교황을 비방하는 글을 쓰고 맹세했었지요."

윈체스터의 주교는 말했다. "그대에게 말하거니와 그것은 헤롯의 맹세와 같은 것으로써 부당한 것이며 마땅히 깨뜨려야 하는 것이었다. 또 거룩하신 아버지이신 교황께서는 그것으로 인해 나를 해임하지 않으셨다."

테일러는 말했다. "그러나 그리스도 앞에서는 결코 그렇게 되지 못할 것입니다. 그리스도께서는 당신에게 그에 대한 책임을 물으실 것입니다. 교황이나 그의 휘하에 있는 어떤 사람도 그리스도께 대한 순종을 면제해줄 수는 없습니다."

이 말을 듣고 주교는 "그대는 참으로 오만한 무뢰한이며 어리석은 바보다"라고 말했다.

테일러는 다시 말했다. "각하, 욕설을 거두어 주십시오. 그것은 당신처럼 권위 있는 사람에게는 어울리지 않습니다. 나는 기독교인입니다. 당신은 '형제를 대하여 나가라 하는 자는 공회에 잡히게 되고 미련한 놈이라 하는 자는 지옥불에 들어가게 되리라'고 하신 말씀을 알지 못합니까?"

그러자 주교가 말했다. "당신은 여왕의 조처를 거역했으며 경건한 앨담의 사제가 해들리에서 미사를 드리는 것을 방해했소."

"각하, 나는 해들리의 교구목사입니다. 그러므로 누구든지 내가 맡고 있는 곳에 들어와 내가 맡고 있는 양들에게 미사라는 우상숭배적인 독을 주입하려 하는 것은 의와 양심과 법에 어긋나는 일입니다."

이 말을 들은 주교는 크게 노하여 말했다. "당신이야말로 참으로 지독한 이단자이다. 당신은 거룩한 성례전을 모독했으며, 산 자와 숙은 자를 위한 제사인 거룩한 미사를 비방했다."

테일러는 다음과 같이 대답했다. "그렇지 않습니다. 나는 그리스도께서 정하신 복된 성례전을 모독하지 않습니다. 나는 모든 참 신자들은 마땅히 그것을 행해야 한다고 여기며 공경합니다. 또 그리스도께서 자신의 죽음과 고난을 기념하기 위해 거룩한 성찬을 제정하셨음을 믿습니다. 그리스도는 우리의 구속을 위해 십자가에 달려 죽으셨습니다. 십자가에 달려 죽으신 그리스도의 몸은 화목 제물로서 주님을 믿는 모든 사람들을 위한 완전하고 온전하고 충분한 구원이 됩니다. 그리스도께서 자신의 몸으로 영원한 희생 제사를 드렸으므로 어느 사제도 주님께 그 이상의 것을 드릴 수 없으며, 우리에게는 더 이상 화목 제물이 필요치 않습니다."

주교는 부하들을 불러 말했다. "이 녀석을 끌고 나가 고등법원으로 데리고 가라. 그리고 간수에게 엄중하게 지키라고 명령해라."
테일러 박사는 무릎을 꿇고 두 손을 쳐들고 기도했다.

"선하신 주 하나님! 당신께 감사드립니다. 로마 교황의 횡포와 그의 모든 가증스러운 오류, 우상숭배, 가증한 것들로부터 우리를 구원하여 주시옵소서. 우리에게 선한 에드워드 왕을 주셨던 하나님을 찬양하리로다."

테일러는 거의 2년 동안 죄수 생활을 했다. 그는 항상 기도하고, 성경을 읽고, 저술을 하고, 죄수들에게 설교를 하며 시간을 보냈다. 그는 자기를 찾아오는 죄수들에게 회개하고 올바른 생활을 하라고 권면했다.

1555년 1월 22일, 테일러와 브래드포드(Bradford)와 샌더즈(Sanders)는 다시 윈체스터의 주교 및 노르위치, 런던, 샐리즈베리, 더햄의 주교들 앞에 출두했다. 그곳에서 그들은 다시 이단과 분파주의라는 죄목을 덮어 썼다. 그들은 로마 교황에게 복종하고 잘못된 신앙을 버릴 것인지, 아니면 법에 따른 형벌을 받을 것인지 분명히 대답하라는 요구를 받았다.

테일러와 그의 동료들은 결코 에드워드 왕 시절에 가르쳤던 진리를 버리지 않겠으며 로마의 적그리스도에게 복종하지도 않겠다고 담대하고 단호하게 말했다. 또 하나님의 말씀과 진리를 위해 고난 받게 해 주신 하나님의 크신 자비에 감사한다고 했다. 그들이 이처럼 진리 안에 담대하고 확고하게 서 있는 것을 본 주교들은 그들에게 사형을 선고했다.

테일러는 클링크(Clink) 형무소에 수감되었다. 간수가 그를 데리고 감옥으로 갈 때 많은 사람들이 그를 보려고 모여들었다. 테일러는 그들에게 말했다. "선한 백성들이여, 하나님을 찬양할지어다. 나는 순결한 신앙을 더럽히지 않고 그들에게서 빠져 나왔으며, 이제 나의 피로 진리를 증거할 것입니다."

밤이 되자 그는 클린크를 떠나 다시 콤터(Compter)로 옮겨졌다. 테일러가 콤터 감옥에 투옥된지 약 칠일 째 되는 1555년 2월 4일, 런던의 주교 에드문드 보너(Edmund Bonner)는 몇 사람을 거느리고 테일러의 주교직을 박탈하는 의식을 행하러 왔다. 그들은 미사와 관련된 장신구들을 가지고 왔다. 주교는 테일러 박사를 자기 앞에 불러다 놓고서 말했다. "테일러 박사, 나는 당신이 뉘우치고 어머니인 거룩한 교회로 돌아오기를 바랍니다. 그렇게 한다면 당신의 사면을 청해 주겠습니다."

이 말에 대해 테일러는 대답했다. "나는 당신과 당신의 동료들이 그리스도께 돌아오기를 바랍니다. 나는 결코 적그리스도에게 돌아가지 않겠습니다."

"그래요? 나는 당신에게서 성직을 박탈하는 의식을 행하러 왔소. 그러니 이 의복들을 입으시오."

"입지 않겠습니다."

"입지 않겠다니요? 나는 당신에게 이것을 입히겠습니다."

"당신은 결단코 그렇게 하지 못할 것입니다."

주교는 교회의 관할에 순종하라고 명령했다. 그러나 테일러는 스스로 입으려 하지 않고 다른 사람이 입혀 주기를 원했다. 결국 완전히 옷을 갖춰 입은 그는 두 손을 허리에 대고 이리 저리 걸어 다니며 말했다. "각하, 어떻습니까? 내 모습이 훌륭한 바보 같지 않습니까? 만일 내가 이렇게 입고 싸구려 시장에 나서면 어린 아이들이 이 어리석은 장난감과 장난같은 허튼 짓을 보고 웃지 않겠습니까?"

주교는 그의 손톱과 정수리를 깎았다.

마지막으로 주교가 자기의 홀(笏)로 테일러의 가슴을 때리려 했을 때에, 주교의 교회사(敎會師)는 "각하! 그를 때리지 마십시오. 그는 반드시 되받아 칠 것입니다"라고 말했다. 테일러는 "그렇소. 나는 성 베드로의 이름을 걸고 그렇게 하겠소. 그것은 그리스도를 위한 일이요. 내가 주인을 위해 싸우지 않는다면 나는 선한 신자가 아닐 것이요"라고 말했다.

주교는 그를 저주했다. 그러나 때리지는 않았다.

테일러는 이렇게 말했다. "당신은 나를 저주했지만 하나님께서는 나를 축복하십니다. 내 양심은 당신이 나에게 악하고 횡포한 짓을 했음을 증거하고 있습니다. 그러나 나는 하나님의 뜻이라면 당신을 용서해달라고 기도합니다. 그리고 선하신 주님께서는 로마 교황의 횡포와 가증스럽고 흉악한 행위들로부터 우리를 구원하여 주십니다!"

자기 방으로 올라온 테일러는 같은 방에 수감되어 있는 브래드포드에게 자신이 런던 주교를 두려워하게 만들었다고 말했다. 그는 웃으면서 "주교의 교회사는 그가 나를 주교의 홀로 때리면 나도 그를 되받아 칠 것이라고 충고하면서 나를 때리지 말라고 말했어요. 그래서 나는 실제로 그렇게 하리라고 믿게 만들었지요"라고 말했다.

성직 박탈 의식이 끝난 뒤 밤 중에 테일러의 아내와 아들 토머스, 그리고 하인 존 홀이 그를 찾아왔다. 간수들은 관대하게도 그들이 함께 식사를 할 수 있게 해 주었다. 그들은 돌아와서는 무릎을 꿇고 기도했으며, 연도(連禱)를 암송했다. 식사를 마친 뒤, 테일러는 이리 저리 걸으면서 하나님의 거룩한 말씀을 지킬 수 있게 해주신 하나님의 은혜에 감사를 드렸다. 그들은 눈물을 흘리며 함께 기도하고 서로에게 입을 맞추었다. 그는 아들 토머스에게 옛 순교자들이 남긴 유명한 말들을 기록한 라틴어 책을 주었는데, 그 책의 뒷장에 다음과 같은 자기의 약속을 적어 주었다.

"내 아내와 자녀들에게 전한다. 하나님께서는 그대들을 나에게 주셨으며, 이제 그대들에게서 나를, 나에게서 그대들을 데려가실 것이다. 하나님의 이름이 복되도다! 나는 하나님 안에서 죽는 사람들이 복되다는 것을 믿는다. 하나님은 하늘의 참새들을 돌보시고 우리의 머리카락까지도 세고 계시다. 나는 일찌기 하나님은 이 세상의 어느 가장이나 남편보다 더 신실하시고 은혜로운 분이심을 발견했다. 그러므로 그대들은 사랑하는 구세주 그리스도의 공로에 의해 하나님을 믿어야 한다. 하나님을 믿고 사랑하고 경외하며 순종하라. 그리고 하나님께 기도하라. 하나님께서는 우리를 도와주신다고 약속하셨다. 내가 죽었다고 생각하지 말아라. 나는 결단코 죽지 않고 살 것이다. 나는 먼저 고향집으로 돌아가며, 그대들도 장차 나를 따라오게 될 것이다."

"사랑하는 해들리이 친구들과 내 설교를 듣던 모든 사람들에게 말씀드립니다. 이제 나는 내 교리에 관한한 평안한 양심으로 이 세상을 떠납니다. 이로 인해 당신들께서도 나와 함께 하나님께 감사드려 주십시오. 나는 복된 성경, 하나님의 책에서 거둬 들인 지식을 가르쳐왔습니다. 그러므로 만일 나, 혹은 하늘에서 온 천사라 할지라도 이제까지 여러분들이 받아들인 것과 다른 복음을 여러분들에게 전한다면 그에게 하나님의 큰 저주가 임할 것입니다! 나는 영원한 구원에 대해 전혀 의심하지 않고 확실한 소망 속에서 이곳을 떠나면서 나의 구세주이신 예수 그리스도를 통해 하늘에 계신 아버지 하나님께 감사드립니다."

새벽 2시에 런던의 치안판사가 경관들을 거느리고 테일러를 데리러 왔다. 그들은 불도 밝히지 않은 채 앨드게이트(Aldgate) 외곽에 있는 울색(Woolsack)이라는 여관으로 그를 데려갔다. 테일러의 아내는 남편이 그날 밤에 호송될 것이라고 생각하고서 두 자녀와 함께 앨드게이트 옆에 있는 성 보톨프(St. Botolph) 교회 문 곁에 서서 밤새도록 지켰다. 13살 짜리 엘리자베스는 세살 때 고아가 되었기 때문에 테일러가 양녀로 데려다 길렀으며, 메리는 테일러의 친딸이었다.

치안판사와 그의 무리들이 성 보톨프 교회의 맞은 편에 나타났을 때 엘리자베스는 울며 소리쳤다. "아! 사랑하는 아버지! 어머니, 저기 아버지께서 끌려가고 있어요." 테일러의 아내는 너무 어두워서 남편을 볼 수 없었기 때문에 "로랜드, 당신 어디 있어요?"라고 소리쳤다. 그 소리를 듣고 테일러는 "사랑하는 아내여, 여기에 있소"라고 말하며 멈추어 섰다. 치안판사의 부하들은 테일러에게 계속 앞으로 가라고 했지만 치안판사는 "잠시 멈추어 아내와 이야기 할 수 있게 하라"고 했다.

테일러의 아내는 테일러에게로 다가왔다. 테일러는 딸 메리를 두 팔로 안았다. 테일러와 아내, 그리고 엘리자베스는 무릎을 꿇고 주기도문을 암송했다. 이 광경을 본 치안판사와 몇몇 사람들은 눈물을 흘렸다. 기도를 마친 후 테일러는 일어나 아내에게 입을 맞추고 악수를 하며 말했다. "안녕, 내 사랑하는 아내여! 지금 내 마음은 지극히 평화스럽다오. 그러니 안심하시오. 하나님께서 내 자녀들을 위한 아버지를 세워주실 것이오." 그 다음 그는 메리에게 입을 맞추며 "하나님께서 너를 축복하시고 하나님의 종으로 삼아 주실 것이다"라고 말했다. 다음에는 엘리자베스에게 입을 맞추고 "하나님께서 너를 축복해 주시길 빈다. 나는 네가 그리스도와 그의 말씀 위에 강하고 견고하게 서기를 기도한다"고 말했다. 이어 아내는 그에게 "사랑하는 로랜드, 하나님께서 당신과 함께 하실 것입니다. 나는 하나님의 은혜로 해들리에서 당신을 만나겠습니다"라고 말했다.

테일러는 다시 울색을 향해 끌려갔고 아내도 그의 뒤를 따라갔다. 울색에 도착하자마자 그는 방에 갇혀 세 명의 근위병과 치안판사의 부하들의 감시를 받았다. 방에 들어간 테일러는 곧 무릎을 꿇고 열심히 기도했다. 치안판사는 그곳까지 따라온 테일러의 아내가 남편과 대화할 수 있게 허락하지 않았다. 그는 그녀에게 그의 집에 가서 자기 집처럼 편안히 지내게 해 주겠다고 약속하고는 두 명의 부하를 시켜 그녀를 자기 집으로 인도하게 했다. 그러나 그녀는 친정으로 가기를 원했으므로 경관들은 그녀를 친정집으로 데려가서는 그녀의 어머니에게 그들이 다시 올 때까지 그녀를 잘 지키라고 명령했다.

테일러는 치안판사와 몇 사람들의 감시 하에 11시까지 울색에 머물러 있었다. 11시가 되어 에섹스(Essex)의 치안판사가 그를 인수하러 왔다. 그들은 여인숙 안에서 테일러를 말에 태운 뒤 출발했나.

대문을 나서니 존 훌이 테일러의 아들 토머스와 함께 울타리 앞에 서 있었다. 그들을 본 테일러는 "내 아들 토머스야, 이리로 오렴"이라고 말했다. 존 훌은 토머스를 들어 올려 아버지가 타고 있는 말 위에 태웠다. 테일러는 모자를 벗은 뒤 그곳에서 그를 바라보고 서 있는 모든 사람에게 말했다. "여러분, 이 아이는 내 아들입니다" 그리고나서 그는 하늘을 바라보며 아들을 위해 기도한 뒤에 자기의 모자를 아들에게 씌워주고 그에게 축복했다. 그는 아들을 존에게 넘겨주고는 존의 손을 잡고 말했다. "안녕, 존 훌. 그대는 누구보다 신실한 하인이었소" 이렇게 작별을 고한 뒤, 네 명의 호위병을 거느린 에섹스의 치안판사와 그의 부하들은 그를 이끌고 떠났다.

이윽고 브렌트우드(Brentwood)에 이르렀을 때 그들은 테일러에게 두건을 씌웠다. 이 두건에는 입으로 숨쉴 수 있도록 만든 구멍과 앞을 내다볼 수 있는 구멍이 두 개 뚫려 있었다. 이렇게 해놓은 까닭은 사람들이 테일러를 알아 보지 못하게 하고, 또 그가 사람들과 말을 하지 못하게 하려는 의도에서였으며, 이미 다른 사람들에게도 사용하던 관습이었다. 그들은 만일 사람들이 그를 보거나 그의 말을 듣고서 그의 경건한 권면에 의해 큰 힘을 얻어 하나님의 말씀 안에 견고히 서게 되고 가톨릭 교회의 미신과 우상숭배에서 달아나게 될까 염려했다.

길을 가는 동안 테일러는 마치 즐거운 잔치나 결혼식에 가는 사람처럼 기뻐하고 즐거워했으며, 호위병들에게 여러 가지 훌륭한 말을 해 주었다. 회개하고 악한 생활로부터 돌이키라는 그의 간절한 호소에 그들은 눈물을 흘리기도 했다. 때로는 그의 지조있고 견고하며 두려움도 없이 기쁜 마음으로 죽음을 대하려는 그의 모습에 경탄하며 기뻐하기도 했다.

켐즈포드에 이르니 서포크(Suffolk)의 치안판사가 그를 인수하기 위해 그곳에 와 있었다.. 에섹스의 치안판사는 테일러와 함께 식사를 하면서 그를 가톨릭 신앙으로 돌아오게 하려고 열심으로 노력하며 다음과 같이 말했다.

"훌륭한 박사님! 우리는 당신의 일은 대단히 안타깝게 생각하고 있습니다. 하나님께서는 당신에게 훌륭한 지식과 지혜를 주셨습니다. 그런 까닭에 당신은 과거에 이 나라의 의회와 최고 권위자의 총애를 받았고 훌륭한 평판을 얻었습니다. 또 당신은 훌륭한 인격의 소유자로서 지금까지 건강하게 살아왔습니다. 당신은 학식은 물론 덕망으로 인해 모든 사람들의 사랑을 받고 있습니다. 그런 당신이 자신을 버리고 지극히 고통스럽고 수치스러운 죽음을 맞으려는 것은 대단히 유감스러운 일입니다. 그러니 당신이 자신의 주장을 취소하시는 것이 훌륭한 행동일 것입니다. 나를 비롯하여 당신의 모든 친구들이 당신의 사면을 탄원하겠으며, 그러면 당신은 분명히 사면을 얻을 것입니다."

테일러는 어떻게 대답을 해야 할 것인지 잠시 생각한 뒤에 이렇게 대답했다. "치안판사 및 여러분 모두의 호의에 대단히 감사를 드립니다. 나는 당신들의 말과 충고를 주의 깊게 들었습니다. 나는 이제까지 자신을 속여왔으며 많은 해들리 마을 사람들을 기만하고 있다는 것을 깨달았습니다."

이 말을 듣고 그들은 모두 기뻐했다. 치안판사는 "그렇습니다. 선하신 박사님, 하나님의 축복이 당신 마음에 임하셨습니다! 그 만큼만 말씀하십시오. 그 말씀은 이제까지 우리가 당신에게서 들은 말 중에서 가장 듣기 좋은 말입니다. 당신 자신을 헛되이 버리다니 말이 됩니까? 부디 현명하게 행하십시오. 당신의 사면은 제가 보증하겠습니다"라고 말했다. 그들은 테일러의 말로 인해 대단히 즐거워하고 기뻐했다. 치안판사가 말했다. "선하신 박사님, 당신이 자신을 속여왔으며 앞으로 해들리의 많은 사람들을 속일 것이라고 하신 말씀은 무슨 의미입니까?"라고 물었다.

"제 말의 뜻을 분명히 알고 싶습니까?"

"예. 분명하게 말씀해 주십시오."

"내가 어떻게 자신을 속여왔고 앞으로 많은 사람을 속이게 될지 당신에게 말하겠습니다. 보시다시피 나는 썩어질 육신을 지닌 인간입니다. 나는 내가 죽은 뒤 내 몸이 해들리 교회의 묘지에 매장될 것이라고 생각했습니다. 그런데 이것은 잘못된 생각이었습니다. 또 해들리 교회 묘지에는 많은 구더기들이 들끓고 있는데 이 구더기들은 내가 죽은 뒤에 이 육체를 신나게 뜯어먹게 될 것을 기대해 왔을 것입니다. 이 점에 있어 나도 잘못 생각했고 구더기들도 잘못 생각했습니다. 내 육체는 화형에 처해져 재로 화하게 될 것이므로 구더기들은 기대해온 먹이를 상실하게 된 것입니다."

테일러의 말을 들은 치안판사와 그의 동료들은 잔인한 고문과 죽음을 눈 앞에 두고서도 두려움 없이 농담을 하는 테일러의 한결 같은 심령상태에 놀라 어안이 벙벙하여 서로의 얼굴을 쳐다보았다. 그들의 기대는 깨끗이 사라지고 말았다.

라벤햄(Lavenham)에 이르니 향사들과 판사들이 치안판사를 도우려 나왔다. 이 향사들도 테일러를 가톨릭 신앙에 귀의하게 하려고 그의 사면을 약속하는 등 매우 애를 썼다. 그들은 "우리는 당신을 위한 사면령을 가지고 있소"라고 말하면서 만일 테일러가 받아들이기만 하면 주교의 자리에 앉혀 주겠다고 약속했다. 그러나 그들의 수고와 아첨의 말은 전혀 소용이 없었다.

해들리 마을에서 2마일 떨어진 곳에 도착했을 때 테일러는 말에서 내리게 해달라고 요청했다. 말에서 내린 테일러는 춤추듯이 한두 걸음을 가볍게 내딛었다. 치안판사는 "박사님, 무엇을 하십니까?"라고 물었다. 테일러는 "선하신 치안 판사님! 하나님을 찬양하십시오. 이제 나는 본향에 거의 도착했습니다. 이제 울타리를 두 개만 넘으면 내 아버지의 집에 이르게 됩니다. 그런데 우리는 해들리 마을을 지나가게 됩니까?"라고 말했다. 치안판사는 그렇다고 대답했다. 그 말을 듣고 테일러는 "오, 하나님! 죽기 전에 내가 진심으로 사랑했으며 진리로 가르쳤던 내 양들을 다시 보게 해 주시니 감사드립니다. 주여! 저들을 축복하시고 당신의 말씀과 진리 안에 굳세게 해 주시옵소서"라고 말했다.

그들이 해들리에 이르러 다리를 건너려 할 때에 다리 입구에 가난한 남자가 다섯 명의 어린 아이를 데리고 기다리고 있었다. 그는 테일러를 보더니 아이들과 함께 무릎을 꿇고 두 손을 들고 큰 소리로 말했다. "오, 사랑하는 선한 목자시여! 당신이 여러 번 나와 불쌍한 내 자녀들을 도와 구원해 주셨듯이 하나님께서 당신을 구원해 주시기를 빕니다."

해들리의 거리 양쪽은 그를 만나려는 사람들로 가득차 있었다. 그들은 사형 당하러 가는 테일러를 보고서 눈물을 흘리며 슬픈 목소리로 서로 서로 말했다. "오, 주님! 우리를 신실하게 가르치고 자애롭게 돌보아 주시고 경건하게 다스리셨던 선한 목자가 우리에게서 떠나고 있습니다. 오! 자비하신 하나님! 우리 흩어진 불쌍한 양들은 어찌 해야 합니까? 이 악한 세상은 어떻게 될까요? 주님! 그에게 힘을 주시고 위로를 주시옵소서."

테일러는 사람들에게 말했다. "나는 이제까지 여러분들에게 하나님의 말씀과 진리를 전파했는데, 오늘 그것을 나의 피로 증거하겠습니다."

구빈원에 이르렀을 때, 그는 감방 생활을 하는 동안 받은 돈 중에서 남은 돈을 가난한 사람들에게 던져 주었다. 그는 감옥에 처음 투옥되었을 때 목사의 급료를 박탈 당했으므로 그를 방문한 선량한 사람들이 주는 자선금으로 유지해 왔었다. 그는 남은 돈을 장갑에 담아 그를 만나려고 문 앞에 서 있는 불쌍한 구호대상자에게 주었다. 구빈원의 마지막 건물에 이르렀을 때에 그는 그곳에 살고 있는 가난한 사람들이 문 앞에 서 있지 않은 것을 보고 물었다. "이곳에 살던 눈먼 남녀는 아직 살아 있습니까?" 사람들이 "예, 그들은 집 안에 있습니다"라고 대답하자 그는 장갑과 그 안에 들어 있는 모든 것을 창문 안으로 던졌다.

그리하여 가난한 자들의 후원자요 아버지였던 테일러는 일생 동안 특별히 돌보아주고 가르쳤던 사람들과 작별했다.

마침내 그는 자기가 처형될 앨담공원에 도착했다. 그는 그곳에 많은 사람이 모여 있는 것을 보고 물었다. "이곳은 어디이며, 왜 저렇게 많은 사람들이 모여 있습니까?" "이곳은 앨담 공원이며 당신은 이곳에서 처형됩니다." 이 말을 들은 테일러는 "하나님께 감사할지어다. 이제 나는 집 앞에 도착했다"고 말하고 말에서 내려 두 손으로 머리에 쓰고 있던 두건을 찢었다.

흰 수염이 길게 자란 그의 얼굴을 보는 순간 사람들은 눈물을 흘리며 소리쳤다. "선하신 테일러 박사님, 하나님께서 당신을 구원하실 것입니다! 예수 그리스도께서 당신에게 힘을 주시고 도와주실 것이며 성령께서 위안을 주실 것입니다." 이 말을 듣고 테일러는 사람들에게 말을 하려 했다. 그러나 그의 주위를 에워싼 호위병들은 그가 입을 여는 순간 그의 입에 지팡이를 집어 넣어 말을 하지 못하게 했다.

그래서 테일러는 앉아서 소이스(Soyce)라는 사람에게 말했다. "소이스, 이리로 와서 내 장화를 벗겨 주시오. 그리고 수고의 값으로 내 장화를 가지시오. 당신은 오랫동안 내 장화에 눈독을 들여왔으니 이제 그것을 가지도록 하시오." 그리고나서 그는 일어서더니 셔츠만 남기고 옷을 모두 벗어 나누어 주었다.

그 다음에 그는 큰 소리로 말했다. "선한 백성들이여, 나는 당신들에게 하나님의 거룩한 말씀만 가르쳤습니다. 내가 당신에게 가르친 내용들은 하나님의 복된 책, 성경에서 발췌한 것이었습니다. 오늘 나는 내 피로 그것을 증명하기 위해 이곳에 왔습니다."

이렇게 말하는 순간, 그 동안 테일러를 잔인하게 대해왔던 홈즈(Homes)라는 호위병이 그의 머리를 세게 때렸다. 그는 무릎을 꿇고 기도했다. 사람들 속에서 어느 가난한 여인이 기어나와 그와 함께 기도했다. 그들은 그녀를 밀어내며 말발굽으로 짓밟아 버리겠다고 위협했지만 그 여인은 조금도 움직이지 않고 그 자리에서 그와 함께 기도했다.

테일러는 말뚝으로 다가가서 거기에 입을 맞추었다. 그리고는 그들이 준비해놓은 콜탈통 위에 올라서서 말뚝에 등을 대고 똑바로 섰다. 그는 두 손을 꼭 잡고 하늘을 바라보며 계속 기도했다. 그들은 그를 쇠사슬로 묶었다.

치안판사는 리처드 도닝햄이라는 도살자를 불러 장작더미를 쌓으라고 명령했다. 그러나 그는 거절하며 "나는 발을 절기 때문에 장작다발을 들지 못합니다"라고 말했다. 치안판사는 그를 감옥에 저넣겠다고 위협했지만 그는 꿈쩍도 하지 않았다.

하는 수 없이 치안판사는 물레인(Mulleine), 소이스, 워릭(Warwick), 로버트 킹(Robert King)에게 장작더미를 쌓고 불을 붙이라고 명령했다. 그들은 명령대로 행했다. 워릭은 잔인하게도 테일러에게 장작더미를 던졌는데 그것이 그의 얼굴에 맞아 피가 흘러내렸다. 테일러는 "친구여, 나는 이미 충분히 고난을 당했는데 또 무엇이 필요합니까?"라고 말했다.

테일러는 시편 51편을 영어로 암송했는데, 곁에 서 있던 존 셸톤(John Shelton) 경은 라틴어로 암송하라며 그의 입술을 때렸다.

마침내 그들은 불을 붙였다. 테일러 박사는 두 손을 펴고 하나님을 부르며 기도했다. "하늘에 계신 자비하신 하나님, 나의 구주이신 예수 그리스도를 인하여 내 영혼을 받아 주시옵소서." 그리고나서는 아무 소리도 없고 움직임도 없이 두 손을 모은 채 가만히 서 있었다. 소이스가 도끼창으로 테일러의 머리를 치니 머리가 깨졌고 그의 시신은 불 속에 쓰러졌다.

스코틀랜드의 순교자들

패트릭 해밀톤

　루터가 뿌린 씨앗은 독일, 이탈리아, 프랑스에서 뿌리를 내리고 가지를 뻗어 나갔으며, 영국에서도 역시 가지를 뻗고 열매를 맺었다. 그 열매 중에는 패트릭 해밀톤이라는 사람이 있었다. 그는 스코틀랜드 태생의 귀족이요 왕의 혈족으로서 전도가 유망한 23세의 청년이었다. 그는 펀(Ferne)의 수도원장이라고 불렸다.

　그는 경건한 지식을 배우기 위해 세 명의 동료와 함께 조국을 떠나 독일의 마르부르그(Marburg) 대학으로 갔다. 이 대학은 당시 헷세(Hesse)의 영주 필립이 새로 세운 대학이었다. 그는 학자들과의 협의, 특히 프랜시스 램버트(Frances Lambert)와의 협의를 통해 지식과 판단에 있어서 큰 유익을 얻었다. 그는 램버트의 격려를 받아 신앙과 행위에 관한 논쟁에 대한 공개적인 결론을 내린 최초의 인물이었다.

　만일 이 청년이 다른 조신(朝臣)들처럼 방종하고 방탕한 생활태도로 살아가기를 택했다면 그는 아무런 위험이나 처형을 받지 않고 오히려 칭송을 받았을 것이다. 그러나 그는 자신의 혈통에 경건을, 자신의 나이에 덕행을 결합시켰기 때문에 악인들의 손아귀를 피할 수 없었다. 이 세상에서는 죄와 사악함만이 가장 안전하고 확실한 것이기 때문이다.

　방탕, 야심, 도박, 술 주정, 강도짓 등의 죄를 범한 사람을 추기경들이나 주교들이 잔인하게 심문하며 격노하는 것을 본 사람은 없을 것이다. 그러나 만일 어떤 사람이 경건한 소망과 연구에 열중하며, 성인들의 공로를 배제하고 오직 그리스도만이 자신의 유일한 보호자요 변호자라고 고백하고, 그리스도를 믿음으로 값 없이 의롭다함을 얻는다는 사실을 시인하고, 연옥을 부인한다면—이러한 조목들 때문에 해밀톤은 화형을 당했다— 그들은 노인이나 친척이라도 용서하지 않을 것이며, 아무리 강력한 이 세상의 권력이라도 그들의 위엄과 권위에 저항하지 못할 것이다.

　만일 스코틀랜드인들이 자신의 일용품을 탐내지 않았다면, 대단한 경건함과 특이한 지혜를 부여받은 귀하고 지혜로운 이 청년은 그들에게 대단히 귀한 귀감이 되었을 것이다.

　지혜로운 패트릭은 날이 갈수록 지식을 더해가고 경건함으로 타올랐다. 마침내 그는 조국으로 돌아가 자신이 해외에서 얻은 명철의 열매를 조국의 백성들에게 나누어 주는 문제를 곰곰이 생각했다. 그는 지체하지 않고 경건한 목적을 품고 함께 스코틀랜드를 떠났던 세 명 중 한 사람과 함께 고국으로 돌아왔다.

　그러나 그는 백성들의 지독한 무지와 맹목성을 확인하지 않고 용감하게 진리를 가르치고 전파했기 때문에 이단이라는 죄목으로 고발되었다. 그는 성 앤드류 교회의 대주교인 제임스 비튼(James Beaton)과 맞서 하나님의 복음을 위해 싸웠기 때문에 1527년 3월 1일 대주교와 사제단이 모인 곳에 출두하라는 소환명령을 받았다. 그는 지식에 있어서 앞서 있었을 뿐만 아니라 열렬한 정신의 소유자였으므로 지정된 시간보다 일찍 그곳에 도착하여 그들과 크게 논쟁했다. 그들은 성경에 의해서는 그의 유죄를 증명할 수 없었기 때문에 힘으로 그를 압제했다. 그리하여 그에게 사형을 선고한 뒤 바로 그 날 저녁 식사를 마친 뒤 서둘러 화형에 처했다.

복된 하나님의 종인 거룩한 해밀톤은 정당한 이유도 없이 잔인한 원수들에 의해 죽임을 당했으나 그는 그리스도의 교회에 커다란 결실을 안겨 주었다. 그가 피 흘려 행한 증거로 말미암아 많은 사람들의 마음에 하나님의 진리가 확고부동하게 자리잡아 다시는 뿌리 뽑히지 않게 되었고, 그 후 많은 사람들이 그의 주장을 지지하다가 순교를 당했다.

헨리 포리스트

패트릭 해밀톤이 순교하고 몇 년 후 린리스고우(Linlithgow)에서 태어난 청년 헨리 포리스트(Henry Forest)는 패트릭 해밀톤을 순교자라고 주장했기 때문에 성 앤드류 교회의 대주교인 제임스 비톤은 그를 체포하여 투옥했다. 제임스 비톤 대주교는 곧이어 월터 레잉(Walter Laing)이라는 수도사에게 그의 고해성사를 받으라고 했다. 헨리 포리스트는 이 수도사에게 자신은 패트릭이 선한 사람이었으며 이단자가 아닌데 부당하게 사형을 당했다고 생각한다고 고백했고, 수도사는 자신이 들은 대로 주교에게 전했다. 이런 내용은 주교가 미처 알지 못했던 사실이었다. 그 고백만으로도 충분히 그를 정죄할 수 있다는 판단하에 주교는 헨리 포리스트는 이단자이며 패트릭 해밀톤과 마찬가지로 불의한 자라고 결론을 내리고, 그를 세속 재판에 넘겨 사형에 처하게 했다.

해밀톤의 성직 박탈 의식을 행하고 그를 사형에 할 날이 다가왔다. 그는 성 앤드류 성과 머니메일(Monymail) 사이에 있는 녹지대에서 성직자들 앞에 섰다. 그는 문을 들어서면서 성직자들의 얼굴을 보고 그들이 무엇을 꾀하는지를 직감하고 큰 소리로 외쳤다. "보기 싫은 거짓말쟁이! 더러운 거짓 수도사, 고해성사를 폭로하는 자들아! 오늘 이후로 아무도 거짓 수도사, 하나님의 말씀을 멸시하는 자, 인간을 기만하는 자들을 믿지 말지어다."

성직 박탈 의식이 끝난 뒤, 그는 그리스도의 진리와 그의 복음을 신실하게 증거했다는 이유로 성 앤드류 수도원 교회의 북쪽 문설주에서 죽음을 당했다. 이것은 멀리 있는 사람들까지도 그를 태우는 불길을 보고 두려워하여 소위 그들이 말하는 이단 교리에 빠지지 못하게 하려는 의도에서였다.

제임스 해밀톤, 캐더린 해밀톤, 라이드, 데이비드 스트에이톤, 노만 걸레이

헨리 포리스트가 순교하고 나서 일년 남짓 지났을 때 린리스고우가(家)의 제임스 해밀톤과 그의 여동생 캐더린 해밀톤, 라이드(Leith)라는 정직한 여인, 로리스톤(Lauriston)가의 데이비드 스트레이톤(David Straton), 그리고 노만 거레이(Norman Gurley) 등이 에디번러에 있는 성 십자가 수도원 교회로 소환되었다. 이들을 소환한 사람은 대주교 제임스 비톤의 명령을 받은 로스의 주교 제임스 헤이(James Hay)였다.

이들은 붉은 옷을 입은 제임스 5세 앞으로 소환되었다. 제임스 해밀톤은 자기의 형 패트릭의 주장을 옹호했다는 죄목으로 기소되었다. 국왕은 그에게 출두하지 말고 멀리 떠나라고 충고해 주었다. 왜냐하면 일단 출두한 뒤에는 왕이라도 그를 도울 수 없었기 때문이었다. 주교들은 왕에게 이단의 주장과 조금이라도 관련을 맺으면 안 된다고 설득했었다. 그리하여 해밀톤은 도피했으며, 이단자로 정죄되어 그의 모든 재산과 토지는 몰수되었다.

그러나 그의 누이 캐더린 해밀톤은 재판정에 출두했다. 그녀는 이단자로서 행위로는 구원을 얻지 못한다고 주장했다는 죄목으로 고발되었으며, 그녀는 그 사실을 인정했다. 그녀는 재판관인 존 스펜스(John Spens)와 오랫동안 토론한 뒤에 다음과 같이 결론을 내렸다. "여기에도 행위, 저기에도 행위가 있습니다. 이것들은 모두 어떤 행위입니까? 나는 어떤 종류의 행위도 나를 구원하지 못하며, 다만 나의 주이시며 구세주이신 그리스도의 행위만이 나를 구원할 수 있음을 분명히 압니다." 이 말을 들은 국왕은 웃으며 그녀를 자기 앞에 불러 놓고 그 말을 취소하라고 했다. 그녀는 왕의 숙모였다.

노만 걸레이는 연옥은 존재하지 않으며 교황은 주교가 아니라 적그리스도로서 스코틀랜드에서는 사법권을 갖지 못한다고 말했다는 죄목으로 기소되었다.

데이비드 스트레이톤은 연옥은 존재하지 않으며 그리스도의 고난과 이 세상에서의 환난들이 있을 뿐이라고 말한 것, 그리고 에그레스 그리그의 주교 대리 로버트 로슨이 그에게 물고기를 십일조로 요청했을 때 그는 그 물고기들을 보트에서 그에게로 던져 주었는데 그 중 몇 마리가 바닷속으로 떨어졌으므로 십일조를 바치지 않았다는 죄목으로 기소되었다. 이들 두 사람은 국왕의 간절한 호소에도 불구하고 자신의 주장을 취소하기를 거절했다.

로스의 주교는 그들을 이단자라고 선고했으며, 라이드와 에딘버러 사이에 있는 녹지대에서 화형에 처하라고 했다. 그렇게 한 까닭은 파이프의 주민들이 화형 광경을 목격하여 공포와 두려움을 느껴 다시는 그와 유사한 주장에 빠지지 않게 하려는 것이었다.

데이비드 스트레이톤과 걸레이가 화형 당하고 나서 얼마 후 돌라(Dolar)의 주교대리이며 성 콤(St. Colm)의 평의원인 토머스 포렛(Thomas Forret)이라는 부감독이 매 주일 교구민들에게 복음서와 바울 서신을 주제로 설교했다. 당시 스코틀랜드에서는 도미니코회 수도사들이나 프란치스코회 수도사가 아닌 사람이 설교를 한다는 것은 대단히 진기한 일이었다. 따라서 그를 시기한 수도사들은 던켈드(Dunkeld)의 주교에게 그는 이단자이며 천민들에게 성경의 비밀들을 영어로 가르쳤고 백성들이 성직자들을 싫어하게 만들었다는 죄목으로 고소했다.

수도사들의 선동을 받은 던켈드의 주교는 토머스를 소환하여 다음과 같이 말했다. "토머스, 나는 당신을 사랑합니다. 그러므로 당신이 어떻게 자신을 다스리고 지배해야 할지 충고해 주겠습니다." 토머스는 "각하, 진심으로 감사드립니다"라고 말했다. 그러자 주교는 다음과 같이 충고하기 시작했다.

주 교: 토머스 부감독! 나는 당신이 매 주일 교구민들에게 복음서나 바울서신서를 설교하며, 교구민들에게서 암소나 성직자복을 받지 않는다는 소식을 들었습니다. 이것은 성직자로서 대단히 좋지 않은 태도입니다. 토머스 부감독, 나는 당신이 다른 성직자들처럼 암소와 성직자복을 받기를 바랍니다. 그리고 매 주일 복음를 설교하는 것은 지나칩니다. 당신이 그렇게 하는 것을 본 백성들은 우리도 동일하게 해야 한다고 생각할 것입니다. 당신이 거룩한 교회의 자유를 설명해 주는 선한 서신이나 복음을 발견할 때에만 설교하는 것으로 충분할 것입니다.

토머스: 각하, 나는 내 교구민들이 내가 암소를 받지 않는다거나 성

직자복을 받지 않는다고 해서 불평을 하리라고는 생각하지 않습니다. 그들은 그것은 물론 자기들이 가지고 있는 다른 물건들까지도 나에게 주려 하며, 나는 내가 가진 모든 것을 그들에게 나눠주고 함께 교제할 것입니다. 각하, 우리 사이에는 아무런 불화가 없으며, 의견의 일치를 보고 있습니다. 각하께서는 매 주일 설교하는 것이 너무 많다고 말씀하셨지만, 나는 그것도 부족하다고 생각하고 있으며, 각하께서도 동일하게 행하시기를 바라고 있습니다.

주 교: 토머스 부감독, 그렇지 않습니다. 그 일에는 상관하지 마십시오. 우리는 설교하기 위해 성직에 임명된 것이 아닙니다.

토머스: 각하께서는 나에게 선한 서신이나 복음을 발견할 때에만 설교하라고 명령하셨습니다. 각하, 나는 신구약 성서를 모두 읽고 서신과 복음서를 모두 읽어 보았지만 그 중에서 악한 서신이나 악한 복음은 발견하지 못했습니다. 그러나 만일 각하께서 나에게 선한 서신과 선한 복음, 그리고 악한 서신과 악한 복음을 가르쳐 주신다면, 나는 악한 것은 제외하고 선한 것들만 설교하겠습니다.

주 교: 나는 내가 구약과 신약이 무엇인지 몰랐다는 것에 대해 하나님께 감사드립니다. 나는 주교 예전서(禮典書) 외에는 아무 것도 알지 못합니다. 가십시오. 그리고 이 모든 백일몽은 걷어 치우시오. 만일 당신이 계속 이처럼 잘못된 주장을 고집하며 고치지 않는다면 장차 후회하게 될 것입니다.

토머스: 나는 하나님 앞에서 내 주장이 옳다고 믿습니다. 그러므로 그에 따른 결과에 대해서는 그다지 많은 말을 하지 않겠습니다.

이리하여 주교와 토머스는 헤어졌다. 얼마 후 성 앤드류 교구위 추기경과 던켈드의 주교는 토머스 포렛과 몇 사람을 소환했다. 그리고 이들이 출두하는 바로 그 날, 자신의 주장을 취소할 여유도 주지 않고 사형을 선고했다. 그들의 주장에 의하면 이들은 이단의 두목, 또는 이단을 가르치는 교사들이었으며, 특히 그들 중 여러 명은 사순절 기간에 투리보디의 주교대리의 결혼식에 참석하여 고기를 먹었다는 것이었다. 그들은 모두 함께 에딘버러의 케슬힐에서 화형에 처해졌다.

성 요한 마을의 순교자들

아란(Arran)의 백작 해밀톤 경이 다스리는 주에서는 스코틀랜드의 모든 사람들에게 영어로 된 성경을 읽을 수 있는 특권을 주는 법령이 제정되었다. 그러나 성경 강독이나 주해를 청취하기 위한 백성들의 집회나 협의회는 금지했다. 그리하여 개인적으로 성경을 읽을 수 있는 자유가 주어졌으므로 스코틀랜드의 여러 지방에서 택한 자들이 진리를 깨닫고 가톨릭 교회의 가증한 것들을 거부했다. 이런 사람들 중에는 성 요한 마을의 주민들도 몇 명 포함되어 있었다.

당시 성 요한, 또는 퍼스(Perth)라고도 불리는 마을에서는 스펜스(Spence)라는 수도사가 설교를 하면서 성인들에게 기도하는 것은 반드시 필요한 일이며, 이것이 없이는 구원의 소망을 가질 수 없다고 주장했다. 그러나 이 마을 주민 로버트 램(Robert Lamb)은 이 불경한 교리를 따를 수가 없었다. 그래서 그는 많은 사람들이 있는 곳에서 스펜스를 비난하며, 하나님의 이름으로 진리를 말하라고 간청했다. 겁에 질린 수도사는 그렇게 하겠다고 약속했지만 주민들의 소요와 폭동은 더욱 거세어져서 한 사람도 이 수도사의 설교를 들으려 하지 않았다.

1543년 진리의 원수들은 진리를 사랑하는 퍼스 마을의 시장 존

차터하우스(John Charterhouse)를 해임하고 그의 후임으로 가톨릭 교도인 알렉산더 말벡(Alexander Marbeck)을 임명했다. 그리하여 그들은 자기들이 꾀하고 있는 악하고 불경한 계획을 쉽게 성취하게 되었다.

성 바울의 축일이 되어 시장, 추기경, 아르가일(Argyle)의 백작 및 몇몇 귀족들이 성 요한 마을에 왔다. 그곳에는 이단 죄로 고소된 사람들이 많이 있었지만 로버트 램, 윌리엄 앤더슨, 제임스 헌터, 제임스 레블슨, 제임스 핀러슨과 그의 아내 헬렌 스타크만 체포되어 스페이탑(Spay Tower)에 갇혔다.

다음 날 아침 그들은 재판정에 끌려 나갔다. 그들에게는 앞에서 언급했던 법령을 범했으며 성경을 해석하고 강의를 듣기 위한 그들의 모임은 그 법령의 취지에 어긋난다는 죄목이 적용되었다. 특히 로버트 램에게는 강단에서 설교하는 수도사를 방해했다는 죄목이 적용되었다. 램은 이 사실을 인정했을 뿐만 아니라, 진리를 알고 이해하는 사람이 진리가 그처럼 비난받는 것을 보면서 반박을 하지 않는 것은 사람의 도리가 아니며, 따라서 진리의 지식을 감추고서 재판에 참석한 많은 사람들은 그러한 행위를 시인한 것으로 인해 하나님 앞에서 큰 고통을 겪어야만 한다고 장담했다.

또 로버트 램에게는 윌리엄 앤더슨과 제임스 레블슨과 함께 성 프란치스코의 성상의 머리에는 숫양의 뿔을, 꼬리에는 암소의 엉덩이를 붙여서 끈으로 묶어 매달았으며, 만성절에 거위고기를 먹었다는 죄목도 적용되었다.

제임스 헌터는 배운 것이 없는 무식한 고기장수였다. 그는 종종 수상한 사람들의 모임에 참석했다는 이유로 기소되었다.

헬렌 스타크는 아이를 분만할 때에 주위 사람들의 권면에도 불구하고 성모 마리아를 부르지 않고 예수 그리스도의 이름으로 하나님만 불렀기 때문에 기소되었다. 또 그녀는 자신이 성모 마리아와 같은 시대에 살았다면 하나님께서 성모 마리아에게 하셨듯이 자신의 겸손과 비천함을 살피셔서 그리스도의 어머니로 만드셨을 수도 있다고 말함으로써 성모 마리아가 큰 영광을 받아 그리스도의 어머니로 선택된 것은 그녀에게 공로가 있기 때문이 아니라 하나님께서 자비하심으로 그녀를 그처럼 고귀한 상태로 만드셨다는 의미를 나타냈다. 이 말은 성직자들과 모든 사람들로부터 지극히 불경한 말로 간주되었다.

제임스 레블슨은 집을 지으면서 4층 계단의 손잡이에 나무로 만든 베드로의 삼층관을 세워 놓았는데, 추기경은 이것을 추기경의 모자를 조롱하는 행위로 간주했다.

이들에게 사형이 선고된 뒤, 사람들은 이들의 두 손을 묶었다. 특히 남자들은 잔인하게 취급되었는데, 이 광경을 본 헬렌 스타크는 병사들에게 자신도 그리스도를 위하여 남편과 함께 묶어달라고 말했다. 온 마을 사람들은 시장에게 이들의 생명을 살려달라고 탄원했으며, 시장 자신도 내심으로는 그들을 석방시켜주고 싶었다. 그러나 그는 잔인한 사제들의 욕망에 완전히 예속되어 있었기 때문에 자기의 뜻대로 할 수 없었다. 그들은 시장이 그들의 잔인한 행위를 지원하지 않는다면 그를 해임하겠다고 협박했다.

순교자들은 많은 무장한 사람들에 의해 처형장으로 끌려갔다. 그곳은 도둑들을 처형하는 곳이었다. 그들은 이곳을 처형장으로 택함으로써 순교자들의 주장을 더욱 가증하게 보이게 하려 했던 것이다. 이들은 서로를 위로했고 그 날 밤에 하늘나라의 잔치에 참예하게 될 것이라는 확신을 갖고서 하나님께 자신을 맡기고 주님 안에서 처형되었다.

헬렌 스터크는 남편과 함께 죽기를 간절히 원했지만 받아들여지지 않았다. 그녀는 처형장까지 따라가며 남편을 위로하고 그리스도를 위하여 끝까지 인내하라고 권면했다. 그녀는 남편과 입맞추고 작별하면서 이렇게 말했다. "여보, 기뻐하세요. 우리는 지금까지 함께 많은 세월을 즐겁게 살아왔어요. 그러나 우리가 처형 당하는 이 날은 우리 모두에게 가장 즐거운 날이 되어야 해요. 우리는 이제 영원한 기쁨을 소유하게 될 테니까요. 나는 당신에게 작별인사를 하지 않겠어요. 우리는 곧 하늘나라에서 다시 만날 테니까요" 헬렌은 자신을 물에 빠뜨려 죽이기로 된 장소로 끌려갔다. 그녀의 품에서는 갓난 아이가 젖을 빨고 있었지만 무자비한 원수들은 전혀 이것을 마음에 두지 않았다. 그녀는 자녀들을 마을 사람들에게 맡기고 젖먹이 어린 아이는 유모에게 맡긴 뒤 죽음으로써 진리를 확증했다.

조지 위샤트

피에 굶주린 기독교 신앙의 원수들은 조지 위샤트(George Wishart)에게 무자비한 죄명을 덮어 씌웠다. 악한 교회는 이 복된 하나님의 사람을 박해하는 일에 지독한 광분과 잔인함을 나타냈다. 그러나 그는 두려움 없이 겸손하게 인내하며 경건하게 그들에게 응답했다. 그는 그들의 교만한 협박과 사납게 몰아치는 위협에 조금도 상관치 않고 얼굴 표정조차 변하지 않은 채 자비하고 거침없이 대답했다. 위샤트의 제자인 에머리 틸니(Emery Tylney)가 기록한 위샤트의 생애와 대화를 인용하여 보면 다음과 같다.

1543년 경, 켐브리지대학에 조지 위샤트라는 석사가 있었다. 사람들은 흔히 그를 베네트(Benet) 단과대학의 조지 석사라고 불렀다. 그는 키가 크고 대머리였는데, 머리에는 둥글고 멋진 프랑스 모자를 썼다. 그의 얼굴은 우울한 빛을 띠고 있었으며, 검은 머리에 긴 수염을 지닌 잘 생긴 인물이었다. 그는 예의 바르고 겸손하고 사랑스러웠으며 열심히 가르치고 배우며 여행을 많이 했다. 그는 두텁고 거친 모직물로 만든 발까지 닿는 가운, 검은 자켓과 검은 바지, 거칠고 뻣뻣한 돛베로 만든 셔츠를 입었고 양 손에는 흰 고리를 늘어뜨리고 있었다.

그는 겸손하고 온화하며 하나님을 경외하고 탐심을 미워했다. 따라서 그는 밤낮으로 끊임없이 사랑을 베풀었다. 그는 하루에 두끼만 식사를 했고, 대체로 나흘에 하루는 체력을 유지할 만큼만 먹었다. 그는 밀짚과 거칠고 뻣뻣한 베로 만든 이불 위에 누워서 잤는데, 변화된 후로는 그것마저 버리고 말았다. 그는 침대 옆에 물통을 두고서 그 속에서 목욕을 하곤 했다. 그는 나를 사랑했고 나도 그를 사랑했다.

그는 대단히 정숙하고 근엄한 태도로 가르쳤기 때문에 사람들은 그가 가혹하다고 생각하여 그를 죽이려 했으나 하나님께서는 그를 지켜주셨다. 그는 그들의 악행에 대해 적당한 견책을 행한 뒤, 훌륭한 권면으로 그들의 마음을 바로 잡아주고 떠났다. 하나님께서 나의 스승인 그를 이곳에 남겨두셔서 자신이 시작했던 일을 끝마치게 해 주셨으면 얼마나 좋았겠는가? 그러나 그는 국왕 헨리와 조약을 맺기 위해 이곳에 왔던 귀족들과 함께 스코틀랜드로 돌아갔다. 나를 비롯한 모든 사람에 대한 그의 사랑, 가난한 사람들을 돌보아 그들에게 필요한 것들을 공급해 주며, 어떻게해서든 아무에게도 해를 끼치지 않고 선을 행하려고 노력한 그의 자비심은 아무리 칭찬해도 지나치지 않을 것이다.

조지 위샤트는 성 앤드류성에 갇혀 있었다. 추기경의 명령을 받은 이 마을의 부감독은 그에게 가서 다음 날 아침 재판정에 출두하여 그가 주장하는 선동적이고 이단적 교리에 대해 설명하라고 말했다.

다음 날 아침이 되었다. 추기경은 시종들에게 가죽조끼를 입고 창, 도끼 등으로 무장하라고 명령했다. 그들은 참된 하나님의 말씀을 전파하려는 사람이라기보다 전쟁터에 나가는 사람들처럼 보였다. 무장한 투사들의 호위를 받으면서 마치 전쟁터로 진군하듯이 수도원 교회에 도착한 주교들은 조지를 불러 오라고 했다. 조지는 이미 그 성의 지휘관이 인솔하는 무장한 일백 명의 무사들의 호위를 받아 그 교회에 와 있었다. 그들은 마치 제물로 바칠 어린 양처럼 그를 이끌고 갔다.

조지가 수도원 교회의 문에 들어서려고 할 때, 병들어 허약해진 한 가난한 사람이 그곳에 누워 구제를 요청했으므로 그는 지갑을 그에게 주었다. 그가 추기경 앞에 도착한 뒤에 수도원의 부원장 데인 존 윈라임(Dane John Winryme)은 강단에 서서 그곳에 모인 사람들에게 설교를 했다.

설교가 끝난 뒤, 그들은 조지를 강단 위에 올려 세우고 그곳에서 그의 죄목을 듣게 했다. 그의 맞은 편에서 존 랜더(John Lander)라는 수도사가 온갖 저주를 기록한 문서를 가지고 일어섰다. 그가 꺼낸 문서는 협박과 악담, 그리고 악한 욕설이 가득찬 두루마리였다. 그는 잔인하고 가증한 말들을 했으며 악랄하게도 교황의 위협으로 조지를 몰아쳤기 때문에 무식한 사람들은 이 지구가 그를 산채로 삼켜 버리지 않을까 염려했다. 그럼에도 불구하고 조지는 참을성 있게 움직이지도 않고 얼굴 표정도 변하지 않은채 묵묵히 서서 그의 말을 들었다.

온갖 거짓으로 가득찬 협박문을 읽는 이 살찐 돼지의 얼굴에는 땀이 줄줄 흐르고 있었고 입에는 거품을 물고 있었다. 그는 조지의 얼굴에 침을 뱉으며, "이 부랑자, 반역자, 도둑놈아! 너는 이 말에 대해 무엇이라고 대답할 테냐? 우리는 충분한 증거를 가지고 있다"고 말했다. 이 말을 들은 조지는 강단에서 무릎을 꿇고 기도했다. 기도를 마친 뒤 그는 상냥하고 기독교인다운 태도로 "여러분은 내 말과 교리 및 내가 지금까지 가르쳐온 것들은 알아야 합니다. 또한 내가 부당하게 죽어 당신들의 영혼을 위험하게 하지 않으리라는 것도 알아야 합니다. 그러므로 하나님의 영광과 나 자신의 건강, 그리고 내 생명의 안전을 위해 당신들이 내 말을 들어 주기를 바랍니다. 나는 조금도 각색하지 않고 나의 교리를 솔직하게 말씀드리겠습니다"라고 대답했다.

갑자기 고발자인 그 살찐 돼지가 소리쳤다. "너는 부랑자이며 반역자이고 도둑이다! 네가 설교를 하다니 당치도 않다. 너는 교회의 허락 없이 멋대로 설교했었다."

그곳에 모인 모든 성직자들이 말하기를, "만일 그에게 설교를 허락한다면, 그는 대단히 교활하고 성경에 능통하기 때문에 사람들은 그의 주장을 믿고 우리를 대적할 것이다."

이들의 악한 의도를 깨달은 조지는 추기경의 재판을 받지 않고 공평무사한 재판관에게 재판을 받겠다고 항소했다. 고발자인 존 랜더는 돼지 같은 목소리로 대답했다.

"추기경 각하는 이 나라의 제 2인자로서, 스코틀랜드의 상서(尙書)요, 앤드류의 대주교요 마이어포아(Mirepois)의 주교입니다." 그는 계속하여 배 한 척을 가득 채울 만큼 많은 칭호를 갖다 대며 바보처럼 말했다. "이 분이야말로 그대에게 가장 공명한 재판관이 아닌가? 이 분 외에 누구를 재판관으로 원하겠는가?"

이 겸손한 사람은 그에게 대답했다. "나는 추기경 각하를 거부하지는 않습니다. 그러나 나는 하나님의 말씀이 내 재판관이 되어 주시기를 바랍니다. 왜냐하면 나는 이곳에 내 주님의 죄수로 서 있기 때문입니다."

이 말을 들은 교만하고 비소적인 사람들은 그를 조롱했으며 서둘러 조지에게 형을 언도하려 했다. 그러나 몇 사람은 추기경에게 그의 죄목을 다시 낭독해 주고 그에 대한 답변을 들어 보아야 백성들이 그가 부당하게 정죄받았다고 불평하지 않을 것이라고 충고했다.

그러나 어두움의 아들들은 이 무죄한 사람의 말을 듣고자 하는 평민들을 그곳에서 내보낸 뒤 하나님의 심판은 아랑곳하지 않고 확정판결을 내렸다. 이 일을 마친 뒤, 추기경은 형리들에게 이 온유한 어린 양을 성으로 데려가 화형 준비가 될 때까지 가두어 두라고 명령했다. 그가 성에 도착한 뒤, 스코트(Scot)라는 수도사가 동료와 함께 그를 찾아와서 고해성사를 하라고 했다. 조지는 "나는 당신에게 고해성사를 하지 않겠소"라고 대답했다.

화형할 준비와 교수대가 갖추어진 뒤, 추기경은 혹시 조지의 친구들이 조지를 빼앗아갈까 염려하여 성 안에 있는 모든 무기들을 그 쪽에 배치하라고 명령했다. 그리고 모든 포수들에게 조지의 화형을 마칠 때까지 총을 가지고 서 있으라고 명령했다. 모든 준비가 갖춰진 뒤에 그들은 조지의 손을 뒤로 묶어 처형장으로 데려왔다.

조지가 성문을 나설 때의 그곳에 있던 거지들이 조지에게 구제를 청했다. 조지는 그들에게 대답했다. "내가 당신에게 자선을 베풀 수 있는 손이 있다면 얼마나 좋겠습니까? 그러나 은혜가 풍성하시고 자비하신 하나님, 모든 사람을 먹이시는 하나님께서 당신들의 육체와 영혼에 필요한 것들을 허락해 주실 것입니다." 그 후에 그는 두 명의 수도사를 만났다. 그들은 "조지, 성모님께 당신을 위해 그녀의 아들에게 중재해 주시기를 기도하십시오"라고 말했다. 조지는 온유하게 대답했다. "형제여, 그만 두시오. 나를 유혹하지 마십시오." 이 말을 한 뒤, 그는 목에 밧줄이 걸리고 몸에는 쇠사슬이 묶여 화형장으로 끌려갔다.

화형장에 도착한 조지는 무릎을 꿇었다가 일어났으며 세 번 거듭하여, "오! 세상의 구주시여! 나를 불쌍히 여기소서. 하늘에 계신 아버지! 내 영혼을 당신의 거룩한 손에 맡기나이다"라고 기도했다.

기도를 마친 그는 사람들을 향해 돌아서서 이렇게 말했다. "나는 하나님께서 은혜로 내게 주신 말씀과 참 복음을 위해 사람들의 손에 죽습니다. 그러나 나는 조금도 슬퍼하지 않고 기쁜 마음으로 죽음을 맞습니다. 나는 그리스도를 위해 화형을 당하기 위해 이 세상에 왔습니다. 내 모습을 잘 보십시오. 내 얼굴 빛은 조금도 변하지 않을 것입니다. 나는 이 무서운 화형의 불을 조금도 두려워하지 않습니다. 오늘 밤 내 영혼이 나의 구세주이신 그리스도와 함께 식사할 것을 나는 분명히 알고 있습니다."

사형집행인이 무릎을 꿇고 말했다. "선생님, 나를 용서해 주시기 바랍니다. 나는 당신의 죽음에 대해 죄가 없습니다." 조지는 그에게 "이리 오시오"라고 말했다. 그는 자기 옆에 다가온 사형집행인의 뺨에 입을 맞추며 말하기를 "이것은 내가 그대를 용서한다는 표시입니다. 이제 당신의 맡은 직분대로 행하십시오"라고 말했다. 이윽고 그는 교수대 위에 세워져 교수형을 당했고, 이어 다시 화형에 처해졌다. 이 참혹한 처형 광경을 본 사람들은 슬픔을 금하지 못했으며, 이 무죄한 양의 학살에 대해 불평했다.

조지 위샤트가 피에 굶주린 스코틀랜드의 대주교요 추기경인 데

이비드 비톤에 의해 순교한 것이 1546년 3월 1일의 일이었다. 그로부터 얼마 후인 5월 마지막 날, 데이비드 비톤에게 하나님의 공의로운 보복이 임했다. 그는 레슬리(Leslie)와 몇 명의 향사들의 갑작스런 공격을 받아 성 앤드류성에서 살해 당했다. 그는 살해 당하는 순간에 "제발 나를 죽이지 마시오. 나는 사제입니다"라고 소리쳤다. 그는 살인자로 살다가 죽었다. 그의 시체는 일곱 달 이상 매장되지 못한 채 있다가 결국 거름더미 속에 묻혔다.

아담 월리스

데이비드 비톤의 뒤를 이어 성 앤드류의 대주교가 된 사람은 존 해밀톤이었다. 그도 선임자에 못지 않게 거룩한 순교자들의 수를 증가시켰다. 그는 아담 월리스(Adam Wallace)라는 가난한 사람을 재판정에 세웠다. 그에 관한 이야기는 다음과 같다.

에딘버러에 있는 도미니코 수도사들의 교회 사무실 담 옆에 있는 단상 위에 만들어진 좌석에 총독이 앉아 있고 그 뒤에는 모든 의원들이 서 있었다. 강단 위에는 마보틀(Marbotle)의 교구목사인 고발자 존 랜더(John Lander)가 흰 법의에 후드를 걸치고 앉아 있었다.

성 앤드류 주교의 사무원 존 컴녹(John of Cumnock)이 아담 월리스를 데려와 단상 중앙에 세웠다. 월리스는 겉보기에 무식하고 가난한 사람처럼 보였다. 그는 기소자를 바라보라는 명령을 받았다. 기소자가 이름을 물으니 그는 "아담 월리스입니다"라고 대답했다. 다음에는 어디에서 태어났느냐고 물었다. "페일에서 2마일 거리에 있는 카일에서 태어났습니다." 그러자 기소자는 이렇게 말했다. "당신처럼 가난한 사람의 헛된 말 때문에 귀족들을 이처럼 귀찮게 된 것을 유감스럽게 생각한다." 이 말에 대해 아담 월리스는 "하나님께서 나에게 은혜를 주셨으므로 나는 말을 해야 하며, 나는 어떤 사람에게도 해가 될 말을 한 적이 없다고 믿습니다"라고 말했다. 기소자는 "당신이 그런 말을 한 적이 없었으면 얼마나 좋겠습니까? 당신은 과거 이 나라에는 한번도 없었다고 생각되는 무시무시한 이단죄를 범했기 때문에 이곳에 서 있습니다"라고 말했다.

월리스는 자기는 자신이 배운 성경 말씀에 일치하는 것만 이야기 했으며, 죽는 한이 있더라도 성경에 의해 더 많은 가르침을 받을 때까지 그것을 지키겠다고 대답했다. "만일 내가 하나님의 말씀을 굳게 지켰다는 이유로 나를 정죄한다면, 장차 당신이 그리스도의 심판대 앞에 설 때에 내 무죄한 피를 당신의 손에서 찾을 것입니다."

그들은 그에게 사형을 선고한 뒤 에딘버러 시장에게 넘겨주어 캐슬힐에서 화형에 처하게 했다. 시장은 그 마을에서 가장 높은 집에 그를 가두고, 몸과 다리에 족쇄를 채우라고 했다. 그리고 무지한 사단의 사제인 휴 테리(Hugh Terry)에게 그 집의 열쇠를 보관하라고 했다. 테리는 두 명의 프란치스코회 수도사를 보내어 월리스를 가르치게 했지만 월리스는 그들과 이야기하려 하지 않았다. 곧이어 두 명의 도미니코회 수도사, 한 명의 영국인 수도사, 그리고 또 교묘한 궤변가 알부트낫(Albuthnot)을 보냈다. 월리스는 이 영국인 수도사와 함께 토론하며 성경을 근거로 하여 자신의 신앙을 밝히려 했다. 그러나 영국인 수도사는 자기에게는 그와 토론할 책임이 없다고 대답하며 떠나버렸다.

이번에는 세상적으로 현명하고 진리의 이해에 있어 결코 불경하지 않은 레스탈리히(Restalrig)의 부감독을 그에게 보냈다. 부감독은 그에게 기독교적인 위로를 해 주며 견신례 후에 받는 성찬의 실체를 믿으라고 권면했다. 그러나 월리스는 성경에서 증명된 것이 아닌 것에는 동의하려 하지 않았다. 그날 밤 그는 하나님을 찬미하고 노래하고 다윗의 시편을 암송하여 위로를 받았다. 그들은 이제까지 그가 항상 지니고 다니던 성경을 그에게서 빼앗아갔기 때문이었다.

휴 테리는 월리스가 책들을 읽으며 위로를 받는다는 것을 알고서 크게 화를 내며 그 책들을 빼앗았다. 그리고 그가 구주이신 그리스도 안에 지니고 있는 인내와 소망의 길에서 벗어나게 만들려고 애를 썼다. 그러나 하나님께서는 결코 그렇게 되도록 버려두지 않으셨다.

다음 날 아침까지 이 불쌍한 사람은 족쇄를 찬 채 지냈다. 다음 날 그를 화형에 처할 준비를 하라는 명령이 내렸다. 아침에 레스탈리히의 부감독이 다시 그에게 와서 함께 토론했다. 월리스는 전과 마찬가지로 비록 하늘의 천사들이 와서 권면한다고 해도 자신은 성경의 증거에 따른 자신의 신앙에 관한 것 이외에는 말하지 않겠다고 대답했다.

그 후에 휴 테리가 들어와 전과 같은 태도로 그를 심문했다. 월리스는 그에게 말하기를 "당신이 나를 위로하려 하다니 당신은 경건한 사람인 것 같군요. 나는 당신이 이리로 온다는 것을 알고서 하나님께 당신의 유혹들을 물리칠 힘을 달라고 기도했습니다. 그리고 나로 하여금 그렇게 할 수 있게 해 주신 것에 대해 하나님께 감사드립니다. 제발 혼자 편히 있게 해 주십시오"라고 말했다. 그리고 나서 곁에 서 있는 경관 한 사람에게 "불을 준비하는 일은 다 끝났습니까?"라고 물었다.

그가 형장으로 출발할 때에 시장은 누구에게도 말을 걸면 안 되고 누구도 그에게 말을 걸어서는 안 된다고 위협했다. 그가 캐슬힐을 향해 갈 때에 평민들은 "하나님이시여, 그를 불쌍히 여기시옵소서"라고 말했다. 그는 "여러분들에게도 자비를 베푸시기를 빕니다"라고 말했다.

화형대 곁에 선 그는 두 서너 번 눈을 들어 하늘을 바라보고는 사람들에게 "오늘 내가 진리를 위해 죽음을 당하는 것 때문에 여러분이 범죄하지 않기를 바랍니다. 제자는 결코 스승보다 위대할 수 없습니다"라고 말했다. 이윽고 그의 목에 밧줄이 걸리고 불이 지펴졌다. 곧 그는 편안한 얼굴로 하나님께 갔다.

월터 밀

스코틀랜드의 순교자들 중에서 월터 밀(Walter Mill)의 신앙의 절개는 지나칠 수 없을 만큼 훌륭한 것이었다. 그의 순교를 계기로 잔인하고 무지하고 짐승 같은 주교들과 수도원장과 수도사들의 폭정에 짓밟히기보다 차라리 죽기를 원하는 사람들이 수천 명이나 나타나게 되었다.

월터 밀은 청년 시절에는 가톨릭신자였지만 알메인(Almain)에 살면서 복음의 교리에 접했고, 1558년 스코틀랜드로 돌아왔다. 그는 모든 가톨릭교의 의식과 교리를 집어 치우고 결혼도 했다. 이 일로 인해 스코틀랜드의 주교들은 그에게 이단이라는 혐의를 두고는 오랫동안 살펴보다가 결국 두 사람의 사제가 그를 체포하여 성 앤드류성으로 데려다 가두었다. 가톨릭교도들은 그로 하여금 진리를 버리게 하려고 육체의 고문과 죽음으로 위협했다. 그러나 그렇게 해도 소용이 없고 그가 계속 견고하게 신앙의 지조를 지키는 것을 본 그들은 그에게 굉장한 약속을 하면서 평생 동안 던펌라인

(Duntfermline)수도원에서 수도사로 지내게 해 주겠다고 제안하여 그를 설득하려 했다. 그렇게 해서라도 그가 과거에 가르친 것들을 부인하고 이단이라고 인정하게 하려 했다. 그러나 그는 그들의 위협이나 훌륭한 약속들을 거들떠 보지도 않고 끝까지 진리 안에 머물렀다.

월터 밀은 성 앤드류성의 교구 교회로 호송되어갔으며, 피고로서 주교들 앞에 있는 강단 위에 섰다. 그는 나이도 많은데다 고생했고 이단자라는 취급을 받아 너무나 쇠약해져 부축을 받지 않고서는 강단에 올라가지도 못하였다 그런 그를 보고서, 주교들은 그의 음성이 너무나 작아 들리지 않을 것이라고 생각했다. 그러나 그는 말을 하기 시작하자 온 교회를 대단한 용기와 강건함으로 울리게 만들었다. 그래서 그곳에 참석한 기독교인들은 크게 기뻐했으며 반면에 그의 적들은 당황하고 부끄러워했다.

그가 강단 위에서 무릎을 꿇고 기도하고 있을 때에 대주교의 사제인 앤드류 올리펀트(Andrew Oliphant)는 그에게 일어서라고 명령하며 "월터 밀 경, 일어나서 고발된 조목에 대해 답변하십시오. 당신은 대주교 각하를 너무 오래 기다리게 하고 있습니다"라고 말했다. 기도를 마친 월터는 그에게 대답했다. "당신은 나를 월터 경이라고 부르셨는데 월터 경이라고 하지 말고 그냥 월터라고 부르십시오. 나는 너무 오랫동안 교황의 기사로 지내 왔습니다. 이제 하실 말씀을 하십시오."

올리펀트: 당신은 성례는 일곱 가지가 아니라고 주장하고 있습니다.

월터 밀: 나에게는 성만찬과 세례를 주고, 그 나머지는 당신들이 가져가 나누십시오.

올리펀트: 당신은 제단 위에 봉헌된 성찬을 비방하며, 미사는 잘못된

우상숭배라고 주장하고 있습니다.

월터 밀: 어느 임금님이 많은 사람들을 저녁식사에 초대했습니다. 저녁이 준비된 뒤 그는 종을 울렸습니다. 사람들은 넓은 방에 들어와 함께 식사에 참예했습니다. 그런데 그 임금님은 그들에게 등을 돌리고 앉아 혼자 식사를 하며 그들을 조롱했습니다. 이것이 바로 당신들의 행위입니다.

올리펀트: 당신은 제단 위의 성찬이 실제로 그리스도의 몸과 피라는 사실을 부인하고 있습니다.

월터 밀: 미사는 잘못된 의식입니다. 그리스도께서는 인간의 죄를 대신하여 십자가 위에서 돌아가심으로써 모든 희생 제사를 종식시키셨습니다.

올리펀트: 당신은 집에서 비밀리에 사적으로 설교하고 공개적으로 들판에서 설교하기도 했습니다.

월터 밀: 그렇습니다. 나는 배를 타고 항해하면서도 설교를 했습니다.

올리펀트: 당신의 그릇된 주장들을 철회하지 않겠습니까?

월터 밀: 나는 결코 진리를 철회하지 않겠습니다. 나는 쭉정이가 아니라 알곡이기 때문에 바람에 불려 날아가지 않을 것이며 도리깨질을 해도 찢어지지 않을 것이며, 무슨 일이라도 견뎌낼 것입니다.

이윽고 올리펀트는 월터 밀을 세속재판에 넘겨 이단으로 화형에 처한다는 판결문을 낭독했다. 그럼에도 불구하고 그는 담대하게 신앙을 지켜 많은 사람들에게 감동을 주었다. 그러나 시장 패트릭 러몬드(Patrick Lermond)는 밀의 재판을 맡기를 거부했다. 주교의 시종도 역시 그처럼 경건치 못한 직무를 맡으려 하지 않았다. 온 마을 사람들이 부당한 처형으로 인해 분노했으므로 주교의 하인들은 밀을 처형하는 데 사용할 콜탈이나 밧줄을 살 돈을 얻을 수 없어

주인의 천막에서 밧줄을 잘라내어 쓸 수 밖에 없었다.

주교의 하인들 중에서 알렉산더 서머베일(Alexander Somervaile)은 다른 하인들보다 훨씬 무지하고 잔인했다. 그는 스스로 세속 판사의 직책을 맡아 밀을 화형장으로 데리고 갔다. 그곳에서 밀은 인간의 이성을 초월할 정도로 담대하고 강건하게 행동했다. 하나님의 성령께서는 그의 안에서 기적적으로 역사하시어 사람들에게 밀의 주장이 의로운 것이며 그가 무고하게 죽는다는 것을 분명히 나타내셨다.

그의 처형 준비가 완료되었다. 무장한 사람들은 그를 화형대로 끌고 갔고 올리펀트는 그에게 말뚝으로 가라고 명령했다. 그러자 밀은 "그럴 수 없습니다. 당신의 손으로 나를 말뚝 위에 올려 세워 내 죽음에 관여하십시오. 하나님의 율법에 의하면 나는 자신의 몸을 해칠 수 없습니다." 올리펀트는 그의 손을 붙잡아 주었고 그는 기꺼이 화형대에 올라갔다. 그는 "나는 이제 하나님의 제단으로 갑니다"라고 말했다.

그는 사람들에게 말할 수 있는 시간을 달라고 요청했으나 올리펀트와 형리들은 이미 너무 많은 말을 했다면서 거절했다. 왜냐하면 주교들은 그의 처형이 너무 오래 지연되는 것으로 인해 대단히 화가 나 있었기 때문이었다. 그러자 몇 명의 청년들이 형리들과 주교들을 마귀에게 위탁하면서 장차 그들이 오늘 일을 슬퍼하게 될 것이라고 하며 월터의 소원을 들어주라고 했다.

월터는 무릎을 꿇고 겸손하게 기도한 뒤 일어나서 석탄 위에 서서 다음과 같이 말했다.

"사랑하는 친구들이여! 내가 오늘 이곳에서 처형 당하는 것은 나에게 덮어 씌워져 있는 죄목들 때문이 아닙니다. 나는 신구약 성서에서 우리에게 제시해주는 예수 그리스도에 대한 신앙을 지키기 위해 죽습니다. 과거에도 신실한 순교자들은 이러한 목적을 위해 기꺼이 자기 목숨을 바쳤습니다. 그들은 육체의 죽음 이후에 영원한 복락을 누리고 있습니다. 그러므로 오늘 나는 종들 가운데서 나를 택하셔서 내 생명으로 진리를 확증하게 해 주신 하나님을 찬양합니다. 내 생명은 하나님께서 주셨던 것이므로 기쁘게 하나님께 바치렵니다. 여러분이 장차 영원한 사망을 피하려면 사제들, 수도사들, 수도원장, 주교들 및 적그리스도의 분파들이 하는 거짓말에 미혹되지 말고 오직 예수 그리스도와 그의 자비하심만 의지하여 구원을 받으십시오."

그가 말하는 동안 많은 사람들은 슬퍼하며 탄식했다. 그들은 월터의 인내와 강건함과 담대함, 신앙의 절개에 감동을 받았을 뿐만 아니라 그들의 마음도 또한 뜨겁게 불타올랐다. 그는 기도를 한 뒤, 말뚝 위에 끌려 올려졌다. 그는 불 속에서 "주여, 나를 불쌍히 여기소서! 백성들이여, 때가 있을 동안에 기도하시오!"라고 말하고 세상을 떠났다.

이 일이 있은 후 종교개혁 시대에 월터 밀이 화형을 당했던 바로 그 자리에서 수 많은 값비싼 성상(聖像)들이 하나님의 심판에 따라 불태워졌다.

휴 라티머

그리스도의 군사 휴 라티머(Hugh Latimer)는 레스터주 터케슨(Thurkesson)에서 부유한 농부의 아들로 태어났으며 4살이 될 때까지 그곳에서 살았다. 딸만 여섯에 아들은 라티머 밖에 없었던 그의 부모는 그가 총명하다는 것을 알고서 그에게 훌륭한 학문을 가르치려는 생각으로 그곳을 떠났다. 그는 그 지방 공립학교에서 많은 것을 배웠으며 14살이 되어 캠브리지 대학에 진학했다. 그는 이곳에서 여러 가지를 공부한 뒤 신학 공부에 전념했다.

그가 고백한 바와 같이 당시 그는 가톨릭 신앙에 대단히 열심을 내고 있었고 대단히 신중했다. 사제가 된 그는 성찬식을 집례하면서 가톨릭 교회의 명령들을 노예처럼 철저하게 준수했다. 그는 자신이 성찬용 포도주와 물을 제대로 혼합한 적이 없다고 생각할 정도였다. 그는 자신이 서약을 하고 수도사가 되기만 하면 결코 저주를 받지 않을 것이라고 생각했고, 여러 가지로 미신적인 환상을 가지고 있었다.

이렇게 맹목적인 열심을 가지고 있었기 때문에 그는 그리스도의 복음을 믿는 신자들의 원수였다. 그는 신학사 학위를 받을 때에 필립 멜랑톤(Philip Melancthon)과 그의 저서를 비난하는 연설을 하면서 이 사실을 분명히 밝혔다.

그러나 하나님의 선하시고 자비하신 뜻으로 말미암아 그는 복음과 그리스도의 교회를 신봉하는 신자들을 연설로써 훼손했던 바로 그곳에서 어느 신자에 의해 복되신 하나님의 말씀의 그물에 잡히고 말았다.

당시 사단의 간계를 심판하며 은밀하게 적그리스도의 왕국을 전복시키고 있었던 토머스 빌니(Thomas Bilney)는 라티머가 지식은 없지만 나름대로 열심을 가지고 있음을 알았다. 그는 열심은 있으나 아직 무지한 이 형제를 측은하게 여겨 어떻게 해서든지 그를 참된 그리스도의 지식으로 인도하겠다고 생각했다. 그리하여 그는 라티머의 연구실을 찾아가서 자신의 고해성사를 들어달라고 요청했다. 라티머는 기꺼이 승낙했다. 빌니의 고백을 듣는 동안 라티머는 하나님의 성령의 역사로 말미암아 크게 감동을 받았다. 그리하여 그는 박사들을 연구하던 일 등 어리석은 것들을 버리고 참 신학을 연구하는 참 학자가 되었다. 이전의 그는 그리스도의 원수요 박해자였으나 이제 그는 진지하게 그리스도를 좇는 추종자가 되었으며, 과거의 비방하던 태도를 버리고 빌니를 비롯한 여러 사람들과 함께 열심히 협의하게 되었다.

그리스도의 사람이 된 그는 자신의 회심만으로 만족하지 못했다. 그는 마치 복된 사마리아인의 제자인 듯이 다른 사람들의 불행을 측은히 여겼다. 그는 3년 동안 자신의 시간의 일부는 학식있는 사람들 사이에서 라틴어를 사용하고, 또 일부는 무식한 사람들 사이에서 모국어를 사용하여 보냈고, 캠브리지대학의 다른 형제들에게 공개적으로 복음을 전파하고 은밀하게 복음을 가르쳤다.

오늘날도 마찬가지이지만 사단은 자기 나라가 붕괴되는 것을 가만히 보고 있지는 않는다. 따라서 이 훌륭한 그리스도의 지체가 자기 왕국을 뒤흔드는 것을 본 사단은 자기 자녀들을 내세워 그를 괴롭히고 시련을 주게 했다.

이러한 사단의 자식 중에 어거스틴회의 수도사가 있었다. 그는 라티머가 1529년 크리스마스에 행한 설교들을 계기로 삼아 라티머를 공격하기 시작했다. 라티머는 설교를 하면서 이 절기의 일반적인 관습을 언급했고, 마태복음 5-7장을 카드로 만들어 신자들에게 주어 언제든지 읽을 수 있게 했기 때문이었다. 무엇보다도 그는 우리의 마음은 하나님을 섬겨야 한다고 주장하여 모든 표면적인 의식들을 내던져버렸다. 그리고 하나님의 거룩한 말씀과 성례를 미화시키려 하지도 않았다. 그는 이 목표를 달성하기 위해 성경을 영어로 기록하여 평민들이 이웃에 대한 의무와 하나님께 대한 의무를 배울 수 있기를 원했다.

이러한 조처는 적절한 시기에 재미있게 시도되었으므로 라티머의 특이한 재치를 드러내었을 뿐만 아니라 듣는 사람들의 마음에 많은 열매를 맺게 하여 가톨릭 교회의 미신을 타파하고 온전한 신앙을 세우게 했다.

그는 크리스마스 전 주일날 교회에 오면서 종을 치게 했다. 강단에 올라선 그는 사람들에게 표면적인 의식으로 예배하지 말고 참마음과 참 사랑으로 하나님을 섬기라고 권면했다. 그것은 우리는 하나님을 성실한 마음과 전심으로 예배하고 섬겨야 하며, 참된 기독교 신앙은 표면적인 의문의 행위나 인간의 전승, 면죄부, 순례, 의식, 근행, 자발적 행위, 공덕, 성체, 교황의 주권 등에 있는 것이 아니라 단순한 마음과 진리 안에 있으므로 이런 것들은 필요가 없거나 또는 그다지 큰 평가를 받지 못한다는 뜻이다.

이러한 라티머의 설교로 인해 캠브리지 대학에서 일어난 큰 혼란을 설명하려면 상당히 오랜 시간이 걸려야 할 것이다. 사단은 자신과 자기의 나라가 위협을 받는다고 느껴 라티머를 경계하며 자기의 사람들을 무장시켰다.

도미니코 수도회의 부원장인 벅켄햄(Buckenham)이라는 사람은 성경을 영어로 번역하는 것은 옳지 못하며, 만일 그렇게 한다면 무식한 사람들이 자기의 직업을 버리거나 그밖의 여러 가지 불쾌한 일에 뛰어들 염려가 있다고 주장했다. 예를 든다면 "손에 쟁기를 잡고 뒤를 돌아보는 자는 하나님의 나라에 합당치 아니하니라"라는 말씀을 들은 농부가 쟁기질을 그만 둘 염려가 있다는 것이었다. 또 "적은 누룩이 온 덩어리에 퍼진다"는 말씀을 빵 굽는 사람이 듣는다면 빵을 만들면서 누룩을 넣지 않을 것이며, 또 무식한 사람이 "만일 네 오른 눈이 너로 실족케 하거든 빼어 내버리라"라는 말씀을 듣고 실제로 그렇게 하여 장님이 된다면, 이 세상에 거지들이 가득하게 될지도 모른다는 것이었다.

라티머는 벅켄햄의 설교를 듣고서 이 수도사에게 답변하려고 다시 교회로 왔다. 캠브리지대학과 마을로부터 수 많은 박사들, 대학 졸업생들이 라티머의 답변을 들으려고 교회로 모여왔다. 검은 수도복을 걸친 벅켄햄도 강단 아래 바로 라티머의 얼굴이 보이는 곳에 앉아 있었다.

라티머는 이 수도사를 논박하고, 그가 제기한 반론에 답변하여, 쟁기를 잡고 뒤를 돌아다보는 농부나 누룩을 사용하지 않는 제과공에 관한 빈약한 논증을 가볍게 배격했다. 결국 이 수도사의 오만함이 모든 사람에게 드러났고, 이 수도사의 주장처럼 영어 성경을 사용하는 것이 두렵거나 위험한 일이 아니라는 것도 충분히 증명되었다. 그는 영어 성경을 사용하여 영국 농부들이 쟁기질하면서 뒤를 돌아 보지 않거나 제과공들이 빵에 누룩을 넣지 않는지 알아보라고 요구했다. 그는 "모든 비유에는 상징적 의미가 포함되어 있다. 비유란 마치 화가들이 집 안이나 담벽에 그리는 평범한 그림과 같은 것이다"라고 말했다. 예를 들어 화가들이 검은 수도복을 입은 여우가 설교하는 모습을 그렸다고 해도 제정신을 가진 사람이라면 아무도 여우가 설교한다고는 생각하지 않으며 그것이 무엇을 의미하는지 분명히 알 수 있다. 그것은 수도사들의 수도복 밑에 감추어진 위선과 간계를 지적하려는 것으로써 그 그림을 통해 그것들을 경계하게 하려는 것이다.

이 설교로 인해 망신을 당한 벅켄헴 수사는 그후로는 감히 강단에서 라티머를 공격하지 못했다. 벅켄헴 외에 프란치스코회의 수도사 베네투스(Venetus) 박사는 설교를 하면서 라티머를 비방하고 공격하며, 그는 어리석고 미친 사람이니 믿지 말라고 했다.

라티머는 "살인하지 말라" "나는 너희에게 이르노니 형제에게 노하는 자마다 심판을 받게 되고 형제를 대하여 나가라 하는 자는 공회에 잡히게 되고 미련한 놈이라 하는 자는 지옥 불에 들어가게 되리라"고 하신 예수 그리스도의 말씀들을 근거로 그에게 반박했다. 그는 청중들에게 참 하나님의 종과 설교자들은 이 세상에서 교만한 하나님의 원수들에게서 욕을 먹고 조소를 당하며 미친 사람, 어리석은 자, 술 취한 자로 여김을 받는다고 설명했다. 또 성경에서도 하나님의 영광된 말씀을 전파하는 자들이 그러한 비방을 당했다고 말했다.

결국 이 불쌍한 수도사는 크게 당황하여 안색이 변하여 대학에서 빠져나갔다.

캠브리지대학 전체에서 수많은 수도사들과 박사들이 사방에서 떼를 지어 라티머를 공격하는 설교를 하며 그를 향해 짖어댔다. 마침내 엘리(Ely)의 웨스트(West) 박사는 반웰(Barnwell) 수도원에서 라티머를 공격하는 설교를 하면서 더이상 캠브리지대학의 교회 안에서 설교하지 말라고 했다.

그러나 어거스틴 수도회의 부원장인 반즈 박사는 라티머가 어거스틴 수도회의 교회에서 설교하도록 허락해 주었으므로 라티머는 원수들의 악의에도 불구하고 3년 동안 캠브리지에서 설교를 했다. 그는 경건한 사람들의 총애와 갈채를 받았으며, 적들도 그의 설교를 듣고는 감탄했다. 설교를 들은 주교는 자기도 그와 같은 은사를 소유하기를 원했으며 어쩔 수 없이 그를 칭찬했다.

라티머는 주로 빌니(Bilney)와 동행했다. 그들이 항상 산책을 하던 벌판은 그 후 '이단자들의 언덕'이라고 불렸다. 이들 두 사람의 교제는 캠브리지대학 안의 많은 사람들의 주목을 받았다. 또 죄수들을 방문하고 빈궁한 자들을 구제하며 굶주린 자들을 보살피는 그들의 행위를 따르고자 하는 모든 사람들에게는 좋은 본보기가 되었다.

라티머는 이 시기에 자기들 두 사람과 캠브리지의 탑이나 성에 갇혀 있었던 여죄수 사이에 있었던 일을 이야기했다. 라티머는 빌니와 사귀기 시작한 후 그와 함께 캠브리지 탑에 갇혀 있는 죄수들을 방문하러 갔다. 죄수들 중에는 자기의 자식을 죽였다는 죄목으로 갇힌 여인이 있었다. 그녀는 자신이 그런 죄를 범하지 않았다고 부인했다. 그리하여 그 사건을 다시 조사해본 그들은 결국 그녀를 사랑하지 않았던 남편이 그녀를 쫓아버리려고 꾸며낸 일이라는 사실을 알아냈다. 사건의 내용은 다음과 같았다.

그녀의 아들이 일년 내내 병으로 앓다가 추수 때에 죽고 말았다.

아마도 폐병이었던 것 같았다. 그녀는 이웃 사람들에게 아이의 장례를 치르는 일을 도와달라고 부탁하러 갔지만 사람들은 모두 추수하러 나가고 없었다. 그녀는 무거운 마음으로 혼자서 아이의 장례를 준비해야만 했다. 그런데 집에 돌아온 남편은 그녀를 사랑하고 있지 않았기 때문에 그녀가 아이를 죽였다고 고발했던 것이다. 이것이 그녀가 환난을 겪게 된 원인이었다. 라티머는 그녀가 무죄하다고 생각했다.

그로부터 얼마 후 그는 윈저궁에서 헨리 8세 앞에서 설교를 하라는 부름을 받았다. 설교를 마친 뒤에 국왕은 그를 불러 함께 이야기를 나누었다. 참으로 좋은 기회라고 생각한 라티머는 왕 앞에 무릎을 꿇고서 이 사건의 전말을 말씀드리고 그녀를 사면해 달라고 요청했다. 왕은 기꺼이 응낙하여 그가 집으로 돌아갈 때에 사면령을 내려주었다.

라티머는 국왕의 주치의로서 참으로 선한 사람인 부츠(Buts) 박사의 주선으로 국왕 폐하를 위해 일하게 되었다. 그는 궁전으로 가서 얼마 동안 부츠 박사의 방에 머물렀다. 그 동안에 그는 자주 런던에서 복음을 전파했다. 마침내 궁전 생활에 싫증을 느낀 라티머는 크롬웰 경과 부츠 박사의 주선으로 국왕으로부터 성직록을 하사받았다. 그는 기뻐했으며, 부츠 박사의 생각과는 달리 왕궁을 떠나 그곳에 가서 머물기를 원했다.

그의 성직록은 윌트셔(Wiltshire) 주에 있었다. 이 마을의 이름은 웨스트킹톤이었고, 새룸 주교의 관구였다. 선한 전도자 라티머는 이곳에서 양들을 가르치는 일에 전념했다. 그는 그들에게 뿐만 아니라 주위에 있는 모든 지방에까지 열심을 나타냈다. 그는 너무나 열심히 일하고 강력한 설교를 하고 열심으로 가르쳤기 때문에 원수들은 그를 내버려두지 않았다.

1531년 1월 29일, 그는 런던의 주교 존 스톡슬리(John Stockesley)와 캔터베리 대주교 윌리엄 워램(Willam Warham) 앞에 출두하라는 소환령을 받았다. 그는 몹시 괴롭힘을 당했고 자기의 교구가 아닌 곳에 오랫동안 감금되어 있었다. 그는 자기의 설교에 대한 답변을 하기 위해 일 주일에 세 번 주교들 앞으로 불려갔다. 마침내 라티머로 하여금 설교나 의무를 행하지 못하게 하며 주교들 자신도 설교하지 않는 그들의 성가신 태도로 인해 크게 상심한 라티머는 대주교에게 편지를 썼다. 그는 편지에서 자신은 몸이 허약하기 때문에 그들의 명령에 따라 출두할 수 없다고 했으며, 그들은 정당한 이유도 없이 다만 종교에 몰래 끼여든 헛된 악습을 비방하고 진리를 전파했다는 이유로 오랫동안 가두어 두어 그의 맡은바 직무를 행하지 못하게 했다고 설명했다.

그가 1550년 10월 9일, 스탬포드에서 행한 설교를 통해 친히 밝힌 이야기는 다음과 같다.

"나는 언젠가 5, 6명의 주교들 앞에서 심문을 받았는데 그때 나는 지독한 어려움을 겪었다. 그들은 매주 세 번씩 나를 심문했는데 나에게서 무엇이라도 알아내기 위해 많은 함정과 올무를 쳐놓았었다. 그러나 내가 법에 대해 무식하다는 것을 알고 계신 하나님께서는 나에게 무엇을 어떻게 대답해야 할지 깨닫는 지혜를 주셨다. 참으로 하나님께서 도와 주시지 않았다면 나는 그들의 손아귀에서 빠져나오지 못했을 것이다. 마지막으로 나는 심문을 받기 위해 아름다운 아라스 벽지가 드리워져 있는 방에 끌려갔다. 나는 그때까지 계속 그 방에서 심문을 받아왔었는데, 이번에는 그 방이 어딘가 달라져 있었다. 전에는 벽난로에서 불이 타고 있었는데, 이번에는 불은 없고 대신에 벽난로를 아라스 벽지로 가려어 놓았고 벽난로 곁에는 탁자가 놓여 있었다.

나를 심문하는 주교들 중에는 전에 나와 친근하게 지내던 사람이 있었다. 나는 그 노인을 훌륭한 친구로 여기고 있었다. 그는 탁자 끝에서 두번째 자리에 앉아 있었다. 그는 여러 가지 질문을 했는데, 그 중에 한 질문은 그 안에 큰 위험이 도사리고 있다고는 생각지도 못할 만큼 참으로 교묘하고 교활한 질문이었다. 내가 질문에 대답을 하려는데 그는 "라티머씨, 크게 말씀해 주십시오. 나는 귀가 어두운데다가 멀리 떨어져 앉아 있어 들리지 않습니다"라고 말했다. 나는 크게 말하라는 명령을 받고 놀랐으며 불쾌하게 생각하기 시작했다. 그리고 벽난로에 귀를 기울여 보았다. 그런데 아라스 천을 드리운 벽난로 뒤에서 펜을 움직이는 소리가 들렸다. 그들은 그곳에 사람을 숨겨두고서 내 대답을 모두 기록하라고 명령했던 것이다. 그렇게 하여 내가 그들로부터 빠져 나가지 못하게 하려 했던 것이며 빠져 나올 수도 없었다. 하나님께서 나의 주가 되셔서 대답을 가르쳐 주시지 않았다면 나는 그들이 파놓은 함정을 피하지 못했을 것이다."

그날 그에게 던져진 질문은 "당신은 양심적으로 자신이 이단혐의를 받고 있다고 생각합니까?"라는 것이었다. 이것은 대단히 흠잡기 좋은 억지 질문이었다. 침묵을 지킨다면 그 자신에게 과실이 있음을 인정하는 것이 될 것이며, 대답을 한다 해도 사방에 위험이 가득차 있었다. 그러나 어려울 때에 항상 헤어날 길을 마련해 주시는 하나님께서 그를 도와주셨다. 그는 자기가 무엇이라고 대답했는지 밝히지 않았다.

헨리 8세는 라티머를 총애하고 있었으므로 자기의 권력으로 그를 원수들의 날카로운 발톱에서 구해 주었다. 더욱이 부츠 박사와 크롬웰의 주선으로 우스터의 주교로 승진한 그는 몇 년 동안 열심 있고 부지런한 목사로서 건전한 교리와 온전한 대화로써 자신의 교구를 지도했다.

그는 자기의 능력이 닿고 시간이 허용되는 대로 가르치고 설교하고 권면하며 심방하고 징계하여 개심시키는 일에 꾸준히 관심을 기울이며 연구했다. 당시 세태가 대단히 위험하고 변화무상 했으므로 그는 모든 일을 자신이 하고 싶은 대로 하지는 못했지만 자기의 능력으로 가능한 일은 모두 행했다. 비록 과거의 미신적인 유물들을 완전히 제거하지는 못했지만, 그것들을 사용하는 데서 오는 피해를 가능한한 줄이고 유익을 얻도록 이끌어갔다. 예를 들자면 성수(聖水)와 성찬식 빵의 사용을 피할 수 없었으므로 그는 교구민들에게 그것을 받을 때에 미신을 배제하라고 가르쳤으며, 의식을 집행하는 사제들에게는 성수와 성찬을 나눌 때에 다음과 같이 말하라고 명령했다.

신자들에게 성수를 주면서 하는 말

세례를 받을 때에 그대의 약속을 기억하라
그리스도의 자비하심과 그가 흘리신 보혈을 기억하라
그리스도의 지극히 거룩하신 죄 씻음으로 말미암아
그대는 모든 죄로부터 값없이 사함을 받았느니라.

성찬을 나누어 주면서 하는 말

이것은 당신의 죄로 인해 십자가에 달려 죽으신
그리스도의 몸의 상징이다.
그러므로 만일 그대가 그리스도의 죽음에
참예하는 자가 되려 한다면
자신의 모든 죄를 버려야 한다.

만일 충분한 시간이 있었다면 그는 더 많은 일들을 이루어냈을 것이다. 그는 성수와 성찬의 떡은 성경적 근거가 없을 뿐만 아니라 복음의 규칙과 반대되는 액막이와 주문(呪文)으로 가득차 있다는 것을 모르지 않았다.

그는 과거 캠브리지대학과 성직록을 받는 곳에서 악한 사람들로 인해 소동을 겪었었는데, 이 관구에서도 그의 환난을 추구하는 사람들이 많았다. 특히 어떤 사람들은 그의 설교를 국왕에게 고발했다. 라티머는 국왕 에드워드 앞에서 행한 설교에서 그 이야기를 밝혔으므로 그 이야기를 인용해 보기로 한다.

"고인이 되신 선 왕의 시대에 우리는 그 분 앞에 불려가 여러 가지 문제에 대한 의견을 기탄없이 말하곤 했다. 그런데 어떤 사람은 내가 선동적인 교리를 설교했다고 나를 고발했다. 국왕은 나에게 '경은 저 말에 대해 무엇이라고 대답하시겠소?' 라고 물으셨다.

나는 무릎을 꿇고 먼저 나를 고발한 사람에게 물었다. '당신은 내가 국왕 앞에서 어떤 형태의 설교를 하기를 원하십니까? 당신은 내가 국왕께 설교를 하면서 왕에 관한 일은 전혀 설교하지 않기를 바라십니까? 당신은 나에게 무엇을 설교해야 할지 지정해 주는 권한을 가지고 있습니까?' 이밖에도 여러 가지 질문을 했는데 그는 전혀 나의 질문에 대답하지 못했다.

그제서야 나는 국왕 폐하 앞에 엎드려 국왕에게 말씀드렸다. '저는 한번도 제가 폐하 앞에서 설교할 자격이 있다고 생각한 일이 없으며, 그렇게 되기를 청원한 적도 없습니다. 다만 부르심을 받았기 때문에 설교를 했습니다. 그러므로 만일 폐하께서 나를 좋아하시지 않는다면 기꺼이 적임자들에게 자리를 넘겨 주겠습니다. 나보다 자격이 있는 사람들이 대단히 많으리라는 것을 인정합니다. 만일 폐하께서 그들을 설교자로 임명하신다면 나는 그들의 책을 가지고 그들의 뒤를 따르라고 해도 만족하겠습니다. 그러나 폐하께서 나를 설교자로 임명하시고자 한다면 내 양심대로 행하도록 허

락해 주십시오.'
국왕께서는 내 말을 받아 주셨으므로 나는 전능하신 하나님께 감사드렸다. 내 친구들은 눈물을 흘리며 말하기를 내가 그날 밤 런던 탑에 갇히게 되는 줄 알았다고 말했다."

그는 이처럼 어렵게 주교직을 몇 년 동안 수행했다. 마침내 6개 신조가 발표되었다. 그는 시류(時流)를 좇아 양심을 버리거나 그렇지 않으려면 주교직을 버려야 할 형편에 처했으므로 자유의사에 따라 성직을 사임했다. 그는 방에서 친구들이 보는 앞에서 성직복을 벗는 순간 어깨가 가볍다고 느껴 기뻐서 펄쩍 뛰었다.

그러나 환난과 노고는 가는 곳마다 그를 따라다녔다. 주교직을 사임한지 얼마 안 되어 그는 나무가 쓰러지는 바람에 큰 타박상을 입고 거의 죽을 뻔했다. 치료를 위해 런던으로 온 그는 주교들로부터 괴롭힘을 당하여 다시 큰 위험에 처했고 마침내 런던 탑에 갇히고 말았다.

그러나 에드워드 왕의 즉위로 말미암아 오랫동안 닫혔던 이 설교자의 황금 입은 다시 열리게 되었다. 그는 주님의 밭에서 새로이 쟁기질을 하기 시작하여 지극히 효과적으로 일했으며, 궁전에서는 물론이요 왕국의 곳곳에서 능력을 발휘했다. 그는 과거 음탕하고 호화로운 놀이를 위해 사용되었던 왕궁 안의 정원에서 예수 그리스도의 복음을 나누어 주었으며 왕과 모든 조신들 앞에서 복음을 전파하여 많은 사람들을 교화했다. 그는 이처럼 고통스러운 노고 속에서도 국왕 에드워드의 재위 기간 동안 대체로 매 주 두 번씩 설교했다. 그는 나무가 쓰러질 때 큰 타박상을 입은 데다가 67세가 넘은 노인이었지만 조금도 자기의 몸을 아끼지 않았고, 여름이나 겨울이나 매일 새벽 2시 경에 일어나 열심히 공부했다.

라티머는 언제나 복음 전파에 생명을 바치겠다고 말했으며, 기쁜 마음으로 그 일을 맞을 각오를 했다. 국왕 에드워드가 사망하고 메리 여왕이 즉위했다. 그로부터 얼마 후 그를 소환하기 위해 문장원 속관이 파견되었다. 라티머는 그가 온다는 것을 미리 알았지만 도망칠 생각을 하지 않았고, 오히려 문장원 속관이 자기 집에 이르기 전에 벌써 여행을 떠날 준비를 갖추고 기다렸다. 이 모습을 보고 놀라는 문장원 속관에게 라티머는 다음과 같이 말했다.

"친구여, 당신을 환영합니다. 과거에 나는 이 세상 어느 곳이나 나를 부르는 곳으로 갔었습니다. 이제 내가 신봉하는 교리에 대한 응보를 받으라는 부름을 받았으므로 기꺼이 런던으로 가겠음을 당신과 온 세상 앞에 알립니다. 과거 두 분의 국왕 앞에서 하나님의 말씀을 전파하게 해 주셨던 하나님께서 이제 세 번째로 여왕에게도 증거하게 해 주셔서 그녀가 영원한 위로를 받거나 영원한 고통을 겪게 하실 것을 나는 조금도 의심치 않습니다."

문장원 속관은 그에게 서신을 전해 주고서는 자신은 라티머를 기다리지 말라는 명령을 받았다고 말하면서 떠났다. 그가 그처럼 빨리 떠나는 것으로 보아 그들은 라티머가 출두하지 않고 차라리 영국을 떠나 망명하기를 원한다는 사실이 분명해졌다. 그들은 라티머의 신앙의 지조가 가톨릭교리를 손상시키고 진리 안에 있는 경건한 사람들을 더욱 굳건하게 할 것을 알았던 것이다.

라티머는 스미스필드를 지나서—이곳을 지날 때 그는 스미스필드가 오랫동안 그를 갈망해왔다고 쾌활하게 말했다— 런던으로 상경했다. 그는 의회에 출두하여 가톨릭교도들에서 온갖 조롱과 모욕을 받은 뒤 런던 탑에 갇혔다. 그는 자기들의 나라가 영원히 멸망하지 않을 것이라고 생각하는 가톨릭교도들의 무자비하고 잔인한 대우에도 불구하고 거룩하신 그리스도의 은혜로 말미암아 오랫동안 감옥 생활을 지탱해냈다. 그는 그들이 그에게 가하는 모든 일을 기쁘게 참고 견디어냈다. 하나님께서는 그에게 담대한 정신을 주셨으므로 그는 감옥과 고문의 혹독함을 멸시할 뿐만 아니라 원수들의 행위를 웃어 넘기며 조롱할 수 있었다.

한번은 부관의 부하가 그의 감방에 왔다. 추운 겨울 날 불도 때지 않은 방에 갇혀 거의 죽게 된 이 노인은 그에게 말하기를, 만일 그의 상관이 자기를 잘 살피지 않으면 자기가 상관을 속일른지도 모른다고 상관에게 말하라고 했다. 이 말을 들은 런던탑의 부관은 라티머가 탈옥할지도 모르겠다고 생각하여 더욱 엄하게 그를 지키기 시작했으며 그에게 와서 그 말에 대한 책임을 물었다. 라티머는 "예, 내가 그렇게 말했습니다. 당신은 내가 화형을 당하기를 기대하고 있습니다. 그러나 당신이 불을 때 주지 않는다면 나는 이곳에서 얼어 죽을 것이며, 그렇게 되면 당신의 기대에 어긋날 것입니다"라고 대답했다.

라티머에게서는 오만한 정신이 아니라 견실하고 조용한 이성에서 비롯된 즐거우면서도 훌륭한 답변들이 나왔다. 그는 자신의 견고하고 확고부동한 심령 상태를 나타냈으며, 그들이 가하는 무서운 위협들의 허세를 그대로 넘기지 않고 조롱했다.

라티머는 오랫동안 런던 탑에 갇혀 지내다가 캔터베리 대주교였던 크랜머(Cranmer), 런던의 주교 리들리(Ridley)와 함께 옥스포드로 호송되어갔다. 그들은 그곳에서 윈체스터의 주교 가디너(Gardiner)가 내려 보낸 조문들에 대해 토론했다.

라티머와 동료 죄수들은 형을 언도받고 다시 감옥에 수감되어 4월부터 10월까지 그곳에서 지냈다. 이들은 그곳에서도 대단히 경건하게 생활했으며 서로 우애있게 협의하거나 열심히 기도하거나, 저술을 했다. 그러나 라티머는 나이가 많아 쇠약했기 때문에 그들 중에서 가장 적은 분량밖에 저술하지 못했다. 때때로 그는 너무나 오랫동안 무릎을 꿇고 기도했기 때문에 곁에서 도와주지 않으면 일어서지도 못했다. 그는 다음과 같은 세 가지 일을 위해서 기도했다.

첫째, 하나님께서 그를 말씀의 전파자로 임명하셨으므로 그에게 은혜를 주사 죽을 때까지 자기의 교리를 고수하여, 복음을 위해 자기의 피를 바칠 수 있게 해달라는 기도였다.

둘째, 자비하신 하나님께서 영국에 "다시 한번" 복음을 회복시켜 달라는 기도였다. 그는 이 "다시 한번"이라는 말을 할 때에는 마치 하나님의 모습을 눈으로 보며 얼굴을 맞대고 말하는 듯이 하나님의 귀에다 대고 소리쳤다.

셋째, 후일 여왕이 된 엘리자베스 공주를 지켜달라는 기도였다.

그는 눈물을 흘리며 위로가 없는 영국에 하나님께서 위로를 베풀어달라고 기도했다. 지극히 은혜로우신 하나님께서는 이 세 가지 기도를 모두 들어주셨다.

첫째, 지극한 고통 속에서 신앙의 절개를 지킬 수 있도록 은혜로이 그를 도와주셨다. 그는 옥스포드의 보카르도 성문 밖에서 화형을 당했는데, 형리가 그와 리들리에게 불을 붙이려할 때 그는 대단히 평안하고 화평한 얼굴로 하늘을 바라보며 "하나님은 신실하시도다. 그는 우리로 하여금 능력에 넘치는 시험을 받게 하시지 않는도다"라고 말했다.

하나님께서 그의 두번째 간구에 응답하셔서 영국 땅에 다시 복음을 회복하게 해 주신 것은 오늘날 증명이 된다. 영국이 하나님의 말씀으로 지극히 자비하게 심판을 받아 새롭게 되었으면서도 자신의 과거의 불행이나 현재 누리고 있는 하나님의 크신 은혜를 변변치않게 생각하거나 감사하지 않게 여긴다면, 장차 무엇이라고 자신을 변호할 수 있겠는가! 하나님, 우리를 불쌍히 여기소서.

하나님께서 라티머의 세번째 간구에도 대단히 효과적으로 응답하셨으므로 하나님이 크게 찬양을 받으시고 복음이 확장되고 영국에 말할 수 없는 평안이 임하게 되었다. 원수들이 크게 번성하고 승리하여 하나님의 말씀은 내쫓김을 당하고 있을 때, 스페인인들이 영접을 받으며 그리스도의 종들은 머리 둘 곳도 없었을 때에, 하나님께서는 갑자기 자신의 자비를 기억하시고 우리의 과거의 불의를 잊으셔서 이 모든 불행을 종식시켜 주셨다. 그리하여 엘리자베스 여왕이 즉위하게 되었다. 늙은 라티머는 이 여왕을 위해 감옥에 있는 동안 열심히 기도했던 것이다. 엘리자베스 여왕의 참되고 진실한 통치 하에서 하나님의 말씀은 다시 빛을 발하기 시작하여 어둡고 거짓으로 뒤덮힌 적그리스도의 왕국을 멸망시키고, 그리스도의 참 성전을 다시 건축하고, 슬픈 노예 생활로 시달리던 기독교인에게 자유를 주었다.

리들리의 생애

그리스도의 복음을 위해 순교한 사람들의 훌륭한 이야기와 행동 중에서도 가장 기억할 만한 비극적 이야기는 리들리(Ridley) 박사의 이야기일 것이다. 그는 훌륭한 재능을 지니고 있었고 심령한 영감을 받았으며 경건한 지식을 갖춘 인물로써 지금은 분명히 성도들과 함께 생명책에 기록되어져 영광스러운 순교자들과 함께 면류관을 쓰고 보좌 위에 앉아 있을 것이다.

리들리는 훌륭한 가문 출신으로 노덤버랜드에서 태어났다. 그는 뉴캐슬에서 문법을 배우면서 그 분야에 대단한 재능을 발휘했다. 후일 캠브리지대학으로 진학한 그는 짧은 기간에 대단히 유명해졌다. 그는 특별한 재능 때문에 펨브로크홀(Pembroke-hall)의 학장이 되었으며 그곳에서 신학박사가 되었다. 그는 그곳을 떠나 파리를 여행을 했다. 여행을 마치고 돌아와서는 헨리 8세의 시종이 되었으며, 후에는 승진하여 로체스터의 주교가 되었고, 국왕 에드워드 시대에는 런던 주교구로 옮겼다.

그는 그리스도의 참되고 온전한 교리를 전파하고 가르치는 일에 전념하여 자기의 양들과 교구민들에게서 큰 사랑을 받았다. 그는 중요한 일이 없는 한 주일날과 축일이면 어디에서든 설교를 했다. 유익한 교리에서 피어나는 향기로운 꽃과 유익한 수액을 탐내는 사람들은 벌떼처럼 그의 설교를 듣기 위해 모여왔다. 그는 설교를 하는데 그치지 않고 눈먼 자들에게 빛을 밝혀주는 등불이 되어 자신의 생활에 의해서도 그것을 나타냈기 때문에 원수들도 그를 비난하지는 못했다.

그는 학식이 많고 기억력이 훌륭했으며 상당히 많은 독서를 했으므로 우리 시대의 석학과 비교될 수 있다. 이것은 그의 훌륭한 저서, 간결한 설교들, 그리고 두 대학에서 벌인 논쟁들은 물론 그의 대적들까지도 증명하는 사실이다.

그는 신중하고 지혜롭고 재치가 있었고, 모든 행동에 있어서 생각이 깊었다. 요컨대 그는 모든 면에서 지극히 선하고 경건하고 신령한 성직자이었으므로 영국은 그처럼 훌륭한 보배를 잃은 것을 슬퍼해야 할 것이다.

그는 용모와 생김새가 균형을 이루고 잘 생긴 사람이었다. 그는 모든 일을 선의로 해석하여 악의나 원한을 품지 않았으며, 자기가 받은 모든 피해와 모욕은 즉시 잊어버렸다. 그는 친척들을 친절히 대했지만 그들이 옳지 않은 것을 요구할 때는 참지 않았다. 그는 친형제, 자매에게도 일반적인 법칙을 적용했다. 따라서 그들이 악을 행하면 이방인이나 낯선 사람으로 대했으며, 정직하고 경건한 생활을 하는 사람만이 그의 형제요, 누이가 될 수 있었다.

그는 여러 가지 방법으로 고행을 했으며 기도와 명상에 힘썼다. 그는 아침이면 시간 맞춰 일어나 옷을 입고는 즉시 무릎을 꿇고 30분 동안 기도한 후 별 다른 일이 없으면 곧 서재로 가서 10시까지 공부했다. 그리고난 뒤에는 집에서 매일 하는 공동기도문을 암송했다. 이렇게 기도를 마친 뒤에 식사를 했다. 식사 중에도 그는 거의 말을 하지 않았다. 그러나 필요한 경우에는 즐겁고 명랑한 태도를 취했다. 식사 시간은 그다지 길지 않았다.

식사를 마친 뒤에는 약 한 시간 정도 앉아서 대화를 하거나 장기를 두었다. 그리고 나서는 다시 서재로 돌아가 탄원하는 사람이 있거나 외부의 일이 없는 한 저녁 5시까지 계속 연구했다. 그리고 나서는 오전처럼 공동기도를 드린 뒤 저녁 식사를 했는데, 이 때에도 점심 식사 때와 마찬가지 태도로 식사를 했다. 저녁 식사를 마친 뒤에 약 한 시간 동안 장기를 두면서 휴식을 취하고는 다시 서재로 돌아가 연구하다가 11시에 무릎을 꿇고 기도하고 잠자리에 들었다.

그는 자기의 영지인 풀햄(Fulham)에 있으면서 매일 가족들에게 강의를 했는데 사도행전부터 시작하여 사도 바울의 서신을 모두 다루었다. 그는 신약성서를 읽을 수 있는 모든 사람들에게 강의를 했고, 특히 사도행전 13장처럼 주요한 부분들을 외우는 사람들에게는 상을 주었고 때때로 가족들에게 시편 101편을 읽어주는 등 세심하게 보살펴 주었으므로 그들은 다른 사람들에게 덕행과 정직의 본보기가 되었다. 간단히 말해서 그는 경건하고 고결한 사람이었으므로 자기의 가정을 덕과 경건으로 다스리고 구주이신 예수 그리스도의 양식으로 먹였다.

그가 과거 런던의 주교였던 보너 박사의 모친에게 나타낸 온화한 성품과 친절한 동정심에 대해서도 한 두 마디 언급해야 한다. 풀햄에 거하는 동안 리들리 주교는 이웃집에 살고 있는 보너 여사에게 사람을 보내어 저녁 식사나 점심 식사에 초대하곤 했는데, 그 때마다 "가서 내 어머니 보너 여사를 모셔 오너라"라고 말하곤 했다. 보너 여사는 언제나 식탁의 끝에 앉아 융숭한 대접을 받았다. 그는 그녀를 친어머니처럼 모셨으며, 국왕의 평의원들이 그 자리에 참석해도 그녀의 자리를 내어주지 않았다. 때때로 어떤 평의원이 그 자리에 앉는 경우에 그는 "각하, 이 자리는 내 어머니 보너 여사의 자리입니다"라고 말했다.

그러나 이 같은 그의 특별한 환대와 존경에 대해 후일 보너 박사가 어떤 보상을 했는지는 어린 아이라도 설명할 수 있을 것이다. 후일 보너는 리들리의 가장 큰 적수가 되었다. 보너만큼 리들리의 파멸을 꾀한 사람은 없었을 것이다. 그는 리들리의 환대를 잔인함으로 갚았다. 이것은 그가 리들리의 누이와 그녀의 남편 조지 쉽사이드(George Shipside)를 다룬 데에서 잘 나타난다. 리들리는 관대하게도 보너의 어머니와 누이 및 그의 친척들에게 자기가 가지고 있는 모든 것을 나누어 주었을 뿐만 아니라 그들을 자기의 집으로 초청하여 매일 우정과 후의를 보여 주었었다.

반면에 복직된 보너는 자신의 권리를 악용하여 상스럽고 부정직하고 부당하게도 리들리의 형제와 자매로부터 그들의 성직록을 박탈했다. 그는 여기에 만족하지 않고서 리들리의 처남인 쉽사이드를 죽이려 했다. 만일 하나님께서 역사하셔서 우스터의 주교인 히드(Heath) 박사를 통해 그를 구원해 주지 않으셨다면 아마도 그는 옥스포드에 갇혔을 때에 죽임을 당했을 것이다.

1552년 9월 8일, 당시 런던 주교였던 리들리는 하트포드셔 주 해드햄에 머물고 있었던 메리 여사—후일 메리 여왕—을 방문했다. 그는 토머스 화톤(Thomas Wharton) 경을 비롯한 여러 관리들의 영접을 받았다. 11시 경 메리 여사가 접견실로 나왔으므로 리들리 주교는 그녀에게 인사를 한 뒤 그녀에게 인사를 드리기 위해 왔다고 말했다. 그녀는 그의 노고에 감사하며 15분 동안 즐겁게 대화를 했다. 그녀는 리들리가 부 왕의 궁정에서 시종으로 있을 때부터 그를 알고 있었다고 말했다. 그리고는 리들리가 물러가 그녀의 관리들과 함께 식사를 하는 것을 허락해 주었다.

식사가 끝난 후 리들리 주교는 다시 메리 여사의 앞으로 부름을 받아 나갔다. 이들이 나눈 대화는 다음과 같다. 먼저 주교가 다음과 같이 말을 시작했다. "저는 당신을 방문하는 것이 나의 의무이기 때문에 이곳에 왔으며 만일 당신께서 원하신다면 주일날 당신 앞에서 설교를 하겠다는 제안을 하기 위해 이곳에 왔습니다."

이 말을 들은 메리는 얼굴색이 변하여 잠시 침묵을 지키다가 다음과 같이 대답했다.

메리: 당신이 제안한 문제에 관해서는 당신 스스로 대답하시기 바랍니다.

주교: 나의 직책과 소명을 고려해볼 때에 내가 당신 앞에서 설교를 하겠다고 제안하는 것이 나의 의무입니다.

메리: 이 문제에 대해서는 당신이 직접 대답하십시오. 당신은 어떻게 대답해야 할지 잘 알고 있지 않습니까? 그러나 꼭 내가 대답을 해야 한다면 이렇게 대답하겠습니다. 만일 당신이 오려 한다면 옆에 있는 교회의 문은 열려 있을 것이고, 또 당신이 하고 싶어한다면 설교해도 좋습니다. 그러나 나와 가족들은 당신의 설교를 듣지 않을 것입니다.

주교: 나는 당신이 하나님의 말씀을 거부하지 않을 것을 믿습니다.

메리: 나는 당신이 말하는 하나님의 말씀을 알지 못합니다. 그것은 내 아버지의 시대에는 하나님의 말씀이었지만 지금은 하나님의 말씀이 아닙니다.

주교: 하나님의 말씀은 언제나 동일합니다. 그러나 어떤 시대는 다른 시대에서보다 더 잘 이해하고 실천합니다.

메리: 내 아버지의 시대에 당신은 지금 당신이 하듯이 하나님의 말

쏨을 위해 그런 주장을 하지 않았어야 했습니다. 그리고 나는 당신의 새로운 책들을 한 권도 읽지 않았음을 하나님께 감사드립니다. 나는 전에도 읽지 않았고 앞으로도 읽지 않을 것입니다.

그녀는 자기의 남동생이 어렸을 때에 제정한 법률과 통치 및 그 당시의 종교 형태에 대해 혹독한 말을 많이 하고나서—그녀는 자기 오빠가 성인이 될 때까지는 그 법에 복종할 필요가 없으며 성인이 된 후에 복종하겠다고 말했다— 주교에게 그가 공의회의원이냐고 물었다. 그는 그렇지 않다고 대답했다. "당신은 요즈음 공의회에서 행하는 것처럼 하는 편이 좋을 것입니다"라고 그녀는 말했다.

그리고나서 그녀는 다음과 같이 말을 맺었다. "나를 만나러 와주신 당신의 후의에는 감사하지만 내 앞에서 설교를 하겠다는 제의에 대해서는 조금도 감사하게 생각지 않습니다."

그리고나서 주교는 토머스 화톤 경의 인도로 그들이 식사를 했던 방으로 갔다. 그는 마실 것을 달라고 했다. 물을 마신 뒤 그는 잠시 동안 슬픈 듯이 앉아 있다가 갑자기 이렇게 말했다. "내가 확실히 잘못했어요." "왜요?" 토머스 화톤 경이 물었다. "하나님의 말씀이 배격 당한 곳에서 물을 마셨기 때문이요. 만일 내가 의무를 기억했다면 즉시 이곳을 떠나면서 이 집에 대한 증언으로 내 신발의 먼지를 털어 버렸어야만 했어요." 주교가 격분하여 말했기 때문에 이 말을 들은 사람들 중에 어떤 사람들은 고백하기를 머리카락이 치솟는 것 같았다고 했다.

국왕 에드워드가 오랜 질병으로 인해 몹시 쇠약해졌을 때에, 노덤버랜드 공작의 아들 길포드(Guilford) 경과 서포크(Suffolk) 공작의 딸 제인이 결혼하기로 결정되었다. 당시 제인의 모친은 생존

해 있었는데, 그녀는 메리의 딸이며 국왕 헨리의 둘째 누이로서 처음에는 프랑스 국왕과 결혼했다가 후일 서포크 공작 찰스와 결혼했다.

국왕 에드워드는 나날이 더욱 쇠약해져서 소생할 희망이 없는 것처럼 보였다. 그리하여 귀족들과 영국의 주요 법률가들은 국왕이 자신의 누이인 메리와 엘리자베스를 제쳐두고 앞에서 언급한 제인을 상속자로 임명하기로 했다. 메리를 후계자로 삼지 않은 까닭은 그녀가 이방인과 결혼하여 왕위를 어지럽히며, 또한 가톨릭교를 들여와 나라를 멸망하게 할 것이라는 염려 때문이었다.

이 일이 있은 뒤 곧 에드워드 왕은 병이 깊어져 16살의 나이로 세상을 떠났다. 그와 함께 영국의 모든 고관들과 훌륭한 신분의 사람들도 함께 몰락했다.

런던 및 여러 큰 도시에서는 제인을 여왕으로 공포했다. 이 젊은 처녀와 국왕 에드워드는 나이 차이가 그다지 많지 않았지만 학식이나 언어에 대한 지식은 그녀가 월등했다. 만일 그녀가 훌륭하게 양육되었으며 거기에 훌륭한 재치가 곁들였더라면, 아마도 그녀는 뛰어난 학식으로 칭송을 받은 애스페이셔(Aspasia, 470-410 B.C. 페리클레스의 情婦)나 그래키(Gracchi)의 어머니 샘프로니아스에 비교할만 했을 것이며, 또 여러 가지 학위를 받은 학자들과도 비교할 수 있었을 것이다.

런던에서 이러한 일들이 진행되고 있는 동안에 남동생의 죽음을 알게 된 메리는 추밀원 의원들에게 편지를 보내어 자기에게 왕위 계승권이 있다고 주장했다.

"추밀원 의원들이여, 우리는 여러분이 하나님과 우리에게 충성을 바치기를 요구하는 바입니다. 그리고 즉시 이 나라의 왕위와 통치에 대한 우리의 권리와 칭호를 런던과 모든 도시에 선포하여 주기를 바랍니다."

추밀원 의원들은 메리에게 다음과 같이 회신했다.

"우리는 당신에게 다음과 같은 사실을 알려 드립니다. 우리의 여왕 폐하 제인은 공정하고 정당한 절차에 따라 이 나라의 왕위를 소유하셨습니다. 여왕 폐하께서는 이 나라의 옛 법률의 선한 명령 뿐만 아니라 작고하신 국왕이 직접 서명하시고 영국의 옥새로 봉인한 문서에 의해 왕위에 오르셨습니다. 그러므로 우리는 지극한 의무와 충성을 다해 그분을 우리의 폐하로 모시는 데 동의합니다."

이 편지를 받고 귀족들의 의중을 깨달은 메리는 비밀리에 도시로부터 멀리 떨어진 곳으로 달려갔다. 그녀는 평민들의 호의를 얻기를 기대했으며, 아마도 몇몇 귀족들의 은밀한 통고도 없지 않았을 것이다. 그녀가 갑자기 떠났다는 소식을 들은 추밀원에서는 그녀의 고집, 그리고 모든 일이 자신들이 생각했던 대로 이루어지지 않을 것임을 깨달았다. 그들은 속히 군대를 모았다. 처음에는 서포크 공작에게 모든 일의 책임을 맡겨 군대를 인솔하게 했지만 생각을 바꾸어 노덤버랜드 공작과 몇 명의 귀족과 향사들을 보내는 것이 좋겠다고 생각했다. 그리고 서포크 공작에게는 런던탑을 지키게 했는데, 그곳에는 길포드경과 제인이 안전을 위해 피신해 있었다.

한편 메리는 자기에게 가장 유익이 될 확실한 길을 찾아 애쓴 끝에 노포크(Norfolk)와 서포크(Suffolk)에 몸을 숨겼다. 그녀는 고인이 된 에드워드 왕 시대에 반란을 진압하기 위해 행한 일로 인해 공작이 그곳에서 미움을 받고 있다는 것을 알았다. 그녀는 그곳에서 온 힘을 다해 평민들의 지지를 모으면서 프램링햄(Framlingham)

성에 얼마 동안 은신했다. 제일 먼저 서포크의 백성들이 그녀를 방문했다. 그들은 언제나 복음의 진리를 촉진시키는 데 앞장서고 있었으므로 그녀에게 도움을 제공할 테니까 에드워드 왕이 법과 공적으로 제정된 명령에 따라 온 국가의 동의에 의해 인정한 종교를 바꾸지 말라고 제안했다. 그녀는 곧 이 조건에 동의했다. 그리하여 메리는 복음 전도자들로 이루어진 군대의 호위를 받아 공작 및 그녀를 대적하는 모든 사람들을 무찔렀다.

한편, 하나님께서 백성들의 마음을 돌려 추밀원을 반대하고 메리를 지지하게 만드신 것을 깨달은 귀족들은 태도를 바꾸어 메리 여왕을 찬양하는 노래를 불렀다.

당시 노덤버랜드 공작은 곤경에 빠져 캠브리지에 있었는데, 그의 아들들 및 몇 명도 함께 있었다. 그런데 그들은 왕권에 반역한 죄인으로 체포되어 런던 탑에 갇혔다.

메리는 적들이 모두 정복되고 평정을 되찾은 것을 알고서 8월 3일에 런던으로 입성했다. 많은 사람들이 크게 기뻐했지만, 두려워하는 사람들도 많았고 거짓으로 아첨하는 사람은 더욱 많았다. 그녀는 자신의 처소를 처음에는 런던탑으로 정했는데, 그곳에는 제인과 그녀의 남편 길포드 경이 투옥되어 있었다. 그들은 그녀의 뜻을 기다리며 그곳에 5개월 동안 갇혀 있었다. 제인 그레이(Jane Grey)는 1554년 2월 12일에 처형되었고, 공작은 런던 탑에 수감된 지 약 한 달 후 사형선고를 받고 참수되었다.

메리는 런던탑 안에서 친히 미사를 드릴 뿐 아니라 현재의 종교에 호의를 갖지 않는다고 밝힘으로써 백성들을 불안하게 했다. 양심이 진리에 결합되어 있는 사람들은 이미 석탄에 불이 붙기 시작했으며 곧 많은 참 기독교인들이 죽음을 맞게 되리라고 예감했다.

많은 주교들이 제거되고 다른 사람들이 임명되었다. 그 중에는 리들리도 포함되어 있었다. 그는 제인 여왕이 재위하던 기간에 추밀원의 명령을 받아 바울의 십자가 교회에서 설교하면서 백성들에게 메리에 관한 자신의 의견을 밝혔었다. 그는 그녀를 여왕으로 받아들이면 크게 불편한 일들이 발생할 것이며 그녀는 백성들을 지배하기 위해 외국의 군대를 들여오고 모든 기독교 신앙을 파멸시킬 것이라고 예언했었다. 또 그녀는 자기의 남동생이 수고하여 심고 가꾸어 놓은 모든 것들을 뒤집고 방해하리라는 것 외에 기대할 것이 없음을 설명했었다.

이 설교를 하고 난 뒤 곧 메리가 여왕으로 선포되었다. 그는 곧 여왕에게 인사를 드리기 위해 프램링햄으로 갔다. 그러나 그는 그곳에서 냉대를 받고 직위를 박탈 당한 뒤 절름발이 말 위에 실려 런던탑으로 보내졌다.

3월 10일 경, 캔터베리 대주교 크랜머, 런던의 주교 리들리, 그리고 우스터의 주교였던 휴 라티머(Hugh Latimer)는 런던 탑에서 윈저(Windsor)로 이송되었고, 그곳에서 다시 옥스포드로 호송되어 갔다. 그들은 그곳에서 옥스포드와 캠브리지 대학의 신학생들과 학자들과 함께 성찬의 본질, 봉헌, 그리고 실제로 성찬에 그리스도의 몸이 현존하는가 등에 관해 논쟁을 했다. 그들이 논쟁해야 했던 주제들은 다음과 같다.

(1) 사제가 봉헌의 말씀을 드린 뒤, 성찬에는 그리스도의 몸이 실제로 존재하는가, 존재하지 않는가?
(2) 봉헌의 말을 한 뒤 성찬에는 그리스도의 몸과 피 외에 다른 본질이 남아 있는가, 그렇지 않은가?

(3) 미사에는 산 자와 죽은 자의 죄들을 위한 보상의 제물이 존재하는가, 그렇지 않은가?

리들리 박사는 지체하지 않고 그것들은 모두 거짓이며 쓰고 신 뿌리에서 솟아난 것들이라고 대답했다. 그의 대답은 신랄하고 재치있고 현학적인 것이었다. 그는 논쟁을 하고 싶은지 아닌지 대답하라는 요청을 받았다. 그는 하나님께서 자기에게 생명을 주시는 한 하나님의 진리를 옹호하기 위해 자기의 마음 뿐만 아니라 입과 펜도 사용하겠다고 대답하고서 시간과 책들이 필요하다고 요구했다. 그들은 그에게 목요일에 논쟁을 해야 한다고 말했다. 그리고나서 몇 가지 조목들을 제시하고서 그것들에 대한 그의 의견을 기록하라고 명령했다.

리들리의 보고서
(옥스포드에서 동료 죄수들과 함께 벌여야 했던 논쟁에 관한 것)

나는 세상에 태어나서 지금까지 옥스포드 대학에서 내게 제시한 논쟁보다 더 헛되고 소란한 논쟁은 본 적이 없다. 그렇다. 나는 이 나라에서 학식있고 지식이 있다고 알려진 사람들 중에서 그처럼 낯이 두껍고 몰염치하며 무질서하고 교만하게 행동하여, 학교에서 토론을 하는 신학자라기보다 막간극에 농부로 분장하고 나온 배우 같은 사람들을 발견하게 되리라고는 생각하지 못했다.
그리고 사람들의 감독관과 시험관으로서 훌륭한 말과 침착한 태도의 본보기를 주어야 할 사람들이 가장 악한 본보기를 보여주며, 마치 나팔을 불듯이 헛소리를 지껄이고 고함을 치며 욕하고 소리치는 것을 보게 된 것도 그다지 놀라운 일은 아니다. 이로 보건대 그들이 참된 진리를 추구하지 않고 세상의 영광과 자신의 승리만 추구한다는 것이 분명히 나타난다.
배정된 토론 시간의 대부분은 사람들의 지지를 확보하기 위해 손뼈을 치고 야유하면서 욕설을 퍼붓고 무례하게 저지하는 등 헛된 일로 소모되었다. 나는 이 모든 짓들을 대단히 슬픈 마음으로 바라보았다. 이처럼 과격하고 난폭하고 무질서한 행동들은 이 대학들과 학식있는 사람들에게 어울리지 않는 행동이었으며, 그들이 그렇게 선동하고 행동하는 것은 자신의 주장이 빈약하고 헛되다는 것을 나타낼 뿐이었다. 나는 전혀 유익한 일을 하지 못하고 다만 나의 노력에 대한 비난과 억제와 욕설을 들을 수 밖에 없었다. 그것은 정직한 사람이라면 차마 얼굴을 붉히지 않을 수 없는 말, 악한이 악한에게 퍼붓는 것 같은 말이었다.

토론이 시작되었다. 내가 첫째 주제에 관해 답변하여 내 입장을 증명하기도 전에 박사들까지도 "그는 하나님을 모독하고 있다! 그는 하나님을 모독하고 있다!"고 소리쳤다. 나는 무릎을 꿇고서 내 말을 끝까지 들어달라고 간청했다. 이 말에 사회자는 감동을 받아 큰 소리로 "그것을 낭독하게 합시다"라고 소리쳤다. 그러나 내가 다시 답변을 시작하자마자 곧 다시 큰 소리와 소동이 일어났고 그들은 "신성모독이다!"라고 소리쳤다. 내 기억으로는 나는 꼭 한번 그런 소리를 듣거나 읽어본 적이 있었다. 그것은 사도행전에 기록된 일로서 데메드리오라는 은장색이 아데미의 은감실을 만들어 직공들로 적지 않은 벌이를 하게 하더니 바울을 비난하여 말하기를 "크다 에베소 사람의 아데미여!"라고 외친 일이었다. 나를 향한 그들의 외침과 소동은 너무나 컸기 때문에 나는 짧은 논증서조차 끝까지 낭독하지 못하고 중지해야만 했다.

토론이 있은 다음 날인 4월 20일, 위원들은 성 메리 교회에 모였다. 웨스톤 박사는 그들에게 일일히 특별히 충고하면서 그들이 동의하는지 동의하지 않는지만 간단히 대답하라고 했다. 그는 먼저 캔터베리 대주교에게 토론에 승복하느냐고 물었다. 대주교는 대답하기를 자신은 그들과 논쟁을 하지 않고서는 요구받은 대로 대답할 수 없으며 자신의 의견대로 반대할 수도 없다고 했다. 그러나 몇 사람이 말을 가로챘기 때문에 그는 더 이상 말을 하지 못했다. 리들리와 라티머는 어떻게 하겠느냐는 질문을 받고서 자신들이 이제 껏 주장해온 것을 지키겠다고 대답했다. 그러자 그들은 이들 세 사람을 모두 불러다 놓고 그들이 더 이상 교회의 지체가 아니며, 그들과 그들의 지지자나 후원자들은 이단자라는 판결문을 낭독했다.

선고가 있은 후 이들 세 사람은 차례로 다음과 같이 답변했다.

캔터베리 대주교

"나는 당신들의 재판과 선고에 불복하여 전능하신 하나님의 의로운 재판에 상소합니다. 나는 하늘나라에서 그 분과 함께 거할 것을 믿습니다. 왜냐하면 나는 제단 위에 있는 주님의 현존 때문에 이러한 선고를 받았기 때문입니다."

리들리

"나는 당신들의 무리에 속하지 못하지만, 내 이름이 다른 곳에 기록되어 있음을 조금도 의심치 않습니다. 당신들이 사형선고를 내렷기 때문에 우리는 자연사(自然死)하여 그곳에 가는 것보다 빨리 그곳에 이르게 될 것입니다."

라티머

"하나님께서 내 생명을 지금까지 지속하게 해 주셨으며, 이제 죽음으로 하나님께 영광을 돌리게 해 주신데 대해 진심으로 감사드립니다."

선고가 끝난 뒤, 대주교는 보카르도(Bocardo)로 돌아갔고, 리들리는 치안판사 집으로, 라티머는 법정 내의 간수들에게로 끌려갔다.

(리들리의 순교에 관한 자세한 내용은 다음 장에 기록될 것이다)

리들리와 라티머의 재판, 그리고 순교

리들리와 라티머의 생애에 대해서는 앞에서 별도로 언급한바 있다. 본장에서는 이들 두 사람의 순교의 이야기를 하나로 묶어 다루고자 한다.

1555년 9월 28일, 폴(Pole) 추기경은 링컨의 주교 존 화이트(John White)와 글러스터의 주교 부룩스(Brooks) 박사, 그리고 브리스톨의 주교 홀리만(Holyman) 박사에게 명령을 내려, 라티머와 리들리가 옥스포드에서 개최된 공개토론회에서 주장한 여러 가지 잘못된 주장들을 재판하라는 전권을 부여했다. 만일 라티머와 리들리가 뉘우치고 자신의 주장을 철회한다면 이 사람들을 받아들여 거룩한 교부이신 교황과 화해하게 하지만 만일 계속 잘못된 주장을 고집한다면, 그들을 이단으로 선포하고 교회로부터 완전히 제거하여 형벌을 받게 할 권리도 가지고 있었다.

그리하여 9월 말일에 이들 판사들은 옥스포드 대학 신학교에 법정을 개정했으며, 먼저 리들리가 출두했다. 그가 법정에 선 뒤 추기경의 위임장이 낭독되었다. 리들리는 모자를 벗고 서서 겸손하게 자신이 출두하게 된 원인을 경청하다가 추기경이 거론되고 교황의 이름이 등장하자 다시 모자를 썼다. "나는 로마 교황의 왜곡된 권위와 도둑질한 최고 주권을 거부하고 부인한다. 나는 결코 그에게 경의를 표하거나 존경하지 않을 것이다. 그렇게 하는 것은 하나님의 말씀의 진리를 훼손하는 일이기 때문이다."

링컨의 주교가 세 차례나 권면했는데도 리들리가 말을 듣지 않았기 때문에 주교는 관리에게 리들리의 모자를 벗기라고 명령했다. 리들리는 관리에게 머리를 굽혀 인사하고는 온유하게 모자를 벗기는 대로 내버려 두었다. 이 일이 끝난 후, 주교는 리들리에게 자신의 주장을 철회하고 교황의 주권을 인정하라고 일장의 연설을 했다. 리들리는 다음과 같이 답변했다.

"당신들은 그리스도께서 베드로 위에 교회를 세우겠다고 하신 말씀을 근거로 삼고 있으나, 실상 교회의 기초는 당신들이 생각하는 것과는 다릅니다. 그리스도께서는 제자들에게 사람들이 자신을 누구라고 하느냐고 물으셨습니다. 제자들은 어떤 이는 선지자라 하고 또 어떤 이는 엘리야라고 한다고 대답했습니다. 주님은 '그러면 너희는 나를 누구라고 생각하느냐?'라고 물으셨습니다. 그러자 베드로가 '주는 그리스도시오 살아계신 하나님의 아들이시니이다'라고 대답하셨습니다. 이에 주님은 말씀하시기를 '내가 네게 이르노니 너는 베드로라 내가 이 반석 위에 내 교회를 세우리라'고 하셨습니다. '이 반석 위에'라고 하신 것은 '내가 하나님의 아들이라는 너의 신앙고백 위에 내 교회를 세우겠다'는 의미입니다. 마음과 뜻과 말로써 그리스도를 하나님의 아들로 고백하는 것이야말로 기독교의 시작이요, 토대입니다."

주교는 리들리의 답변에는 아랑곳하지 않고 계속 재판을 진행했다. "우리는 당신과 토론을 하려고 이곳에 온 것이 아닙니다. 이제 당신에게 몇 가지 조문들을 제시할 터이니, 그 조문들에 대해 토론이나 논쟁을 하지 말고 '예', '아니오'로 간단히 답변하십시오. 이제 당신에게 조문들을 낭독해 줄 터이니 내일 아침 8시에 성 메리 교회에서 그것들에 대해 답변하십시오."

교황의 대리인이 리들리와 라티머에게 제시한 조문

1. 우리는 니콜라스 리들리와 휴 라티머의 다음과 같은 주장에 대해 이의를 제기한다. 즉 당신들은 사제가 봉헌의 말을 하고 난 뒤 제단 위에 올려진 성찬 속에 그리스도의 육체가 실제로 존재하지 않는다고 증언하며 공공연하게 주장하고 옹호하고 있다.
2. 당신들은 제단 위의 성찬 속에는 떡과 포도주의 본질이 그대로 존재한다고 공공연하게 증언하고 주장하고 있다.
3. 당신들은 미사 속에는 산 자와 죽은 자를 위한 화목제사가 존재하지 않는다고 공공연하게 증언하며 고집스럽게 주장해오고 있다.

리들리를 시장에게 넘겨준 뒤, 주교는 라티머를 데려오라고 명령했다. 라티머는 손에 모자를 들고 있었고, 머리에는 여자들이 쓰는 머리수건을 쓰고 그 위에 잠잘 때 쓰는 모자와 도시의 여인들이 쓰는 커다란 모자를 쓰고 있었다. 또 너무 낡아서 실밥이 드러난 브리스톨 모직물 가운을 걸친 뒤 가죽끈으로 묶고 있었으며, 거기에 길다란 가죽끈을 목에 드리우고 그 끝에 성경책과 안경을 매달아 가슴까지 내려오게 하고 있었다. 그는 땅에 무릎을 꿇고 인사를 했다. 이어 주교는 다음과 같이 말을 시작했다.

"무엇이 당신으로 하여금 온 나라가 행하는 신앙고백을 하지 못하게 방해하며, 왕과 여왕이 부인하고 온 나라가 철회한 것을 버리지 못하게 합니까? 과거 그것은 공통된 잘못이었으며, 지금은 모두가 그것을 고백하고 있습니다. 그것이 우리 모두에게 부끄러운 일이 아니었던 것처럼, 당신에게도 부끄러운 일이 되지 않을 것입니다. 라티머씨, 하나님의 사랑으로 말하노니, 당신의 연로함을 기억하십시오. 당신의 육체를 괴롭히지 말며 죽음을 재촉하지 마시오. 특히 당신의 영혼의 건강을 기억하십시오. 만일 당신이 이러한 상태에서 죽는다면 당신은 하나님께 대하여 냄새 나는 가증한 제물이 될 것입니다. 사형에 처해졌다고 해서 누구나 순교자가 되는 것이 아니라, 무엇을 위해 죽었느냐가 중요합니다. 만일 당신이 이 상태에서 죽는다면 당신은 아무런 은혜도 받지 못합니다. 왜냐하면 교회를 떠나서는 구원이 있을 수 없기 때문입니다."

주교는 계속하여 자기들은 토론을 하러 온 것이 아니라 자기들이 제시하는 조문들에 대한 그의 분명한 답변을 받으러 왔다고 말하고는, 앞서 리들리에게 제시했던 것과 같은 조문들을 그에게 제시했다.

다음 날(10월 1일), 8시가 조금 지나서 판사들은 다시 성 메리 교회에 나왔다. 그들이 비단으로 장식한 높은 보좌에 착석한 뒤, 리들리가 그들 앞에 출두했다.

이윽고 링컨의 주교가 말했다. "우리는 어제 당신에게 제시한 조문에 대한 당신의 분명한 답변을 듣기 위해 이곳에 왔습니다. 만일 당신의 답변을 문서로 작성했다면 그것을 받겠습니다. 그러나 답변 이외의 다른 문제를 기록했다면 받지 않겠습니다."

리들리는 품 안에서 종이 한 장을 꺼내어 자신이 기록한 것을 읽기 시작했다. 그러나 주교는 관리에게 그것을 빼앗으라고 명령했다. 리들리는 그것이 자기의 답변이라고 말하며 낭독하게 해달라고 요청했으나 주교는 허락하려 하지 않았다.

리들리: 각하, 당신은 나에게 답변을 요구했으면서, 왜 내가 그것을 발표하는 것을 허락하지 않습니까?

링 컨: 리들리 경, 우리가 먼저 당신이 기록한 내용을 살펴보고 낭독해도 좋다고 생각되면 그것을 허락하겠습니다. 그러나 당신이 먼저 그것을 우리에게 넘겨주지 않는다면 우리는 당신의 답변을 조금도 받아들이지 않겠습니다.

이 말을 들은 리들리는 달리 방법이 없음을 깨닫고서 문서를 관리에게 넘겨 주었고, 관리는 그것을 주교에게 넘겨 주었다. 주교는 그것을 비밀리에 다른 두 명의 주교에게 전달한 뒤에 그 문서에는 교회를 모독하는 내용이 담겨 있으므로 그 문서를 읽어 청중들의 귀를 더럽히고 그들의 인내심을 남용하지 않겠다고 말했다.

글러스터의 주교와 링컨의 주교는 리들리의 마음을 바꾸게 하려고 많은 말을 했다. 그러나 리들리는 자신은 하나님의 말씀 위에 토대를 두었다고 주장한 신앙을 확실히 믿고 있으며, 따라서 자기의 주인이신 주 하나님을 버려 하나님께 범죄하며 자기 영혼에 큰 피해와 위험을 초래할 수 없다고 답변했다. 그리고 주교에게 그 전날 그가 교황의 권위를 인정할 수 없는 근거를 밝히도록 허락해 주겠다고 한 약속을 실천하라고 요청했다. 주교는 그렇게 하라고 허락했으나 40마디로 끝내라고 했다. 리들리는 말을 하기 시작했다. 그러나 그가 한 문장의 절반도 끝내기 전에 옆에 앉아 있던 박사들은 40마디가 넘었다고 소리치며 발언을 계속하지 못하게 했다.

이어 링컨 주교는 리들리에게서 주교직과 사제직 및 모든 성직을 박탈하며 그는 이제 교회의 지체가 아니라고 선포한 뒤 그들 세속 정부에 넘겨 거기에 따른 형벌을 받게 하라는 판결을 내렸다. 리들리는 죄수로서 시장에게 넘겨졌다.

곧이어 라티머가 불려왔다. 링컨 주교는 라티머에게 잘못된 주장을 철회하고 가톨릭 교회로 돌아오라고 권면했다. 라티머는 그의 말을 가로채어 다음과 같이 대답했다.

"각하, 나는 보편적인 교회가 있다는 신앙을 고백합니다. 그러나 그것은 당신들이 말하는 교회가 아닙니다. 당신들의 교회는 머지않아 악마의 교회라고 불릴 것입니다. 로마 교회라고 말하는 것과 가톨릭(보편) 교회라고 하는 것은 다릅니다. 여기에서 나는 시프리안(Cyprian)의 말을 인용하겠습니다. 시프리안은 주교들 앞에 호출되었을 때, 판사석에 앉아 있는 사람들에게 박해를 받는 자와 박해를 하는 자 중 누구를 그리스도의 교회의 지체라고 보느냐고 물었습니다. 그는 다음과 같이 말했습니다. '그리스도께서는 그리스도를 따르는 자는 반드시 그리스도의 십자가를 져야 한다는 것을 나타내 주셨습니다. 그리스도께서는 제자들이 박해와 환난을 당할 것을 알려 주셨습니다. 그렇다면 당신들은 어떻게 생각하십니까? 끊임없이 박해를 계속해온 로마교황청이 교회입니까, 아니면 끊임없이 박해를 받고 심지어는 죽기까지한 양떼들이 교회입니까?"

라티머가 그리스도와 그의 진리를 결코 부인할 수 없으며 부인하지도 않겠다고 대답하자, 링컨 주교는 라티머에게 자기의 말에 귀를 기울여 달라고 요청했다. 라티머가 몇 가지 새로운 문제를 경청하고 난 뒤, 주교는 그에게 판결문을 낭독했다. 그 뒤에 이 세 명의 주교는 법정을 폐정하고 방청객들을 해산시켰다. 그러나 라티머는 그전 날 주교가 자기에게 교황의 권위를 반대하는 이유를 밝힐 기회를 주겠다고 한 약속을 지키라고 요구했다. 그러나 주교는 이제 자신은 그의 말을 들을 수 없으며 그와 대화를 나눌 수도 없다고 말했다. 그리고서는 라티머를 시장에게 넘겨주며 "시장 각하, 이제 그 사람은 당신의 죄수입니다"라고 말했다. 리들리와 라티머는

1555년 10월 16일까지 감옥에 갇혀 있었다.

10월 15일 아침, 부룩스 박사와 글로스터의 주교, 그리고 옥스포드 대학의 명예 부총장 마샬(Marshal) 박사 및 여러 명의 대학의 지도자들이 리들리가 수감되어 있는 옥스포드의 시장 아이리쉬(Irish)의 집으로 찾아왔다. 글로스터의 주교는 리들리에게 자기들이 찾아온 이유를 말하면서, 그가 본래의 신앙으로 돌아오기만 한다면 여왕 폐하께서 그에게 자비를 베풀겠지만 만일 돌이키지 않는다면 법에 따라 절차를 진행하겠다고 말했다.

리들리: 각하, 내 양심은 지금껏 내가 가르쳐온 교리가 하나님의 말씀을 따른 것으로써 건전한 것이라고 확신합니다. 주 하나님께서 나의 도움이 되시므로 나는 내 입이 움직이고 내 몸에 숨이 붙어 있는 한 그 교리를 옹호할 것이며, 내 피로 그것을 증거하겠습니다.

글러스터: 당신이 여왕 폐하의 자비를 받아들이지 않으려 하므로 우리는 당신에게서 사제직을 박탈하는 의무를 진행하겠습니다.

리들리: 당신이 하는 대로 내버려두는 것이 하나님을 기쁘시게 할 것이니 당신들 마음대로 하십시오. 나는 당신들이 하는 대로 감수할 각오가 되어 있습니다.

글로스터: 리들리경, 모자를 벗고 이 흰 법의를 입으시오.

리들리: 입지 않겠습니다.

글로스터: 입어야 합니다.

리들리: 입지 않겠습니다.

글로스터: 반드시 입어야 합니다. 그러니 제발 소란을 피우지 말고 이 법의를 입으시오.

리들리: 나는 결코 그 법의를 걸치지 않겠습니다.

글로스터: 그것을 입지 않겠습니까?

리들리: 그렇습니다. 나는 그것을 입지 않겠습니다.

글로스터: 그러면 다른 사람들을 시켜 입혀 드릴까요?

리들리: 하고 싶다면 그렇게 하십시오. 나는 그보다 더한 일이라도 감수하겠습니다. '종이 그 상전보다 높지 못합니다.' 성경에 기록된 바와 같이 사람들은 우리 구주 그리스도를 지극히 잔인하게 다루었고 주님은 그것을 인내하시며 겪으셨으므로 그리스도의 종된 우리는 더 많은 고난을 당해야 합니다.

그들은 리들리에게 미사와 관련된 장신구들을 모두 걸치게 했다. 그러나 리들리는 교황과 모든 어리석은 복장들을 통렬히 비난했으므로 화가 난 브룩스 박사는 그에게 침묵하라고 명령했다.

그 당시 헴라어 강사였던 에드리지(Edridge)라는 사람이 곁에서 이 말을 듣고서 브룩스 박사에게 말했다. "각하, 법에 따르면 그의 입에 재갈을 물려야 합니다. 그러니 그의 입에 재갈을 물리십시오." 이 말을 들은 리들리는 그를 뚫어지게 바라보다가 머리를 흔들고 한숨을 쉬며 "참, 잘하는 짓이오!"라고 말했다. 그들이 맡은 절차를 진행하는 동안 리들리는 침묵하라는 명령에도 불구하고 계속 그들의 귀에 거슬리는 말을 계속했다.

리들리가 성찬배와 성찬의 떡을 잡아야 하는 절차에 이르렀다. 그들은 그에게 그것들을 손에 잡으라고 명령했다. 그러나 리들리는 "나는 결코 그것들을 손에 쥐지 않겠습니다. 만일 그것들을 억지로 내 손에 쥐게 한다면 땅에 떨어뜨리겠습니다"라고 말했다. 그들은 리들리의 손에 억지로 그것을 쥐게 한 다음에 손을 펴지 못하게 그의 손을 꼭 잡았다. 그리고 나서 브룩스 주교는 라틴어로 쓰인 율법을 낭독했는데 그것의 요지는 '우리는 당신에게서 복음을 전파하는 직무를 박탈한다'는 뜻이었다. 리들리는 이 말을 듣고 한숨을 쉬고 하늘을 바라보면서 "오, 주 하나님! 저들의 악함을 용서하여 주시옵소서!"라고 말했다.

마침내 이처럼 가증스럽고 말도 안되는 성직 박탈 의식이 끝났다. 리들리는 브룩스 박사에게 "의식이 끝났으면, 잠시 이 문제로 당신과 이야기하게 해 주십시오"라고 말했다. 브룩스 박사는 "리들리 경, 우리는 당신과 대화를 나눌 수 없습니다. 당신은 교회에서 쫓겨났으며, 우리의 법에 따르면 교회 밖에 있는 사람과는 대화를 나누지 못합니다"라고 말했다. 리들리는 "당신이 나와 이야기하려 하지 않고 내 말을 들으려 하지 않으니 참는 수 밖에 별 방법이 없겠지요. 나는 하늘에 계신 내 아버지께 내 사건을 의뢰하겠습니다. 장차 때가 되면 하나님께서 잘못된 일들을 바로 잡아 주실 것입니다."라고 말했다.

리들리는 계속하여 말했다.

"각하, 부디 수많은 가난한 사람들, 특히 내 누이와 그의 남편을 위해 여왕 폐하께 중재해 주시기 바랍니다. 나는 런던 교구에 있을 때에 그들에게 빈약한 성직록을 주었는데, 내 후임으로 주교직에 오른 사람은 양심도 없이 그것마저 그들에게서 빼앗고 말았습니다. 여기에 그들을 위해 여왕 폐하께 보내는 나의 탄원서가 있습니다. 그것을 읽어 보시면 사실을 보다 잘 알게 될 것입니다."

리들리는 말하는 도중 자기 누이의 이름이 나오자 눈물을 흘리며 잠시 말을 잇지 못했다. 그러나 그는 눈물을 거두고 다시 말하기를 "이것은 내 본성에 따른 행동입니다. 그러나 이제 그것도 끝났습니다"라고 말했다. 이 말을 듣고 브룩스는 "리들리 경, 당신의 요구는 지극히 정당하고 정직한 것입니다. 그러므로 양심을 걸고 그들을 위해 여왕 폐하께 말씀 드리겠습니다"라고 말했다.

모든 일을 끝마친 뒤, 브룩스 박사는 간수들에게 리들리를 넘겨주며 그가 누구와도 이야기하지 못하게 지키다가 명령을 받는 대로 처형장으로 데려오라고 명령했다.

처형 당하기 전날 밤, 리들리는 아이리쉬(Irish) 시장과 함께 식사를 했다. 식사 도중에 그는 주인 및 식탁에 둘러앉은 모든 사람을 자기의 결혼식에 초대했다. 그는 "내일 나는 결혼을 해야합니다"라고 말하면서 전과 마찬가지로 여전히 명랑한 태도를 취했다. 그는 자기의 누이가 이 결혼식에 참석하기를 원하여 식탁에 앉아있는 남동생에게 그녀가 과연 참석할 것인지 물어보았다. 동생이 "예, 기꺼이 참석할 것입니다"라고 대답하자 그는 기뻐했다. 이 말을 듣고 있던 시장의 부인 아이리쉬 여사는 눈물을 흘렸다.

그러나 리들리는 오히려 그녀를 위로하며 말했다.

"오, 아이리쉬 부인. 나는 이제 당신이 나를 사랑하지 않는다는 것을 알았습니다. 왜냐하면 당신이 그처럼 눈물을 흘리는 것은 당신이 나의 결혼식에 참석하지 않을 것이며 또 그 결혼에 만족하지 않음을 나타내주기 때문입니다. 이제까지 나는 당신을 내 친구라고 여겼지만 이제 그렇지 않은 것 같군요. 진정하십시오. 비록 내 아침 식사는 조금 고통스럽고 아픈 것이겠지만, 저녁 식사는 즐겁고 기쁜 것이 될 것입니다."

식사를 마친 뒤, 리들리의 동생은 그와 함께 밤을 보내겠다고 제안했다. 그러나 리들리는 "그렇게 하지 말아라. 나는 오늘 밤 이제까지 해오던 대로 잠자리에 들어 조용히 잠을 자야겠다"고 말했다.

처형장은 시의 북쪽에 있는 배리얼 대학(Baliol-college) 맞은 편 배수로로 결정되었다. 혹시 소요가 일어날까 염려한 여왕은 윌리엄스 경에게 서신을 보내어 그들의 화형을 도우라고 명령했다. 준비가 완료된 후, 죄수들이 끌려나왔다.

리들리는 주교로 재임할 당시 항상 입던 털가죽을 댄 검은 가운을 입고 역시 털가죽을 댄 벨벳 케이프를 걸치고 머리에는 벨벳으로 만든 모자 위에 사각형 모자를 덧쓰고 있었다. 그는 시장과 부시장의 호위 하에 슬리퍼를 신고 자신을 묶을 말뚝으로 향해 갔다.

뒤이어 라티머가 화형장에 도착했다. 그는 단추가 달린 모자에 낡아 빠진 브리스톨산 거친 모직 법의를 입고 머리에는 머리수건을 쓰고 있었다. 그리고 바지 위에는 발까지 닿는 길다란 새 덮개를 두르고 있었다.

한 때 영광을 누렸으나 이제 재난에 빠진 이들의 모습을 바라보는 사람들의 마음은 연민으로 가득찼다.

보카르도(Bocardo)를 향해 나아가던 리들리는 크랜머가 있는 곳을 바라보면서 아마 그가 창가에 서서 자기에게 말을 건네 주기를 바랬을른지도 모르겠다. 그러나 당시 크랜머는 소토(Soto) 수도사 및 그의 동료들과 열띤 토론을 하고 있었기 때문에 리들리를 보지 못했다.

리들리는 뒤를 돌아다 보다가 라티머가 뒤따라오고 있는 것을 보고는 "아! 당신이군요!"라고 말했다. 라티머는 "그렇습니다. 나는 가능한한 빨리 당신의 뒤를 따르고 있습니다"라고 대답했다.

마침내 두 사람은 화형장의 말뚝에 이르렀다. 리들리는 진지하게 두 손을 잡고 하늘을 바라보았다. 그리고나서 즐거운 표정으로 라티머에게 달려가 포옹하고 입을 맞추었다. 그는 라티머를 위로해 주며 "형제여, 낙심하지 마십시오. 하나님께서 사나운 불길을 완화시켜 주시거나, 아니면 그것을 참고 견딜 힘을 주실 것입니다"라고 말했다. 말을 마친 뒤, 그는 말뚝 옆으로 가서 무릎을 꿇고 그것에 입을 맞추고 진지하게 기도했다. 라티머도 역시 그의 뒤에서 무릎을 꿇고 열심히 하나님께 기도했다.

그 뒤 스미스 박사가 "또 내 몸을 불사르게 내어 줄찌라도 사랑이 없으면 내게 아무 유익이 없느니라"는 사도 바울의 말씀을 주제로 설교하기 시작했다. 그는 이 설교에서 사람을 거룩하게 만드는 것은 어떤 죽음을 당하느냐가 아니라 선한 목적을 가지고 있느냐 하는 점이라고 주장했다. 그는 그 예로 유다와 최근에 스스로 목 매어 죽은 어느 여인을 들었다. 그리고나서 그들에게 잘못된 주장을 철회하고 다시 교회로 돌아와 생명과 영혼을 구원하라는 짧막한 권면으로 설교를 끝냈다.

리들리는 라티머에게 말했다.

"당신이 저 설교에 대해 답변하시겠습니까? 아니면 내가 할까요?"

라티머가 "당신이 하십시오"라고 대답했으므로 리들리는 "내가 답변을 하지요"라고 말했다.

이 설교가 끝난 후 리들리와 라티머는 테임의 윌리엄스 경을 향해 무릎을 꿇고 말했다.

"각하, 그리스도의 이름으로 간청하오니 부디 두 세 마디만 하도록 허락해 주십시오."

윌리엄스 경이 그의 발언을 허락해도 좋은지 알기 위해 시장과 부총장에게 고개를 끄덕이고 있는 동안, 마샬 박사와 간수들은 허겁지겁 달려와 손으로 그의 입을 막고 이렇게 말했다.

"리들리 경, 만일 당신이 그릇된 주장을 취소하고 철회한다면 발언권을 얻을 수 있을 뿐만 아니라 신민으로서의 특전, 즉 당신의 생명을 소유할 수 있습니다."

"만일 그렇게 하지 않는다면 어떻게 되지요?" 리들리가 물었다.

"그렇다면 발언을 허락하지 않겠소" 마샬 박사가 대답했다.

"내 몸에 숨이 붙어있는 한 결코 나의 주 그리스도와 그분의 진리를 부인하지 않겠습니다. 내 속에서 하나님의 뜻이 이루어지이다!"라고 리들리가 말했다.

곧 그들에게는 화형을 맞을 준비를 하라는 명령이 내려졌으며, 그들은 대단히 온유하게 그 명령에 복종했다. 리들리는 자기의 가운과 케이프를 벗어 매제인 쉽사이드에게 주었다. 그밖에 그다지 가치가 없는 의복들은 사람들에게 나누어 주었고 나머지는 간수들이 가졌다. 그는 여러 가지 작은 물건들을 슬피 울며 곁에 서 있는 향사들에게 나누어 주었다. 헨리 리(Henry Lea) 경에게는 새 은화를 주었고, 윌리엄스의 향사들에게는 내프킨과 육두구 열매를 주었다. 시계와 그밖에 그가 지니고 있었던 물건들을 옆에 서 있는 사람들에게 모두 나누어 주었다. 어떤 사람은 그의 바지끝을 찢어갔다. 그에게서 한 조각이라도 얻어간 사람들은 행복한 사람들이었다.

라티머는 간수가 그의 바지와 옷을 벗기는 대로 가만히 있었다. 그의 옷차림은 간단했다. 다 벗고 나서 덮개로 몸을 감싼 후에 보니 그는 참으로 잘 생긴 모습이었다. 옷을 입고 있었을 때의 그는 늙어 꼬부라진 늙은이의 모습이었는 데, 옷을 벗고 똑바로 서 있는 그는 잘 생긴 사제의 모습이었다.

리들리는 손을 들고 기도했다.

"하늘에 계신 아버지, 당신께 진심으로 감사를 드립니다. 당신께서는 나로 하여금 당신께 대한 신앙을 고백하도록 하시어 화형을 당하게 해 주셨습니다. 하나님이시여, 부디 이 나라를 불쌍히 여기시고, 이 나라를 모든 원수들로부터 구해 주시옵소서."

이윽고 대장장이가 쇠사슬을 가지고 와서 리들리와 라티머의 허리를 묶었다. 그가 고리 못을 박고 있을 때에, 리들리는 손으로 쇠사슬을 잡고 흔들면서 대장장이에게 말했다.

"친구여, 그것을 세게 내리치시오. 육체는 결국 그 갈 길을 가게 될 것입니다."

그 뒤 그의 남동생이 화약이 들어 있는 가방을 가지고 와서 그의 목에 묶어 주려고 했다. 리들리는 그것이 무엇이냐고 물었다. "화약입니다"라고 동생이 대답하니, 그는 "그것을 하나님께서 보내신 것으로 여기고 받아들이겠다. 그런데 내 형제의 것은 없느냐?"라고 말했다. 그가 형제라고 한 것은 라티머를 가리키는 것이었다. 동생이 "예"라고 대답하니, 그는 "그렇다면 그에게 주거라. 너무 늦지 않았는지 모르겠구나"라고 말했다. 리들리의 동생은 화약을 가지고 라티머에게로 갔다.

이윽고 사람들은 불 붙일 장작을 가져다가 리들리의 발 밑에 놓았다. 라티머는 리들리에게 말했다.

"리들리 경, 마음을 편히 가지십시오. 그리고 대장부답게 처신하십시오. 오늘 우리는 하나님의 은혜로 말미암아 영국에 하나의 촛불을 밝히게 될 것인바, 그것은 결코 꺼지지 않을 것입니다."

불길이 자기를 향해 타올라오는 것을 본 리들리는 큰 소리로 "주여, 내 영혼을 받아 주시옵소서"라고 외쳤다. 맞은 편에 있던 라티머는 "오, 하늘에 계신 아버지, 내 영혼을 받으시옵소서!"라고 소리치며, 마치 불꽃을 포옹하듯이 불길을 받아들였다. 그 후 그는 두 손으로 얼굴을 두드린 후에 곧 숨을 거두었는데, 아무런 고통도 느끼지 않은 것 같이 보였다.

한편 리들리를 태울 장작은 가시금작화가 많은 곳에 너무 높이 쌓여져 있었기 때문에 불이 잘 붙지 않고 밑에서만 타고 있었다. 이것을 본 리들리는 불길이 그에게까지 타오르게 해달라고 요구했다. 리들리의 매제는 이 말을 들었으나 제대로 이해하지 못했다. 흔히 슬픔에 잠긴 사람들이 제대로 알지 못하고 행동하는 것처럼, 그도 리들리의 고통을 제거해 주려는 마음에서 그의 주위를 장작들로 완전히 쌓아올렸다. 그 결과 불길은 밑에서만 더욱 맹렬하게 타올라 그의 하반신은 완전히 타버렸는 데도 상반신에는 불길이 닿지 못했다. 그는 가끔 그들에게 불길이 그에게 이르게 해달라고 부탁하며 "나는 불에 탈 수가 없다"고 말했다. 그는 두 다리가 타버린 뒤에 자신의 옆구리가 전혀 타지 않았고 셔츠와 모든 부분에 불꽃이 닿지도 않은 것을 보여 주었다. 그는 이처럼 지극한 고통 속에서도 하나님을 부르기를 잊지 않고 "하나님, 나에게 자비를 베풀어 주시옵소서"라고 기도했으며, 간간히 "제발 불길이 나를 휩싸게 해 주시오. 나는 타지 못하고 있습니다"라고 외쳤다.

이처럼 고통 속에서 애쓰고 있을 때에 곁에 있던 사람이 갈고리창으로 윗 부분에 쌓인 장작들을 끌어내렸다. 그제서야 불길이 그쪽으로 퍼져 리들리를 휩쌌다. 이윽고 불꽃이 화약에 닿았고 리들리는 더 이상 움직이지 않았다.

이 끔찍한 광경을 지켜보던 수 많은 사람들은 눈물을 흘렸다. 아무리 인간성이 메마르고 무자비한 사람이라도 이 순교자들의 몸을 휘감아 태우는 무서운 불길을 볼 때에 슬퍼하지 않을 수 없었을 것이다. 사방에서 슬픔의 표시가 나타났다. 어떤 사람들은 이들의 생명을 귀히 여겼기 때문에 그들의 죽음을 크게 슬퍼했다. 그러나 어떤 사람들은 그들의 인품을 불쌍히 여겨 그들의 영혼이 그렇게 할 필요는 없었다고 생각했다. 결국 그들은 이 세상에서의 보상을 받고 죽었다. 그러나 장차 영광스런 주님의 날에 주님이 성도들과 함께 오실 때에 그들이 하늘에서 어떤 상급을 받았는지 드러날 것이다.

스미스필드의 불길
(생명을 바쳐 신앙을 증거한 순교자들의 이야기)

영국의 국왕 헨리 1세가 즉위하여 3년쯤 되었을 때, 스미스필드에 성 바돌로뮤 병원이 설립되었다. 이 병원은 레이어(Rayer)라는 국왕 소속의 음유시인의 중재에 의해 착수되어 후일 런던 시장이며 참사회원인 리처드 휘팅톤(Richard Whittington)에 의해 완공되었다. 당시 스미스필드는 국왕의 법을 범한 중죄인과 그밖의 범죄자들을 처형하는 곳이었다.

존 배드비

1410년 3월 1일 토요일, 런던에 있는 어느 수도원 경내에서는 캔터베리 대주교 토머스 아룬델의 주재 하에 재단사인 존 배드비의 심문이 있었다. 존 배드비는 사제가 성찬을 봉헌하는 말을 함으로써 그리스도의 몸을 만들어낼 수는 없다고 답변했다.

그의 결연한 표정과 굳건한 태도를 보고서 그가 결코 결심을 바꾸지 않을 것이라고 깨달은 대주교는 존 배드비는 공공연한 이단자이므로 세속정부에 넘기겠다고 공표함으로써 다른 사람들을 설득하기 시작했다.

이 모든 일의 결정은 오전에 이루어졌고, 오후에는 국왕의 영장이 발부되었다. 존 배드비는 스미스필드로 끌려갔다. 그곳에서 사람들은 그를 빈 통에 집어넣고 쇠사슬로 말뚝에 묶은 뒤, 그의 주위에 마른 나무를 가져다 놓았다. 우연히 이 광경을 보게 된 왕의 맏아들은 선한 사마리아인처럼 그의 생명을 구할 방법을 강구하기 시작했다.

그 동안 성 바돌로뮤 수도원의 원장이 12개의 횃불을 앞세우고 엄숙하게 성찬을 가져다가 말뚝에 묶여 있는 이 가련한 사람에게 보여 주며 그것을 어떻게 믿느냐고 물었다. 그는 그것은 하나님께 바쳐진 거룩한 떡이지 그리스도의 몸이 아니라고 대답했다. 이윽고 그에게 불을 붙였다. 불길이 닿을 때 이 무죄한 영혼은 마치 하나님께 기도하듯 "자비!"라고 외쳤다. 이 외침을 듣고 감동을 받은 왕자는 불을 끄라고 명령했다. 불이 꺼진 뒤, 그는 배드비에게 만일 그가 이단을 버린다면 많은 재산을 소유하게 해 주고, 또 매년 그의 생활을 유지하기에 충분한 연금을 왕의 금고에서 지출하겠다고 약속했다.

그러나 이 용감한 그리스도의 용사는 왕자의 호의를 무시했으며 모든 사람들의 간계와 동일하다고 여겨 경멸했다. 그는 지극히 큰 우상숭배와 사악함에 굴복하기보다는 아무리 중한 고통이라도 견디기로 작정하고 왕자의 제안을 거절했다. 왕자는 그를 곧바로 다시 불 속에 집어 넣으라고 명령했다. 그는 그들의 고문에도 전혀 굴하지 않고 끝까지 인내하여 승리했다.

윌리엄 스위팅과 존 브루스터

윌리엄 스위팅(William Sweeting)과 존 브루스터(John

Brewster)는 1511년 10월 18일 함께 화형을 당했다.

그들이 화형을 당한 죄목은 그리스도의 몸과 피에 관한 신앙에 관련된 것이었다. 그밖에도 금지된 서적들을 읽었다는 것과 이단혐의를 받고 있는 사람들과 교제를 했다는 죄목도 적용되었다. 그중에서도 가장 크고 흉악한 죄로 여겨진 것은 그들이 처음에 이단을 버리기로 맹세했을 때에 평생 동안, 또는 성직자들이 떼어도 좋다고 명령할 때까지 색칠한 나무 장식을 달고 다니라는 명령을 받았는데, 그것을 떼어버린 것이었다.

존 스틸만

존 스틸만(John Stilman)은 성상들을 예배하고 기도하고 그 앞에 제물을 바치는 것을 비방했고, 그리스도를 기념하는 성찬 속에 그리스도의 몸이 실제로 임재하여 있다는 교리를 비난했기 때문에 기소되었다. 또 존 위클리프를 크게 찬양하며 그가 하늘나라에 있는 성도라고 말했다는 것도 그의 죄목 중의 하나였다. 그는 1518년 런던의 치안판사에게 넘겨져 화형을 당했다.

토머스 만

토머스 만(Thomas Man)은 그리스도의 복음을 믿는 신앙을 고백했기 때문에 체포되었다. 그는 비밀 고해를 비방했으며, 제단 위의 성찬 속에 그리스도의 몸이 육체적으로 현존한다는 교리를 부인했다. 그는 성상들을 예배해서는 안 된다고 믿었으며, 십자가에 달린 그리스도의 상도 믿지 않았고 그것을 예배하지도 않았다.

이러한 문제들로 인하여 그는 오랫동안 감옥 속에 갇혀 지냈는데, 결국 죽음에 대한 공포 때문에 신앙을 버리고 로마 교회의 재판에 복종하기로 동의했다. 그는 공개적으로 자신의 주장을 철회하고 이 이후로 옥스포드 대학 옆에 있는 오스니(Osney) 수도원에서 죄수로 생활하면서 옥스포드 대학에서 열릴 다음번 행렬기도 때에 선두의 십자가 앞에서 채색된 나무장식을 달라는 명령을 받았다. 곧 주교는 자기 집안 일을 시키려고 그를 수도원에서 데려와 자기 집에 거하게 했다. 그러나 그는 다른 주로 도피하여 생명을 유지하려 했다. 그는 주로 에섹스와 서포크주에서 지냈는 데 그곳에서도 그리스도의 복음을 비는 경건한 신앙고백자들과 어울렸다.

그러나 몇 년 후 그는 다시 타락했다는 혐의로 체포되어 런던 주교 앞으로 끌려 갔다. 런던 주교는 모든 일을 법에 따라 공의롭게 행하기를 원했으므로 대주교의 변호인들과 박사들로 하여금 토머스 만을 심문하게 했다. 결국 토머스 만은 이단자라는 선고를 받고 런던의 치안판사에게 넘겨졌다(1518년). 치안판사는 즉시 그를 스미스필드로 데려다가 처형했고, 그는 그날 오전에 "하나님의 천사들 속에" 합류했다.

존 프리드

청년 존 프리드(John Frith)는 학문과 지식이 탁월했기 때문에 동료들 중에 그와 어깨를 나란히 할 인물이 없었다. 그는 교리와 경건한 생활을 겸하여 소유하고 있었으므로 어느 면이 더 훌륭한지 판단할 수 없을 정도였다. 그는 윌리엄 틴데일을 알게 되면서 그의 가르침을 받아들여 마음 속에 복음의 씨와 참된 경건을 영접하게 되었다.

당시 요크의 추기경이었던 토머스 울지(Thomas Wolsey; 1475-1530)는 옥스포드 대학 안에 단과대학을 세우려고 준비하고 있었다. 당시 이 대학은 프리즈와이드(Frideswide)라고 불렸으나 현재는 '그리스도의 교회'라고 불리고 있다. 이 야심적인 추기경은 온갖 종류의 귀한 물건들, 영국 안에 있는 모든 훌륭한 법의, 그릇, 장신구들을 거두어들였다. 또 학식과 지식이 탁월한 사람들을 그곳에 임명했는 데 존 프리드도 그 중 한 사람이었다.

신중한 판단력과 날카로운 예지를 지닌 이 정선된 젊은이들은 종교의 폐해에 대해 협의했다. 그리하여 그들은 이단이라는 죄목으로 그 대학 지하에 있는 깊은 굴 속에 갇혔다. 그곳은 소금에 절인 생선을 보관하는 곳이었는데 그들은 모두 그곳의 악취 때문에 병에 걸렸다. 그들 중 어떤 사람들은 감방에서 자기 방으로 옮겼으나 죽고 말았다.

추기경은 그들을 너무 가혹하게 다루지 말라는 서신을 발송했으므로 존 프리드와 나머지 사람들은 옥스포드 대학에서 10마일 밖으로 나가지 못한다는 조건으로 감방에서 석방되었다. 그러나 그의 평화는 그다지 오래 지속되지 못했다. 당시 영국의 수상이었던 토머스 모어(Thomas More)는 그를 몹시 미워하여 필사적으로 추적했으며 바다와 육지를 모조리 에워싸고 그를 박해했다. 그는 프리드에 대한 소식을 가져오는 사람에게는 많은 상금을 주겠다고 약속했다.

그리하여 사방이 환난으로 에워싸여 어디로 가야 할지 모르게된 프리드는 은신처를 찾아다녔다. 그는 변장하고 이리 저리로 떠돌아다니며 은신처를 바꾸었지만 어디에서도 안전하지 못했다. 그는 친구들 사이에서도 안전을 느끼지 못하다가 결국 체포되고 말았다.

광포한 적들의 잔인함과 완력이 이성을 초월하게 되었으므로, 프리드는 성 바울 교회로 끌려가 런던의 주교, 윈체스터 주교, 링컨 주교 앞에서 성만찬과 연옥에 대한 몇 가지 질문을 받았다. 결국 어떤 방법으로도 프리드의 신앙을 철회시킬 수 없다는 것을 깨달은 런던 주교는 그에게 화형을 선고했다. 그는 자기 앞에 쌓인 장작을 포옹했다. 그리하여 1533년 그는 고결한 신앙을 그대로 간직한 채 죽음을 맞았다.

앤드류 휴잇(존 프리드와 함께 처형된 순교자)

앤드류 휴잇(Andrew Hewet)은 피버샘에서 태어난 24세의 청년이었다. 어느 축일 그는 성 던스탄 교회를 향해 플리트 거리를 걷고 있었다. 도중에 그는 국왕의 재단사를 감독하는 십장 윌리엄 홀트(William Holt)를 만났다. 자기의 본색을 감춘 악한 홀트는 그가 복음을 신봉하고 있다는 의심을 품고 있었다. 그는 홀트와 잠시 이야기한 뒤에 플리트 다리 근처에 있는 어느 집으로 들어갔다. 그 집은 서적상의 집이었다. 자신의 사악함을 나타낼 좋은 기회를 발견했다고 생각한 홀트는 경관을 보내어 그 집을 수색하여 앤드류를 찾아내 체포했다.

앤드류 휴잇은 런던 주교의 법관 앞에 불려 나갔다. 그는 성만찬의 성찬에 관해 어떻게 생각하느냐는 질문을 받고서 "존 프리드와 같은 생각입니다"라고 대답했다. 그 말을 듣고 몇 명의 주교가 웃음을 지었다. 런던의 주교 스톡슬리(Stocksley)는 "프리드는 이단으로서 이미 화형선고를 받았습니다. 만일 당신이 자기의 주장을 철회하지 않는다면 그와 함께 화형에 처해질 것입니다"라고 말했다. 앤드류는 "진실로 나는 그것에 만족합니다!"라고 말했다.

그리하여 그는 프리드가 있는 감옥으로 보내어졌다가 후에 함께 화형에 처해졌다. 이것이 1533년의 일이었다.

존 램버트

램버트는 노포크(Norfolk)주에서 태어나 성장했으며, 캠브리지 대학에서 수학했다. 그는 라틴어와 헬라어에 능통하여 이 두 가지 언어로 된 많은 글들을 영어로 번역했다. 그러나 시대가 험악했기 때문에 그는 영국을 떠나 해외로 가서 틴데일과 프리드와 합류했다. 그는 앤트워프에 있는 영국 증권거래소의 시종으로 약 1년 남짓 머물렀다. 그러나 토머스 모어의 공작과 바로우(Borlow)라는 사람의 고발에 의해 앤트워프에서 체포되어 영국으로 호송되었으며, 캔터베리 대주교 워램(Worham)에게서 심문을 받았다.

그러나 이 대주교는 곧 사망했고, 그는 그때 석방되어 런던으로 돌아가 스톡스(Stocks)가문의 자녀들에게 헬라어와 라틴어를 가르쳤다. 존 램버트는 이 직업에 종사하면서 큰 칭찬을 받았으며 재산도 많이 모았다.

1538년 어느 날 그는 런던의 성 바울 교회에서 설교를 들었는 데 당시 설교자는 테일러(Taylor) 박사였다. 설교가 끝난 뒤, 램버트는 조용히 설교자에게 가서 함께 이야기를 했다. 그들의 대화의 주제는 그리스도의 몸과 피, 성찬에 관한 것이었다. 테일러는 램버트를 충분히 이해시키려는 마음에서 반즈(Barnes) 박사와 의논을 했다. 그러나 반즈는 이 일에 그다지 호감을 가지지 않은 듯했다.

결국 램버트의 토론은 사적인 대화에서 공적인 문제로 확대되었다. 그는 대주교 크랜머의 호출을 받아 자신의 주장을 공개적으로 변론하게 되었다. 당시 대주교는 성찬에 대한 그의 교리에 찬성하지 않고 있었다. 그러나 후일 그는 열렬한 신앙고백자가 되었다. 램버트는 토론을 하면서 주교들의 심문이 아닌 국왕 폐하의 심문을 받겠다고 상소했다고 한다.

마침내 흰 옷을 입은 국왕이 친히 이 논쟁의 재판관으로 임했다. 왕의 우편에는 주교들이 앉아 있었고, 주교들 뒤로는 유명한 변호사들이 자주빛 옷을 입고 앉아 있었다. 왕의 왼편에는 귀족들과 판사들이 서열에 따라 앉아 있었다. 그들의 뒤에는 국왕 전용실 소속의 향사들이 앉았다. 이 재판의 격식과 방법 자체만으로도 무죄한 사람을 굴복시킬만큼 무시무시한 것이었다. 국왕의 무서운 얼굴과 찌푸린 미간은 분노로 가득찬 마음을 나타내어 이 두려움을 더욱 가중시켰다. 국왕은 엄격한 얼굴로 램버트를 바라본 뒤, 고문관들을 향해 돌아서서 치체스터의 주교 샘슨(Sampson) 박사를 불러 그날 모임의 원인을 선포하라고 명령했다.

샘슨 박사가 연설을 마친 뒤, 국왕은 흰 비단천으로 만든 쿠션에 기대어 서서 마치 무서운 위협을 하려는 것처럼 찌푸린 얼굴로 램버트를 바라보며 "허허! 선한 친구여! 그대의 이름이 무엇인가?"라고 말했다.

그리스도의 겸손한 어린 양은 겸손히 무릎을 꿇고, "사람들은 나를 램버트라고 부르지만, 실제로 내 이름은 존 니콜슨(John Nicholson)입니다"라고 대답했다.

국왕은 말했다. "무엇이라고! 그대는 두 개의 이름을 가지고 있다는 말인가? 나는 내 동생이라고 해도 두 개의 이름을 가진 사람은 믿지 않겠다."

램버트는 대답했다. "오, 지극히 고귀하신 왕이시여! 당신의 주교들이 나에게 이름을 바꾸라고 강요했습니다."

이런 식으로 많은 이야기를 한 뒤, 국왕은 그에게 제단의 성찬에 대한 생각을 밝히라고 명령했다.

램버트는 자신을 변론하면서 먼저 국왕이 종교적 논쟁에 휘말리는 것을 수치로 여기지 않게 해 주신 하나님께 감사를 드렸다. 그러나 국왕은 노한 음성으로 그의 말을 중단시키며 "나는 너에게서 칭찬을 받으려고 이곳에 온 것이 아니다. 겉치레를 하지 말고 단도직입적으로 본론에 들어가라. 제단 위의 성찬이 그리스도의 몸이라고 생각하는지 부인하는지를 대답하라"고 말했는데, 이렇게 말하면서 왕은 모자를 조금 들어 경의를 표했다.

램버트: 나는 어거스틴의 생각과 같이 그것이 어떤 의미에서는 그리스도의 몸이라 답변하겠습니다.

국왕: 어거스틴이나 다른 사람들을 거론하지 말고, 그것이 그리스도의 몸인지 아닌지만 분명히 대답하라.

램버트: 그렇다면 나는 그것이 그리스도의 몸이라는 사실을 부인합니다.

국왕: 주의하라! 이제 그대는 '이것이 내 몸이니라'고 하신 그리스도의 말씀에 의해 정죄받을 것이다.

국왕은 캔터베리 대주교 토머스 크랜머에게 그의 주장을 반박하라고 명령했다. 주교들의 되풀이된 반론은 너무나 장황하여 쓸데없는 짓이었으며 아무런 설득력도 없었다.

마침내 해가 지고 햇불이 밝혀지자 국왕은 이 토론을 끝내려고 램버트에게 다음과 같이 말했다. "그대는 많은 고통을 당하고, 많은 학자들이 제시하는 논증과 가르침을 들었다. 이제 그대는 무엇이라고 말하겠는가? 아직도 납득이 가지 않는가? 그대는 죽기를 원하는가, 살기를 원하는가? 무엇이라고 답변하겠는가? 아직 그대에게는 자유로이 선택할 권리가 주어져 있다."

램버트는 "저는 폐하의 뜻에 복종합니다"라고 대답했다. 그러나 왕은 "그대 자신을 나에게 맡기지 말고 하나님의 손에 맡기라"고 말했다.

램버트는 "나는 내 영혼을 완전히 하나님의 손에 위탁합니다. 그러나 내 육신은 폐하의 관대한 처분에 복종하겠습니다"라고 답변했다.

국왕은 "만일 네가 나의 판단에 자신을 맡긴다면 너는 죽을 수 밖에 없다. 나는 이단자들의 보호자가 아니다"라고 말했다. 그리고 크롬웰(Cromwell)에게 "크롬웰! 판결문을 낭독하시오"라고 말했다.

이제까지 스미스필드에서 화형을 당한 사람들 중에서 이 복된 순교자만큼 잔인하고 불쌍한 처분을 받은 사람은 없었다. 잔인한 형리들과 하나님의 원수들은 그의 두 다리가 다 타버린 뒤, 불을 꺼버렸다. 그리하여 조그만 불길만 밑에서 타고 있을 때에 그의 양 옆에 서 있던 두 사람이 도끼창으로 그를 찔러 단창 끝에 올려 놓았다. 그는 손가락에 불이 붙어 타고 있는 두 손을 쳐들고 사람들에게 말하기를 "오직 그리스도, 그리스도 밖에 없습니다"라고 말했다. 이렇게 말한 뒤 도끼창 끝에서 다시 불 속으로 떨어져 세상을 하직했다. 이것이 1538년의 일이다.

스타일

국왕 헨리의 재위 기간 중에 하나님의 말씀과 진리를 증거하기 위해 무고히 처형 당한 많은 복된 성인들과 순교자들을 언급하면서 빠뜨려서는 안될 인물이 있다. 그는 쿠드버트 톤스탈(Cuthbert Tonstal)이 런던 주교로 재임하던 말기에 박해를 받고 스미스필드에서 화형을 당했다.

그가 화형 당하는 현장에 있었다고 전해지는 훌륭한 기사 로버트 아우트레드(Robert Outred) 경의 말에 의하면 그의 이름은 스타일(Stile)이었다. 사람들은 스타일을 화형에 처하면서 그가 즐겨 읽던 요한계시록도 함께 태웠는데, 그는 이 책이 자기와 함께 화형대에 묶여지는 것을 보고서 소리를 높여 "오, 복된 계시록이여, 내가 그대와 함께 불타게 되다니 나야말로 행복한 사람이로다!"라고 외쳤다. 이리하여 1539년 이 선한 사람은 복된 계시록 책과 함께 불에 타 사라졌다.

로버트 반즈, 토머스 개릿, 윌리엄 제롬

영국 교회의 용감한 지도자요 지주(支柱)인 토머스 크롬웰이 사망한 뒤, 신자들의 학살이 잇달아 발생했다. 이제 자신의 잔인성을 마음껏 발휘할 수 있게 된 윈체스터로서는 자신이 주님의 포도원에서 얼마나 큰 환란을 일으키는지 보는 것이 경이로운 일이었다. 그는 먼저 로버트 반즈(Robert Barnes)와 토머스 개릿(Thomas Garret), 그리고 윌리엄 제롬(William Jerome)을 공격하여 크롬웰이 죽고나서 이틀 뒤에 이들을 처형했다.

로버트 반즈는 캠브리지에 있는 어거스틴 수도회 기숙사의 부원장이며 교사였다. 그는 기숙사 내에서 공공연하게 사도 바울의 서신들을 읽었다. 그는 그곳에서 그리스도와 그의 거룩한 말씀을 가르쳐 여러 명의 선한 신학생들을 길러냈다. 반즈는 성서강독과 토론 및 설교를 통하여 성서에 대한 권위자로 유명해졌다.

그런데 갑자기 고등변호사가 캠브리지 대학에 파견되어 성직자 회의실에 있는 반즈를 체포하여 모든 사람을 두렵게 했다. 그는 아침에 웨스터민스터에 있는 울지(Wolsey) 추기경에게로 끌려갔다.

그는 추기경의 비서관인 가디너 박사와 폭스의 배려로 그날 밤 추기경의 방에서 무릎을 꿇고 추기경과 대화를 했다.

추기경은 이들에게 말했다. "이 사람이 이단으로 고발된 당신들의 동창 반즈입니까?" 그들은 "예, 그는 학식이 많고 지혜로운 사람이므로 각하께서는 그를 개심시킬만하다고 여기시리라고 믿습니다"라고 말했다.

추기경은 말했다. "박사님! 당신이 나의 황금 구두, 자루가 달린 도끼, 황금 쿠션, 십자가 때문에 노하여 사람들 앞에서 우리를 웃음거리로 만드는 것 외에 백성들에게 가르칠 내용을 성경에서 찾을 수 없었습니까? 그 날 당신은 우리를 실컷 조롱하고 비웃었습니다. 그것은 강단에서 하는 설교라기보다 무대 위에서 하는 설교라고 해야 더 적합할 것입니다. 당신은 마지막에 내가 붉은 장갑을 끼고 있으므로(당신은 내가 피에 젖은 장갑을 끼고 있다고 말했습니다) 의식을 거행하는 동안에 결코 춥지 않을 것이라고 말했습니다."

반즈는 "나는 내 양심과 옛 박사들을 따르고 있으며 성경 속에 있는 진리 외에 다른 것은 말하지 않았습니다"라고 대답하고서 자기의 말을 증명하기 위해 추기경에게 여섯 장의 기록된 문서를 건내주었다.

이것을 받은 추기경은 웃음을 띠고 "그렇다면 당신은 자신의 신조들을 고수하며 당신의 학식을 증명할 작정입니까?"라고 물었다.

반즈가 대답했다. "그렇습니다. 하나님의 은혜로 각하께서 허락하신다면 그렇게 하고자 합니다."

추기경은 다음과 같이 말했다. "당신과 같은 사람들은 우리와 가톨릭 교회에 전혀 호감을 가지고 있지 않습니다. 한 가지 질문을 하겠습니다. 당신은 내가 온 나라의 법정에서 국왕 폐하를 대표하여 이 나라의 모든 악인들과 타락한 사람들에게 두려움을 주는 모든 특권을 지니고 있어야 한다고 생각하십니까? 아니면 당신이 우리에게 요구하는 것처럼 모든 것을 팔아 가난한 사람들에게 주고, 모든 악인들에게 두려움을 주는 이 고귀한 신분의 위용을 버리고 당신의 충고를 따라야 합니까?"

반즈는 대답했다. "그것을 팔아 가난한 사람들에게 주어야 한다고 생각합니다. 왜냐하면 그것들은 당신의 소명에 어울리지 않기 때문입니다."

그 말을 들은 추기경은 "박사님들, 보십시오! 당신들이 내게 말한 그 학식있고 지혜로운 사람이 여기 있습니다"라고 말했다.

그들은 무릎을 꿇고 말했다. "각하께서 그를 관대히 여겨 주시기를 바랍니다. 그를 개심시킬 수 있을 것입니다."

추기경은 "일어 서십시오! 당신들과 캠브리지대학을 위해 그에게 자비를 베풀겠소. 박사님, 말씀해 보십시오. 당신은 이 나라에서 일어나는 모든 종교적인 일들을 처리하는데 있어서 내가 교황만큼의 권리가 있다는 것을 알지 못합니까?"라고 말했다.

반즈는 "나도 그렇게 알고 있습니다"라고 대답했다.

"그렇다면 우리의 지시를 따르십시오. 그렇게만 한다면 우리는 당신과 캠브리지대학의 명예를 위해 모든 일을 하겠습니다."

반즈는 "당신의 호의에 감사드립니다. 나는 하나님께서 나에게 빌려 주신 단순한 능력에 따라 거룩한 성경과 하나님의 책을 굳게 지키겠습니다"라고 말했다.

"그렇다면 우리는 법에 따라 당신의 학식을 끝까지 시험해 보겠습니다"라고 추기경이 말했다.

반즈는 반 년 동안 플리트 감옥에 수감되어 있다가 석방되어 런던에 있는 어거스틴 형제단에 자유로이 활동할 수 있는 죄수로 위탁되었다가 다시 화형이 처해질 노스햄톤으로 이송되었다. 그런데 혼(Horne)이라는 사람이 곧 반즈를 화형시키라는 영장이 발부될 것을 알고서 반즈에게 다음과 같이 충고했다. 즉 반즈가 절망한 것처럼 가장하여 어느 장소에 가서 물에 빠져 죽겠다는 편지를 추기경 앞으로 써서 탁자에 남겨둔 뒤, 그곳에 그의 옷을 남겨 두고, 또 시장 앞으로 또 한 통의 편지를 남겨두는 데 그 편지에는 그가 양피지에 기록하여 밀납으로 봉한 편지를 목에 걸고 있는데 그 편지에는 추기경을 주의하라는 내용을 기록했다고 하여 그를 수색하게 만들라는 것이었다. 이리하여 그를 수색하느라고 칠일이 걸렸다.

한편 그는 빈민의 옷차림을 하고 런던으로 갔으며 그곳에서 배를 타고 앤트워프로 갔고, 그리하여 루터가 있는 곳에 이르렀다.

반즈 박사는 다른 사람들과 마찬가지로 앤 여왕이 즉위한 후에 영국으로 돌아와 충실한 설교자로 활동했고 여왕이 재위하는 기간 내내 환대를 받고 승진을 계속했다. 그 후 그는 헨리 8세와 클리브즈의 앤(Anne of Cleves)의 결혼을 위한 사절로 클리브즈의 공작에게 파견되었다. 프랑스에서 스테븐 가디너(Stephen Gardiner)가 귀국하기 전까지는 대사직과 그의 모든 행동은 잘 용납되었다.

얼마 후 반즈 박사와 그의 형제들은 체포되어 햄톤궁(Hampton Court)에 있는 국왕 앞에서 심문을 받았다. 왕은 그가 골방에서 행한 행동들을 노한 말로 꾸짖었다. 반즈가 왕의 권위에 복종하니 국왕은 "아니오. 당신은 나에게 복종해서는 안됩니다. 나는 인간에 불과하오"라고 말했다. 그렇게 말하면서 왕은 자리에서 일어나 성찬을 향해 서서 모자를 벗어 경의를 표한 뒤, "저기에 우리 모두의 주인이신 진리의 창시자가 있습니다. 그 분과 진리에 굴복하고 나에게 굴복하지 마십시오"라고 말했다.

반즈의 안전을 모색하고 있던 국왕은 윈체스터의 요구를 받고서 그가 주교와 함께 집에 가서 토론할 것을 허락했다. 그러나 그들은 의견을 같이하지 못했으며, 가디너는 반즈와 그의 형제들을 함정에 빠뜨리려고 온갖 간계를 동원했다. 그들은 다음 부활주일에 세 번 설교하라는 명령을 받았다. 스테픈 가디너는 그들에게서 자신의 주장을 철회하는 증언을 듣기를 기대하거나, 혹은 그들의 대화를 헐뜯기 위해서 이들의 설교를 경청했다. 결국 그들은 곧 햄톤궁으로 불려갔고, 그곳에서 런던탑으로 끌려가 죽을 때까지 그곳에서 나오지 못했다.

이제 토머스 개릿의 이야기를 하겠다. 1526년경, 런던의 허니레인(Honey-lane) 교회의 부목사는 틴데일이 번역한 영역 신약성서를 옥스포드 대학에 가지고 와서 여러 학자들에게 판매했기 때문에 이단자라는 혐의로 체포되어 감옥에 갇혔다. 얼마 후 그는 성 메리 교회에서 프리스와이드(Friswide)까지 행진하는 공개 행렬기도 때에 패굇(faggot;징계용 나무장식)을 달고 행진하라는 명령을 받았고, 그 후에 오스니로 보내져 다른 명령이 있을 때까지 감옥에 갇혀 지냈다.

반즈, 개릿과 함께 고난을 받은 세 번째 인물은 스테프니(Stephney)의 교구목사였던 윌리엄 제롬이다. 그는 잘못된 교리를 신봉한다는 죄목으로 웨스트민스터에서 왕의 심문을 받았다.

그런데 윌슨 박사라는 사람이 그와 함께 토론하기 시작하여 하나님 앞에서는 선한 행위로 의롭다함을 얻는다고 주장했다. 제롬은 그에게 대답하기를, 어떤 행위를 막론하고 행위 자체는 전혀 가치가 없으며, 그것은 구원의 한 부분을 이루는 것으로써 하나님의 사랑과 자비를 나타내어 행위자들을 구원으로 인도한다고 대답했다.

반즈, 제롬, 개릿은 부활절이 지난 뒤 런던 탑에 갇혔는데 크롬웰 경이 죽고 이틀째 되는 7월 13일까지 그곳에 갇혀 있었다. 이윽고 그들에 대한 좋지 않은 조처들이 잇달아 일어났다. 이 세 명의 선한 하나님의 성도들은 함께 런던 탑에서 끌려나와 스미스필드로 갔다. 그곳에서 화형 당할 준비를 하는 동안 그들은 말뚝 앞에서 여러 가지 간곡한 권고를 했다.

반즈는 이렇게 말했다. "내가 선행을 비방했다고 생각하지 마십시오. 선행은 해야 하며, 선행을 하는 사람들이 하늘나라에 들어가지 못하는 것은 아닙니다. 하나님께서 우리에게 선행을 하라고 명령하셨으므로 우리는 반드시 선행을 해야 합니다. 그러나 그것은 공로를 얻기 위해서 행하는 것이 아니라 우리의 신앙고백을 나타내기 위한 것이어야 합니다. 우리는 오직 그리스도의 죽음의 공로에 의해서만 구원을 얻습니다."

누군가가 그에게 성인들에게 비는 기도에 대한 의견을 물었다. 이에 대해 반즈는 다음과 같이 대답했다.

"성경을 모조리 찾아보아도 성인들에게 기도하라는 명령은 한 군데도 없습니다. 그러므로 나는 당신에게 성인들에게 기도해야 한다고 가르칠 수는 없습니다. 만일 그렇게 가르친다면 나는 내가 만들어낸 교리를 가르치는 것이 됩니다. 만일 성인들이 우리를 위해 기도를 한다면, 나도 30분 후에는 당신을 위해 기도하게 되리라고 믿습니다."

그리고나서 반즈는 자신이 하나님의 말씀과 반대되는 교리들을 혐오했으며, 예수 그리스도에 대한 믿음 속에서 죽었다는 것을 모든 사람들이 증거해 주기를 부탁했다.

제롬과 개릿도 비슷한 신앙을 고백했다. 그들은 서로 손을 잡고 입을 맞춘 후 조용하고 겸손하게 형리들의 손에 자신을 내맡겼다. 그들은 인내하며 죽음을 맞아 자신의 주장이 선한 것이었으며 양심에 거리낄 것이 없음을 증거했다. 이것은 1540년의 일이었다.

앤 애스큐
(링컨셔주의 기사 윌리엄 애스큐의 딸)

다음에 기록된 내용은 앤 애스큐(Anne Askew)가 받은 심문의 내용으로서, 그녀가 몇몇 신실한 사람들의 요청을 받아 직접 기록한 것이다.

종교재판관 앞에서의 제1차 심문

1545년, 나는 새들러 홀(Sadler's Hall)에서 크리스토퍼 대어(Chrestopher Dare)의 심문을 받았다. 나는 그에게 성전에서 다섯 번 미사를 드리기보다는 차라리 성경책을 다섯 줄 읽겠다고 대답했다. 내가 그렇게 말하는 것은 서신이나 복음을 헐뜯으려는 것이 아니라, 성경은 나를 크게 교화시켜 주지만 미사는 아무 유익을 주지 못하기 때문이라고 고백했다. 그는 내가 악한 사제는 하나님이 아니라 악마를 섬긴다고 말했다는 죄목을 덮어 씌웠다. 나는 결코 그런 말을 한 적이 없으며, 다음과 같이 말했었다. 즉, 어떤 사람이 나를 보살피더라도 그의 좋지 못한 조건들이 나의 믿음을 해치지 못할 것이며, 나는 영적으로 그리스도의 몸과 피를 받는다고 말했었다. 그는 나에게 고해성사를 어떻게 생각하느냐고 물었는데, 그에 대해 나는 대답하기를, 야고보가 말한 바와 같이 모든 사람은 다른 사람에게 자기의 죄를 고백하며 서로를 위해 기도해 주어야 한다고 대답했다. 그 후 그는 사제를 불러왔는 데, 그 사제는 묻기를, 사송미사가 죽은 영혼들을 돕는다고 생각하지 않느냐고 물었다. 나는 우리를 위해 돌아가신 그리스도의 죽음보다 그들을 더 믿는 것은 큰 우상숭배라고 대답했다.

그들은 나를 시장에게 넘겼는데, 시장은 그들이 한 말을 내가 한 말이라며 나를 비난했다. 그것은 성찬의 빵을 먹은 쥐는 하나님을 받아들였느냐 아니냐 하는 내용이었다. 나는 아무런 대답도 하지 않고 미소를 지었다. 그러자 주교의 종교법 고문관은 나를 꾸짖으면서 내가 성서를 거론한 것이 잘못된 일이라고 말했다. 바울은 여인들은 하나님의 말씀을 말하지 말라고 금지했다는 것이었다. 나는 바울이 말한 의도를 잘 알고 있다고 대답했다. 그것은 고린도전서 14장에 기록된 것으로서 여인들은 집회 때에 가르치려는 목적으로 말하지 말라는 것이었다. 나는 그에게 과연 얼마나 많은 여인들이 강단에 올라가 설교하는 것을 보았느냐고 물었다. 그는 한번도 본 적이 없다고 대답했다. 그래서 나는 그에게 법을 범하지 않은한 여인들을 비난하려 해서는 안 된다고 말해 주었다.

그후 나는 콤터로 호송되어 그곳에서 11일을 머물렀는 데, 그 동안 한 사람의 친구도 나와의 접견을 허용받지 못했다.

그린위치에서 개최된 왕의 추밀원에서 받은 심문의 요지

그들은 내가 그들에게 모든 것을 털어 놓아야 한다는 것이 왕의 뜻이라고 말했다. 그러나 나는 그렇게 하지 않겠다고 분명히 대답했다. 그러나 만일 내 증언을 듣는 것이 왕의 뜻이라면 직접 왕께 진리를 밝히겠다고 말했다. 그들은 나 때문에 왕이 곤란을 겪는 것은 옳지 않다고 말했다. 나는 솔로몬은 그 누구보다도 현명한 임금이라고 여겨지고 있으나 그는 두 명의 가난한 부인들의 호소에 귀를 기울였으며, 신실한 백성과 무식한 여인에게 더욱 큰 은혜를 베풀었다고 대답했다.

대법관이 성찬에 대한 나의 의견을 물었으므로 나는 이렇게 대답했다. "나는 기독교인은 주님께서 제정하신 거룩한 제도에 따라 감사함으로 그리스도를 기념하기 위해 성찬의 떡을 받아야 한다고 믿습니다. 또한 주님의 영광스러운 수난의 열매도 그것과 함께 받습니다."

윈체스터 주교는 나에게 직접적인 대답을 하라고 명령했으며, 나는 낯선 나라에서 주님의 새 노래를 부르지 않겠다고 대답했다. 그랬더니 주교는 내가 우화로 말하고 있다고 말했다. 나는 "내가 진리를 직접적으로 나타내도 당신은 그것을 받아들이지 않을 것이므로 당신에게는 그것이 어울립니다"라고 말했다. 나는 비난 뿐만 아니라 고난까지도 기꺼이 받을 각오가 되어 있다고 말했다.

라일(Lisle) 경, 에섹스의 주교, 그리고 윈체스터의 주교는 나에게 성찬이 실제로 그리스도의 몸과 피와 뼈라고 고백하라고 간곡하게 권했다. 그러나 나는 그들에게 자신이 알고 있는 지식과 반대되는 권고를 하는 것은 참으로 부끄러운 일이라고 말했다.

그러자 주교는 나를 화형에 처하겠다고 말했다. 나는 성경을 샅샅이 찾아 보았지만 그리스도나 그의 제자들이 어느 피조물을 사형에 처했다는 말씀은 찾아보지 못했다고 말하며, "좋습니다. 하나님께서 당신의 위협을 비웃으실 것입니다"라고 말했다. 그 후 나는 뉴게이트 감옥으로 이송되었다.

뉴게이트 감옥을 떠난 뒤에 당한 일

나는 뉴게이트 감옥을 떠나 크라운(Crown)이라는 간판이 있는 곳으로 이송되었다. 그곳에서 리치(Rich) 판사보좌관과 런던의 주교는 온갖 위협과 감언이설로 나를 설득하여 하나님을 버리게 하려 했지만 나는 그들의 조금도 동요되지 않았다.

그러자 니콜라스 쉑스톤(Nicholas Shaxton)이 오더니 자기처럼 나의 주장을 철회하라고 충고했다. 나는 그에게 차라리 그가 이 세상에 태어나지 않았으면 좋았을 것이라고 말해 주었다.

그 후, 리치는 나를 다시 런던탑으로 이송했고, 나는 그곳에 3시까지 머물렀다. 3시에 리치와 한 사람의 추밀원 의원이 오더니 나와 같은 파에 속한 귀족 부인들의 이름을 밝히라고 했다. 나는 아무도 알지 못한다고 대답했으나 그들은 내가 같은 분파에 속한 수 많은 사람들의 이름을 알고 있다는 정보를 국왕이 가지고 있다고 말했다. 나는 국왕은 다른 문제들에 있어서 본색을 감추고 시치미를 떼듯이 이 문제에 있어서도 속이고 있다고 대답했다.

그들은 내가 콤터감옥에서 어떻게 지냈으며, 나에게 신앙을 굽히지 말라고 격려해준 사람이 누구인지 밝히라고 말했다. 나는 그곳에서는 아무도 나를 격려해 주지 않았다고 대답했다. 콤터에 있을 때 나를 도와준 것은 나의 하녀였다. 그녀는 거리에 나가서 도제들에게 하소연을 했고, 그들은 그녀를 통해 나에게 돈을 보내 주었는데 나는 그들이 누구인지 전혀 알지 못했다.

그들은 나에게 돈은 준 상류층 부인들이 많다고 말했다. 그러나 나는 그들의 이름을 알지 못했다. 그들은 나에게 돈을 준 귀부인들도 여러 명 있다고 말했다. 나는 푸른 코트를 입은 사람이 나에게 10실링을 주면서 허트포드(Hertford) 부인이 보낸 것이라고 말했으며, 보라빛 코트를 입은 사람이 8실링을 주면서 데니(Denny)부인이 보낸 것이라고 말했으나 그것이 사실인지 아닌지 알 수 없다고 대답했다.

내가 나와 같은 신앙을 가지고 있는 여인들의 이름을 밝히지 않았기 때문에 그들은 몸을 잡아당겨 고통을 주는 고문대 위에 나를 오랫동안 올려 두었다. 그러나 나는 아무 소리도 내지 않고 잠잠히 누워 있었기 때문에 대법관과 리치 판사는 내가 반죽음이 될 때까지 직접 나를 고문했다.

얼마 후 부관은 나를 고문대에서 풀어 주라고 했나. 나는 졸도했는데 그들은 나의 정신이 들게 했다. 그 후 나는 맨바닥에 앉아 두 시간 정도 대법관과 토론을 했는데 그는 감언이설로 내 주장을 버리라고 권면했다. 그러나 주 하나님께서는 나에게 인내할 수 있는 은혜를 주셨으며, 앞으로도 끝까지 인내할 수 있게 되기를 바란다. 그 뒤 나는 어느 집으로 호송되어 침대에 누웠다. 나는 과거 욥처럼 지치고 온 몸이 아팠으나 하나님께 감사했다. 그런데 대법관은 나에게 전갈을 보내기를, 만일 내가 나의 주장을 철회한다면 아무 것도 부족한 것이 없이 누리게 해 주겠지만 그렇지 않겠다면 뉴게이트로 보내어 화형에 처하겠다고 했다. 나는 신앙을 꺾느니 차라리 죽겠다고 했다.

그녀의 처형일이 결정되었다. 이 선한 여인은 그 동안 당한 고문 때문에 걸을 수 없었으므로 의자에 실린 채 스미스필드로 호송되었다. 그녀는 말뚝에 쇠사슬로 묶였다. 많은 사람들이 모여 들었기 때문에 혼잡을 피하려고 그들이 서있는 주위에 철책을 둘렀다.

성 바돌로뮤 교회 아래의 벤치에는 잉글랜드의 상서(尙書) 라이어트슬리(Wriothesley), 늙은 노포크의 공작, 베드포드(Bedford)의 백작, 시장 등 여러 사람이 앉아 있었다. 불을 붙이기 전, 벤치에 앉아 있던 어떤 사람은 죄수들 주위에 화약이 있다는 말을 듣고서 화약의 위력 때문에 장작들이 자기들 주변으로 날아오지나 않을까 염려했다. 베드포드 백작은 화약은 장작들 밑에 넣는 것이 아니라 죄수의 몸 주위에 넣어 고통을 덜어주는 것이라고 설명해 주었다.

이윽고 대법관 라이어트슬리는 앤 애스큐에게 만일 그녀가 자신의 주장을 철회한다면 국왕이 사면해줄 것이라고 제안했다. 그러나 앤은 자신은 주님을 부인하기 위해 그곳에 있는 것이 아니라고 대답했다. 그리하여 1546년 선한 앤 애스큐는 하나님의 복된 제물로서 불길에 휩싸여 숨을 거두었다. 그녀는 모든 사람들이 본받아야 할 훌륭한 기독교인의 신앙의 절개를 남겼다.

존 레이셀즈, 존 애담즈, 니콜라스 벨리니언

앤 애스큐가 화형을 당할 때에 스럽셔(Shropshire)주의 사제 니콜라스 벨레니언(Nicholas Belenian)과 재단사 존 애담즈(John Adams), 그리고 국왕 헨리의 왕실 소속 향사 존 레이셀즈(John Lacels)도 함께 화형을 당했다. 앤 애스큐와 함께 화형을 당한 것은 그들로서는 참으로 다행한 일이었다. 왜냐하면 그들은 강건하고 강인한 사람들이었지만 앤의 권면과 모범을 보고서 더욱 담대해졌으며 그처럼 고통스럽고 슬픈 죽음 속에서도 큰 위로를 받을 수 있었기 때문이다. 이들은 앤의 불굴의 신앙과 권면 때문에 힘을 얻어 모든 두려움을 떨쳐 버렸다.

존 브래드포드

존 브래드포드(John Bradford)는 랭커셔주 맨체스터에서 태어났다. 그의 부모는 그가 어렸을 때부터 교육에 힘을 썼으므로 그는 라틴어 지식과 문필력이 탁월했다. 그리하여 그는 정당하게 돈을 벌어 생계를 유지할 수 있었다. 그는 헨리 8세와 에드워드 6세 밑에서 중요한 일을 한 기사, 존 해링톤(John Harrington)의 시종이 되었다. 왕실의 회계국 장관이었던 해링톤경은 브래드포드의 활동과 능숙함과 성실함을 경험하여 알고 있었기 때문에 누구보다도 그를 신뢰하여 그에게 일을 맡겼다.

그러나 하나님께서는 브래드포드를 택하시어 그리스도의 복음을 전파하는 훌륭한 일을 맡기셨다. 그리하여 브래드포드는 세속적인 일과 재산에 대한 욕심을 버리고 온전히 성경공부에 열중했다. 그는 자기의 목적을 더욱 훌륭하게 성취하기 위해 세속법을 가르치는 템플(Temple) 대학을 떠나 캠브리지 대학으로 갔다. 그것은 하나님의 법에 의해 하나님의 성전 건축을 촉진하는 방법을 배우려는 목적에서였다. 1년 후 그는 문학 석사 학위를 받았으며, 곧이어 펨브로크 홀(Pemaboke Hall)의 특별연구원이 되었다.

하나님의 사람 마틴 부서(Martin Bucer)는 때때로 그에게 그의 재능을 복음 전파에 쏟으라고 권면했다. 그러나 브래드포드는 자기는 학식이 부족하기 때문에 그 직책을 감당할 수 없다고 대답했다. 그러면 부서는 "만일 그대에게 훌륭한 빵이 없다면 보리빵이나 그 밖에 하나님께서 그대에게 주신 것으로 불쌍한 사람들에게 주시오"라고 말하곤 했다. 결국 브래드포드는 그의 권면에 따라 목회 사역을 시작했다.

당시 런던의 주교였던 리들리 박사는 그에게 집사의 직책을 맡기며 설교할 수 있는 권리를 주었고, 성 바울 교회에 있는 성직록을 그에게 주었다. 그가 설교하는 직무를 맡고서 3년 동안 얼마나 많이 걷고 수고했는지는 잉글랜드의 여러 지방이 증거할 수 있을 것이다. 그는 날카롭게 죄를 논하고 훈계했으며, 십자가에 달리신 그리스도를 전파했고, 이단과 오신들을 강력하게 배격하며, 진지하게 경건한 생활을 권유했다. 그는 메리 여왕이 즉위한 뒤에도 계속 부지런히 복음을 전파했으나 마침내 여왕과 추밀원은 그의 직책과 자유를 박탈했다.

그 사건의 전말은 다음과 같다. 메리 여왕이 즉위하던 해 8월 13일, 배드(Bath)의 주교 본(Bourn) 경은 성 바울의 십자가 교회에서 가톨릭 교회를 전파하는 설교를 했다. 그러나 그의 설교를 듣고 크게 노한 백성들은 그를 강단에서 끌어 내리려 했다. 강단에 대한 존경심, 당시 그의 상관이었던 보너(Bonner)주교의 존재, 그리고 런던 시장의 명령으로도 백성들의 분노는 가라앉힐 수 없었다. 그들이 말을 하면 할수록 백성들은 더욱 격노했다.

마침내 백성들의 심령 상태를 깨닫고 자신이 큰 위험에 처했음을 알게 된 본 주교는 자기 뒤에 서 있었던 브래드포드에게 자기를 대신하여 백성들을 달래 달라고 요청했다. 선한 브래드포드는 그의 요청을 받아들여 백성들에게 조용히 순종하라고 말했다. 브래드포드를 보는 순간 백성들은 큰 소리로 "브래드포드, 브래드포드, 하나님께서 당신의 생명을 살려 주시기를!"이라고 외쳤다.

곧 소동은 가라앉고 사람들은 각기 집으로 돌아갔다. 본은 브래드포드에게 자신이 안전해질 때까지 떠나지 말고 함께 있어 달라고 요청했고 브래드포드는 그의 말을 따랐다. 그리하여 시장과 치안판사가 본을 강단 옆에 있는 교사의 집으로 데리고 갈 때, 브래드포드는 사람들에게 들키지 않도록 등 뒤에서 가운으로 그를 가려 주었다.

역시 같은 주일 날 오후, 브래드포드는 칩사이드에 있는 바우(Bow) 교회에서 설교하면서 백성들의 선동적인 악행을 신랄하게 꾸짖었다. 사흘 뒤, 그는 당시 여왕이 거하고 있던 런던탑으로 불려가 추밀원 의원들의 심문을 받았다. 그는 런던 탑에서 다시 사우드워크에 있는 고등법원으로 가서 선고를 받은 뒤, 런던의 포울트리에 있는 콤터 감옥으로 옮겨졌다. 그는 이 두 곳에서 죄수생활을 하는 동안 병들어 누운 때를 제외하고는 매일 하루 두 차례씩 설교를 했다. 선한 백성들은 매일 그의 강의를 들으러 모여왔기 때문에 그의 방이 거의 가득찰 정도였다.

그의 생활은 설교와 독서와 기도로 이루어졌다. 그는 하루에 한 끼 밖에 먹지 않았는데 그것도 극히 적은 양의 식사에 불과했다. 그는 언제나 무릎을 꿇고 앉아 연구를 했다. 그는 가끔 저녁 식사 도중에 명상에 잠기곤 했는데, 그때 모자로 가린 그의 두 눈에서 눈물이 흘러 접시에까지 떨어지곤 했다. 그는 어른이나 어린아이 모두에게 온유한 태도를 취했다.

그는 약간 큰 키에 야윈 몸매를 하고 있었으며, 창백한 얼굴에 수염은 적갈색이었다. 그는 보통 하루에 4시간 이상 자지 않았으며, 잠자리에 들기 전까지 손에서 책이 떨어지는 일이 없었다. 그의 유일한 휴식은 저녁 식사 후에 잠시 정직한 사람들과 어울려 대화를 하는 것이었다. 이렇게 잠시 대화를 나누며 휴식을 취한 뒤에는 다시 기도와 독서에 전념했다. 그는 집필이나 연구, 또는 사람들에게 권면함으로써 유익을 주지 못한 시간은 낭비된 시간으로 간주했다.

그는 돈에 인색하지 않았고, 자기에게 있는 돈은 동료 죄수들에게 나누어 주었다. 그리고 일 주일에 한번은 감방에 있는 도둑, 소매치기 등의 죄수들을 방문하여 경건하게 훈계하고 그들을 위로하기 위해 돈을 얼마씩 주곤했다. 그와 함께 있으면서 그의 은혜를 입지 않은 죄수는 한 사람도 없었다.

어느 날 그가 간수의 방에서 걷고 있을 때, 갑자기 놀라서 반쯤 정신이 나간 간수가 그에게 말했다. "오, 브래드포드씨, 당신에게 좋지 않은 소식을 가지고 왔어요." "무슨 소식입니까?" "결혼 소식입니다. 당신은 내일 화형을 당하게 되었습니다. 지금 당신을 묶을 쇠사슬을 구입하고 있어요. 이제 곧 당신은 뉴게이트 감옥으로 가야만 해요."

이 말을 들은 브래드포드는 모자를 벗고 하늘을 바라보며 말했다. "하나님, 감사합니다. 나는 정말 오랫동안 이 일을 기다려왔습니다. 이것은 전혀 갑작스러운 일이 아닙니다. 나는 매일 매 순간 이 일을 기다려 왔습니다. 하나님께서 나로 하여금 그러한 죽음을 당할 수 있게 해 주셨습니다."

그들은 아무도 알아채지 못하게 하려고 밤 11시나 12시 경에 브래드포드를 뉴게이트로 옮겼다. 그러나 칩사이드를 비롯하여 콤터에서 뉴게이트에 이르는 여러 곳에는 수 많은 사람들이 그를 만나러 나와 있었다. 사람들은 그에게 작별을 고했고, 슬프고 안타까운 눈물을 흘리며 그를 위해 기도했다. 브래드포드도 역시 그들에게 작별을 고하며 진심으로 그들의 행복을 기원했다.

다음 날 새벽 4시가 되자, 스미스필드에는 많은 사람들이 모여 들었다. 그러나 브래드포드는 9시가 되어서야 무장을 한 많은 사람들의 호위를 받으며 스미스필드에 도착했다. 어느 죄수를 화형에 처할 때도 이렇게 한 일은 없었던 것 같았다. 스미스필드에 도착한 브래드포드는 땅에 엎드려 전능하신 하나님께 기도한 후 일어나 말뚝이 있는 곳으로 갔으며, 그곳에서 존 리프라는 20세의 청년과 함께 기쁜 마음으로 순교했다.

존 리프

존 리프(John Leaf)는 19세 남짓 된 청년으로서 런던에 있는 그리스도 교회 교구의 수지(獸脂) 양초 제조업자, 험프리 거디 밑에서 일하던 견습공이었다. 브레드(Bread) 거리에 있는 콤터에 수감되어 있는 그에게 두 개의 문서가 도착했다. 하나는 그의 신앙을 철회한다는 내용이고, 또 하나는 그의 신앙고백에 관한 것으로서 그가 어떤 것에 서명할 것인지 알고자 했다. 그는 자기의 신앙을 철회한다는 문서는 거부하고 신앙고백에 대한 문서는 기쁘게 받아들였다. 그는 펜 대신에 핀으로 자기의 손을 찔러 거기에서 흐르는 피를 그 문서에 뿌렸다. 그렇게 함으로써 자신이 그것을 피로 증명했음을 주교에게 나타내려 한 것이다.

브래드포드와 존 리프가 화형장의 말뚝 앞에 이르렀을 때, 브래드포드는 장작 하나를 손에 들고 거기에 입을 맞추고, 또 말뚝에도 입을 맞췄다. 그는 두 손을 들고 하늘을 바라보며, "오! 영국이여! 그대의 죄를 회개하라. 그대의 죄를 회개하라"고 말했다. 그리고나서 고개를 돌려 자기와 함께 처형 당하는 이 젊은 청년을 바라보면서 "형제여, 마음을 편히 가지십시오. 우리는 오늘 밤 주님과 함께 즐겁게 저녁 식사를 할 것입니다"라고 말했다. 그리하여 1535년 이들은 두려움도 없이 편안한 얼굴로 이 세상 생활을 마쳤다.

존 필포트

존 필포트(John Philpot)는 기사의 아들로서 햄프셔에서 태어나 옥스포드에서 공부했다. 그는 에드워드 왕 시절에는 윈체스터의 부감독이 되어 그 부문에서 크게 이바지했다. 에드워드가 사망한 후 그의 누이 메리가 즉위했다. 메리는 자신의 욕망을 성취하기 위하여 성직자들과 학자들의 회의를 소집했다. 이 성직자회의에서 필포트는 용감하게 미사를 반대하고 복음을 옹호했다. 그리하여 그는 가디너 주교 앞에 출두하라는 명령을 받았으며, 그곳에서 보너를 포함하여 몇몇 재판관들과 진리에 대한 이견으로 대립하게 되었다.

결국 주교는 필포트가 끝내 굴하지 않을 것을 알고 그의 유죄를 선고했다. 필포트는 재판의 결과에 대해 "나는 당신들의 저주 받은 교회에서 이단자로 몰려 축출되는 것에 대해 하나님께 감사합니다. 그러나 나는 하나님 앞에서는 결코 이단자가 아닙니다. 하나님께서 당신들을 축복하시고 은혜를 베푸셔서 당신들의 악한 행동을 회개하게 하시며, 모든 사람이 피에 굶주린 당신들의 교회를 조심하게 되기를 바랍니다"라고 말했다.

관리들은 그를 뉴게이트 감옥의 간수에게 넘겨주었다. 그때 그의 하인 한 사람이 그의 뒤를 쫓아왔다. 간수가 "여보시오! 당신은 무엇을 원합니까"라고 물으니 그는 "주인님과 이야기하기를 원합니다"라고 대답했다. 필포트는 그를 돌아보며 "내일 너는 나와 함께 이야기하게 될 것이다"라고 말했다. 보조 간수가 "이 사람이 당신의 하인입니까?"라고 물었다. 필포트가 "예"라고 대답하니, 보조 간수는 필포트의 하인과 그가 이야기하는 것을 허락해 주었다. 필포트와 하인은 오른 편에 있는 방에 들어가 잠시 머물렀다.

이윽고 간수장 알렉산더가 방에 들어오며 "아, 당신이 이곳에 오게 되다니 안됐습니다"라고 말했다.

필포트는 "나는 만족합니다. 왜냐하면 이것이 하나님의 명령이기 때문입니다. 당신과 나는 옛부터 알고 지내는 사이이니 호의를 베풀어 주기를 바랍니다"라고 말했다.

알렉산더는 "나는 당신에게 호의를 베풀 것이며, 당신은 나의 지배를 받을 것입니다."

필포트는 "이제 네가 어떻게 하기를 원하는지 말해 주십시오"라고 말했다. 알렉산더는 "당신이 자신의 주장을 철회한다면, 나는 내가 할 수 있는 모든 일을 다 해 주겠습니다"라고 대답했다.

필토트는 대답하기를, "나는 목숨이 붙어 있는 한 이제까지 말한 것을 결코 철회하지 않겠습니다. 왜냐하면 그것은 너무나 분명한 진리이기 때문입니다. 나는 이것을 내 피로 증거하겠습니다"라고 했다. 알렉산더는 "이단자들은 모두 그런 말을 합니다"라고 말한 후, 그를 단두대 위에 올려놓고 두 다리에 족쇄를 채우라고 명령했다.

"알렉산더, 부디 나에게서 이 족쇄를 제거해 주시오."

"나에게 수고료를 지불하면 그것들을 제거해 주겠지만, 그렇지 않는다면 계속 그것들을 달고 있어야 합니다."

"당신의 수고료는 얼마입니까?"

"4파운드입니다."

"나에게는 그렇게 많은 돈이 없습니다. 나는 가난한 데다가 오랫동안 감옥에서 지냈습니다."

"그렇다면 얼마를 주겠소?"

"20실링을 드리겠습니다. 그러나 그 돈도 사람을 보내어 가지고 오게 하거나 내 가운을 저당 잡혀야 마련할 수 있습니다."

이 말을 들은 알렉산더는 그에게서 떠나면서 그를 형무소에 수감하라고 명령했다. 그리하여 위터런스(Witterence)라는 그 집의 청지기가 필포트를 등에 업고 내려갔다. 그러나 필포트의 하인은 그가 어느 곳으로 가는지 알지 못했다. 그래서 필포트는 하인에게 말했다. "치안판사에게 가서 내가 어떤 취급을 당하고 있는지 알리고 관용을 베풀어달라고 부탁하라" 필포트의 하인은 어느 성실한 사람과 함께 즉시 길을 떠났다.

치안판사는 필포트의 하인과 함께 온 사람에게 자신의 손에 끼고 있던 반지를 빼주며 알렉산더에게 가서 필포트에게 채운 족쇄를 제거하고 관대하게 다루라고 전하라고 명령했다. 그들이 알렉산더에게 돌아와 재판관의 말을 전하자, 알렉산더는 그 반지를 집어들면서 " 아! 이제 보니 치안판사도 그의 지지자이며 마찬가지로 이단자로군. 내일 이 사실을 그의 상관들에게 알려야겠다"고 말했다. 그러면서도 10시 쯤에는 필포트에게 가서 족쇄를 제거해 주었다.

1555년 12월 17일 화요일, 필포트가 저녁을 먹고 있을 때 재판관의 사신이 오더니 다음 날 처형될 것이니 준비를 하라고 전했다. 필포트는 "나는 이미 준비가 다 되어 있습니다. 하나님께서 나에게 힘과 즐거운 부활을 허락해 주실 것입니다"라고 대답했다. 그리고 나서 그는 자기 방에 들어가 온 영혼을 기울여 하나님께 기도하며, 하나님의 진리를 위해 순교할 수 있게 해 주신 하나님의 자비에 대해 진심으로 감사를 드렸다.

아침 8시에 장관들이 도착했다. 그는 쾌활하게 그들에게로 내려왔다. 그의 하인이 "사랑하는 주인님, 안녕히 가십시오!"라고 말하자, 그는 "하나님을 섬기십시오. 그러면 그분께서 그대를 도와 주실 것입니다"라고 말했다.

스미스필드에 이르렀을 때, 길이 무척 지저분했으므로 두 명의 간수가 그를 안아 말뚝으로 데려가려 했다. 그러나 그는 말하기를, "아니, 당신들은 나를 교황으로 만들 작정이요? 나는 나의 여행을 걷는 것으로 마감하는 것으로 만족하오"라고 말했다.

그는 처형대에 이르러서 "구세주께서는 나를 위해 지극히 흉악한 죽음도 마다하지 않고 십자가에서 돌아가셨는데, 내가 이 말뚝에서 화형을 당하는 것을 수치로 여길 수 있겠는가?"라고 말했다. 그는 기도를 한 뒤 간수들에게 "당신들은 나를 위해 무슨 일을 했습니까?"라고 물었다. 그들이 각기 자기가 한 일들을 설명하니 그는 그들에게 돈을 주었다. 그리고 나서 그는 타오르는 불길 속에서 전능하신 하나님의 손에 자기 영혼을 위탁했다.

함께 순교한 7인의 순교자

1556년 1월 27일, 토머스 휘틀(Thomas Whittle) 사제, 향사 바트릿 그린(Bartlet Green), 기술공 존 터드슨(John Tudson), 기술공 존 웬트(John Went), 토머스 브라운(Thomas Browne), 이사벨 포스터(Isabel Foster)부인, 그리고 처녀 조앤 원 래쉬포드(Joan Warne, alais Lashford) 등 일곱 명이 함께 화형을 당했다.

휘틀은 대단히 악한 취급을 받았다. 그가 보너 주교로부터 얼굴 주위를 구타 당했다는 것은 그가 친구에게 전한 말에서 잘 드러난다.

"나는 온 밤을 수위실 바닥에 짚이불을 깔고 지냈는 데 전에 없이 온몸이 아팠다. 주교는 나를 그곳에서 불러내었다. 그는 나에게 아침에 나에게 사람을 보낼 터이니 미사에 참석하겠느냐고 물었다. 나는 '당신의 명령이니 당신 앞에는 가겠지만, 당신의 미사에는 관심이 없습니다'라고 대답했다. 그는 이 대답을 듣고 크게 화를 냈으며 나에게 빵과 물을 먹이고 말겠다고 말했다. 내가 그를 따라 넓은 홀을 지나갈 때 그는 뒤로 돌아서더니 주먹으로 내 양 뺨을 때렸다. 그리고나서 나를 조그마한 목조 가옥으로 데리고 갔다. 그 곳에는 침대도 없고 짚도 없었지만 감사하게도 나는 탁자 위에서 이틀 밤을 충분히 잠을 잘 수 있었다."

휘틀은 하나님의 은혜로 힘을 얻었기 때문에 강건하고 확고부동한 신앙을 잃지 않으며, 다른 여섯 사람과 함께 화형장으로 끌려갔다.

바트릿 그린은 훌륭한 가문의 사람으로서 옥스포드 대학에 진학했고, 순교자 피터의 강의를 자주 듣고서 그리스도의 복음의 참 빛을 깨달은 사람이다.

그는 뉴게이트로 가는 도중에 두 명의 절친한 친구를 만났다. 그들은 박해 받는 형제 그린을 위로하려 했지만 결국 사랑으로 가득 차고 다정한 마음을 눈물로 나타내고 말았다. 이것을 본 그린은 "아, 친구들이여! 이것이 슬픔에 가득찬 나에게 그대들이 주고자 하는 위로입니까? 위로를 받아야 할 내가 당신들을 위로해야 하겠습니까?"라고 말했다.

그는 보너 주교에게서 회초리로 매를 맞으면서도 기뻐했다. 그는 대단히 겸손한 사람이었으므로 혹시라도 그것을 이야기하면 자기의 영광을 드러내는 일이 될까 염려하여 전혀 이야기하지 않고 있다가, 죽기 직전에 친구인 템플의 코튼경에게만 털어놓았다.

그는 일곱 명 중에서 가장 먼저 체포되었으나 가장 늦은 1월 15일에 유죄 판결을 받았고, 1월 27일에 나머지 여섯 순교자들과 함께 화형을 당했다.

토머스 브라운은 플리트가에 있는 성 브라이드(St. Bride)교구에 살고 있었다. 그런데 그는 교구 교회에 출석하지 않았으므로, 그 교구의 성주는 그를 보너에게 고발했다. 그는 풀햄으로 끌려 가서 미사에 참석하라는 요청을 받았으나 거절했다. 그는 양토장(養兎場)으로 가서 나무 숲에서 무릎을 꿇었다. 그는 이것 때문에 주교의 책망을 받았다. "브라운, 당신은 여러 번 내 앞에 출두한 적이 있으며, 나는 당신의 잘못된 신앙을 고쳐 주려고 여러 가지로 노력했습니다. 그런데도 당신과 당신의 무리들은 내가 당신의 피를 찾아 다닌다고 소문을 내고 있습니다."

토머스 브라운은 그에게 대답했다. "각하, 그렇습니다. 당신은 정말로 흡혈귀입니다. 그리고 나에게는 당신이 빨아 먹을 피가 바닷물처럼 많습니다."

결국 그는 화형 선고를 받았다.

조앤 래쉬포드는 칼 장수 로버트 래쉬포드의 딸이었다. 로버트 래쉬포드는 하나님의 복음을 위하여 박해를 받아 화형을 당했고, 그의 아내도 역시 그의 뒤를 따랐다. 그의 딸 조앤 래쉬포드는 약 20세 때에 감방에서 아버지와 어머니를 돕다가 역시 같은 교리를 깨달았다. 그녀는 교회에서 행하는 가톨릭 교회의 미사에 참석하지 않으며 고해성사도 하지 않겠다고 신앙고백을 했다.

함께 화형을 당한 다섯 순교자

1557년 4월 12일, 토머스 로즈비(Thomas Loseby), 헨리 램지(Henry Ramsey), 토머스 터텔(Thomas Thirtel), 마가렛 하이드(Margaret Hide), 그리고 아그네스 스탠리(Agnes Stanley)등 다섯

사람은 교구 교회에 출석하지 않는다는 이유로 체포되어 화형을 당했다.

토머스 터텔은 보너 주교에게 "각하, 만일 당신이 나를 이단자로 만든다면 그리스도와 열 두 제자들까지 이단자로 만드는 셈입니다"라고 말했다.

마가렛 하이드는 "각하, 저는 당신이 나에게 거룩한 떡과 성수에 대한 가르침이 아니라 하나님의 말씀을 직접 인용하여 가르치는 것을 보고 싶습니다. 당신의 가르침은 결코 성경에 기록된 내용이 아닙니다"라고 말했다.

아그네스 스탠리는 "각하, 나는 각하께서 이단 죄로 화형에 처하겠다고 하신 이 사람들이 하나님 앞에서 참된 순교자라고 믿습니다. 그러므로 나는 살아 있는 한 나의 믿음과 생각을 바꾸지 않겠습니다"라고 말했다.

이들 다섯 순교자는 함께 신앙의 지조를 지키며 기쁜 마음으로 하나의 불길 속에서 일생을 마치고 영생을 얻었다.

존 핼링데일, 윌리엄 스패로우, 리처드 깁슨

신실한 하나님의 증인 존 핼링데일(John Hallingdale), 윌리엄 스패로우(William Sparrow), 그리고 리처드 깁슨(Richard Gibson)은 1557년 11월 18일에 고문을 받고 화형을 당했다.

존 핼링데일은 얼마 전 이단자로 몰려 화형을 당한 크랜머, 라티머, 리들리, 후퍼 등은 참 복음을 전파한 사람들이지 이단자가 아니라고 말했으며, 이들이 전파한 복음에 자신의 신앙과 양심의 토대를 두었다.

윌리엄 스패로우는 보조 주교에게 "나는 진리를 버리고 돌아서

기보다는 내 머리카락 하나 하나가 모조리 사람이라고 해도, 그것들을 모두 태워 버리겠다"라고 말했다.

아일링톤의 순교자들

아일링톤(Islington) 마을 옆 들판 후미진 곳에 사십 명에 이르는 경건하고 무죄한 남녀 신자들이 비밀리에 모여 열심으로 기도하고 하나님의 거룩한 말씀을 묵상하고 있었다. 그런데 알지도 못하는 사람이 그들을 찾아와서 인사하며 그들이 결코 해를 끼치지 않을 사람들처럼 보인다고 말했다. 그들 중 한 사람이 그에게 묻기를, 그곳이 누구의 땅인지, 그리고 자기들이 그곳에 앉아도 되는 것인지 말해줄 수 있느냐고 물었다. 그는 "예, 왜냐하면 내가 보기에 당신들은 해를 꾀하려는 사람들로 보이지 않기 때문입니다"라고 말했다.

15분 후, 아일링톤의 경관이 6, 7명의 부하를 거느리고 나타났는데, 한 사람은 활, 또 한 사람은 갈고리창, 그리고 나머지 사람들도 무기를 가지고 있었다. 경관은 부하들을 후미진 곳에 기다리게 하고는 그들에게로 왔다. 그들의 행동을 바라보던 경관은 그들의 책을 내놓으라고 명령했다. 그들은 그가 경관이라는 것을 알았으므로 그의 명령을 거역하지 못했다. 그때 숨어 기다리던 경관의 부하들이 나아와 그들에게 그곳을 떠나지 말고 있으라고 명령했다. 그들은 그의 말대로 순종하며 어디로 데려가든지 그대로 따르겠다고 대답했다. 그들은 처음에는 거기서 조금 떨어진 곳에 있는 양조장으로 끌려갔다. 그 동안에 이 군인들은 근처에 있는 판사에게로 달려갔다. 그러나 마침 판사가 집에 없었으므로 그들은 로저 콤리(Roger Cholmley) 경에게 가야 했다. 그 동안 몇 명의 부인들이 도망을 쳤고 결국 22명만 뉴게이트로 보내졌다. 이들은 일곱 주일 동안 감옥에 갇혀 지낸 후에야 심문을 받았다. 이 22명 중에서 13명이 화형을 당했는데, 일곱 명은 스미스필드에서, 나머지 여섯 명은 브렌트포드에서 처형되었다.

스미스필드에서 처형 당한 사람들은 헨리 폰드(Henry Pond), 레이날드 이스트랜드(Reinald Eastnald), 로버트 사우댐(Robert Southam), 매튜 리커비(Matthew Ricarby), 존 홀랜드(John Holland)이다. 그중에서 로저 홀랜드의 심문 내용만 우리에게 알려져 있다.

런던에서 양복점을 경영하며 직물도 판매하던 상인 로저 홀랜드는 처음에는 워트링(Watling)가에 있는 켐톤 밑에서 견습공으로 일했었다. 그런데 그는 춤, 펜싱, 도박, 주연 등에 빠져 있었고 부랑자들과 어울렸다. 그는 주인에게서 받은 30파운드나 되는 돈을 한 푼도 남기지 않고 도박에 날려버렸기 때문에 바다 건너 프랑스나 플랜더즈로 도망치기로 결심했다.

그는 아침 일찍 엘리자벳이라는 신중한 하녀를 불렀다. 그녀는 복음을 믿는 신앙을 고백하고 그에 합당한 생활을 하고 있었다. 그는 그녀에게 이렇게 말했다. "엘리자벳, 내가 당신의 온유한 충고와 다정한 책망을 좇았다면 얼마나 좋았겠소. 당신의 말을 들었다면 지금처럼 부끄럽고 불행한 일에 빠지지는 않았을 것이오. 나는 주인님의 돈 30파운드를 잃어 버렸소. 그런데 나에게는 그 돈을 변상할 능력이 없구려. 그러니 당신이 주인 마님에게 가서 부탁을 해주시여. 마님께서 주인님을 권유하여 나에게서 어음을 받게 해 주시면 내가 능력껏 그것을 갚겠으니 부디 이 일을 덮어달라고 전해주시오. 만일 이 일이 나의 아버지에게 알려지면 그 분은 세상을 떠나게 될지도 모릅니다." 이렇게 말하고 그는 일어섰다.

이것이 그의 완전한 파멸이 될지도 모른다고 생각한 엘리자벳은 그에게 "잠시 기다리셔요"라고 말했다. 그녀는 친척이 죽으면서 남겨준 돈을 가지고 있었다. 그래서 그에게 30파운드를 가져다 주며 말했다. "로저, 이 돈을 가져 가셔요. 대신 이 어음은 내가 보관하겠어요. 그러나 이제부터 당신이 난잡한 친구들을 사귀지 않고 맹세를 하거나 상스러운 말도 하지 않겠다고 약속해 주어야 해요. 만일 이후에 또 당신이 도박을 하느라고 12펜스를 썼다는 소문이 들린다면 이 어음을 주인님께 보여 드리겠어요. 또 당신은 매일 나와 함께 만성(萬聖) 교회에서 개최되는 강연회에 참여하고, 매 주일 성 바울 교회에서 설교를 들어야 하며, 가톨릭 책들을 버리고 성경책을 읽으며 하나님께 기도해야 해요. 그러면 하나님께서 은혜를 베푸시어 당신을 진리 안으로 이끌어 주실 것입니다. 당신이 지은 과거의 죄들을 용서해 주시고 당신이 젊었을 때에 지은 죄들을 기억치 마시라고 기도하십시오. 또 하나님의 율법을 범하거나 하나님의 위엄을 해치지 않도록 조심하십시오. 그리하면 하나님께서 당신을 지켜 주시고, 당신의 마음에 갈망을 일으켜 주실 것입니다."

반 년이 못되어 하나님께서 이 사람의 마음 속에서 역사하시어 그는 열렬한 신앙고백자가 되었다. 그리하여 그는 많은 선한 책들을 가지고 랭커셔에 있는 자기 부친에게로 돌아가 그 책들을 친구들에게 나누어 주었다. 그리하여 그의 부친을 비롯한 여러 사람들이 복음을 맛보기 시작했으며, 미사와 우상숭배와 미신을 혐오하기 시작했다. 마침내 그의 부친은 그에게 50파운드에 달하는 돈을 주었다.

로저는 다시 런던으로 돌아가 돈을 빌려 주었던 하녀에게로 가서 말했다. "엘리자벳, 내가 당신에게서 빌려갔던 돈이 여기 있습니다. 그러나 당신이 나에게 베풀어준 우정과 호의와 선한 충고를 보상하기 위해서는 당신과 결혼하는 것이 가장 좋은 방법이라고 생각합니다."

이들 두 사람은 곧 결혼했으니, 그때가 메리 여왕이 즉위하던 해였다. 그는 계속 신실한 신자들 속에 머물러 있었으나 메리 여왕이 통치하던 마지막 해에 앞서 말한 여섯 사람과 함께 체포되어 처형되었다.

감사한 것은 로저 홀랜드의 처형을 끝으로 하여, 그 후로 다시는 스미스필드에서 복음 전파 때문에 화형을 하는 일이 발생하지 않았다.

캔터베리 대주교 토머스 크랜머

토머스 크랜머(Thomas Cranmer)는 노르만 정복으로 인해 몰락한 가문 출신으로서 노팅엄에 있는 애스랙톤이라는 마을에서 태어났다. 그는 캠브리지 대학에 진학했으며 지저스 칼리지(Jesus College:1496년 창립된 캠브리지 대학의 단과대학)의 특별회원으로 선출되었다.

당시에는 어학을 비롯하여 여러 가지 훌륭한 학문들이 조금씩 되살아나기 시작했으며 페이버(Faber)와 에라스무스(Erasmus)의 책들이 좋은 평판을 받고 있었다. 크랜머는 이들의 저서에서 큰 즐거움을 느꼈으며, 마치 숫돌로 녹을 제거하듯이 매일 그 책을 읽음으로써 과거의 잘못된 것들을 제거해나갔다.

이윽고 마틴 루터가 일어남으로써 하나님의 지식을 밝히 대할 수 있는 시대가 도래했으므로 사람들은 잠에서 깨어나 진리의 밝은 빛을 대하게 되었다. 당시 약 30세였던 크랜머는 다른 학문들은 제쳐놓고 오로지 신앙 문제들을 토론하는데 열중했다. 그는 이 문제들에 대해 자신의 의견을 가지려면 그 근본을 알아야 한다고 깨달았기 때문에 3년 동안 성경을 숙독했다. 그는 지혜롭게 이러한 기초를 닦은 뒤, 스스로 충분한 바탕이 준비되어 원숙한 판단을 할 수 있다고 생각되자, 마치 상인이 좋은 물건들을 모조리 탐내듯이 모든 저자들의 책을 읽는데 전념했다.

그는 어느 당파나 어느 시대의 인물에게 빠지지 않고 모든 사람들의 의견들을 신중한 판단으로 견주어 보았다. 그는 옛 작가들의 저서를 읽었으며, 동시에 새로운 작가들도 무시하지 않았다. 그는 작가들의 판단들을 다루고 토론하는데 있어서 비록 느리기는 했으나 열심 있는 채점자였다. 어떤 책을 읽든지 항상 펜과 잉크가 그의 손에서 떠나지 않았다. 그러나 그는 펜은 물론 기억력도 충분히 발휘했다. 그는 어떤 문제로 토론이 열리게 되면 의례히 그 토론에 적용되는 모든 작가들의 의견과 다양한 판단들을 수집하여 토론장으로 나갔다. 혹 그 자료가 너무 장황하여 다 기록하기 어려울 때에는 저서와 페이지를 메모하여, 기억에 도움이 되게 했다.

문학 석사이며 동시에 예수 단과대학의 특별회원이었던 그는 어느 향사의 딸과 결혼했는데 그로 인해 그는 특별회원의 자격을 상실했고, 버킹검 단과대학의 강사가 되었다. 그는 강사의 직무에 전념하기 위해서 아내를 캠브리지에 있는 돌핀이라는 여인숙에 머물게 했다. 그 여인숙의 여주인은 그녀의 친척이었다. 여관에 머물고 있는 아내를 자주 찾아다니던 그는 어느 가톨릭 상인의 주목을 받게 되었다. 그리하여 그가 캔터베리 대주교직을 맡게 되었을 때에 그는 여관 주인이며 훌륭한 학식을 가지고 있지 못하다는 소문이 퍼지게 되었다.

크랜머가 버킹엄 대학의 강사로 있는 동안 그의 아내가 사망했다. 예수단과대학의 특별회원들은 옛 동료를 다시 얻고 싶어했기 때문에 그를 다시 특별회원으로 선임했다. 몇 년 후 그는 이 단과대학의 신학 강사가 되었고, 캠브리지 대학 내에서 훌륭한 명성을 얻었다. 신학 박사가 된 그는 신학사와 신학 박사들이 매년 대학

졸업식 때에 행하는 신앙고백을 심사하는 위원으로 임명되었다. 이 심사위원들의 승인을 받은 사람만 학위를 취득할 수 있었고, 이들의 승인을 받지 못한 사람은 더 많은 지식을 갖출 때까지 학위 취득이 보류되었다.

크랜머 박사는 성경에 대한 지식을 중요하게 여겼기 때문에 지원자들이 성경의 기사를 충분히 안다고 여겨지지 않는 한 누구에게도 학위 취득을 허용하지 않았다. 따라서 그는 성경의 권위를 배려하지 않는 학자들의 연구실에서 성장한 수도사들과 종교적 인물들의 학위 취득을 거부했으므로 그들은 그의 엄격한 심사에 대해 분노하고 그를 미워했다. 그러나 어쩔 수 없이 성경을 공부한 많은 사람들은 나중에는 많은 지식을 갖게 되고 많은 영향을 받게 되었으며, 마침내 신학 박사 학위를 얻게 된 사람들은 자신의 학위 취득을 보류시켜 훌륭한 지식과 완덕을 갖추게 해준 크랜머 박사의 배려를 크게 찬양했다.

크랜머 박사가 캠브리지 대학에서 활약하고 있는 동안, 영국의 국왕 헨리 8세와 스페인의 미망인 캐더린의 이혼 소송이 문제가 되었고, 종교법 학자들 및 많은 학자들이 이 문제로 약 2, 3년 동안 논란을 계속했다. 당시 캠브리지대학 내에 전염병이 돌았기 때문에 크랜머 박사는 월담 수도원(Walthan Abbey)에 가서 그곳에 있는 크레씨(Cressy)의 집에 머물렀다. 크레씨의 아내는 크랜머의 친척이었다. 크랜머는 크레씨의 두 아들을 자기의 학생으로서 캠브리지 대학에 데리고 있었으므로, 1529년 여름을 이 두 자녀와 함께 보냈다. 우연히 국왕이 런던을 떠나 하루나 이틀 밤을 월담에서 머물게 되었는데, 그때 비서관인 스테픈 가디너와 시물(施物) 분배관인 폭스 박사가 크레씨의 집에 머물렀다.

저녁 식사 시간에 이 세 명의 박사가 서로 만나게 되었다. 이들은 옛부터 알고 지내는 사이였기 때문에 비서관과 시물 분배관은 크랜머에게 왕의 이혼문제에 대한 의견을 물었다.

크랜머는 자신은 교회법대로 시행해야 한다고 생각한다고 말했다. 크랜머는 다음과 같이 말했다. "내 생각으로는 왕이 동생의 부인과 결혼할 수 있느냐 없느냐 하는 문제는 하나님의 말씀에 따라 결정하는 것이 옳다고 생각됩니다. 그렇게 함으로써 무익하게 시간을 끌며 여러 해를 보내지 않고 왕의 양심에 평화를 줄 수 있을 것입니다. 학자들이 잘 연구해보면 성경에서 곧 하나님의 분명한 진리를 발견할 수 있을 것입니다. 그리고 그런 일은 로마에서는 물론 이곳 영국의 대학들에서도 잘 해낼 수 있을 것입니다. 그렇게 한다면 오랫동안 끌어온 이 문제를 종식시킬 수 있을 것입니다."

이 두 사람은 크랜머의 의견을 흡족히 여겼으며, 당시 로마에 사절을 보내어 새로운 훈령을 받으려고 생각했던 국왕에게 크랜머의 의견을 가르쳐 주기로 했다. 다음 날 왕은 그린위치로 옮겨갔다. 그는 마음이 불안했고, 또 오랫동안 끌어온 이 사건을 종결짓고 싶었기 때문에 스테픈 박사와 폭스 박사를 불러 말했다. "이 끝 없이 계속되는 소송건을 어떻게 하는 것이 좋겠습니까? 로마 교황청에서는 또 다른 명령을 내릴 것입니다. 이 사건이 언제 종식될른지 나는 알지 못하며 오직 하나님만이 아십니다." 폭스 박사가 대답했다. "폐하를 위한 좋은 방법이 있을 것이라고 믿습니다. 전날 밤 우리는 월담에 있는 크레씨의 집에 묵으면서 옛부터 알고 지내던 크랜머 박사를 만났습니다. 그는 폐하의 문제를 하나님의 말씀의 권위에 따라 조사해봄으로써 폐하의 양심에 가르침을 받고 거기에 따라 최종 판결을 내리는 것이 좋겠다고 생각했습니다."

왕은 "크랜머 박사는 지금 어디 있습니까? 아직도 월담에 머물고 있습니까?"라고 물었다. 그들은 자기들이 그곳에서 그와 헤어졌다고 대답했다. 왕은 "좋소. 나는 기필코 그와 이야기를 해야겠소. 그러니 즉시 그를 불러 오시오. 그 사람이 무엇을 올바로 알고 있는 것 같소. 2년 전에 이 방법을 알았더라면 많은 돈을 아끼고 걱정을 덜 수 있었을 텐데…"라고 말했다.

그들은 크랜머 박사를 부르러 사람을 보냈다. 런던에 도착한 크랜머는 그들 두 사람 때문에 그곳에 불려와 학문에는 조금도 유익이 되지 못하는 일로 괴롭힘을 당하게 되었다고 말하면서 어떻게 해서든 핑계를 대어 왕의 앞에 나가지 않게 해달라고 부탁했다. 그러나 그것은 헛수고였다. 그들이 크랜머가 오지 않는 일에 대해 핑계를 댈수록 왕은 더욱 그들을 꾸짖었다. 결국 어떤 핑계도 소용이 없었으므로 그는 어쩔 수 없이 궁전으로 들어갔다. 왕은 그에게 다음과 같이 말했다.

"크랜머 박사, 나는 당신에게 간청하며, 또 나의 백성인 당신에게 요구하고 명령합니다. 그러니 내 문제를 당신의 품고 있는 계획에 따라 진행하여 도와 주시기를 바랍니다. 내가 무엇을 의지해야 할지 알려 주십시오. 만일 우리의 결혼이 신성한 것이며 하나님의 율법에 어긋나지 않는다고 납득하게 된다면 나는 결코 왕후와 이혼하지 않겠다고 하나님과 온 세상 앞에 선포하겠습니다. 왜냐하면 그것 외에는 내가 그처럼 슬픈 일을 추구해야 할 다른 이유가 없기 때문입니다. 이 세상 어느 임금도 나만큼 온유하고 순종하며 사랑스러운 동반자를 왕후로 맞은 적이 없습니다. 나는 그녀보다 더 훌륭한 여인은 없다고 생각합니다. 그녀는 특별한 재능을 가지고 있으며 고귀한 혈통을 타고 났습니다. 그러므로 만일 그녀와의 결혼이 전능하신 하나님의 뜻에 어긋나지 않는다면 나는 그녀와의 결혼생활을 유지하기 위해 힘껏 싸우겠습니다."

크랜머는 이 문제를 하나님의 말씀에 따라 조사하는 일을 옥스포드와 캠브리지대학의 석학들에게 맡기라고 국왕께 간청했다. 왕은 "당신의 말이 옳으며 내 마음에 듭니다. 그러나 거기에는 특별히 당신의 의견이 첨부되어야 합니다"라고 말했다. 왕이 떠난 뒤 크랜머는 즉시 왕의 질문에 대한 자기의 의견을 기록했다. 그리고 거기에다가 로마 교황에게는 하나님의 말씀을 없앨 권위가 없다는 의견도 첨부했다. 크랜머가 이 문서를 왕께 제출했을 때 왕은 그에게 "당신은 로마 교황 앞에서도 지금 이 문서에 기록한 대로 굽히지 않고 지키렵니까?"라고 물었다. 크랜머는 "폐하께서 저를 그곳에 보내주신다면 하나님의 은혜로 그렇게 하겠습니다"라고 대답했다. 국왕은 "좋습니다. 나는 당신을 나의 사절로서 그에게 보내겠습니다"라고 말했다.

크랜머의 주재로 옥스포드와 캠브리지 대학에서 이 문제를 다룬 결과 하나님의 말씀에 비추어볼 때 그 결혼은 합법적인 것이 못된다고 결정되었다.

1530년 당시 볼로냐에 머물고 있는 교황에게 크랜머와 여러 학자 및 향사들이 사절로 파견되었다. 그들이 사절로 그곳에 온 목적을 밝혀야 할 때가 되었다. 높은 보좌에 화려한 의복을 입고 앉아 있던 교황은 사절들이 입 맞추게 하려고 자기 발을 앞으로 내밀었다. 그러나 윌트셔(Wiltshire) 백작은 그것을 무시하고 무표정하게 서 있었다. 나머지 사절들도 모두 그러한 우상숭배 행위를 하지 않았다.

여기에서 빠뜨리지 못할 이야기가 있다. 교황이 자기 발에 입을 맞추라고 발을 내밀었을 때에 백작의 하인 한 사람은 백작과 교황 사이에 서 있었다. 이 하인은 교황의 발 앞으로 가서 발에 무례하게 입을 맞추며 엄지 발가락을 입으로 꽉 물었다. 교황은 황급히 발을 집어 넣었고, 우리의 사절들은 속으로 은밀히 미소를 지었다.

교황은 더 이상 의식을 진행하지 않고 곧 바로 사절들의 주장을 청취하기로 했다. 사절들은 어떤 사람도 자기 동생이나 형의 아내와 결혼할 수 없으며 그렇게 해서도 안 되며, 또 교황은 이와 반대되는 일을 가르쳐서는 안 된다고 밝혔다. 이 문제를 논의하기 위해 여러 가지 약속을 하고 날짜를 지정했다. 우리 측에서는 응답할 준비가 되어 있었지만 그들을 위해 논쟁할 사람은 나타나지 않았다. 결국 교황은 사절들을 후히 대접했고, 크랜머에게는 고해신부의 직책을 수여했다. 그리고 아무런 논쟁도 하지 않고 그들을 떠나 보냈다.

이처럼 사태가 크랜머에게 유리하게 진척되고 있을 때에 캔터베리 대주교 워램이 세상을 떠났다. 대주교의 임명권은 국왕에게 있었으므로 왕은 즉시 수고에 대한 보상으로 크랜머를 캔터베리 대주교로 임명했다.

이 결혼 문제를 계기로 교황의 권위에 대한 문제가 발생했다. 신임 대주교는 과거 자신이 연구하면서 사용했던 주석과 주해의 도움을 꽤 많이 받았다. 모든 책임이 그에게 있었으므로 그는 가톨릭 교도들의 반대를 맞아 혼자서 논박했다. 그는 교황의 주권은 성경의 권위에 의해 주어진 것이 아니라 인간의 야심적인 독재에 의해 누리게 된 것이라고 설명했다. 그리고 이 세상에서 가장 주요한 권세는 황제, 임금 및 여러 권력자에게 속해 있으며, 주교, 사제, 교황, 추기경들은 하나님의 명령에 따라 일반 백성들과 마찬가지로 세속 권력자들에게 속해 있다고 설명했다. 또 로마 교황이 다른 주교들보다 더 많은 권위를 지녀야 할 이유가 없으므로 강물이 둑 안으로 흐르듯이 이 야심적인 주교의 주권을 영국에서 몰아내어 자기의 관할구인 이탈리아에서만 발휘하게 해야한다고 주장했다.

얼마 후 왕과 왕후는 교회법에 따라 던스테이블로 소환되었다. 그들은 재판관인 캔터베리 대주교와 윈체스터 주교 스테픈 가디너 앞에 출두하여 그들의 결혼문제에 관한 하나님의 말씀의 선고를 듣기로 되어 있었다. 왕은 출두하기를 거부하지 않았으나 왕후는 로마 교황에게 항소했다. 그러나 교황의 권위는 이미 영국에서 축출되었고, 영국 국민은 어떤 문제도 영국을 벗어나 로마에 항소하지 못한다는 법령이 시행되고 있었으므로, 판사들은 하나님의 말씀을 근거로 하여 그들의 결혼은 합법적인 것이 아니므로 이혼해야 한다고 선포했다. 교황의 이름과 명칭의 사용이 영국에서 금지되었으므로, 대주교는 또한 교황의 오신, 이단, 타락함도 영국에서 몰아내려고 애를 썼다.

그는 여기에 만족치 않고 더 나아가 다른 사람들과 함께 국왕에게 탄원하여 몇 명의 지혜로운 주교들을 시켜 교회 제도에 관한 책을 저술하게 했다. 물론 이 제도들로부터 가톨릭 교회의 미신들을 깨끗이 제거하게 했다. 이 책은 집필한 사람들의 직책을 따서 『주교들의 책(The Bishops' Book)』이라고 불렸다.

그때까지만 해도 캔터베리 대주교는 성찬의 교리를 충분히 알지 못하고 있었던 듯하다. 왜냐하면 이 책에서는 화체설을 인정하고 있기 때문이다. 그리고 또 성상 숭배에 관한 기사도 첨가되었는데, 이것은 주교들이 기록한 것이 아니라 국왕이 저술하여 첨가한 것이다.

드디어 수도원의 철폐가 거론되기 시작했다. 국왕은 수도원이 소유하고 있는 토지들을 국고에 귀속시키기를 원했다. 그러나 대주교 및 교회 사람들은 그것은 교회에 귀속되어야 하며, 방대한 규모의 수도원 재산은 빈민을 구제하고 학교를 세우는데 쓰여져야 한다고 생각했다. 이 문제에 관한 국왕의 뜻은 대주교 및 그의 지지자들의 주장과 약간 달랐으므로, 왕은 가톨릭신앙의 개요를 포함하고 있는 6개 신조를 기안한 후 의회의 승인을 얻어 그것들을 공표했다. 그 후 8년 동안 이 6개 신조 때문에 얼마나 큰 학살이 자행되었는지는 되풀이해 말할 필요조차 없다.

캔터베리 대주교는 더욱 연구에 몰두했다. 그는 아침 5시가 되면 벌써 책을 대하고 있었으며, 9시가 될 때까지 연구와 기도에 전념했다. 그리고 군주의 일로 호출되지 않는 한 세속적인 업무는 직원들에게 맡기고 점심 때까지 제소자들을 심문하며 자신의 특별한 보호와 감독을 필요로 하는 일들을 처리했다.

점심 식사 후에도 혹시 제소자가 출석해 있을 때에는 부지런히 그 사건을 심문했다. 그는 필요한 경우에는 사람들을 감옥에 투옥했지만, 사람들은 그의 관대하고 온유한 조처를 찬양했다. 점심 식사 후에 소송 사건이 없을 때에는 약 1시간 동안 장기를 두거나 휴식이 될 만한 것을 구경하다가 다시 연구실로 들어갔다. 그 동안 그는 대체로 앉지 않고 서 있었다. 그곳에서 5시까지 계속 시간을 보냈는데, 그 동안에는 공동기도를 청취하며 산책을 하거나 오락을 했다.

그는 대체로 저녁 식사를 하지 않는 일이 많았다. 그러나 식욕이 있을 때에는 동료들과 함께 그가 먹는 맛없는 음식을 먹었다. 그는 식사 때에 손에 장갑을 끼었다. 그렇게 함으로써 고기를 먹지 않고 자제할 수 있었기 때문이다. 그러나 그는 식사를 하는 도중에는 함께 식사하는 사람들과 유익한 대화를 나누어 그들에게 기쁨을 주었다.

그는 사람들을 환대했고 빈민 구제를 위해 기부금 상자를 충분히 활용했다. 저녁 식사 후에는 최소한 1시간 동안 산책을 하거나 건전한 오락을 즐겼다. 그리고나서 다시 9시까지 연구를 계속했다. 그는 하루에 한 시간도 헛되이 보내지 않고 하나님의 영광을 드러내거나 군주를 섬기거나 교회의 일을 하는데 보냈다. 이처럼 시간을 훌륭하게 사용했으므로 사람들로부터 좋은 평판을 받았으며, 하나님의 사역자로서 티인과의 대화에 흠잡을 것이 없었다.

"주교는 결코 고집이 세면 안 된다"는 조건이 있는데, 크랜머는 전혀 이러한 결점을 지니고 있지 않았다. 그의 본성은 지극히 온유했으며, 정직한 탄원이나 목적을 기어이 달성했다. 특히 그는 말이나 저술, 권고, 행위에 의해 귀족이나 향사들을 흡족하게 하고, 평민에게 유익을 주며, 빈민들을 구제했다. 그러나 하나님이나 국왕에 관한 소송에 있어서는 누구보다 단호하고 지조가 있어 누구의 권면도 받아들이지 않았다. 그는 자신이 옳다고 생각하는 일은 전혀 의심이 없이, 아무런 보상도 바라지 않고 행했다. 그는 오히려 지나치게 유순하고 온유한 편이었다.

만일 지나친 인내를 죄라고 할 수 있다면, 크랜머가 그 죄를 범했다고 할 수 있을 것이다. 그에게는 종교적인 문제로 인해 많은 원수들이 있었다. 그러나 그는 자기의 재산이나 명예나 생명을 노리는 사람들, 또는 회의를 방해하는 사람들을 불쌍히 여겼으며 결코 자신을 변명하려 하지 않았다. 이 대주교는 자신에게 가해진 공격을 잊으려 했고 원수에게 호의를 베풀었기 때문에 "캔터베리 주교를 불쾌하게 하거나 그에게 심술궂게 행하라. 그러면 그는 평생 동안 당신의 친구가 될 것이다."라는 속담이 생겼다.

그는 참으로 침착한 사람이었다. 그는 자기의 하인들에게도 화를 내어 홧김에 악한이라거나 무뢰한이라는 등의 욕을 하지 않았고, 물론 낯선 이에게는 전혀 책망의 말을 하지 않았다.

그가 구두쇠가 아니었다는 사실은 그를 아는 모든 계층의 사람들이 충분히 증명해줄 수 있다. 그는 모든 계층의 사람들에게 넉넉히 베풀어주고 빌려 주었다. 그러나 그는 이 모든 일을 지극히 용의주도하게 행했다. 메리 여왕의 명령으로 체포되어 런던 탑에 갇혔을 때에 그는 아무에게도 빚을 지고 있지 않았으나 그에게 빚을 진 사람들은 많았다. 그는 자기의 권리를 박탈 당하기 전에 그들의 어음과 채무를 파기함으로써 그 빚을 탕감하여 주었다.

국왕 에드워드의 죽음이 자기의 재산과 육체에 좋지 못한 결과를 초래할 것을 깨달은 크랜머는 즉시 부관들을 불러 한 푼이라도 빚진 곳이 있으면 어떻게 해서든지 갚으라고 명령했으며 즉시 그대로 실시되었다. 이 일이 끝난 후 그는 "이제 나는 자유로이 행동할 수 있게 되었으니, 하나님께 감사드립니다"라고 말했다.

어떤 추밀원 의원이 국왕에게 가서 대주교를 모함했는 데 그 내용은 다음과 같다. 즉, 영국은 이단으로 크게 오염되어 있는데 국왕이 이것을 바로잡지 않고 내버려둔다면 나라 안에 논쟁이 발생하게 되고, 독일 지방에서 벌어지고 있는 것과 같은 무서운 소동과 소요가 발생할 것이라는 내용이었다. 그들은 이 대죄의 책임을 다름 아닌 캔터베리 대주교에게 전가하여, 그가 설교와 자기 밑에 있는 목사들을 통해 온 나라를 여러 가지 위험한 이단으로 가득 채웠다고 모함했다. 국왕은 그의 고발자가 누구냐고 물었다. 그들은 대답하기를 크랜머는 추밀원 의원이기 때문에 아무도 감히 그를 고발하는 책임을 맡지 않으려 한다고 대답했다. 만일 그를 당분간 런던 탑에 가두는 것을 국왕 폐하께서 허락해 주신다면 그가 이단을 퍼뜨렸다는 충분한 증거와 죄목이 드러나겠지만, 그렇지 않고서는 그를 고발할 정당한 증거나 증인은 나타나지 않을 것이라고 말했다. 왕은 그들에게 다음날 크랜머를 런던 탑에 가두어 재판을 받게 하라고 허락했다.

그러나 한밤 중에 왕은 안토니 데니(Anthony Denny) 경을 램베드에 있는 크랜머에게 보내어 즉시 궁궐로 들어오라고 전했다. 크랜머가 노대에 이르렀을 때 산책을 하고 있던 국왕은 걸음을 멈추고 그를 기다렸다. 왕은 그에게 이렇게 말했다.

"캔터베리 대주교! 당신에게 알려줄 소식이 있습니다. 나와 추밀원 의원들은 신중히 고려한 결과 내일 아침 9시에 당신을 런던 탑에 가두기로 결정했습니다. 알려진 정보에 따르면 당신과 당신의 목회자들은 이 나라 안에 많은 저주스러운 이단의 씨를 뿌리고 가르치며 전파했다고 합니다. 추밀원에서는 그 문제를 심리하기 위해 당신을 런던 탑에 가두게 해달라고 요청했습니다. 왜냐하면 당신은 추밀원 의원이기 때문에 그렇게 하지 않는 한 아무도 당신과 맞서 증언하지 못할 것이기 때문입니다."

왕의 말이 끝나자 대주교는 무릎을 꿇고 앉아 말했다. "폐하를 기쁘시게 하는 일이라면 기꺼이 그곳으로 가겠습니다. 그리고 내가 재판을 받게 해 주신 것을 크게 감사드립니다. 왜냐하면 사람들은 여러 가지로 나를 비방하고 중상하고 있을 것이며, 재판을 받음으로써 그러한 소문이 옳지 않다는 것을 증명할 수 있기 때문입니다."

크랜머의 고결함과 순진함을 느낀 국왕은 다음과 같이 말했다.

"당신은 참으로 겸손한 사람입니다. 그리고 너무나 순진합니다. 당신은 자신에게 많은 무서운 적들이 있다는 것을 모릅니까? 당신에게 불리한 증언을 할 거짓 증인 서너 명 쯤은 쉽사리 만들어낼 수 있다는 생각을 하지 못합니까? 당신은 그렇게 함으로써 당신의 주님 그리스도보다 더 나은 운명을 소유할 수 있다고 생각합니까? 만일 내가 내버려두면 당신은 곧 죽게 될 것입니다. 그러나 나는 당신을 그들의 손아귀로부터 보호할 방법을 생각하고 있으므로 당신의 원수들은 자기 뜻대로 당신을 이기지 못할 것입니다. 내일 아침 추밀원에서 당신을 소환하면 그들에게로 가십시오. 만일 그들이 당신을 런던 탑에 가두려고 한다면, 당신도 그들과 마찬가지로 추밀원 의원이므로 당신을 고발한 사람들을 출두시켜 그들 앞에서 당신의 죄목에 대해 답변하겠다고 주장하십시오. 그리고 할 수 있는 한 그들을 설득하여 보십시오. 만일 탄원이나 타당한 요구가 받아들여지지 않을 때에는 그들에게 이 반지를 전하십시오—이 말을 하면서 왕은 크랜머에게 반지를 건네 주었다—그리고 이렇게 말하십시오. '여러분, 만일 아무런 대책이 없이 런던 탑에 갇혀야만 한다면 나는 내 사건을 당신들이 아닌 국왕 폐하께 상소하겠습니다. 여기에 당신들 모두에게 보내는 국왕의 증거품이 있습니다.' 그들은 이 반지를 잘 알고 있으므로 이 반지를 보면 곧 내가 이 사건을 맡기로 했으며, 그들에게 그것을 요구한다는 것을 깨닫게 될 것입니다."

대주교는 자비한 왕의 마음을 알고서 눈물을 보이지 않으려고 무척 애를 썼다.

다음 날 아침 9시 경, 추밀원에서는 왕실 의전관을 보내 대주교를 소환했다. 대주교가 추밀원 회의실 문 앞에 도착했는데도 그들은 그를 들여 보내 주지 않고 의도적으로 시동(侍童), 하인, 머슴들 속에 섞여 기다리게 했다. 마침 왕의 주치의 부츠(Buts) 박사가 그 앞을 지나가다가 캔터베리 대주교가 이러한 취급을 당하고 있는 것을 보고서 국왕에게 가서 말했다. "폐하, 괜찮으시다면 캔터베리 주교를 승진시켜 주십시오. 지금 그는 하인이나 머슴이 되어 있습니다. 그는 30분이 지나도록 회의가 열리고 있는 회의실에 들어가지 못한 채 문 앞에 서 있습니다."

왕은 대답하기를, "내 생각으로는 추밀원에서 국가의 대주교이며 같은 추밀원 의원인 크랜머를 그런 식으로 다룰 만큼 분별력이 없지는 않을 것입니다. 그들이 하는 대로 내버려두고 소식을 기다려봅시다"라고 말했다.

곧 대주교는 회의실로 불려 들어갔다. 그에게 이미 앞에서 열거된 죄목이 제시되었다. 대주교는 왕이 충고해준 대로 대답했으나 아무리 설득하고 탄원해도 소용이 없다는 것을 깨닫게 되자 왕의 반지를 전해 주며 자기의 사건을 왕의 손에 넘기라고 요구했다. 모든 추밀원 의원들이 놀라고 있을 때, 베드포드(Bedford) 백작이 큰 소리로 맹세를 하며 말했다. "당신들이 처음 이 일을 시작했을 때 나는 이미 그 결과가 어떻게 될른지 말했습니다. 국왕이 이 사람의 손가락 하나라도 다치게 내버려둘 것이라고 생각합니까? 나는 왕이 이 사람의 생명을 말 많은 악한들에게서 지켜줄 것이라고 장담할 수 있습니다. 당신들은 단지 그를 대적하는 이야기와 우화를 듣기 위해 스스로를 괴롭히고 있을 뿐입니다."

추밀원 의원들은 왕의 반지를 받자마자 모두 일어나서 그것을 왕에게 가져갔다. 그들이 국왕 앞에 이르렀을 때 왕은 엄한 얼굴로 그들에게 말했다. "나는 당신들이 보다 훨씬 현명할 것이라고 생각했었소. 어찌하여 당신들과 같은 직무를 가지고 있는 이 나라의 수석 주교를 하인들과 함께 회의실 앞에서 기다리게 할 수 있습니까? 맹세컨대, 만일 국왕이 백성의 신세를 져야한다면 나는 여기에 있는 캔터베리 대주교야말로 가장 신실한 백성이라고 여겨 그를 택하겠습니다." 이 말을 듣고 의원들 중에 한 두 명의 선임자가 나서서 변명하며 크랜머를 하인들과 함께 문 밖에 세워둔 것은 악의가 있어서가 아니라 그의 재판과 세상의 중상에 대한 무죄를 증명하기 위한 것이었다고 말했다. 왕은 "됐습니다. 그를 데리고 가서 그에게 합당한 대접을 하십시오. 그리고 더 이상 소동을 벌이지 마십시오"라고 말했다. 이 말이 끝나자 사람들은 모두 그의 손을 잡았다.

그러나 악의가 지배하는 곳에서는 이성이나 정직이 발을 붙이지 못하는 법이다. 크랜머의 원수들은 그를 알고 있는 캔터베리 교회의 성직자들 뿐만 아니라 그 지방의 모든 유명한 치안판사들까지 그를 고발하도록 일을 꾸몄다. 그 고발문은 어느 추밀원 의원을 통해 국왕에게 전달되었다. 왕은 그 문서를 곰곰이 읽은 뒤 그것을 접어서 소매 속에 넣었다. 그리고 템즈강에서 소일할 기회를 만들어 악사들을 배에 태우고 램베드 다리를 따라 첼시를 향해 갔다. 크랜머는 악사들의 소리를 듣고서 왕께 인사를 드리려고 그 다리로 왔다. 그를 본 왕은 사공에게 해안으로 노를 저어 곧바로 다리 쪽으로 가라고 명령했다.

왕은 대주교에게 "오! 나의 사제여, 어서 배에 오르시오"라고 말했다. 대주교는 자기는 자기의 배를 타고서 폐하를 모시겠다고 말씀드렸다. 그러나 왕은 "아니됩니다. 당신은 꼭 내 유람선을 타야 합니다. 당신과 할 이야기가 있습니다"라고 말했다. 그리하여 왕과 대주교만 배에 있게 되었을 때에 왕은 대주교에게 "나는 켄트주에서 보낸 당신에 관한 고발문을 가지고 있습니다"라고 말했다. 대주교는 "폐하의 뜻이라면 들어 보지요"라고 말했다. 왕은 "그것은 참으로 좋은 소식이 될 것입니다. 이제 나는 켄트주에서 가장 큰 이단자를 알게 되었습니다"라고 말하면서 소매 속에서 대주교와 그의 설교자들을 고발한 문서를 꺼내 주며 잘 읽어 보라고 했다.

대주교는 이 문서를 읽으면서 자기 교회의 성직자들, 그리고 자신이 오랫동안 여러 가지 방법으로 돌보아 주었던 이웃들, 그리고 치안판사들까지 자신을 그렇게 무례하게 다루는 것을 알고서 무척 마음이 아팠다. 그는 왕 앞에 꿇어 앉아 이 사건의 진실을 밝혀내기 위해 왕의 마음에 드는 인물로 하여금 이 사건을 심리하게 해 달라고 탄원했다. 왕은 이렇게 말했다.

"나도 그렇게 하려고 생각하고 있습니다. 그러니 당신이 수석 판사가 되고 당신 밑에 당신이 선하다고 생각하는 사람을 두 서너 명을 두십시오."

"그렇다면 내가 나 자신과 내 밑에 있는 있는 목회자들의 재판관이 되는 것과 다를 바가 없지 않습니까?"

"나는 당신, 그리고 당신이 임명하는 사람 이외의 누구에게도 이 사건을 맡기지 않겠습니다. 왜냐하면 당신이라면 당신 자신을 비난하는 한이 있더라도 결코 나와 의견 충돌이 없으리라고 확신하기 때문입니다. 그리고 당신이 이 문제를 현명하게 처리하다보면 당신을 대적하기 위해 계획된 교묘한 음모도 발견해낼 수 있을 것입니다. 자, 누구와 함께 이 일을 하겠습니까?"

"폐하의 마음에 드는 분으로 하십시오."

"나는 벨하우스 박사를 임명할 터이니, 나머지 한 사람은 당신이 임명하시오."

"나의 고문이신 콕스 박사와 서기 허시가 그처럼 골치 아픈 문제를 조사하는 데는 적임자입니다."

"자, 그러면 그들에게 임명장을 발행하고 즉시 켄트로 가시오. 그리고 당신이 어떤 조처를 취하든지 나에게 소식을 알려 주시오."

판사들은 켄트로 가서 약 3주일 동안 이 고소의 주동자가 누구인지 자세히 조사했다. 그러나 사람들은 모두 몸을 사리며, 아무도 자백을 하지 않았다. 왜냐하면 콕스 박사와 허시는 가톨릭교도들에게 호의를 가지고 있었으며 그 문제도 그런 태도로 다루어 중요한 사실이 드러나지 않게 했기 때문이다.

그런데 대주교의 비서가 이 사실을 알아차렸다. 그는 즉시 부츠 박사와 데니에게 편지를 보내어 만일 왕이 대주교를 도울 사람을 경질하지 않는다면 진실을 밝혀내지 못할 것이라고 하면서, 리 박사나 또는 왕의 교회 문제를 다루는 다른 강건한 사람을 보내 달라고 요청했다.

왕은 리 박사를 파견했으며, 대주교에게 사려깊고 재치가 있으며 용감한 사람을 12명이나 16명 정도 추천하라고 했다. 왕은 그들을 대성당 교회 안팎에 배치하여 이 동맹과 관련이 있다고 생각되는 사람들의 방과 지갑과 장농을 수색하여 거기서 발견되는 편지나 문서들을 대주교와 국왕에게 가져오라고 했다. 결국 4시간 안에 모든 음모가 드러났다.

대주교의 수중에 들어온 편지 중에는 도버(Dover)의 부주교의 편지도 있었고, 대주교가 법률 고문관으로 위촉했던 바버(Barber) 박사의 편지도 있었다. 이들 두 사람은 대주교 때문에 출세한 인물들이었다. 대주교는 그들을 대단히 친근하게 대해 주었었다. 이 부감독이 캔터베리의 성직자로 재임하는 동안에 그를 방문할 때면 항상 그와 함께 식사를 했었다. 그리고 바버 박사도 슬프고 어려운 때면 항상 대주교를 찾아와 함께 기쁨과 위로를 나누던 사람들처럼 언제나 대주교의 식탁을 떠나지 않았다. 그러나 그들의 과거 행동은 모두 거짓이었으며, 빛의 천사로 가장한 마귀의 행동에 지나지 않았다. 왜냐하면 그들 두 사람이 모두 이 음모에 가담했기 때문이다.

이들의 편지를 입수한 대주교는 도버의 부감독과 바버 박사에게 "나는 어떤 문제에 대해 당신들의 조언을 필요로 하고 있습니다. 그러니 당신들의 의견을 알려 주십시오"라고 하며 자기 서재로 와 달라고 부탁했다. 이들이 서재에 왔을 때에 대주교는 그들에게 다음과 같이 말했다. "당신들 두 사람은 내가 지극히 믿고 신뢰해온 사람들입니다. 이제 나에게 좋은 조언을 해 주어야만 합니다. 나는 지금까지 나 자신처럼 신뢰하여 나의 모든 비밀을 숨김없이 털어놓았던 사람들에게서 치욕스러운 대접을 받았습니다. 그들은 나의 비밀들을 폭로했을 뿐만 아니라 나를 이단으로 몰기 위해 그것들을 역이용했으며, 이제 나를 대적하는 편의 증인이 되어 있습니다. 그러니 내가 그들을 어떻게 해야 할지 충고해 주십시오. 당신들은 나의 친구이며, 나는 언제나 어려움이 있을 때에 당신들을 의지하곤 했습니다. 이 일을 어떻게 하면 좋겠는지 의견을 말씀해 주십시오."

바버 박사가 말했다. "그렇게 악하고 무례한 사람은 즉시 교수형에 처해야 합니다."

부감독이 말했다. "교수형도 과분하지요. 만일 사형을 집행할 사람이 부족하다면 내가 직접 형리 노릇을 하겠습니다."

이 말을 들은 대주교는 두 손을 하늘로 치켜 들고 기도했다.

"오, 하나님, 지극히 자비하신 하나님이시여, 오늘 우리는 누구를 신뢰해야 합니까? 과거에는 지금 나 같은 취급을 당한 사람이 없었습니다. 그러나 주님, 당신은 항상 나를 보호해 주셨으므로 당신의 거룩하신 이름을 찬양하나이다."

이렇게 기도하고나서 그는 품 안에서 두 통의 편지를 꺼내어 그들에게 보여주며 "이 편지를 아십니까?"라고 물었다.

순간 그들은 무릎을 꿇고 용서를 구하며 일년 전에 그러한 유혹을 받았다고 밝혔다. 그들은 자신의 행동을 뉘우치면서 용서를 구했다. 이 온유한 대주교는 "하나님께서 당신들 두 사람을 선한 사람으로 만드실 것입니다. 나는 그런 일을 할 자격이 없는 사람입니다. 그러니 당신들이 크게 범죄한 대상이신 하나님께 용서를 구하십시오. 당신과 같은 사람들을 믿지 못한다면 내가 살아서 무엇하겠습니까? 이제 나는 내 왼손이 오른 손을 고발할 것 같은 두려움마저 느낍니다."라고 말하고, 온유한 위로의 말을 하며 이들 두 사람을 떠나보냈다.

이것이 헨리 8세 시대에 이 대주교에게 가해진 마지막 공격이었다. 그 이후로는 감히 누구도 그를 대적하여 문제를 제기하지 못했다.

국왕 에드워드가 왕위에 오르기 전까지 크랜머는 아직 성찬에 관한 올바른 지식을 갖지 못했던 것처럼 보인다. 그러나 그 후 얼마 안 되어 그는 리들리 주교와의 회의를 통해 성찬에 대한 확신을 갖게 되었으므로, 인간이 그리스도의 실제의 몸을 먹는다는 가톨릭 교도들의 오신을 반박하고 온전한 교리를 지키는 일을 수행했다.

한편 에드워드 왕은 자신의 죽음이 임박했다는 것을 깨달았다. 그는 자기의 누이 메리는 가톨릭 신앙에 물들어 있다는 것을 알고 있었기 때문에 영국의 모든 법률가들과 추밀원 의원들의 승인을 받아 왕위를 제인—헨리 8세의 조카딸—에게 양도한다는 유언장을 작성했다. 모든 귀족들과 판사들이 왕의 유언장에 서명했으며, 대주교에게도 사람을 보내어 서명하라고 요구했다. 그러나 크랜머는 그것은 헨리 8세의 유언장의 내용과 다르며, 자신은 메리가 왕위 계승자가 되어야 한다고 맹세했었다고 말했다. 그는 이 맹세에 묶여 있었다. 그는 다른 사람을 재판하는 판사가 아니라 자기의 양심을 심판하는 재판관이었다. 그리고 서명하는 일에 관해서 국왕과 친히 이야기하기 전까지 그 일을 거부했다. 왕은 귀족들과 법률가들에게 그를 설득하라고 했으며, 결국 소동 끝에 그는 서명했다.

얼마 후 국왕 에드워드는 16세의 나이로 사망했다. 이것이 1553년의 일이다. 그리하여 제인을 여왕으로 선포한다는 명령이 내려졌다. 그러나 평민들은 그것을 싫어했다. 메리는 혼자서 이리 저리 애를 쓴 끝에 목적을 달성하여 런던으로 왔다. 그리고 노덤버랜드의 공작과 서포크의 공작을 처형했다. 그 후 이 일과는 아무 관계도 없었던 젊은 제인은 결코 자기의 신앙을 버리지 않았고 결국 남편과 함께 참수되고 말았다.

캔터베리 대주교는 용서를 바랐지만 얻지 못했다. 여왕은 과거 대주교가 자기 어머니를 이혼하게 만든 일로 마음 속 깊이 원한을 품고 있었으므로 그를 한번도 만나주지 않았다. 여왕은 이 이혼 사건 외에도 영국의 종교 상태가 변했던 것도 기억하고 있었으며 그 모든 원인이 이 대주교에게 있다고 생각했다.

사태가 이렇게 전개되고 있을 때, 사람들의 입에서는 대주교가 여왕의 비위를 맞추기 위해 그녀의 남동생인 에드워드의 장례식 때의 과거의 관습을 좇아 미사를 집전할 것이라는 소문이 돌았다. 또 이미 그가 캔터베리에서 미사를 집전했다는 소문까지 있었다.

크랜머는 이 소문을 빨리 가라앉히려는 생각에서 자신의 무죄를 증명하는 기록했다. 그는 이 문서를 자기 방 창문에 붙여 놓았었는데 우연히 치체스터의 주교 스코리(Scory)가 방에 들어오다가 그것을 읽어 보고서는 대주교에게 그것을 복사하게 해달라고 요청했다. 스코리는 그것을 몇몇 친구들에게 빌려 주었는데 그들이 다시 그것을 복사하여 결국 평민들 사이에까지 널리 퍼지게 되었다. 대서소마다 이것을 복사하느라고 바빴다. 이 사본들 중에 몇 부가 추밀원 의원들의 손에 들어가 일이 알려져 대주교는 출두 명령을 받았다.

크랜머는 의원들 앞에 출두했다. 추밀원의 주교 한 사람이 그 문서를 언급하면서 말하기를 "각하, 여기에 당신의 이름으로 발행된 문서가 있습니다. 이 문서에 의하면 당신은 다시 미사를 드리는 일에 불만을 품는 것 같습니다. 그러나 우리는 당신이 그 문서가 널리 퍼진 것을 유감스럽게 생각한다고 확신합니다."

대주교는 그들에게 대답했다. "내가 그 문서를 작성했음을 부인하지 않습니다. 나는 거기에 도장을 찍어 바울 교회와 런던에 있는 모든 교회의 문에 붙일 작정이었습니다."

대주교의 확고부동한 신념을 깨달은 의원들은 그를 파직했다. 곧 그는 반역죄로 런던 탑에 수감되었다. 메리여왕은 그의 사면을 거부하는 것이 공정하지 못하다는 것을 알고서 그에게서 반역죄를 면제하고 그 대신에 이단죄를 씌웠다. 대주교는 이것을 대단히 기뻐했다. 그의 소원대로 된 것이다. 이제 그의 소송은 그 자신의 것이 아니라 그리스도의 것이며, 여왕의 것이 아니라 교회의 것이 되었기 때문이었다. 크랜머는 옥스포드 대학으로 이송되어 그곳에서 박사들과 신학생들과 함께 토론을 하기로 결정되었다. 여왕과 주교들은 이미 그를 어떻게 처리할 것인지 결정했지만, 그 문제를 토론에 붙임으로써 그를 모살하려는 의도가 토론이라는 정당한 구실 아래 감추인 것을 기뻐했다.

이제 1555년 9월 12일에 있었던 그의 마지막 재판과 선고를 다루기로 하자. 이것은 리들리 주교와 라티머가 화형 선고를 받기 18일 전의 일이었다. 우리는 다음과 같은 점을 생각해 보아야 한다. 즉 이 불쌍한 세 주교는 부당한 취급을 당했다. 그들은 토론을 하라는 강요를 받았지만 적수들은 발언권을 주지 않았다. 혹시 그들이 서론을 꺼내려 하거나 또는 약간 대대적으로 변론하려 하면 사회자는 곧 본론만 다루라고 명령했다. 그리고 또 엄밀하게 논증하려 하면 "간결하게 말하시오"라고 명령했다.

결국 유죄선고를 받은 대주교는 수 많은 창병(槍兵)들에 에워싸여 감옥으로 갔다.

처형 당할 무렵 크랜머는 적당한 체구에 얼굴은 희고 혈색이 좋았으며 머리는 대머리였다. 그러나 숱이 많은 흰 턱수염은 길게 자라 있었다. 화형 당할 당시 그의 나이는 66세였는데 연구를 하느라고 쇠약해졌으나 안경을 쓰지 않았다. 세 사람의 훌륭한 주교들, 즉 크랜머, 리들리, 라티머는 옥스포드와 캠브리지대학의 박사들과 토론을 한 후, 이단자라는 선고를 받고 옥스포드의 시장과 경관들에게 넘겨졌다. 그러나 그들에게 적용된 판결문은 법적으로 무효였기 때문에(왜냐하면 그 당시 영국에서는 아직 교황의 권위를 받아들이지 않았기 때문이다) 로마로부터 새로운 명령이 전달되었고, 이 경건하고 존경받는 학자들을 단죄하기 위한 새로운 절차가 강구되었다.

1555년 9월 12일 목요일, 성 매리(St. Mary) 교회의 동편 끝에 있는 높은 제단에 10피트 높이의 강단이 설치되었다. 이것은 교황의 사절 부룩스(Brooks) 주교를 위한 것으로서 화려한 천으로 장식되어 있었다. 그 좌석은 성찬상 아래 설치되어 있었다. 교황의 사절의 오른 편 밑에는 마틴 박사, 왼편에는 스토리 박사가 앉아 있었다. 이들 두 사람은 왕과 여왕의 대리인으로서 민법박사였다. 그리고 이들 두 사람이 앉은 그 아래로는 다른 박사들이 교황의 세금 징수인을 비롯한 어중이 떠중이들과 함께 앉아 있었다.

대주교는 그들이 있는 곳으로 출두하라는 명령을 받았다. 그는 신학 박사들이 입는 검은색 가운과 후드를 걸치고 손에는 흰 지팡이를 들었고 혹시 무슨 일이 있을까 염려하여 칼과 창을 가지고 성 메리 교회로 향했다. 그는 주교의 복장을 갖추고 앉아 있는 그들을 보았지만 모자를 벗지 않은 채, 그들이 부를 때까지 서 있었다. 곧 교황의 대리인 한 사람이 "캔터베리 대주교 토머스씨, 이곳에 출두하여 당신의 죄목에 대해 답변하십시오. 즉 신성모독, 방종, 이단죄에 대해 여기에 계신 교황의 대리인 그로스터 주교에게 답변하십시오"라고 말했다.

주교가 앉아 있는 단상에 가까이 간 크랜머는 왕과 여왕의 대리인들이 있는 곳을 살펴 보고서는 모자를 벗고 무릎을 꿇고 그들 한 사람 한 사람에게 차례로 경의를 표했다.

그리고나서 그는 주교에게는 전혀 순종의 표시를 나타내지 않은 채 그의 얼굴을 쳐다보며 다시 모자를 썼다. 기분이 상한 주교는 자신은 교황의 권위를 대신하고 있으므로 마땅히 자기에 대한 의무를 이행하는 것이 옳다고 그에게 말했다. 크랜머는 대답하기를, 자기는 영국 내에서 다시는 로마 교황의 권위를 인정하지 않기로 엄숙히 맹세했으며, 하나님의 은총으로 그것을 지킬 작정이므로 교황의 권위를 인정한다고 여겨질 일은 결코 하지 않겠다고 말했다.

그들은 자기들이 제기한 반론에 대한 크랜머의 답변을 들은 후, 그에게 80일 이내에 로마로 출두하여 직접 답변하라고 명령했다. 크랜머는 왕과 여왕이 자신을 그곳으로 보낸다면 그렇게 하겠다고 대답했다. 그는 감옥으로 되돌아갔으며, 로마로 출두하라는 명령을 받았음에도 불구하고 그곳에 계속 머물러 있었다. 그러나 교황은 비합리적이고 불공정하게도 왕과 여왕에게 편지를 보내어 크랜머의 직위를 박탈하고 좌천시키라고 했다. 그것도 약속된 80일에서 겨우 20일이 지나지 않은 때에 이러한 편지를 보냈다.

이처럼 교황이 단호한 서신을 보냈기 때문에 다시 재판을 열기로 했다. 대주교는 1월 14일 엘리의 주교 더레비(Thirleby)를 수석 위원으로 하여 여왕의 지도를 받는 판사들 앞에 출두했다. 런던의 주교 보너 박사도 역시 판사로 임명되었다. 이들 두 판사는 교황의 사절로 옥스포드에 와서 대주교에게 그리스도의 교회 제단 앞에 있는 성가대석에 서라고 명령했다. 그들은 먼저 형식에 따라 대주교의 직위를 강등시키고 박탈하고 파문한 뒤 세속 국가에 넘겨주는 전권을 받았다는 문서를 낭독했다.

여러 해 동안 크랜머에게 그다지 호감을 품지 않았던 보너 주교는 이제 그를 이길 수 있는 날을 맞게 되어 크게 기뻐했으며, 모인 사람들에게 다음과 같이 연설했다.

"이 사람은 이제까지 거룩한 교황을 멸시해 왔는데 이제 교황의 재판을 받게 되었습니다. 이 사람은 많은 교회들을 타도해 왔는데, 이제 교회 안에서 재판을 받게 되었습니다. 이 사람은 제단에 바쳐진 거룩한 성찬을 경멸해 왔는데 이제 제단 위에 놓인 복된 성찬 앞에서 정죄를 받게 되었습니다. 이 사람은 마치 루시퍼처럼 제단 위 그리스도의 자리에 앉아 다른 사람들을 재판해 왔는데 이제 자신이 재판을 받기 위해 제단 앞에 섰습니다."

보너는 문장마다 "이 사람은…"이라는 말로 시작하여 계속 웅변조의 말을 되풀이했으므로 엘리의 주교는 여러 번 그의 소매를 잡아당기며 연설을 끝내라고 했고, 나중에 함께 식사를 하면서 보너가 약속을 깨뜨렸다고 말했다. 왜냐하면 엘리의 주교는 보너에게 대주교를 공손하게 다루라고 간곡하게 간청했었기 때문이다.

연설을 마친 뒤, 그들은 크랜머의 성직 박탈 의식을 행했다. 그들은 먼저 그의 손에 쥐고 있는 홀장(忽杖)을 뺏으려 했다. 그러나 크랜머는 이 홀장을 꼭 잡고 넘겨 주지 않으려 했고 옛날 마틴 루터가 했던 것처럼 왼쪽 소매 끝에서 항소문을 꺼내어 그들에게 건네어 주며 "나는 다음 공의회에 항소합니다"라고 말했다. 이 항소문은 엘리의 주교 더레비에게 제출되었다. 그러나 더레비 주교는 "각하, 우리가 맡은 일은 당신의 성직 박탈 의식을 진행하는 일입니다"라고 말했다.

그들이 크랜머에게서 대주교 가운을 벗기려 하자, 그는 "당신들 중에 대주교 가운을 입고 있는 사람이 있으면, 나의 가운을 벗기시오"라고 말했다. 이것은 그들은 모두 크랜머보다 직위가 낮기 때문에 크랜머의 직책을 박탈할 수 없다는 뜻의 말이었다. 그러나 그들 중 한 사람이 대답하기를 비록 그들의 직책은 주교에 불과하여 크랜머보다 지위가 낮고 유능한 판사도 아니지만 교황의 대리인이므로 그의 홀장을 빼앗을 수 있다고 말했다. 그리고 나서 그의 옷을 입었던 순서대로 벗겼다. 그 후에 이발사가 그의 머리카락을 빙둘러 깎아버렸다. 그리고 주교는 그가 성직임명을 받을 때 기름을 발랐던 그의 손가락 끝을 문질렀다. 이렇게 하는 동안 보너 주교는 대단히 무례하고 거칠게 행동했으며, 반면에 대주교는 그를 부드럽고 온유하게 대했다. 마지막으로 그들은 대주교의 가운을 벗기고 가난한 자유민이나 교구의 하급 관리가 입는 가운을 입혔다. 그것은 너무나 낡고 해진 것이었다. 그들은 그의 머리에 도시 사람들이 쓰는 모자를 씌운 뒤 세속 정부에 그를 넘겨 주었다.

성직 박탈 의식이 끝난 후 보너 주교는 크랜머에게 "이제 당신은 주교가 아닙니다"라고 말했다. 크랜머는 모든 사람들의 동정을 받으며 감옥으로 호송되어갔다. 글러스터의 향사 한 사람은 그의 뒤를 따라가며 마실 것을 원하느냐고 물었다. 대주교는 소금에 절인 생선 한 조각을 먹고 싶다고 말했다. 그는 그 날 약간 괴로움을 당한데다가 거의 아무 것도 먹지 못했었다. "이제 모든 일이 끝났고 내 마음은 진정되었습니다"라고 크랜머는 말했다. 이 말을 들은 향사는 곁에 서 있는 간수들에게 돈을 주며 "만일 당신들이 선한 사람이라면 그분에게 생선을 주십시오! 캔터베리 대주교에게는 자신을 위해 쓸 돈이 한 푼도 없습니다"라고 말했다.

대주교가 감금되어 있는 동안—그들은 그를 거의 3년 동안 감금해 두었다—옥스포드 대학의 박사들과 신학생들은 그의 주장을 철회하게 하려고 무던히 애를 썼다. 그들은 그를 설득하기 위해 그를 그리스도 교회의 부감독의 집으로 데리고 갔다. 그곳에서 그는 훌륭한 음식을 부족함이 없이 먹을 수 있었고, 공놀이를 하고 산책도 할 수 있었다. 그밖에도 그를 그리스도로부터 떼어내기 위해서라면 무엇이든지 다 허락해 주었다.

그들은 대주교가 끝까지 견고하게 신앙을 지킬 경우, 자기들이 커다란 상처를 입을 것이며, 반면에 가장 중요한 기수인 그가 함락된다면 그들이 큰 유익을 얻게 된다는 것을 알고 있었다. 그런 까닭에 이 간교한 가톨릭 교도들은 그의 주위에 떼를 지어 모여서 협박을 하기도 하고 아첨과 권유를 하며 좋은 조건을 제시하기도 했다. 그들은 그의 목숨을 살려주고 과거의 지위를 회복시켜 주겠다고 약속했고, 여왕은 영국 내에 있는 것이라면 재산이나 직위나 무엇이든지 주겠다고 약속했다. 그가 그들의 제안을 거절하는 것은 생명과 사면의 희망도 잃는 것이었다. 여왕은 크랜머를 가톨릭으로 귀의시키거나 제거하거나 둘 중 하나를 택할 작정이었다. 결국 대주교는 그들의 감언이설에 넘어가 항복하고 말았다.

박사들과 고위 성직자들은 지체하지 않고 신속하게 크랜머가 자기의 주장을 철회했다는 사실을 인쇄하여 모든 사람들에게 배포했다. 박사들은 크랜머의 생명을 보장한다고 약속했지만 그 동안 크랜머는 자기 생명에 대한 확실한 보장을 받지 못하고 있었다. 여왕은 자신이 겪은 과거의 슬픔에 대해 보복할 기회를 얻었으므로 그의 철회를 기쁘게 받아들였다. 그러나 그녀는 크랜머를 사형에 처하려는 목적을 조금도 양보하려 하지 않았다.

크랜머는 사면초가의 상태에 놓였다. 그는 내적으로 양심이 편안치 않았고, 표면적으로도 적들로부터 아무런 도움을 받지 못하고 있었다. 한쪽에서는 그를 칭찬했고 반대편에서는 그를 경멸했다. 어느 쪽이나 다 위험했으므로 그는 당당하게 죽을 수도 없었으며 그렇다고 해서 치욕스럽게 살 수도 없었다.

여왕은 크랜머를 제거하기 위해 비밀리에 콜 박사와 의논을 하고서, 그에게 3월 21일에 크랜머의 화형을 위한 장례식 설교를 준비하라고 명령했다.

곧이어 여왕의 이름으로 테임(Thame)의 윌리엄즈 경, 캔도스 경, 토머스 브리지스), 존 브라운 경 및 여러 훌륭한 사람들과 판사들에게 하인들과 수행원들을 데리고 옥스포드로 모이라는 명령이 내려졌다. 이런 명을 내린 것은 여왕은 크랜머의 처형으로 인해 혹시 소동이 일어날까 염려했기 때문이었다.

옥스포드로 돌아온 콜은 맡은 일을 준비했다. 그는 처형일 하루 전 날, 감옥으로 크랜머를 찾아가서 그가 과연 과거에 버렸던 가톨릭 신앙을 지키고 있는지 알아보았다. 크랜머는 하나님의 은혜로 말미암아 나날이 가톨릭 신앙을 확신하게 된다고 대답했다. 그러나 콜은 아직 그의 처형을 준비하고 있다는 암시를 해 주지 않았다.

크랜머를 화형하기로 된 날 아침, 콜은 그에게 가서 돈이 있느냐고 물었다. 크랜머는 전혀 돈이 없다고 대답했다. 콜은 가난한 사람들에게 주라고 15크라운을 그에게 주면서 믿음의 절개를 지키라고 권면했다. 대주교는 그들이 어떤 일을 꾸미고 있는지 짐작하기 시작했다.

아직 날이 저물지 않았고 명령을 받은 귀족들과 기사들도 도착하지 않았을 때에 크랜머의 신앙철회의 증인인 스페인 수도사가 철회 조항이 기록된 문서를 가지고 그에게 왔다. 크랜머는 백성들 앞에서 자신의 신앙 철회를 고백하면서 이것을 공개적으로 낭독해야 했다. 이 수도사는 크랜머에게 그 문서를 직접 기록하여 서명해 달라고 요청했다. 크랜머는 그의 요구대로 해 주었다. 이 수도사는 그에게 그것을 한 장 더 기록하여 가지고 있으라고 요청했으므로 그는 시키는 대로 했다.

대주교는 그들의 은밀한 책략이 어디로 흐르고 있는지 눈치채고 있었으며, 그리스도의 백성들과 함께 하는 자신의 신앙을 더 이상 감출 수 없는 시기가 임박했다고 생각했으므로 또 다른 종이에 자신의 권면과 기도를 기록하여 품 안에 숨겼다. 그는 자신의 마지막 신앙고백을 하기 전에 이것을 백성들 앞에서 낭독할 작정이었다.

만일 그들이 먼저 그의 신앙고백을 듣게 된다면 결코 백성들에게 권면하도록 내버려두지 않을 것이라고 생각했기 때문이었다.

9시쯤 되어 추밀원 회의에 참석하라는 명령을 받은 윌리엄즈, 토머스 브리경, 존 브라운, 그리고 여러 판사들과 귀족들이 많은 시종들을 데리고 옥스포드에 도착했다. 또 사방에 수많은 사람들이 모여 대단한 기대를 하고 있었다. 교황 측의 사람들은 크랜머로부터 그들의 오만한 주장을 견고히 해 주는 견해를 듣기를 바라고 있었으며, 다른 측의 사람들은 여러 해 동안 끊임없이 연구하며 노력하여 복음의 교리를 공포했던 크랜머가 생의 마지막 순간에 자기의 주장을 저버릴 수 있으리라고는 생각지 않았다.

마침내 크랜머는 보카르도 감옥에서 나와 성 메리 교회로 향했다. 시장을 선두로 하여 시장의 뒤에는 부시장이 따르고, 그 뒤로 크랜머가 두 명의 수도사의 호위를 받으며 따라갔다. 이들은 시편을 암송하며 서로 화답했으며, 교회 문 앞에 이르러서는 시므온의 노래를 부르기 시작했다. 수도사들은 교회에 들어가서 크랜머를 지정된 자리에 데려다 주고 떠났다.

강단 맞은 편에는 적당한 높이의 발판이 마련되어 있었는데, 크랜머는 그곳에 서서 콜의 설교를 기다렸다. 이 슬픈 광경을 바라보는 기독교인들의 마음은 무척 아팠다. 얼마 전까지만해도 대주교요 캔터베리 대주교이며 추밀원 고문관이었던 그가 낡고 해진 가운을 걸치고 사각형 모자를 쓴 채 사람의 멸시를 받으면서 사람들에게 자기 자신의 재앙은 물론 기독교인들의 처지와 운명을 알려 주고 있었다. 훌륭한 고위 성직자요 추밀원 고문관으로서 오랫동안 존경을 받아온 그가 늙어 직책을 박탈 당하여 그처럼 훌륭한 장신구를 벗기우고 낡고 허름한 옷을 입고서 사형 판결을 받아 인생을 마치게 된 것을 보면서 그를 불쌍히 여기고 그의 운명을 슬퍼하지 않을 사람이 있을 수 있었겠는가? 크랜머는 그 발판 위에서 한참 동안 옆 기둥을 향해 서 있으면서 손을 들고 하나님께 기도했다.

이윽고 콜 박사가 강단에 올라와 설교를 시작했다. 그는 설교의 마지막 부분에서 대주교를 위로하며 죽음을 훌륭히 맞아들이라고 격려했다. 그는 하나님께서 불꽃을 마치 기분 좋은 이슬처럼 보이게 해 주셨던 세 어린이의 예를 들었고, 또 화형을 당한 성 로렌스의 인내도 언급하면서 하나님께서는 믿는 자의 죽음을 위해서 맹렬한 불꽃의 위력을 감소시키거나 그것을 이겨낼 힘을 주실 것이라고 위로했다.

크랜머가 얼마나 비통한 마음으로 그의 설교를 듣고 있었는지는 그의 몸과 얼굴 표정이 잘 나타내 주었다. 그는 잠시 손을 들고 하늘을 바라보다가는 곧 수치심 때문에 땅을 내려다 보았다. 그는 몸 전체로 지극한 슬픔을 표현했다. 그는 20번 이상 눈물을 흘렸다. 슬픔에 가득찬 그의 얼굴을 보는 모든 사람들은 내심 그를 불쌍히 여겼다.

설교를 마친 콜 박사는 떠날 준비를 하는 사람들을 다시 불러들여 함께 기도했다. 그는 이렇게 말했다. "형제들이여, 이 사람의 진실한 회심을 아무도 의심하지 않게 하기 위해, 그의 말을 듣기로 합시다. 크랜머씨, 이제 당신의 참된 신앙고백을 공개적으로 발표하여 당신이 참된 가톨릭 신자라는 것을 모든 사람이 알게 해 주십시오."

대주교는 "그렇게 하지요"라고 말하고 나서 사람들에게 다음과 같이 말했다.

"이제 나는 생의 마지막 순간에 이르렀습니다. 앞으로 나의 주님이신 그리스도와 함께 영원히 즐거운 생활을 하느냐, 아니면 지옥에서 악한 마귀들과 함께 고통 중에 사느냐? 이것이 지금 이 순간에 달려 있습니다. 지금 나는 하늘나라가 나를 영접하며, 또 지옥이 나를 삼킬 준비를 갖추고 있는 것을 내 눈으로 봅니다. 그러므로 더 이상 아무런 가식이나 위선이 없이 내 신앙을 여러분들에게 밝히겠습니다. 내가 과거에 말하거나 저술한 것과는 상관없이 지금은 진심을 밝혀야 할 시간입니다.

"나는 하늘과 땅을 창조하신 전능하신 하나님 아버지를 믿습니다. 그리고 신구약 성경에 기록된 바 우리 구주 예수 그리스도와 그의 제자들과 사도들, 그리고 선지자들이 가르치신 모든 말씀을 믿습니다.

"이제 가장 중요한 것을 말하겠습니다. 내가 평생 동안 행하고 말한 것 중에서 가장 나의 양심을 괴롭혔던 것은 진리를 대적하는 기록을 발표한 것이었습니다. 나는 이곳에서 그것을 부인하고 거부합니다. 그것은 내 마음에 품고 있는 생각과는 반대로 죽음이 무서워서 혹시 내 생명을 구원할 수 있을까하여 기록한 것입니다. 나는 내가 성직을 박탈 당한 뒤에 기록하고 서명한 문서들을 모두 부인합니다. 나는 그 문서들 속에 진실이 아닌 많은 사실들을 기록했습니다. 내 마음에 품은 뜻과 반대되는 것을 기록함으로써 내 손이 범죄했으므로 내 손이 제일 먼저 형벌을 받아야 합니다. 따라서 내가 화형을 당하게 된다면 내 손부터 불태우겠습니다. 그리고 교황은 그리스도의 원수이며 적그리스도이고 그의 모든 교리는 거짓이므로 나는 교황을 거부합니다."

여기에서 모든 구경꾼들은 깜짝 놀라 서로의 얼굴을 바라보았다. 크랜머에 대한 그들의 기대가 완전히 깨졌기 때문이었다. 어떤 사람은 그에게 다시 철회하라고 권면하며, 그로 말미암아 영광스럽고 영원한 승리를 거두게 되리라고 기대하고 있었으므로 크랜머의 고백을 듣는 순간 격분하여 독이 올라 어쩔 줄 몰랐다. 게다가 그들은 자신이 받은 고통에 대해 더 이상 보복을 할 수도 없었기 때문에, 즉 더 이상 그를 위협하거나 해칠 수 없었기 때문에 더욱 격분했다. 왜냐하면 이 세상에서 최고로 불쌍한 이 사람을 두 번 죽일 수는 없기 때문이었다.

크랜머가 성찬과 교황 제도에 대해 이야기를 계속하려 하자 그들은 큰 소리를 치고 고함을 질렀다. 콜 박사는 "저 이단자의 입을 막고 데리고 나가라"고 말했다. 크랜머는 발판에서 내려져 화형장으로 호송되었다. 성난 수도사들은 그를 잔인하게 위협하고 괴롭히며 따라갔다. 크랜머는 대꾸를 하지 않은 채 백성들을 향해서만 이야기를 했다.

그는 자기보다 먼저 거룩한 순교자 휴 라티머와 니콜라스 리들리가 화형 당한 곳에 이르러 무릎을 꿇고 하나님께 기도했다. 그는 기도를 마치고는 셔츠만 남기고 모든 옷을 벗고 죽음을 맞을 준비를 했다. 그의 셔츠는 매우 길어 발끝에 닿았다. 그는 맨발이었고 머리에는 아무 것도 쓰지 않고 있었다. 그의 얼굴을 덮은 짙은 수염은 장엄한 느낌을 주었다.

스페인 수도사 존과 리처드가 그를 권면하려 했으나 헛수고였다. 크랜머는 자기의 교리에 대한 신앙고백 안에 영속하는 견고한 뜻을 가지고서 곁에 서 있는 노인들 및 몇 사람들에게 손을 내밀며 작별을 고했다.

그는 엘리(Ely)에게 손을 내밀어 작별을 고하려고 했다. 그러나 엘리는 손을 빼며 이단자와 인사를 하는 것은 옳지 못한 일이며 더욱이 한번 맹세하고 버렸던 신앙으로 다시 복귀한 사람과 인사하는 것은 합당하지 못하다고 말했다. 그리고 크랜머가 그런 행동을 하리라고 예상했었다면 결코 그를 친밀하게 대하지 않았을 것이라고 말하면서 크랜머와 악수를 한 시민들과 병사들을 꾸짖었다. 엘리는 최근에 사제가 된 신학도로서 브라세노스(Brasenose)의 특별연구원이었다.

이윽고 사람들은 크랜머를 쇠사슬로 묶었다. 크랜머의 믿음이 견고하여 죽음으로도 그의 마음을 바꿀 수 없다는 것을 깨달은 그들은 불을 붙이라고 명령했다.

장작에 불이 붙어 불길이 그의 가까이까지 타오르게 되자 크랜머는 팔을 뻗어 오른 손을 불 속으로 밀어 넣었다. 그는 단 한번 얼굴을 닦기 위해 움직였을 뿐 그 손을 불 속에 그대로 밀어넣고 있었다. 그리하여 불길이 그의 몸에 닿기 전에 그의 손이 먼저 탔다. 그러나 그의 몸은 조금도 움직이지 않고 그 불길을 견디어냈다. 그는 두 눈을 들어 하늘을 바라보면서 "나의 비열한 손"이라고 되풀이 말했다. 그는 맹렬한 불길 속에서도 간혹 스테반처럼 "주 예수여, 내 영혼을 받으시옵소서"라고 기도하다가 이 세상을 떠났다.

순교자들의 일화

프라하의 제롬에게 사형이 선고된 뒤, 사람들은 종이로 주교 모자를 만들고 거기에 빨간 마귀들을 그려 넣어 그에게 주었다. 제롬은 자기가 쓰고 있던 두건을 벗어 땅에 던지고 그것을 머리에 쓰고서는 이렇게 말했다.

> "주 예수 그리스도께서 지극히 악한 죄인인 나를 위해 죽음을 당하실 때에 머리에 가시 면류관을 쓰셨으니, 나는 주님을 위해 가시관은 아니지만 이 모자를 쓰겠다."

1416년, 콘스탄스

조지 카펜터(George Carpenter)에게 성 베드로 학교의 교사가 다가가서 물었다. "친구여! 이제 당해야 할 형벌과 죽음이 두렵지 않은가? 이제 그대를 놓아준다면 아내와 자식들에게 가려는가?"

조지는 "내가 석방된다면 아내와 자식들에게 가지 않고 어디로 간단 말인가?"라고 대답했다. 그러자 교사는 말했다. "당신의 신앙을 철회하십시오. 그러면 자유를 얻게 될 것이오."

조지는 대답했다. "바바리아 공작의 재산을 다 준다고 해도 나에게서 떼어낼 수 없을 만큼 나는 아내와 자식들을 사랑합니다. 그러나 나의 주 하나님을 위해서라면 기꺼이 그들을 버리겠습니다."

1527년, 뮌헨

처형장에 도착한 안토니 피어슨(Anthony Peerson)은 쾌활한 얼굴로 화형장의 말뚝을 껴안으며 "나의 사랑하는 아내여! 당신을 환영합니다 오늘 당신과 나는 하나님의 사랑과 평화 속에서 결혼하게 되었습니다"라고 말했다.

그리고나서 짚단을 끌어 당겨 머리에 얹고는 이렇게 말했다.

"이것은 하나님의 모자입니다. 이제 나는 그리스도의 참 군사의 옷을 입었습니다. 나는 오늘 그리스도의 공로에 의해 영원한 기쁨의 나라에 들어갈 것입니다."

1543년, 윈저

가일즈 틸리만(Giles Tilleman)은 화형장에 이르러 산더미처럼 쌓여 있는 장작더미를 보았다. 그는 자기를 화형하는 데에는 그렇게 많은 장작이 필요 없으니 조금만 남겨두고 모두 빈민들에게 주라고 말했다. 그리고 앞으로 나아가다가 지나가는 어느 가난한 사람이 신발을 신지 않은 것을 보고서 자기의 신을 벗어 주었다. 그는 자기의 신발을 태우고 그 가난한 사람이 추위로 죽게 되는것보다 그렇게 하는 편이 낫다고 말했다.

그가 말뚝에 섰을 때 형리가 먼저 그의 목을 졸라 죽이려 했다. 그러나 그는 그렇게 하여 자기의 고통을 완화시킬 필요가 없다고 말하며 거부했다. 그는 "나는 불을 두려워하지 않습니다. 그러므로 당신에게 명령된 대로 행하십시오"라고 말했다.

그리하여 이 복된 순교자는 불길 속에서 두 눈을 들어 하늘을 바라보며 세상을 떠났다. 둘러서서 이 광경을 보는 사람들은 크게 슬퍼했다.

1544년, 브루셀

피터 마이오시우스(Peter Miocius)는 성의 수로(水路) 밑에 있는 깊은 감옥에 갇혔다. 그곳에는 두꺼비와 빈대가 들끓고 있었다. 얼마 후 추밀원에서 그의 신앙 문제를 심문하기 시작했다. 피터는 그들의 질문에 조목 조목 담대하고 뚜렷하게 대답하려 했으나 그들은 그의 말을 가로채면서 "예" 또는 "아니오"로 대답하라고 명령했다. 그러자 그는 다음과 같이 말했다. "만일 이렇게 중요한 문제에 대해 나 자신을 위한 답변을 하지 못하게 하려면 차라리 나를 두꺼비와 개구리들이 있는 감방으로 다시 보내 주십시오. 비록 동물이지만 그것들은 내가 나의 주 하나님과 이야기하는 동안에는 나를 방해하지 않을 것입니다."

1545년, 도르닉

윙필드(Wingfield)는 커비(Kerby)에게 말했다. "생각해 보십시오. 불길은 몹시 뜨겁습니다. 그러니 행할 수도 없는 일을 하려 하지 마십시오. 화형은 무섭고 그 고통은 끔찍합니다. 그러나 생명은 달콤합니다. 그러니 생명을 구할 수 있는 소망이 있을 때에 자비를 구하는 것이 무모하게 일을 시작했다가 뒷걸음치는 것보다 낫습니다."

커비는 다음과 같이 대답했다. "윙필드씨, 내가 화형 당할 때에 그곳에 참석하십시오. 그러면 당신은 '불길 속에 그리스도의 군사가 있다'고 말하게 될 것입니다. 나는 불이나 물, 칼이나 그밖의 모든 것이 하나님의 수중에 있으며, 하나님께서는 결코 내게 감당하지 못할 고통을 주시지 않으리라는 것을 압니다."

1545년, 입스위치

앤 어드버트(Ann Audebert)는 형리들이 자기 몸에 밧줄을 동여매자, 그것을 자기가 그리스도와 결혼하기 위해 걸치는 결혼용 허리띠라고 불렀다. 그리고 자기의 처형일이 미가엘제(9월 29일)인 토요일 저녁이라는 것을 알고서 "나는 첫번 결혼식도 토요일에 거행했는데, 이제 토요일에 다시 결혼하게 될 것입니다"라고 말했다.

1549년, 오르레앙

10시쯤 되어 치안판사가 자기를 도와줄 향사들과 그들의 시종들을 거느리고 말을 타고 왔다. 크리스토퍼 웨이드(Christopher Wade)는 두 팔을 묶인 채 말을 타고 왔는데, 그 옆에는 마저리 폴리(Margery Polley)라는 여인이 있어 두 사람은 함께 시편을 노래하고 있었다. 마저리는 멀리서 크리스토퍼가 처형 당할 장소에 많은 사람들이 모여 있는 것을 보고서는 그가 가까이 오기를 기다려 크고 쾌활한 음성으로 이야기했다. "웨이드, 기뻐하셔요. 많은 사람들이 오늘 있을 당신의 결혼식을 축하하기 위해 모여 있어요."

웨이느는 말뚝으로 곧바로 다가가 그것을 껴안고 입 맞춘 뒤 말뚝에 등을 대고 콜탈 통 안에 섰다. 준비가 끝난 뒤에 그는 두 손을 벌리고 하늘을 쳐다보며 시편 6편 마지막 절을 크고 명랑한 음성으로 암송했다.

"주여 은총의 표정을 내게 보이소서. 그러면 나를 미워하는 저희가 보고 부끄러워 하오리니 여호와여 주는 나를 돕고 위로 하심이니이다."

치안판사는 그의 말을 가로막으며 "웨이드씨, 조용히 하시오. 그리고 참을성 있게 죽음을 맞으시오"라고 말했다. 그는 "그렇게 하지요. 나는 하나님께 감사드립니다. 치안판사님, 이제 나를 죽이십시오"라고 말했다.

그의 주위에 갈대가 쌓여졌다. 웨이드는 그것들을 끌어당겨 팔에

안고, 손으로 자기의 음성이 사람들에게 들리도록 구멍을 만들었다. 이것을 알아차린 형리들이 장작을 던져 그 구멍을 막으려 했지만, 그는 그들이 던진 장작에 맞아 상처를 입으면서도 그 장작을 밀어냈다.

이윽고 장작에 불이 붙었다. 그는 불 속에서도 조금도 초조해하지 않고 "주 예수여! 내 영혼을 받으시옵소서"라고 기도했다.

1555년, 다트포드

뉴게이트에 수감되어 있던 로저스(Rogers)가 스미스필드로 끌려 나갈 시간이 되었다. 우드루프가 그에게 와서 성찬에 관한 주장을 철회하라고 요구했다. 로저스는 "나는 내가 지금까지 전파한 것을 내 피로 증거하겠습니다"라고 대답했다.

우드루프는 "그렇다면 당신은 이단자입니다"라고 말했다. 로저스는 "그것은 장차 심판날에 드러나겠지요"라고 말했다. 우드루프는 "나는 결코 당신을 위해 기도하지 않겠습니다"라고 말했다. 로저스는 "그러나 나는 당신을 위해 기도하겠습니다"라고 응답했다.

로저스에게는 자녀가 11명이 있었다. 그 중 열 명은 걸을 수 있을 만큼 장성했지만 막내는 아직 젖먹이였다. 그는 스미스필드로 가는 길 옆에서 아내와 자식들을 만났다. 그러나 혈육의 슬픈 모습도 그의 마음을 움직이지는 못했다. 그는 결코 마음을 바꾸지 않고 기쁘게 죽음을 맞았다. 그는 두 다리와 어깨에 불이 붙었는데도 조금도 고통을 느끼지 못하는 사람처럼 보였고 화염 속에서도 마치 차가운 물 속에 있는 것처럼 불꽃 속에서 두 손을 씻었다.

1555년, 스미스필드

순교자 카드메이커(Cardmaker)와 존 완(John Warne)을 이끌고 처형장에 도착한 치안판사들은 따로 카드메이커를 불러내어 그와 은밀하게 이야기를 했다. 그동안 완은 기도를 마치고 말뚝에 쇠사슬로 묶였으며 그의 주위에는 장작과 갈대풀이 쌓여 화형 준비가 완전히 갖추어졌다. 그러나 카드메이커와 치안판사의 대화는 여전히 계속되고 있었다.

카드메이커가 자기의 주장을 철회할 것이라는 소문을 듣고 있었던 백성들은 이 모습을 바라보면서 슬퍼했으며, 완이 화형 당하는 모습을 보면 카드메이커가 자기의 신앙을 철회할 것이라고 생각했다.

마침내 카드메이커는 치안판사들에게서 떠나 말뚝이 있는 곳으로 왔다. 그는 옷을 입은채 무릎을 꿇고 묵묵히 오랫동안 기도했다. 그러나 사람들은 그가 철회할 것이라는 환상을 굳게 믿고 있었다. 왜냐하면 그가 옷을 입은채 기도하고 있었으며 조금도 화형 당할 사람처럼 보이지 않았기 때문이었다.

기도를 마친 그는 일어나서 셔츠만 남기고 옷을 모조리 벗고서 용감하게 말뚝 앞으로 가서 거기에 입을 맞추었다. 그는 완의 손을 잡고 진심으로 그를 위로했다. 그리고 자기도 역시 기쁜 마음으로 말뚝에 묶였다.

갑자기 자기들의 두려운 기대했던 것과는 반대로 되어진 광경을 본 사람들은 의심에서 헤어나와 기뻐하며 외쳤다.

"하나님을 찬양할지어다. 하나님께서 카드메이커 당신에게 힘을 주셨도다. 주 예수께서 당신의 영혼을 받으셨도다!"

1555년, 스미스필드

선한 로린즈 화이트(Rawlins White)는 화형장의 말뚝을 향해 가다가 불쌍한 아내와 자식들이 슬피 울고 있는 모습을 보았다. 이들의 모습을 본 그의 마음은 찢어지는 듯했고 그의 눈에서는 눈물이 흘러내렸다. 그러나 그는 곧 자신의 육체의 연약함을 미워하여 스스로에게 화를 내는 것처럼 행동했다. 그는 자기의 가슴을 손으로 치면서 이렇게 말했다.

"아, 육체여! 나를 이 땅에 머물게 하려는가? 그대가 나를 이기려 하는가? 이제 그대에게 말하겠소. 그대가 어떻게 하더라도 결코 나를 이기지 못할 것이요."

그리고나서 그는 즐겁고 기쁜 마음으로 말뚝이 있는 곳으로 가서 말뚝에 등을 대고 섰다.

1555년, 카디프

토머스 허커(Thomas Hauker)는 말뚝에 묶였고 불이 붙기 시작했다. 그는 오랫동안 불길 속에 휩싸여 있었고 그의 말소리도 들리지 않았으며 손가락도 다 타버렸다. 사람들은 그가 죽었다고 생각하고 있었다. 그런데 그들의 생각과는 달리 이 복된 하나님의 종은 갑자기 불이 붙고 있는 두 손을 살아 계신 하나님을 향해 쳐들고, 기쁨의 표시인 듯이 손뼉을 세 번 쳤다. 그는 친구들에게 약속하기를, 만일 화형의 고통이 견딜 만하면 숨이 끊어지기 전에 두 손을 머리 위로 들겠다고 약속했었다.

1555년, 코스샬

― 존 브래드포드의 편지 ―

친애하는 교부 크랜머, 리들리, 라티머씨에게

사랑하는 형제 로저스는 용감하게 죽음을 맞았습니다. 내 생각으로는 오늘이나 내일쯤 후퍼, 선더즈(Saunders), 테일러도 일생을 마치고 면류관을 얻게 될 것 같으며, 그 다음 차례는 내가 될 것입니다.

나는 속히 문지기가 문을 열어 주어 그들의 뒤를 따라 들어가 바라던 안식을 누리기를 고대하고 있습니다. 하나님께서 많은 사람들 중에서 나를 택하여 주신 이 놀라운 자비하심에 감사치 않았던 일을 하나님은 용서해 주실 것입니다. 오, 주님! 내가 무엇이기에 이처럼 악하고 더러운 인간을 택하여 영광을 받게 하시나이까? 하나님께서 선지자 엘리야를 불수레에 태워 가셨듯이 지극히 악하고 위선적인 나를 불러 불수레에 태워 데려 가시는 것이 당신의 뜻입니까?

오! 사랑하는 교부들이시여, 나를 대신하여 감사드려 주시고 기도해 주십시오. 그리하여 내가 주님의 거룩하신 이름으로 성결하게 하신 백성들 속에 있게 해 주십시오. 그리고 당신들께서도 준비를 하시기 바랍니다. 우리는 당신들의 의전관에 불과합니다.

"어린 양의 혼인잔치가 예비되었으니 그 잔치에 참석하십시오."

1555년, 스미스필드

화형장에 끌려 나간 로버트 사무엘(Robert Samuel)은 그곳에 모인 사람들에게 자신이 감옥에 있는 동안 발생한 이상한 일들에 대한 이야기를 들려 주었다.

그는 2, 3일 동안 굶었기 때문에 지쳐서 약 30분 동안 잠이 들었었다. 꿈 속에서 온통 흰 옷을 입은 사람이 그의 옆에 서서 이렇게 위로해 주었다.

"사무엘, 기운을 내고 마음을 편히 가져라. 오늘 이후로는 결코 굶주리지도 않고 목마르지도 않을 것이다."

그는 여러 사람들에게 꿈 속에서 본 세 개의 사다리에 대해 이야기했다. 그 사다리들은 하늘을 향해 세워져 있었는데, 그중 하나는 나머지보다 약간 더 길었다. 그러나 결국 이 사다리들은 모두 연결되어 하나의 사다리가 되었다.

이 순교자가 화형장으로 가고 있을 때 어느 처녀가 그에게 다가와 목을 껴안고 입을 맞추었다. 이 처녀는 그곳에 있던 사람들의 눈에 뜨였기 때문에 다음 날 사람들은 그녀를 잡으러 사람을 보냈다. 그러나 선하신 하나님의 섭리로 말미암아 그녀는 그들의 손아귀에서 도망쳐 얼마 동안 숨어 지냈다.

로즈 노팅햄(Rose Nothingham)이라는 이 처녀는 하나님의 섭리하심에 따라 놀라운 보호하심을 받았으나, 다른 두 정직한 여인은 위험에 빠졌다. 한 여인은 양조업자의 아내였고, 또 한 여인은 제화공의 아내였는데, 두 사람은 모두 그리스도를 새 신랑으로 맞아들였다.

로즈는 이 두 여인들과 대단히 친하게 지냈었다. 로즈는 언젠가 이들 중 한 여인에게 시간이 있을 때에 피신하라고 충고했다. 그러나 그녀는 이렇게 대답했다. "물론 도망치는 것도 옳은 일입니다. 그러나 그 방법은 당신이 사용하십시오. 내 경우는 다릅니다. 나에게는 남편과 어린 자녀들이 있습니다. 그러므로 나는 그리스도와 진리에 대한 사랑을 위하여 이 문제를 끝까지 주장하기로 결심했습니다."

사무엘이 화형을 당한 다음 날 이 경건한 두 여인은 체포되었다. 한 사람은 앤 포튼(Ann Potten)이었고, 나머지 한 사람은 입스위치의 제화공 마이클 트런치필드(Michael Trunchfield)의 아내 조앤 트런치필드(Joan Trunchfield)였다. 이들 두 사람은 여성이었으며 성품이 연약했으므로 처음에는 혹독한 감옥 생활을 견디지 못했다. 특히 양조업자의 아내는 정신적으로 대단히 고민하고 괴로워했다. 그러나 종의 연약함을 보신 그리스도께서는 어려움에 처해 있는 그녀를 도와주셨다. 그리하여 1556년 2월 19일, 이 두 여인은 사무엘의 뒤를 이어 순교했다. 사무엘이 꿈에 본 세 개의 사다리는 이 두 여인과 사무엘이었던 것이다. 그리스도의 종인 복된 사무엘은 1555년 8월 31일에 순교했다.

그의 처형을 지켜본 사람들이 전하는 바에 의하면 불길에 휩싸인 그의 몸은 마치 새로 정련된 은처럼 희고 밝게 빛났다고 한다.

1555년, 1556년, 노위치

조앤 웨이스트(Joan Waste)는 태어날 때부터 장님으로서 22세쯤 되었을 때에 처녀의 몸으로 더비(Derby)에서 순교했다.

조앤은 가난하지만 정직한 윌리엄 웨이스트의 딸이었다. 윌리엄은 이발 기술을 가지고 있었으며 때로는 밧줄을 만들기도 했다. 날 때부터 장님이었던 조앤은 12살이나 14살쯤 되었을 때에 바지와 셔츠 등을 짜는 법을 배우기 시작했는데 시간이 흐르면서 이 일을 훌륭히 할 수 있게 되었다. 그녀는 틈만 나면 아버지를 도와 밧줄을 감기도 하고, 그 밖에 자기가 할 수 있는 일이라면 무슨 일이든지 부지런히 했다.

에드워드 6세가 통치하던 시절, 그녀는 매일 교회에 가서 평민들이 사용하는 언어—영어—로 낭독해 주는 말씀을 경청했다. 이처럼 설교를 들으면서 그녀는 거기서 가르쳐 주는 신앙의 영향을 크게 받았다. 그녀는 열심히 수고하여 돈을 모아 신약성서를 한 권 구입했다. 그녀는 무식하고 또 눈이 멀어 글을 읽을 수 없었지만 거룩한 성경에 기록된 말씀들을 자신의 기억 속에 담아 이해하고 싶은 마음이 간절했기 때문에 그 당시 채무 관계로 더비의 공공회관에 갇혀 있는 죄수 존 허트(John Hurt)를 사귀었다. 존 허트는 70세의 노인이었다. 그는 죄수였기 때문에 친구도 없이 무료하게 지내고 있었으므로 조앤의 청을 받아들여 매일 그녀에게 신약성서를 한 장씩 읽어주었다.

존에게 다른 일이 생기거나 몸이 아파서 성경을 읽어줄 수 없을 때에는 그녀는 글을 읽을 줄 아는 다른 사람을 찾아가곤 했다. 때로 공짜로 읽어 주려 하지 않는 사람에게는 1페니나 2페니를 지불하기도 했다. 그녀는 그들이 성경을 읽어 주는 장 수나 또는 1장을 몇 번이나 반복하느냐에 따라 값을 정해 지불했다.

조앤 웨이스트는 장님이지만 안내인이 없이도 성경을 들을 수 있는 곳이라면 더비 마을의 어느 교회나 장소, 사람을 찾아 갈 수 있다는 소문이 자자했다. 마침내 그녀는 책을 보지 않고도 신약성서의 여러 곳을 암송할 수 있게 되었다. 그리고 당시 많은 사람들이 지니고 있었던 신앙이나 죄에 대한 잘못된 사상을 성경을 근거로 하여 비난할 수도 있게 되었다. 영국 내의 수많은 사람들이 배교하고 가톨릭 교회로 돌아갔지만 이 가난하고 눈 먼 여인은 양심의 지조를 지키며 과거에 하던 대로 신앙생활을 해 나갔다.

1556년, 더비

윌리엄 팀즈(William Tyms)와 6-7 시간 동안 씨름을 하던 두 주교는 지치고 말았다. 그러나 주교는 팀즈의 처지를 불쌍히 여겨 그를 회유하기 시작했다. "선한 친구여, 당신은 담대하고 훌륭한 정신을 가지고 있습니다. 우리는 당신이 그러한 정신에 맞는 지식을 가지고 있었으면 합니다."

팀즈는 이렇게 대꾸했다. "내가 생각하기에 당신들 두 분은 학식이 있는 분입니다. 나는 당신들이 소유하고 있는 지식에 맞는 선한 정신을 가져야 한다고 생각합니다."

1556년, 런던

절름발이 노인 휴 래버록(Hugh Laverock)과 소경 존 애프리스(John Apprice)는 뉴게이트에서 마차로 스트라트포드 르 바우(Stratford-le-Bow)로 호송되어, 뜨거운 불 속에서도 조용히 하나님을 찬양하다가 세상을 떠났다. 휴 래버록은 쇠사슬로 묶인 뒤 짚고 다니던 지팡이를 내던지고 동료 순교자 존 애프리스를 위로했다. "형제여, 기운을 내시오. 하나님은 우리의 의사가 되십니다. 이제 곧 그분께서 당신의 소경된 눈과 나의 저는 다리를 고쳐 주실 것입니다."

1556년, 스트라트포드 르 바우

이처럼 행복하고 복된 순교자들의 반열에는 하나의 불길 속에서 순교한 11명의 남자와 두 여인이 있었다. 이들은 에섹스의 여러 지방에 살던 사람들로서 그들의 이름은 다음과 같다: 헨리 애드링톤, 로렌스 파남, 헨리 와이), 윌리엄 핼리웰, 토머스 바우어, 조지 시얼즈, 에드문드 허스트, 리온 커치, 랠프 잭슨, 존 데리펄, 존 루스, 엘리자베스 페퍼, 아그네스 조지.

이들 열 세 사람은 사형 선고를 받은 뒤 두 개의 방으로 나뉘어 들어갔다. 치안판사는 한쪽 방에 들어가서 다른 방에 있는 사람들이 신앙을 철회하여 목숨을 구했다고 말하면서 그들도 목숨을 내던지지 말고 다른 방의 사람들처럼 행동하라고 권면했다. 그러나 그들은 자기들의 믿음은 사람 위에 세운 것이 아니라 십자가에서 돌아가신 그리스도 위에 세워진 것이라고 대답했다.

아무리 권면해도 소용이 없다는 것을 깨달은 치안판사는 다른 방으로 들어가서 그들과 함께 있었던 사람들이 신앙을 철회하여 사형을 면하게 되었으니 그들도 현명하게 행동하여 목숨을 버리지 말고 저쪽 방 사람들처럼 하라고 충고했다. 그러나 그들도 먼저 번 다른 방에 있는 형제들과 똑같이 대답하기를, 자기들의 믿음은 사람에 기초한 것이 아니라 그리스도와 그의 확실한 말씀 위에 세워졌다고 했다.

그들은 반석이신 예수 그리스도 위에 세워진 믿음을 가지고 있었으므로 아무리 설득해도 소용이 없다는 것을 깨달은 치안판사는 그들을 화형장으로 데려갔다. 그곳에 모인 그들은 열심으로 하나님께 기도하고 즐거운 마음으로 말뚝 앞으로 가서 그것을 껴안고 입을 맞추었다.

11명의 남자들은 세 개의 말뚝에 묶였고 두 여인은 한 가운데 섰다. 그들은 하나의 불길 속에서 서로를 사랑하며 그리스도를 믿는 믿음의 절개를 지키며 순교했다. 이 광경을 바라보던 사람들은 모두 크게 놀랐다.

1556년, 스트라트포드 르 바우

토머스 드로우리(Thomas Drowry)라는 눈 먼 소년이 글로스터에서 순교했다. 당시 글로스터의 대법관이었던 윌리엄즈 박사는 이 소년에게 그런 사건에 의례히 적용되는 조목들을 적용했다.

대법관: 너는 사제가 봉헌의 말을 한 뒤의 성찬에 실제로 그리스도의 몸이 존재한다는 사실을 믿지 않느냐?

토머스: 믿지 않습니다.

대법관: 너는 이단자이니 화형을 받게 될 것이다. 누가 너에게 이런 이단을 가르쳤느냐?

토머스: 당신입니다.

대법관: 어디에서 가르쳤느냐?

토머스: (강단을 가리키며) 저곳에서입니다.

대법관: 언제 내가 너에게 그렇게 가르쳤느냐?

토머스: 당신이 성찬에 대해 나를 비롯한 모든 사람들에게 설교할 때입니다. 당신은 성찬은 가톨릭 교도들이 이제껏 가르쳐 온 것과 같이 육체적으로 실질적으로 받지 말고 믿음에 의해 신령하게 받아야 한다고 설교했습니다.

대법관: 그렇다면 내가 한 대로 하거라. 그러면 너도 나처럼 화형을 당하지 않고 살 수 있을 것이다.

토머스: 당신은 쉽게 자신의 죄를 면제해 주고 하나님과 세상과 당신의 양심을 조롱할 수 있겠지만, 나는 당신처럼 하지 않겠습니다.

대법관: 그래? 하나님의 자비가 내게 임하기를 빌겠다. 나는 너에게 사형을 선고한다.

토머스: 하나님의 뜻이 이루어지이다.

이 때 서기가 감동을 받아 자리에서 일어나 대법관에게 말했다. "참으로 꼴불견이로군요! 당신은 이 소년에게 사형을 선고하고 당신 자신을 정죄하렵니까? 물러 가십시오. 그리고 다른 사람에게 판결을 내리라고 하십시오."

대법관은 말했다. "아닙니다. 나는 법에 복종하겠으며, 내 직책에 따라 나 자신에게도 형을 선고하겠습니다."

1556년, 글로스터

리처드 애브릿지스(Richard Abridges) 경은 줄리우스 파머

(Julius Palmer)의 숙소를 찾아가 그에게 신앙을 철회하고 그의 젊은 세월과 지혜와 학식을 살리라고 권면했다.

"만일 당신이 국교에 귀의하며 올바른 신앙 안에서 회개하고 자신의 오신을 고치겠다면 나는 매년 당신에게 10파운드와 고기와 음료수와 책들을 주겠습니다. 그리고 만일 당신에게 결혼할 생각이 있다면 아내와 가구를 마련해 주고 당신의 농장을 경작할 일꾼을 마련해 주겠습니다. 어떻게 하겠습니까?"

파머는 공손하게 그에게 감사를 표했다. 그러나 지극히 정중하고 경건하게 대답하기를, 자기는 이미 그리스도를 위해 두 곳에서 자기의 생존을 부인했으므로 하나님의 은혜로 자기의 생명을 바치겠다고 대답했다.

그의 마음을 바꾸게 할 수 없음을 깨달은 리처드 경은 그에게 말했다. "파머, 그렇다면 우리 두 사람 중 한 사람은 저주를 받을 것입니다. 왜냐하면 우리는 서로 다른 믿음을 가지고 있는데, 생명과 구원으로 인도하는 신앙은 하나 뿐이기 때문이요."

파 머: 각하. 나는 우리 두 사람이 모두 구원 받기를 바랍니다.

리처드: 어떻게 그것이 가능하다는 말인가?

파 머: 가능합니다. 복음서의 비유에 따르면 자비하신 우리 구주께서는 하루 중 제 3시, 즉 24살이라는 꽃다운 나이에 나를 부르셨습니다. 나는 주님께서 이제 인생의 11시에 접어든 당신을 부르셔서 영생을 당신의 몫으로 주시리라고 믿습니다.

리처드: 파머, 나는 당신을 1달 동안 우리 집에 머물게 하고 싶소. 그렇게 되면 내가 당신을 회심시키든지, 당신이 나를 회심시키게 될 것이라고 확신하오.

그러자 윈치콤 경이 말했다. "더 늦기 전에 당신의 노년과 그대의 꽃다운 청춘을 불쌍히 여기시오."

파머는 "각하, 나는 영원히 시들지 않고 피어 오를 꽃을 사모합니다"라고 말했다.

1556년, 뉴베리

아그네스 봉져(Agnes Bongeor)는 모트홀(Mote-hall)에서 끌려 나간 여섯 명과 함께 처형 당하기로 되어 있었으나 영장에 이름이 잘못 기록되었기 때문에 사형이 보류되었다. 나머지 여섯 명이 순교하기 위해 끌려 나갈 때에 자기가 그들과 합류하지 못하게 된 것을 안 아그네스는 슬피 울었다. 그녀는 이상한 생각에 사로잡혀 자신이 지극히 쓸모 없고 무가치하다고 여겼으며, 눈 뜨고 보지 못할 정도로 절망했다. 그녀가 이처럼 절망하고 슬퍼한 까닭은 그리스도를 위해 자기의 생명을 바치지 못했기 때문이었다. 그녀는 이 세상의 그 무엇보다도 생명을 가장 돌보지 않았다.

그녀는 화형이 보류되던 날 아침, 화형을 위해 준비한 겉옷을 입고 있었다. 그녀에게는 젖먹이 어린 아기가 있었는데, 그녀는 감옥에 있는 동안 내내 그 아기를 유모에게 넘겨야 할 날을 대비하여 온화하게 보살펴 주었고, 또 영광스러운 그리스도의 복음을 증거하기 위해 자신을 바칠 준비를 갖추고 있었다. 그녀는 전혀 생명을 귀하게 여기지 않았다. 그녀의 내면에 있는 하나님의 은사가 그녀의 본성을 초월하는 큰 역사를 이루었으므로 그녀는 생명보다 오히려 죽음을 환영하는 것처럼 보였다.

그녀가 순교하지 못한 일 때문에 괴로워하고 있을 때 친구가 찾아와 그녀에게 물었다. "하나님께서 아브라함의 순종을 받으신 것은 그가 아들 이삭을 제물로 바쳤기 때문입니까? 아니면 이삭을 바치려는 그의 마음 때문입니까?"

그녀는 이렇게 대답했다. "아들 이삭을 바치려는 아브라함의 뜻은 하나님 앞에서 행동으로 인정되었습니다. 하나님의 사자가 저지하지 않았다면 그는 자기의 뜻대로 했을 것입니다. 그러나 나의 경우에는 하나님께서 내가 이처럼 고귀한 일에 합당하지 않다고 생각하시는 것이므로 나는 슬퍼하고 있습니다. 나의 경우와 아브라함의 경우는 다릅니다."

친구가 물었다. "하나님께서 당신의 죽음을 허락하셨다면, 당신은 기꺼이 동료들과 함께 죽으려 하지 않았습니까?"

"물론 마음을 다해 그렇게 하려 했습니다. 그리고 그렇게 하지 못했기 때문에 지금 나는 크게 슬퍼하고 있습니다."

친구가 말했다. "사랑하는 자매여, 부디 당신 자신과 아브라함을 잘 생각해 보십시오. 그러면 당신의 품은 뜻이 아브라함의 뜻과 전혀 다르지 않다는 것을 알게 될 것입니다."

그녀는 대답했다. "안타깝게도 그렇지 못합니다. 아브라함과 나 사이에는 커다란 차이가 있습니다. 왜냐하면 아브라함은 아들을 바치는 일로서 그의 뜻이 시험되었지만, 나는 그렇지 못했기 때문입니다. 그러므로 아브라함과 나의 경우는 전혀 같지 않습니다."

친구는 말했다. "선한 자매여, 문제를 객관적으로 생각해 보십시오. 아브라함은 아들을 제물로 드리려 했습니다. 당신은 저 어린 젖먹이를 바치라 하신다면 바치지 않았겠습니까? 좀 더 깊이 생각해 봅시다. 아브라함은 자기 아들을 제물로 드리라는 명령을 받은 반면에, 당신은 아브라함보다 더 기꺼이 순종하려 했던 일, 즉 당신 자신을 드리지 못하여 이렇게 슬퍼하고 있습니다. 그러므로 당신은 하나님 앞에서 영접을 받아 그의 거룩하신 임재 안에 거하게 될 것입니다."

이런 대화를 나눈 후로 그녀는 어느 정도 자신을 자제하고 기도와 성경 읽기에 전념하여 그 안에서 큰 위로를 발견했다. 얼마 후 런던으로부터 그녀를 화형에 처하라는 문서가 도착했으므로 그녀는 처형되었다.

1557년, 콜체스터

엘리자베스 쿠퍼는 화형선고를 받고 시몬 밀러(Simon Miller)와 함께 말뚝에 묶였다. 불길이 그녀에게 가까워지자 그녀는 약간 주춤하면서 "어마"라고 소리쳤다. 이 소리를 들은 시몬은 손을 뒤로 하여 그녀에게 내밀며 강건하고 기운을 잃지 말라고 말했다. "자매님, 우리는 머지않아 기쁘게 맛있는 저녁 식사를 하게 될 것입니다." 이 말을 듣고 힘을 얻은 엘리자벳은 자기가 행복한 마음으로 시작했던 선한 사업을 기꺼이 끝마치려고 조용히, 그리고 잠잠히 서 있었다.

1557년, 노리지

티렐(Tyrrel) 경과 그의 동료들이 마운트(Mount) 교부 부부가 누워 있는 방으로 들어오더니 그들에게 일어나라고 말했다. "당신들은 우리와 함께 콜체스터 성으로 가야 합니다." 대단히 몸이 편치 않았던 마운트 부인은 이 말을 듣고서, 자기 딸에게 마실 물을 가져오게 해달라고 요청했다.

티렐은 그녀에게 마실 것을 가져오라고 했다. 그리하여 그의 딸 로즈 앨린(Rose Allin)은 한 손에는 주전자, 다른 손에는 촛불을 들고 어머니를 위해 물을 길러 갔다. 티렐은 그녀에게 말하기를, 부모님께 충고하여 선한 가톨릭 백성이 되게 하라고 말했다.

로즈: 각하, 그분들은 나보다 더 훌륭한 선생님을 모시고 계십니다. 성령께서 그분들을 가르쳐 주시기 때문입니다. 성령께서는 그들이 잘못하도록 버려 두시지 않을 것이라고 나는 믿습니다.

티렐: 너도 그런 생각을 가지고 있느냐? 지금이야말로 그런 이단자들을 찾아내야 할 때이다.

로즈: 각하, 진실을 말씀드리겠습니다. 당신이 이단라고 부르는 진리 때문에 나는 나의 주 하나님을 예배합니다.

티렐: 그렇다면 너도 동료들을 위해 다른 사람들과 함께 화형을 당할 것이다.

로즈: 각하, 내가 화형을 당한다면, 그것은 동료들을 위해서가 아니라 그리스도를 위해서입니다. 만일 그리스도께서 나를 불러 죽음을 맞게 하신다면, 그 죽음을 견딜 힘도 주실 것입니다.

동료들에게 돌아온 티렐은 "이 자도 화형에 처해야 한다고 생각지 않으십니까?"라고 말했다. 그들 중 한 사람이 대답했다. "좋습니다. 그녀를 심문하여 장차 어떻게 할른지 알아 보십시오."

이 말을 듣고, 잔인한 티렐은 그녀의 손에 들고 있는 촛불을 빼앗고는 그녀의 손목을 쥐고서 손 밑에 타는 촛불을 들이대었다. 타오르는 촛불이 그녀의 손을 태워 근육이 오그라 붙었다. 그는 이렇게 잔인한 행동을 하면서 간간이 그녀에게 물었다. "왜 울지 않느냐?" 그녀는 자기에게는 울어야 할 이유가 없으며 오히려 하나님께 감사하고 기뻐해야 한다고 대답했다. 또 오히려 사태를 잘 살펴

본다면 울어야 할 사람은 자기가 아니라 티렐이라고 말했다. 화가 난 그는 그녀를 난폭하게 떠밀어 버렸다. 그러나 그녀는 그러한 거친 행동을 조용히 참고 있다가 "각하, 당신이 하고 싶은 대로 다 하겠습니까?"라고 물었다.

그는 "그래, 만일 네 생각에 그것이 좋지 않다고 생각되면 고쳐 보아라"고 말했다.

로즈는 대답했다. "고치다니요! 주님의 뜻이라면 주님께서 당신을 고쳐 회개하게 하실 것입니다. 원한다면 나를 머리끝부터 발끝까지 태우십시오. 당신에게 일을 시킨 사람이 언젠가 당신에게 그 삯을 지불하실 것입니다." 이렇게 말한 뒤 그녀는 자기가 명령 받은 대로 어머니에게 드릴 음료수를 가지고 갔다.

1557년, 콜체스터

신앙을 굳게 시킨 여섯 순교자들은 기도를 마치고 일어나서 화형을 맞을 준비를 했다. 엘리자베스 포크스(Elizabeth Folkes)는 페티코트를 벗어서는 말뚝 앞에 다가와서 그녀에게 입을 맞추고 주님 안에서 강건하게 행하라고 권면하는 어머니에게 드리려 했다. 그러나 그곳에 있었던 악인들은 그것을 어머니에게 주지 못하게 했다. 그래서 그녀는 페티코트를 손에 들고 내던지면서 "안녕, 온 세상이여! 안녕, 믿음이여! 안녕, 소망이여!"라고 말하고서 말뚝을 팔로 안고는 "사랑이여, 당신을 환영합니다"라고 말했다.

그녀는 말뚝에 기대어 섰다. 형리가 그녀를 쇠사슬로 묶었다. 그런데 쇠사슬의 고리쇠를 박다가 그만 빗나가 망치로 그녀의 어깨를 치고 말았다. 그녀는 고개를 들어 하늘을 바라보며 미소띤 얼굴로 기도를 했다. 그리고는 다시 사람들에게 열심히 권면했다.

여섯 사람이 모두 말뚝에 묶이고 불길이 타오르기 시작했다. 그들은 불 속에서도 기뻐하며 손뼉을 쳤다. 이 모습을 바라보던 수천 명의 구경꾼들은 "주님께서 저들에게 힘을 주셨다. 주님이 저들을 위로해 주셨다. 주님께서 저들에게 자비를 베푸셨다"고 외쳤다.

1557년, 콜체스터

라프(Rough)는 스미스필드에서 집행된 어스투(Austoo)의 화형을 구경하고 집으로 돌아오는 길에 팰리팩스의 상인 파라르(Farrar)를 만났다. 파라르는 그에게 어디에 다녀 오느냐고 물었다. 그는 "나는 가지 않았으면 좋았을 곳에 다녀 오는 길입니다"라고 대답했다. "어디에 다녀 오십니까?" 파라르가 다시 물었다. "길을 배우려 갔었습니다." 이렇게 말하면서 어스투가 화형되는 곳에 갔었다고 말해 주었다. 얼마 후 그도 역시 같은 장소에서 화형 당했다.

1557년, 스미스필드

존 페티가 감옥에 갇힌지 보름이 지났다. 그 동안 그는 한쪽 팔과 다리에, 때로는 양쪽 팔 다리에 족쇄를 차고 있었다. 당시 8, 9세쯤 되었던 그의 아들이 주교를 찾아가 아버지를 만나게 해달라고 요청했다. 그 아이가 주교의 집을 찾아왔을 때에 주교 소속의 사제 한 사람이 그에게 무엇이 부족하고 무엇을 원하느냐고 물었다. 그는 아버지를 만나러 왔다고 대답했다. 사제는 그에게 그의 아버지가 누구냐고 물었다. 소년은 롤라즈의 탑(Lollards' Tower)를 가리키며 자기 아버지는 그 안에 갇혀 있다고 대답했다.

사제는 "그렇다면 네 아버지는 이단자가 아니냐?"라고 말했다.

이 아이는 담대하고 민첩한 정신을 가지고 있었는데다가 경건하게 양육되었고, 또 아버지로부터 하나님께 대한 지식을 배웠기 때문에 다음과 같이 대답했다. "내 아버지가 이단자가 아니라 당신이 이단자입니다. 왜냐하면 당신은 발람의 특징을 가지고 있기 때문입니다."

이 말을 들은 사제는 아이의 손을 잡고 주교의 집으로 데려갔다. 그곳에서 그들은 피 눈물도 없이 이 아이를 때리고 채찍질 했기 때문에 이 어린 아이는 완전히 피투성이가 되었다. 그들은 셔츠만 입은 이 아이를 아버지에게로 데리고 갔다. 그의 종아리에서는 피가 계속 흘러내렸다.

아버지를 만난 아들은 무릎을 꿇고 앉아 축복해달라고 말했다. 아들이 잔인하게 매질을 당한 것을 본 이 불쌍한 사람은 슬퍼하며 외쳤다. "아아! 누가 너에게 이런 짓을 했느냐?"

소년은 자기가 아버지를 만나려고 애쓰고 있을 때에 발람의 흔적을 가진 사제가 자기를 데리고 주교의 집에 가더니 매질을 했다고 대답했다. 클루니는 소년을 아버지에게서 베어내 다시 주교의 집으로 데리고 가서 사흘 동안 그곳에 가두어 두었다.

이 소년을 매질한 것 때문에 위험이 초래될지도 모른다고 생각한 보너 주교는 페티(Fetty)를 석방하기로 결정하고서, 페티에게 아들을 데리고 집으로 가라고 했다. 페티는 슬퍼하면서 불쌍한 아들을 데리고 집으로 돌아왔다. 그러나 14일 뒤에 소년은 죽고 말았다.

1558년, 런던